日本社会保障
重要法规译介

杨 勇 ◎译

中国社会科学出版社

图书在版编目(CIP)数据

日本社会保障重要法规译介 / 杨勇译 .—北京：中国社会科学出版社，2022.7
（泰康大健康法制译丛）
ISBN 978-7-5227-0282-7

Ⅰ.①日… Ⅱ.①杨… Ⅲ.①社会保障—行政法—研究—日本 Ⅳ.①D931.321.82

中国版本图书馆 CIP 数据核字（2022）第 091530 号

出 版 人	赵剑英
责任编辑	梁剑琴
责任校对	李　莉
责任印制	郝美娜

出　　版	中国社会科学出版社
社　　址	北京鼓楼西大街甲 158 号
邮　　编	100720
网　　址	http://www.csspw.cn
发 行 部	010-84083685
门 市 部	010-84029450
经　　销	新华书店及其他书店

印刷装订	北京君升印刷有限公司
版　　次	2022 年 7 月第 1 版
印　　次	2022 年 7 月第 1 次印刷

开　　本	710×1000　1/16
印　　张	26.5
插　　页	2
字　　数	448 千字
定　　价	148.00 元

凡购买中国社会科学出版社图书，如有质量问题请与本社营销中心联系调换
电话：010-84083683
版权所有　侵权必究

泰康大健康法制译丛编委会

编委会主任：冯 果　靳 毅
编委会成员：魏华林　史玲玲　张善斌　张荣芳
　　　　　　郭明磊　武亦文　马 微　王 源
　　　　　　李承亮　杨 巍　南玉梅

序 一

当今世界面临着百年未有之大变局，新冠肺炎疫情的爆发加速了这一动荡变革的进程。新冠肺炎疫情宛若一块试金石，考验了各国、各地区的政治制度与社会治理能力。在中国共产党的领导下，我国抗击新冠肺炎的狙击战取得了阶段性的胜利，为世界其他国家、地区树立了榜样。与此同时，我国卫生与健康法制的不足之处也暴露出来。这样的经历也促使法学界开始反思我国现有的卫生与健康法制体系是否完备，尤其是否能够充分因应重大公共卫生突发事件。

诚如习近平总书记所强调："没有全民健康，就没有全面小康。"而全民健康目标的实现，有赖于健全的卫生与健康法律制度的支持。作为后发的社会主义国家，卫生与健康法律制度在我国的法律体系中发挥着举足轻重的作用。随着中国特色社会主义法律体系的建成，我国卫生与健康法律体系架构已经基本形成。但"粗线条"的立法导致卫生与健康法领域的各项具体法律制度还存在较大的空白。如何去填补这些空白，是学术界与法律实务界应当携手加以解决的重大问题，不仅关系到大健康法制体系的健全，更关系到社会的稳定、国民经济的发展，关系到老百姓生活的方方面面。如果我们能够把握好填补这些立法空白的历史机遇，那么这些空白将成为先前立法者巧妙的"留白"，我国卫生与健康法的立法也能借此实现"弯道超车"。鉴于此，武汉大学大健康法制研究中心作为武汉大学和泰康保险集团共建的大健康法制研究平台，致力于对域外先进之卫生与健康法律法规以及著作的译介，策划了这套《泰康大健康法制译丛》。

良善的法律制度是整个人类文明的共同财富，对于良善的法律制度，我们也应当加以借鉴。本着"取法乎上，扬弃承继"的理念，本译丛聚焦当今世界卫生与健康法制发达国家的法律制度以及学术著作，视野涵盖且不限于德国、英国等欧洲国家，美国以及日本、韩国等亚洲国家卫生与健康领域立法和学说之演变与最新动态。

很多法律实务界的同仁也在密切关注着我国的卫生与健康法制，尤其是大健康法制的发展趋势，盖其关乎到未来我国整个社会治理体系的架构。此外，本套译丛亦为卫生学、医学、药学、社会保障学、保险学等其他学科领域的学者以及实务工作者开启了一扇从法学视角看待域外卫生与健康法律制度的窗户。译者也希望借此打破立法与司法实务、法学与其他学科之间的壁垒，促进立法与司法实务的良性互动以及不同学科间的交流，携手共建具有中国特色的大健康法制体系。

本套译丛的译者具有精深的法学专业知识、丰富的海外学习经历，对国内和域外的法律制度有着深入的了解与研究。译者的专业性保障了本套译丛的质量。"纵浪大化中，不喜亦不惧。应尽便须尽，无复独多虑。"纵使译者非常努力地想向读者呈现一套质量上乘的译作，然囿于学识与时间，篇牍讹误在所难免。由衷希望各界关心我国大健康法制建设的人士不吝赐教、批评斧正！

冯果

2020 年 11 月 1 日于珞珈山

序 二

随着世界老龄人口占比不断增加的趋势日益明显,人类社会逐步迈向长寿时代,开始形成以低死亡率、低生育率、预期寿命持续延长、人口年龄结构趋向"柱状"、老龄人口占比高峰平台期超越 1/4 为特点的新均衡。在百岁人生悄然来临之际,人类的疾病图谱也发生了巨大变化,各类非传染性慢性病正成为人类长寿健康损失的主要原因,带病生存将成为普遍现象,健康产业逐渐成为推动经济发展的新动力。而为了储备未来的养老和医疗资金,个体和社会对财富的需求亦相伴而生。在此背景下,如何充分发挥制度创新、社会创新和商业创新的力量,探寻对养老、健康、财富等社会问题的解决方案,成为需要各界精诚合作、长期投入的事业。

为了探索应对长寿时代需求与挑战的企业解决方案,泰康保险集团在 23 年的商业实践中把一家传统的人寿保险公司逐步改造、转变、转型为涵盖保险、资管、医养三大核心业务的大健康生态体系。作为保险业首个在全国范围投资养老社区试点企业,泰康已完成北京、上海、广州等 22 个全国重点城市养老社区布局,成为全国领先的高品质连锁养老集团之一;同时,秉承医养融合理念,养老社区内配建以康复、老年医学为特色的康复医院,进一步满足长寿时代下的健康需求。在此过程中,国家健康法制体系的建设和完善对泰康的商业模式创新提供了鼓励和保障。近年来,国家颁布了一系列文件鼓励和支持保险企业为社会服务领域提供长期股本融资、参与养老服务机构的建设运营、引领医养领域的改革发展,如 2020 年银保监会联合十三部委颁布的《关于促进社会服务领域商业保险发展的意见》指出,允许商业保险机构有序投资设立中西医等医疗机构和康复、照护、医养结合等健康服务机构;鼓励保险资金与其他社会资本合作设立具备医养结合服务功能的养老机构,增加多样化养老服务供给等等。泰康的经营实践与国家政策的制定颁布实现了相互促进和印证。

他山之石，可以攻玉。无论是国家政策制度的改革还是企业商业模式的创新，都不应是一个闭门造车的过程。正是对国外先进立法经验和商业实践的学习、扬弃，使其真正适应中国社会基因、解决中国现实问题，才让具有中国特色的社会主义制度熠熠生辉，大健康法制领域的学术研究和法制建设概莫能外。《泰康大健康法制译丛》的诞生便由此埋下了伏笔。

2019年，泰康保险集团秉承"服务公众、回馈社会"的理念，践行健康中国战略，与武汉大学共建武汉大学大健康法制研究中心，正式开启有关大健康行业政策与法律的联合研究。2020年，中心首批研究成果陆续问世，其中就包括与中国社会科学出版社合作出版《泰康大健康法制译丛》。本丛书对美国、德国、日本、韩国等国家卫生健康领域的立法和著作进行翻译、引介，为政府、学界和产业界进一步打破国别和学科藩篱、拓展理论与实务视野打开了局面，推动我国大健康法制体系在建设思路和举措上的明晰和完善。

在此，谨代表泰康和中心，对各位专家学者对本领域的持续关注表示诚挚感谢，并衷心希望各界专家积极参与到大健康法律政策的研究中来，汲取人类文明之精华，解决中国发展之问题，为我国大健康法制体系的完善提供坚实的理论基础，为我国在长寿时代下的国家和社会治理构建充分的法治保障，让百岁人生不惧病困、不惧时光，让人们更健康、更长寿、更富足！

陈东升

2020年12月1日于北京

引　言

我国《宪法》第 14 条第 4 款规定："国家建立健全同经济发展水平相适应的社会保障制度。"2010 年，我国出台《社会保险法》，《宪法》中关于社会保障的政策要求得到更进一步的落实，基本养老保险、基本医疗保险、工伤保险、失业保险、生育保险等社会保障制度逐步完善。我国社会保障制度起步较晚，仍面临诸多问题，同为东亚国家的日本社会保障制度经历了较长的发展历程，对于我国社会保障制度的进一步完善，有着重要的借鉴意义。在社会保障制度中，社会保险居于核心地位，鉴于此，为深化对日本社会保险制度的认识，本书翻译了分别于 1922 年、1958 年、1997 年颁布的《日本健康保险法》《日本国民健康保险法》《日本护理保险法》，三部法律历经多次修改，值得注意的是，1958 年颁布的《日本国民健康保险法》的前身为 1938 年颁布的《旧日本国民健康保险法》，1958 年对《旧日本国民健康保险法》进行了全面修改。译本分别选取自 2021 年 1 月 1 日起、2021 年 6 月 11 日起、2021 年 4 月 1 日起修改后施行的《日本健康保险法》《日本国民健康保险法》《日本护理保险法》。

《日本健康保险法》于 1922 年通过，在第一次世界大战中，战争对重工业产品的需求量增大，日本重工业得到快速发展，从事重工业的劳动者数量随之增加，但与此同时，劳动者的健康状况逐步恶化，从 1917 年至 1920 年，职工负伤率由 44.2 人/1000 人上升至 67.9 人/1000 人，鉴于劳动者权益无法得到充分保障，劳工运动越发激烈。1919 年，日本政府决定设立劳动问题管辖局，并由农商务省具体负责，此外，同年还将制定与劳动相关的社会保险法的调查经费列入 1920 年度预算。1921 年，农商务省完成了法案纲要的起草工作，并在 1922 年 3 月 17 日向帝国议会第 45 次会议提交，《日本健康保险法》很快获得众议院及贵族院的通过，并于

1927 年正式实施。①《日本健康保险法》的目的在于保护劳动者，缓和雇主与劳动者之间的紧张关系，并在很大程度上推动了第二次世界大战之前《旧日本国民健康保险法》的颁布。②

1929 年，日本受到世界性经济危机的影响，出口量大幅降低，在纺织业等工业受到严重冲击的背景下，农民收入下跌，与此同时，工厂大量失业的工人被迫返回农村，日本农村面临深刻危机，落后的医疗卫生设施远远无法满足农民需求。自 1933 年开始，日本开始讨论为从事农林牧渔等行业的农民等主体提供保险，在经过一年的调查研究后，日本颁布了国民健康保险制度纲要案，决定以市町村为单位建立组合，并由组合作为保险人为农民提供保险。1937 年，日本侵略中国，劳工运动逐渐平息，为了得到日本国内民众对于战争的支持，日本快速地推进实施其社会保障政策。1938 年，自内务省独立出来的厚生省具体负责社会保障政策的实施，同年便颁布了针对农民、渔民、自由职业者的《旧日本国民健康保险法》，并于同年正式实施。此外，为了改变农业发展落后的境况，日本还提出了健兵健民的政策，此项政策旨在通过市町村、农业协同组合构成的国民健康保险组合，为农民等主体提供医疗给付。③ 1941 年，小泉亲彦成为厚生大臣，首次提出国民皆保险的口号，④ 1942 年，日本着手修改《旧日本国民健康保险法》，这成为实现国民皆保险的契机，经过改革，至 1943 年年末，约有 95% 的市町村均已经设立国民健康保险组合。在某种意义上而言，日本第一次实现了国民皆保险的目标，但此时的国民皆保险更多仅具形式意义，很多国民健康保险组合并未开展实质性事业。⑤

---

① 参见西村万里子《日本最初の健康保険法（1922年）の成立と社会政策：救済事業から社会政策への転換》，《三田学会雑誌》第 83 巻特別号（1990 年），第 138 頁以下。

② 参见井伊雅子《日本の医療保険制度の歩みとその今日的課題》，《医療と社会》第 18 巻第 1 号（2008 年），第 206 頁。

③ 参见加茂川益郎《日本における福祉国家の形成》，《敬愛大学研究論集》第 86 号（2014 年），第 66 頁。

④ ジョン・C・キャンベル、池上直己、津川友介："日本の医療制度の政治的・歴史的背景"，池上直己、前田明子编著：《包括的で持続的な発展のためのユニバーサル・ヘルス・カバレッジ：11カ国研究の総括》，（公財）日本国際交流センター 2014 年発行，第 33 頁。

⑤ 参见新田秀樹《終戦直後の日本における"国民皆保険"》，《法学新報》第 121 巻第 7・8 号（2014 年），第 333 頁以下。

第二次世界大战结束之后，日本医疗保险事业遭受重创，① 在联合国军最高总司令部的统治下，日本政府面临对战前体制进行变革的压力，此时的社会保障政策也受到联合国军最高总司令部的诸多影响，② 由于战时体制下健兵健民政策不再发挥影响，战时服务于健兵健民政策的国民皆保险目标也不再被提及。1955 年是日本战后史上的节点，在这一年，社会党的左右两派统一，由于这一事件的影响，保守派两党也于同年 11 月合并，成立自由民主党，由此开启日本政坛以两大政党为中心的历史。同年日本国民经济生产总值增速更是达到了 12.1%，尽管如此，日本众多国民生活保障水平依旧很低，无法获得充分的社会保障。20 世纪 50 年代中后期，建立国民皆保险体制的呼声越来越高，1955 年 12 月，政府提出经济自立五年计划，1956 年 12 月，石桥湛山组建的内阁决定实现国民皆保险这一目标，随后在 1957 年，作为实现国民皆保险目标的重要一环，开始了国民健康保险法修改工作，1958 年 3 月，《日本国民健康保险法》被提交至国会，并于同年 12 月通过，1959 年 1 月正式施行，由此取代了 1938 年颁布的《旧日本国民健康保险法》。至 1961 年 4 月，《日本国民健康保险法》在所有的市町村均得以实施，日本在当年成功地实现了国民皆保险的目标。③

第二次世界大战前，日本社会福祉事业的特点是公私不分，公私不分的优点是能够动员社会力量，但其缺陷则在于模糊政府职能，在市场力量能够充分发挥作用时，政府往往躲在市场背后隐而不现，社会福祉领域此种公私不分的现象，无助于明晰政府职能。第二次世界大战后，由于美国的影响，日本试图废弃日本战前公私不分的福祉事业，而在社会福祉事业领域贯彻完全的公私分离原则，其结果是，到了 20 世纪 90 年代，日本已经制定了"福祉八法"——《老人福祉法》《身体残疾者福祉法》《精神障碍者福祉法》《儿童福祉法》《母子及寡妇福祉法》《社会福祉事业法》《老人保健法》《社会福祉·医疗事业法》，《日本护理保险法》正是在日

---

① 参见新田秀樹《終戦直後の日本における"国民皆保険"》，《法学新報》第 121 卷第 7·8 号（2014 年），第 336 頁。
② 参见石岡常久《戦後日本における社会保険中心主義の成立過程に関する研究》，《佛教大学大学院紀要（社会福祉学研究科篇）》第 42 号（2014 年），第 2 頁。
③ 参见土田武史《国民皆保険 50 年の軌跡》，《季刊·社会保障研究》第 47 卷第 3 号（2011 年），第 245 頁以下。

本战后推动公私分离的背景下所制定的。① 随着战后日本的经济腾飞，医疗技术水平的提高，出生率的降低，日本自20世纪70年代之后逐渐进入老龄化社会，日本社会的传统护理模式是由家庭承担护理职能，然而，家庭能够承担的护理职能、养老职能极其有限。一方面，随着老龄人口的增多，需要护理状态的加剧，家庭难以提供专业化的护理服务，无法满足老龄化社会的护理需求；另一方面，日本社会还出现了由年龄较低的需要护理者对年龄较高者进行护理的现象，在年龄较低的需要护理者自身存在护理需求时，无法专心于对年龄较高者进行护理，家庭护理效果有限。② 因此，在日本老龄化程度不断加深的背景下，建立高效、专业的护理服务体系显得尤为必要。1997年12月，《日本护理保险法》颁布，2000年4月1日，该法正式实施，为日本老龄化社会背景下充分满足不同群体的护理需求提供了制度保障。日本护理保险制度经历了多次改革，已经形成了可持续发展的护理预防体系，经历了从被动护理到主动预防的转变，强化了服务使用者与社区的联系，政府对护理服务监管力度不断增强，构建了全面的护理服务体系，有力推动了医疗、护理的结合，③ 对于我国构建完善的长期护理保险制度具有重要启示。

---

① 参见佐藤满《介護保険法の成立過程》，《立命館法学》第5·6号（2010年），第743—744页。
② 参见赵立新《德国日本社会保障法研究》，知识产权出版社2008年版，第196—198页。
③ 参见李运华、姜腊《日本长期护理保险制度改革及启示》，《经济体制改革》2020年第3期，第169页；姬鹏程、王皓田《日本长期护理保险制度的经验与启示》，《宏观经济管理》2020年第11期，第85页以下。

目 录

第一部分 健康保险法（1922年法律第70号） ……………… (1)
  第一章 总则 ……………………………………………………… (1)
  第二章 保险人 …………………………………………………… (6)
    第一节 通则 …………………………………………………… (6)
    第二节 全国健康保险协会 …………………………………… (6)
    第三节 健康保险组合 ………………………………………… (14)
  第三章 被保险人 ………………………………………………… (19)
    第一节 资格 …………………………………………………… (19)
    第二节 每月标准报酬数额及标准奖金额 …………………… (21)
    第三节 申报等 ………………………………………………… (27)
  第四章 保险给付 ………………………………………………… (28)
    第一节 通则 …………………………………………………… (28)
    第二节 疗养给付及住院时饮食疗养费等给付 ……………… (31)
    第三节 伤病津贴、丧葬费、生育育儿一时金、生育津贴的
           给付 ………………………………………………… (52)
    第四节 家庭疗养费、家庭访问看护疗养费、家庭移送费、
           家庭丧葬费、家庭生育育儿一时金的给付 ………… (56)
    第五节 高额疗养费及高额护理总计疗养费的给付 ………… (58)
    第六节 保险给付的限制 ……………………………………… (59)
  第五章 与短期雇佣特殊被保险人相关的特例 ………………… (60)
    第一节 短期雇佣特殊被保险人保险的保险人 ……………… (60)
    第二节 每日标准工资数额等 ………………………………… (60)
    第三节 与短期雇佣特殊被保险人相关的保险给付 ………… (62)
  第六章 保险事业及福祉事业 …………………………………… (73)
  第七章 费用负担 ………………………………………………… (76)
  第八章 健康保险组合联合会 …………………………………… (90)
  第九章 不服申诉 ………………………………………………… (92)

第十章　其他规则 …………………………………………… (92)
第十一章　罚则 ……………………………………………… (102)

第二部分　国民健康保险法（1958 年法律第 192 号）[对国民健康保险法（1938 年法律第 60 号）进行全部修改] …… (108)

第一章　总则 ………………………………………………… (108)
第二章　都道府县及市町村 ………………………………… (109)
第三章　国民健康保险组合 ………………………………… (113)
　第一节　通则 ……………………………………………… (113)
　第二节　管理 ……………………………………………… (116)
　第三节　解散及合并 ……………………………………… (118)
　第四节　其他规则 ………………………………………… (121)
第四章　保险给付 …………………………………………… (121)
　第一节　疗养给付等 ……………………………………… (121)
　第二节　其他给付 ………………………………………… (136)
　第三节　保险给付的限制 ………………………………… (136)
　第四节　其他规则 ………………………………………… (137)
第五章　费用负担 …………………………………………… (139)
第六章　保健事业 …………………………………………… (149)
第六章之二　国民健康保险运营方针等 …………………… (151)
第七章　国民健康保险团体联合会 ………………………… (152)
第八章　诊疗报酬审查委员会 ……………………………… (154)
第九章　审查请求 …………………………………………… (155)
第九章之二　与保健事业等相关的帮助等 ………………… (157)
第十章　监督 ………………………………………………… (158)
第十一章　其他规则 ………………………………………… (159)
第十二章　罚则 ……………………………………………… (165)

第三部分　护理保险法（1997 年法律第 123 号） ………… (169)

第一章　总则 ………………………………………………… (169)
第二章　被保险人 …………………………………………… (182)
第三章　护理认定审查会 …………………………………… (184)

第四章 保险给付 (185)
第一节 通则 (185)
第二节 认定 (189)
第三节 护理给付 (199)
第四节 预防给付 (218)
第五节 市町村特别给付 (234)
第六节 保险给付的限制等 (234)

第五章 护理帮助专业人员、事业者及机构 (240)
第一节 护理帮助专业人员 (240)
第二节 指定居家服务事业者 (250)
第三节 指定区域密集型服务事业者 (264)
第四节 指定居家护理帮助事业者 (283)
第五节 护理保险机构 (290)
第六节 指定护理预防服务事业者 (313)
第七节 指定区域密集型护理预防服务事业者 (323)
第八节 指定护理预防帮助事业者 (336)
第九节 业务管理体制的完善 (343)
第十节 护理服务信息的公布 (346)

第六章 区域帮助事业等 (349)

第七章 护理保险事业计划 (358)

第八章 费用等 (367)
第一节 费用负担 (367)
第二节 财政安定化基金等 (380)
第三节 医疗保险人的缴纳金 (384)

第九章 社会保险诊疗报酬支付基金的护理保险关系业务 (388)

第十章 国民健康保险团体联合会的护理保险事业关系业务 (392)

第十一章 护理给付费等审查委员会 (393)

第十二章 审查请求 (395)

第十三章 其他规定 (397)

第十四章 罚则 (400)

译后记 (406)

第一部分 健康保险法
（1922年法律第70号）

第一章 总则

第1条（目的）

为了在发生工伤［指的是劳动者灾害补偿保险法（1947年法律第50号）第7条第1款第1项所规定的工伤］以外的疾病、伤残、死亡、生育事由时，向劳动者及其被抚养人提供保险给付，促进国民生活安定化、增进国民福祉，特制定本法。

第2条（基本理念）

考虑到健康保险制度构成医疗保险制度的基础，为应对高龄化社会的发展、疾病构造及社会经济情况的变化，应当经常对其他医疗保险制度、后期高龄者医疗制度、与此存在密切关联的制度进行讨论，基于讨论结果，采取措施以努力确保医疗保险运营的效率、给付内容及费用负担的合理化，并提升国民所接受医疗服务的品质。

第3条（定义）

1. 本法中的"被保险人"指的是，为适用事业所所使用的主体及任意继续被保险人。不过，除短期雇佣特殊被保险人外，符合下列各项所规定情形之一的主体，不得成为被保险人。

（1）船员保险的被保险人［船员保险法（1939年法律第73号）第2条第2款所规定的疾病任意继续被保险人除外］。

（2）被临时使用的符合下列情形的主体（应排除这两种情形：第一所列举的主体超过1个月连续被使用，第二所列举的主体超过第二所规定的期间连续被使用）。

第一，按日被使用的主体。

第二，在2个月的期间内被使用的主体。

（3）所在地并不确定的事业所或事务所（第88条第1款、第89条第1款除外，以下简称"事业所"）所使用的主体。

（4）因季节性业务所使用的主体（超过4个月连续被使用的主体除外）。

（5）从事临时事业的事业所所使用的主体（超过6个月连续被使用的主体除外）。

（6）国民健康保险组合的事业所所使用的主体。

（7）后期高龄者医疗被保险人［指的是与高龄者医疗确保相关法律（1982年法律第80号）第50条所规定的被保险人］，符合该条各项所规定情形之一的主体，且根据该法第51条的规定，并非后期高龄者医疗的被保险人（以下简称"后期高龄者医疗的被保险人等主体"）。

（8）获得厚生劳动大臣、健康保险组合、互助组合承认的主体（限于因并非健康保险的被保险人，而应成为国民健康保险的被保险人的期间内）。

（9）为事业所所使用的主体，且1周内的特定劳动时间，未达到同一事业所使用的劳动者（该劳动者从事该事业所正常劳动者所从事的相同类型业务时，除厚生劳动省令已作特别规定外，指的是该事业所从事相同类型业务的劳动者。本项以下简称"正常劳动者"），1周内所定劳动时间3/4的短时间劳动者（指的是，相较于同一事业所所使用的正常劳动者一般情形下1周内的劳动时间，1周内所定劳动时间较短的主体。本项以下亦同），或1个月内所定劳动天数，未达到同一事业所所使用正常劳动者一般情形下1个月内所定劳动天数的3/4的短时间劳动者，且满足第一至第四所规定的要件之一。

第一，1周内所定劳动时间未满20小时。

第二，不可能为该事业所连续使用1年以上。

第三，按照厚生劳动省令的规定，准用第42条第1款所计算出的报酬［由厚生劳动省令所规定的、相当于最低工资法（1959年法律第137号）第4条第3款各项所规定的工资除外］数额，未满88000日元。

第四，学校教育法（1947年法律第26号）第50条所规定高等学校的学生、该法第83条所规定大学的学生、厚生劳动省令所规定的其他主体。

2. 本法中的"短期雇佣特殊被保险人"指的是，为适用事业所所使用的短期雇佣劳动者。不过，后期高龄者医疗的被保险人等主体、符合下列各项所规定情形之一并获得厚生劳动大臣承认的主体，不在此限。

（1）明显无法在 2 个月期间内，被适用事业所连续使用 26 日以上。

（2）任意继续被保险人。

（3）存在其他特别理由。

3. 本法中的"适用事业所"指的是，符合下列各项所规定情形之一的事业所。

（1）从事以下事业的事业所，且经常使用 5 人以上的从业人员。

第一，物的制造、加工、筛选、包装、修理或拆除事业。

第二，土木、建筑、其他工作物的建设、改造、保存、修理、变更、破坏、拆除及相关准备事业。

第三，矿产采掘事业。

第四，电力或动力的生产、运输及供给事业。

第五，货物或旅客的运送事业。

第六，货物的装卸事业。

第七，销毁、清扫或屠宰事业。

第八，货物销售及配给事业。

第九，金融或保险事业。

第十，物的保管或租赁事业。

第十一，提供媒介服务。

第十二，收款、引导或广告事业。

第十三，教育、研究或调查事业。

第十四，疾病、助产或其他医疗事业。

第十五，通信或报道事业。

第十六，社会福祉法（1951 年法律第 45 号）所规定的社会福祉事业、更生保护事业法（1995 年法律第 86 号）所规定的更生保护事业。

（2）除前项所作规定外，使用固定从业人员的国家、地方公共团体或法人的事业所。

4. 本法中的"任意继续被保险人"指的是，因未被适用事业所所使用或符合第 1 款但书所规定情形，而丧失被保险人（短期雇佣特殊被保险人除外）资格的主体，在丧失被保险人资格之日前连续 2 个月以上为被保险人（短期雇佣特殊被保险人、任意继续被保险人、作为互助组合成员的被保险人除外），向保险人提出申请以便继续成为保险人的被保险人。不过，船员保险的被保险人、后期高龄者医疗被保险人等主体，不在此限。

5. 本法中的"报酬"指的是，不论是以工资、津贴、奖金等名义，劳动者因提供劳动而应当获得的对价。不过，临时获得的金钱及按照3个月以上的期间所给付的金钱，不在此限。

6. 本法中的"奖金"指的是，在劳动者所应当获得的对价中，按照3个月以上的期间所给付的金钱。

7. 本法中的"被抚养人"指的是下列主体，且该主体在日本国内拥有住所，或在外国留学的学生，或在日本国内不拥有住所，但考虑到出国目的等情况，按照厚生劳动省令的规定，其生活基础仍位于日本国内的主体。不过，后期高龄者医疗的被保险人等主体、由厚生劳动省令所规定的在适用本法时存在特殊除外理由的主体，不在此限。

（1）为被保险人（包含作为短期雇佣特殊被保险人的主体。本项以下亦同）的直系尊亲属、配偶（包含尚未办理结婚登记但存在事实婚姻关系的主体。本项以下亦同）、子女、孙子女、兄弟姐妹，且主要依赖于被保险人维持生计的主体。

（2）前项所列举亲属之外的被保险人三亲等内的主体，与被保险人属于同一家庭，主要依赖于被保险人维持生计。

（3）虽尚未办理结婚登记，但存在事实婚姻关系的配偶的父母、子女，与被保险人属于同一家庭，主要依赖于被保险人维持生计。

（4）前项所规定的配偶死亡后，其父母及子女，仍与被保险人属于同一家庭，主要依赖于被保险人维持生计。

8. 本法中的"短期雇佣劳动者"，指的是符合下列各项所规定情形之一的主体。

（1）临时被使用的主体，且符合下列条件〔若在同一事业所中，第一中的主体超过1个月，第二中的主体超过第二所规定的期间，连续被使用时（在并无确定所在地的事业所中被连续使用时除外）除外〕之一。

第一，每日被使用的主体。

第二，被使用期间为2个月以内的主体。

（2）因季节性业务被使用的主体（超过4个月连续被使用的主体

除外)。

　　(3) 临时事业所所使用的主体（超过 6 个月连续被使用的主体除外)。

　　9. 本法中的"工资"指的是，不论是以工资、津贴、奖金等名义，短期雇佣劳动者因提供劳动所应获得的对价。不过，按照 3 个月以上的期间获得对价时，不在此限。

　　10. 本法中的"互助组合"指的是，按照法律的规定所组成的互助组合。

　　11. 本法中的"保险人编号"指的是，厚生劳动大臣为识别从事健康保险事业的保险人，而对每个保险人设置的编号。

　　12. 本法中的"被保险人等标志·编号"指的是，保险人为了对被保险人、被扶养人的资格进行有效管理，而对被保险人或被抚养人设置的标志、编号或其他符号。

　　13. 本法中的"电子资格确认"指的是，准备自保险医疗机关等主体处（指的是第 63 条第 3 款各项所列举的医院、诊所或药店。以下亦同）获得疗养的主体、准备自第 88 条第 1 款所规定的指定访问看护事业者处获得该款所规定的指定访问看护的主体，通过向保险人发送个人编号卡［指的是与在行政程序中为识别特定个人而使用编号等相关法律（2013 年法律第 27 号）第 2 条第 7 款所规定的个人编号卡］上所附的使用人电子证明书［指的是，与涉及电子签名等的地方公共团体信息系统机构的认证业务相关法律（2002 年法律第 153 号）第 22 条第 1 款所规定的使用人电子证明书］，查询与被保险人或被扶养人资格相关的信息（包含与保险给付相关的费用请求的必要信息），使用电子信息处理组织方法、利用其他信息通信技术方法，自保险人处获得答复，将相关信息提供至该保险医疗机关等主体、指定访问看护事业者，并自该保险医疗机关等主体、指定访问看护事业者获得被保险人或被扶养人资格的确认。

第二章　保险人

第一节　通则

第 4 条（保险人）

健康保险（短期雇佣特殊被保险人的保险除外）的保险人指的是，全国健康保险协会及健康保险组合。

第 5 条（全国健康保险协会管理健康保险）

1. 全国健康保险协会，管理并非健康保险组合成员的被保险人（短期雇佣特殊被保险人除外。下一节、第 51 条之 2、第 63 条第 3 款第 2 项、第 150 条第 1 款、第 172 条第 3 项、第十章、第十一章除外。通则以下亦同）的保险。

2. 根据前款规定，全国健康保险协会所管理的健康保险事业业务中，被保险人资格取得、丧失的确认、每月标准报酬数额、标准奖金数额的决定、保险费的收取（与任意继续被保险人相关的部分除外）以及附带业务，由厚生劳动大臣实施。

第 6 条（组合管理健康保险）

健康保险组合，管理由组合成员作为被保险人的保险。

第 7 条（2 个以上的事业所所使用的主体的保险人）

无论第 5 条第 1 款及前条作何规定，针对管理同时为 2 个以上的事业所所使用的被保险人的保险的主体，应由厚生劳动省令进行规定。

第二节　全国健康保险协会

第 7 条之 2（设立及业务）

1. 为了实施与并非健康保险组合成员的被保险人（本节以下简称"被保险人"）相关的健康保险事业，应设置全国健康保险协会（以下简称"协会"）。

2. 协会应当实施以下业务。

（1）与第四章所规定保险给付、向第五章第三节所规定短期雇佣特殊被保险人提供的保险给付相关的业务。

（2）与第六章所规定保健事业及福祉事业相关的业务。

(3) 除前 2 项所规定的业务外,与协会所管理的健康保险事业相关,根据第 5 条第 2 款的规定由厚生劳动大臣所实施业务以外的业务。

(4) 除第 1 项及第 2 项所列举业务外,与短期雇佣特殊被保险人的保险事业相关,根据第 123 条第 2 款的规定由厚生劳动大臣所实施业务以外的业务。

(5) 与涉及第 204 条之 7 第 1 款所规定权限的事务相关的业务。

(6) 前面各项所列举业务的附带业务。

3. 除前款各项所列举的业务外,协会还应实施下列业务:与船员保险法所规定船员保险事业相关的业务(根据该法的规定由厚生劳动大臣所实施的业务除外)、与高龄者医疗确保相关法律所规定的前期高龄者缴纳金等(以下简称"前期高龄者缴纳金等")、该法所规定的后期高龄者帮助金等(以下简称"后期高龄者帮助金等")、护理保险法(1997 年法律第 123 号)所规定缴纳金(以下简称"护理缴纳金")的缴纳相关的业务。

第 7 条之 3 (法人人格)

协会为法人。

第 7 条之 4 (事务所)

1. 协会应将主要事务所设置于东京都,分设事务所应(以下简称"支部")设置于各都道府县。

2. 协会的住所应位于主要事务所的所在地。

第 7 条之 5 (出资)

协会的出资,为根据修改健康保险法部分内容的法律(2006 年法律第 83 号。以下简称"修改法")附则第 18 条第 2 款的规定,由政府缴纳的出资。

第 7 条之 6 (章程)

1. 协会应在章程中就下列事项作出规定。

(1) 目的。

(2) 名称。

(3) 事务所的所在地。

(4) 与管理人员相关的事项。

(5) 与运营委员会相关的事项。

(6) 与评议会相关的事项。

（7）与保健事业相关的事项。

（8）与福祉事业相关的事项。

（9）与资产管理及财务相关的事项。

（10）由厚生劳动省令所规定的与组织及业务相关的其他重要事项。

2. 若对前款所规定的章程作出变更（厚生劳动省令所规定的事项除外），应当获得厚生劳动大臣的认可，否则，不发生效力。

3. 协会变更的章程事项为前款中厚生劳动省令所规定的事项时，应毫不迟延地向厚生劳动大臣进行申报。

4. 协会就章程变更获得第 2 款中的认可时，或对该款中厚生劳动省令所规定的章程事项进行变更时，协会应毫不迟延地予以公告。

第 7 条之 7（登记）

1. 协会应按照政令的规定进行登记。

2. 根据前款的规定应登记的事项，未经登记，不得对抗第三人。

第 7 条之 8（名称）

并非协会的主体，在名称中不得使用全国健康保险协会的字样。

第 7 条之 9（管理人员）

协会应设置理事长 1 人以作为管理人员，并设置 6 人以内的理事及 2 位监事。

第 7 条之 10（管理人员的职务）

1. 理事长应代表协会执行业务。

2. 理事长遭遇意外，或缺少理事长之时，应由理事长自理事中提前指定的理事，（代理）执行职务。

3. 理事可按照理事长作出的规定，辅助理事长执行协会业务。

4. 监事应对协会业务执行、财务状况进行监督。

第 7 条之 11（管理人员的任命）

1. 理事长及监事，由厚生劳动大臣进行任命。

2. 厚生劳动大臣准备根据前款的规定任命理事长时，应提前听取第 7 条之 18 第 1 款所规定运营委员会的意见。

3. 理事由理事长任命。

4. 理事长根据前款的规定任命理事后，应毫不迟延地通知厚生劳动大臣，并公布任命的理事。

第 7 条之 12（管理人员的任期）

1. 管理人员的任期为 3 年。不过，候补管理人员的任期为前任管理人员的剩余任期。

2. 管理人员可被再次委任。

第7条之13（管理人员的不适格条件）

政府或地方公共团体的职员（兼任的主体除外），不得成为管理人员。

第7条之14（管理人员的解任）

1. 根据前条的规定，任命的管理人员成为不适格的主体时，厚生劳动大臣或理事长应分别解任各自任命的管理人员。

2. 厚生劳动大臣或理事长分别任命的管理人员符合下列各项所规定的情形之一，或存在不再适宜成为管理人员的其他情形时，厚生劳动大臣或理事长可解任对应的管理人员。

（1）因身心残疾而不再适宜履行职务。

（2）履行职务时存在违反义务的行为。

3. 理事长根据前款的规定解任理事时，应毫不迟延地通知厚生劳动大臣，并将解任的事实予以公布。

第7条之15（管理人员的兼职禁止）

管理人员（兼任者除外）不得成为以营利为目的的团体的管理人员，不得从事营利事业。不过，在获得厚生劳动大臣的承认后，不在此限。

第7条之16（代表权的限制）

对于协会与理事长、理事存在利益冲突的事项，理事长及理事不享有代表权，此时，应由监事代表协会。

第7条之17（代理人的选任）

为处理协会部分业务，理事长可自理事或职员中，选任享有裁判上及裁判外一切行为权限的代理人。

第7条之18（运营委员会）

1. 为反映事业主（指的是使用被保险人的适用事业所。本节以下亦同）及被保险人的意见，确保顺利运营协会业务，应在协会中设置运营委员会。

2. 运营委员会的委员应限制在9人以内，由厚生劳动大臣分别自事业主、被保险人、对协会业务运营具有必要专业知识的主体中任命相同数量的委员。

3. 前款所规定委员的任期为2年。

4. 第 7 条之 12 第 1 款但书及第 2 款的规定，准用于运营委员会的委员。

第 7 条之 19（运营委员会的职务）

1. 针对下列事项，理事长应提前经由运营委员会作出决议。

（1）章程的变更。

（2）第 7 条之 22 第 2 款所规定运营规则的变更。

（3）协会每个事业年度的事业计划、预算及决算。

（4）对重要财产进行处分，负担重大债务。

（5）第 7 条之 35 第 2 款所规定管理人员的报酬、退休津贴给付基准的变更。

（6）由厚生劳动省令所规定的与协会组织、业务相关的其他重要事项。

2. 除前款所作规定外，应理事长的咨询或对于必要事项，运营委员会可向理事长提出建议。

3. 除前面 2 款所作规定外，有关运营委员会的组织及运营的必要事项，应由厚生劳动省令作出规定。

第 7 条之 20（委员的地位）

在适用刑法（1907 年法律第 45 号）及其他罚则时，运营委员会的委员应被视为根据法令从事公务的职员。

第 7 条之 21（评议会）

1. 为根据都道府县的实际情况开展业务运营，协会应在支部中设置评议会，在实施支部中的业务时，应听取评议会的意见。

2. 对于评议会的评议员，应由支部部长按照章程的规定，自评议会所在支部位于都道府县的适用事业所（包含第 34 条第 1 款所规定的变更后的事业所。以下亦同）的事业主、被保险人、支部中具有与业务顺利实施相关必要专业知识的主体中，予以委任。

第 7 条之 22（运营规则）

1. 由厚生劳动省令所规定的与业务执行相关的必要事项，应由协会制定运营规则。

2. 理事长在准备变更运营规则时，应提前向厚生劳动大臣进行申报。

第 7 条之 23（职员的任命）

协会的职员，应由理事长任命。

第 7 条之 24（管理人员及职员的公务员性质）

第 7 条之 20 的规定，准用于协会的管理人员及职员。

第 7 条之 25（事业年度）

协会的事业年度，自每年 4 月 1 日开始，第 2 年的 3 月 31 日结束。

第 7 条之 26（企业会计原则）

协会的会计，应按照厚生劳动省令的规定，原则上遵照企业会计原则。

第 7 条之 27（事业计划等的认可）

协会应按照每个事业年度，制订事业计划及预算，并在事业年度开始前，获得厚生劳动大臣的认可。对这些事项进行变更时，亦同。

第 7 条之 28（财务诸表等）

1. 协会应在第 2 个事业年度的 5 月 31 日之前，完成每事业年度的决算。

2. 协会应按照每个事业年度，制定或制作资产负债表、损益计算书、与利益处分及损失处理相关的文件、厚生劳动省令所规定的其他文件以及这些文件的附属明细书（以下简称"财务诸表"），在财务诸表中附上该事业年度的事业报告书、决算报告书（本条以下及第 217 条之 2 第 4 项中简称"事业报告书等"），添加监事、根据下一条第 2 款所选任出的会计监督人的意见，并在决算完成后的 2 个月以内向厚生劳动大臣提交，并获得其承认。

3. 为了展示支部财务及事业状况，在财务诸表、事业报告书等中，应记载厚生劳动省令所规定的必要事项。

4. 协会在获得第 2 款所规定厚生劳动大臣的承认后，应毫不迟延地将财务诸表在官方公报上予以公告，同时，将财务诸表、事业报告书等、记载监事及会计监查人意见的文件，放置于各事务所，在厚生劳动省令所规定期间内供一般阅览。

第 7 条之 29（会计监查人的监查）

1. 针对财务诸表、事业报告书（限于与会计相关的部分）、决算报告书，协会除接受监事的监查外，还应接受会计监查人的监查。

2. 应由厚生劳动大臣选任会计监查人。

3. 会计监查人应为公认会计师［包含公认会计师法（1948 年法律第 103 号）第 16 条之 2 第 5 款所规定的外国公认会计师］或监查法人。

4. 按照公认会计师法的规定，对财务诸表不能进行监查的主体，不能成为会计监查人。

5. 会计监查人的任期，自被选任以后，至事业年度首次终止时的财务诸表获得前条第 2 款所规定的厚生劳动大臣承认时结束。

6. 会计监查人符合下列各项情形之一时，厚生劳动大臣可解任会计监查人。

（1）违反职务上的义务或者执行职务时存在懈怠。

（2）曾实施与会计监查人职务不符的违法行为。

（3）由于身心残疾，执行职务存在障碍或者无法胜任职务。

第 7 条之 30（各事业年度的业绩评价）

1. 厚生劳动大臣，应对协会每个事业年度的业绩作出评价。

2. 厚生劳动大臣在开展前款的评价时，应毫不迟延地向协会通知评价结果，并将评价结果予以公布。

第 7 条之 31（借款）

1. 为了筹措协会业务所需费用，协会可在获得厚生劳动大臣的许可后，短期借入资金。

2. 前款所规定的短期借款，应在该事业年度内偿还。不过，因资金不足而无法偿还时，在获得厚生劳动大臣的许可后，可将无法偿还的金钱再次转化为借款。

3. 根据前款但书的规定再次转化的借款，应在 1 年之内偿还。

第 7 条之 32（债务保证）

无论限制政府对法人提供财政帮助的法律（1946 年法律第 24 号）第 3 条作何规定，在国会决议决定的金钱数额范围内，为了业务顺利运行而存在必要之时，对于前条所规定协会的短期借款债务，政府可在必要的期间范围内提供保证。

第 7 条之 33（资金运用）

应按照政令的规定，根据事业目的及资金性质，安全且高效地运用协会业务上的充裕资金。

第 7 条之 34（重要财产的处分）

协会在准备转让厚生劳动省令所规定重要财产，或在其之上设定担保时，应获得厚生劳动大臣的许可。

第 7 条之 35（管理人员的报酬等）

1. 在确定协会管理人员的报酬及退休津贴时，应将管理人员的业绩纳入考量范围。

2. 协会在确定管理人员的报酬及退休津贴的给付基准后，应向厚生劳动大臣进行申报，并将相关基准予以公布。对此进行变更时，亦同。

第 7 条之 36（职员的工资等）

1. 在确定协会职员的工资时，应将职员的工作业绩纳入考量范围。

2. 协会在确定职员工资及退休津贴的给付基准后，应向厚生劳动大臣进行申报，并将相关基准予以公布。对此进行变更时，亦同。

第 7 条之 37（秘密保守义务）

1. 协会的管理人员、职员以及曾经担任过这些职务的主体，无正当理由不得泄露因执行职务所获知的与健康保险事业相关的秘密。

2. 前款的规定准用于协会运营委员会的委员及曾具有此种身份的主体。

第 7 条之 38（报告的收取等）

1. 厚生劳动大臣在认为必要之时，可收取协会与事业及财产状况相关的报告，要求职员进入协会事务所对关系人进行质问，实地对有关状况展开检查。

2. 根据前款的规定进行质问或检查的职员，应携带身份证明，在关系人提出请求时，还应出示身份证明。

3. 第 1 款所规定的权限，不能被解释为可用于犯罪搜查。

第 7 条之 39（监督）

1. 协会事业的实施、财产管理违反法令、章程、厚生劳动大臣的处分时，未能确保获得可获得的收入，不当支出经费、对财产进行不当处分时，协会的事业实施、财产管理存在其他不当行为时，协会的管理人员对事业执行及财产管理存在明显懈怠时，厚生劳动大臣应指定期间，命令协会或其管理人员采取必要措施，改正事业实施及财产管理上的不当行为。

2. 协会或其管理人员违反前款的命令时，厚生劳动大臣可指定期限，要求协会解任全部或部分违反命令的管理人员。

3. 协会在违反前款的命令时，厚生劳动大臣可解任与该款中命令相关的管理人员。

第 7 条之 40（解散）

协会的解散，由法律另行规定。

第 7 条之 41（对厚生劳动省令的委任）

除本法及基于本法的政令所作规定外，协会财务、会计、与协会相关的其他必要事项，由厚生劳动省令作出规定。

第 7 条之 42（与财务大臣的协商）

在下列场合下，厚生劳动大臣应提前与财务大臣进行协商。

（1）准备作出第 7 条之 27、第 7 条之 31 第 1 款、第 2 款的但书、第 7 条之 34 条所规定的许可或认可。

（2）根据前条的规定准备制定厚生劳动省令。

第三节 健康保险组合

第 8 条（组织）

健康保险组合，由适用事业所的事业主、适用事业所所使用的被保险人、任意继续被保险人所组成。

第 9 条（法人人格）

1. 健康保险组合为法人。

2. 健康保险组合的住所，应位于主要事务所的所在地。

第 10 条（名称）

1. 健康保险组合应在其名称中使用健康保险组合的字样。

2. 并非健康保险组合的主体，不得使用健康保险组合的名称。

第 11 条（设立）

1. 对于 1 个或 2 个以上的适用事业所而言，使用一般政令所规定数量以上被保险人的事业主，可设立健康保险组合。

2. 适用事业所的事业主，可共同设立健康保险组合。此时，被保险人的数量总额应超过一般政令所规定的数量。

第 12 条

1. 适用事业所的事业主在准备设立健康保险组合时，应得到准备设立健康保险组合的适用事业所所使用的 1/2 以上的被保险人同意，并制定规约，获得厚生劳动大臣的许可。

2. 2 个以上的适用事业所准备设立健康保险组合时，前款所规定的同意，也应适用于各适用事业所。

第 13 条

在同时提出第 31 条第 1 款所规定的许可申请、健康保险组合设立的许可申请时，前 2 条中的"适用事业所"变更为"应成为适用事业所的主体"，"被保险人"变更为"应成为被保险人的主体"。

第 14 条

1. 厚生劳动大臣，可命令在 1 个或 2 个以上的适用事业所（第 31 条第 1 款所规定的适用事业所除外）中，使用一般政令所规定数量以上被保险人的事业主，设立健康保险组合。

2. 根据前款的规定，被命令设立健康保险组合的事业主，应制定规约，并获得厚生劳动大臣的设立许可。

第 15 条（成立时期）

健康保险组合自获得设立许可时成立。

第 16 条（规约）

1. 健康保险组合应在规约中对下列事项作出规定。

(1) 名称。

(2) 事务所的所在地。

(3) 设立健康保险组合的适用事业所的名称及所在地。

(4) 与组合会议相关的事项。

(5) 与管理人员相关的事项。

(6) 与组合成员相关的事项。

(7) 与保险费相关的事项。

(8) 与准备金及财产管理相关的事项。

(9) 与公告相关的事项。

(10) 除前面各项所规定事项外，由厚生劳动省令所规定的事项。

2. 对前款所规定的规约进行变更时（与厚生劳动省令所规定事项相关的规约变更除外），在获得厚生劳动大臣的认可后，方发生效力。

3. 健康保险组合在对前款中与厚生劳动省令所规定事项相关的规约进行变更后，应毫不迟延地向厚生劳动大臣进行申报。

第 17 条（组合成员）

1. 设立健康保险组合的适用事业所（以下简称"设立事业所"）的事业主、设立事业所使用的被保险人，为健康保险组合的组合成员。

2. 若前款的被保险人不被该设立事业所所使用，当其成为任意继续被保险人时，仍为该健康保险组合的组合成员。

第 18 条（组合会议）

1. 应在健康保险组合中设置组合会议。

2. 组合会议应由组合会议员组成。

3. 组合会议员的数量，为偶数，其中半数的组合会议员，应自设立事业所的事业主（包含代理人）、设立事业所所使用的主体中选任，其他半数议员由作为被保险人的组合成员相互选择。

第 19 条（组合会议的决议事项）

下列事项应当经过组合会议的决议通过。

（1）规约的变更。

（2）收入及支出的预算。

（3）事业报告及决算。

（4）规约所规定的其他事项。

第 20 条（组合会议的权限）

1. 组合会议可对与健康保险组合事务相关的文件进行检查，请求理事或监事提交报告，对事务管理、决议执行或出纳进行检查。

2. 组合会议可要求自组合会议员中选任的主体，实施属于前款组合会议权限的事项。

第 21 条（管理人员）

1. 应在健康保险组合中设置理事及监事作为管理人员。

2. 理事的人员数量为偶数，其中半数应为设立事业所的事业主所选任的组合会议员，其他半数为作为被保险人的组合成员互相选任的主体。

3. 应自设立事业所的事业主所选任的作为组合会议员的理事中，选举 1 人作为理事长。

4. 在组合会议中，应自设立事业所的事业主所选任的组合会议员、作为被保险人的组合成员所相互选任的组合会议员中，分别选举 1 人作为监事。

5. 监事不得兼任理事或健康保险组合的职员。

第 22 条（管理人员的职务）

1. 理事长代表健康保险组合执行职务。理事长遭遇意外，或缺少理事长之时，应由理事长自设立事业所的事业主所选任的作为组合会议员的理事中提前指定的理事，（代理）执行职务。

2. 除规约所作特别规定外，健康保险组合的业务应由过半数理事表决通过，赞成与否定的表决数相同时，由理事长作出决定。

3. 理事可按照理事长作出的规定，辅助理事长执行健康保险组合业务。

4. 监事应对健康保险组合的业务执行及财产状况进行监督。

第 22 条之 2（协会管理人员及职员秘密保守义务相关规定的准用）

第 7 条之 37 第 1 款的规定，准用于健康保险组合的管理人员及职员。

第 23 条（合并）

1. 健康保险组合准备合并之时，应在组合会议中，经由组合会议员数量的 3/4 以上多数表决通过，并获得厚生劳动大臣的许可。

2. 因合并而设立健康保险组合时，应由各健康保险组合在各自的组合会议中，自管理人员或组合会议员中选任的设立委员共同制定规约，并实施其他的必要设立行为。

3. 因合并而设立的健康保险组合、合并后存续的健康保险组合，承继因合并而消灭的健康保险组合的权利义务。

第 24 条（分立）

1. 健康保险组合在准备分立之时，应在组合会议中经由组合会议员数量的 3/4 以上多数表决通过，并获得厚生劳动大臣的许可。

2. 不能仅就部分设立事业所，进行健康保险组合的分立。

3. 进行分立之时，应成为因分立所设立健康保险组合的组合成员的被保险人、作为分立后存续的健康保险组合的组合成员的被保险人数量，应在第 11 条第 1 款（共同设立健康保险组合之时，为该条第 2 款）政令所规定的数量以上。

4. 因分立而设立健康保险组合时，应成为因分割所设立健康保险组合的设立事业所的适用事业所的事业主应当制定规约，并实施其他必要行为。

5. 因分立所设立的健康保险组合，承继因分立而消灭的健康保险组合、分立后存续的健康保险组合的部分权利义务。

6. 按照前款规定，所承继的权利义务限度，应通过分立决议决定，并获得厚生劳动大臣的认可。

第 25 条（设立事业所的增减）

1. 健康保险组合在准备增加或减少设立事业所时，应获得与增加或减少相关的适用事业所的全部事业主以及适用事业所所使用的被保险人的 1/2 以上的同意。

2. 对于提出第 31 条第 1 款所规定许可申请的事业所，在提出与增加设立事业所相关的规约变更认可申请时，前款中的"被保险人"变更为

"应当成为被保险人的主体"。

3. 根据第 1 款的规定，健康保险组合减少设立事业所时，作为健康保险组合被保险人的组合成员的数量，也应在第 11 条第 1 款（共同设立健康保险组合时，为该条第 2 款）中政令所规定的人员数量以上。

4. 第 12 条第 2 款的规定，准用于获得第 1 款中被保险人同意的情形。

第 26 条（解散）

1. 健康保险组合根据以下事由解散。

（1）经组合会议员人员数量的 3/4 以上多数决议通过。

（2）健康保险组合事业陷入永久不能。

（3）根据第 29 条第 2 款的规定收到解散命令。

2. 根据前款第 1 项、第 2 项所规定的事由，健康保险组合准备解散时，应获得厚生劳动大臣的许可。

3. 健康保险组合在解散时，若其财产无法完全清偿债务，该健康保险组合可按照政令的规定，请求设立事业所的事业主负担为清偿债务所需的全部或部分费用。

4. 协会承继因解散而消灭的健康保险组合的权利义务。

第 27 条 删除

第 28 条（指定健康保险组合所制订的健全化计划）

1. 符合政令所规定要件、获得厚生劳动大臣指定、未实现健康保险事业收支均衡的健康保险组合（本条以下及下一条简称"指定健康保险组合"），应按照政令的规定，制订财政健全化计划（本条以下简称"健全化计划"），并获得厚生劳动大臣的承认。对此进行变更时，亦同。

2. 获得前款承认的指定健康保险组合，应遵循所承认的健全化计划，开展事业。

3. 根据获得第 1 款承认的指定健康保险组合的事业、财产状况，厚生劳动大臣认为有必要对健全化计划进行变更时，可指定期限，要求指定健康保险组合变更该健全化计划。

第 29 条（报告的收取等）

1. 第 7 条之 38、第 7 条之 39 的规定，准用于健康保险组合。此时，第 7 条之 38 第 1 款中的"厚生劳动大臣"变更为"若厚生劳动大臣根据第 29 条第 1 款中所准用的前条规定，收取报告、进行质问或检查"，"章程"变更为"规约"。第 7 条之 39 规定中的"厚生劳动大臣应指定期间，命令协会或其管理人员采取必要措施，改正事业实施及财产管理上的不当行为"变更为"若厚生劳动大臣根据第 29 条第 1 款中所准用的前条规定，收取报告、进行质问或检查，应指定期间，命令协会或其管理人员采取必要措施，改正事业实施及财产管理上的不当行为"，"章程"变更为"规约"。

2. 若健康保险组合违反前款中准用的第 7 条之 39 第 1 款所规定的命令，或因违反前条第 2 款规定的指定健康保险组合、对该条第 3 款的要求未作出回应的指定健康保险组合、政令所规定的其他指定健康保险组合的事业或财产状况，难以开展事业之时，厚生劳动大臣可命令解散该健康保险组合。

第 30 条（对政令的委任）

除本节所作规定外，有关健康保险组合的管理、财产保管、其他与健康保险组合相关的必要事项，由政令作出规定。

第三章　被保险人

第一节　资格

第 31 条（适用事业所）

1. 适用事业所以外事业所的事业主，可在获得厚生劳动大臣的许可后，将事业所变更为适用事业所。

2. 在准备获得前款的许可时，该事业所的事业主应获得该事业所所使用主体（限于应成为被保险人的主体）的 1/2 以上的同意，并向厚生劳动大臣提出申请。

第 32 条

适用事业所不符合第 3 条第 3 款各项所规定的情形时，视为该事业所获得前条第 1 款所规定的许可。

第 33 条

1. 第 31 条第 1 款中事业所的事业主，可在获得厚生劳动大臣的许可后，丧失适用事业所的主体资格。

2. 在准备获得前款的许可时，该事业所的事业主应获得该事业所所使用主体的（限于作为被保险人的主体）3/4 以上的同意，并向厚生劳动大臣提出申请。

第 34 条

1. 2 个以上的适用事业所的事业主相同时，该事业主在获得厚生劳动大臣的承认后，可将这 2 个以上的事业所变更为 1 个事业所。

2. 获得前款的承认后，即不再视为存在 2 个以上的事业所。

第 35 条（资格取得时期）

被保险人（任意继续被保险人除外。本条以下至第 38 条亦同）为适用事业所所使用之日、使用被保险人的事业所成为适用事业所之日、不再符合第 3 条第 1 款但书的规定之日，取得被保险人资格。

第 36 条（资格丧失时期）

被保险人自符合下列各项所规定情形之一之日的次日起（此项事实发生之日又符合前条所规定的情形时，为此项事实发生之日），丧失被保险人资格。

（1）死亡。

（2）不再为事业所所使用。

（3）符合第 3 条第 1 款但书的规定。

（4）获得第 33 条第 1 款的许可。

第 37 条（任意继续被保险人）

1. 第 3 条第 4 款的申请，必须自丧失被保险人资格之日起 20 以内提出。不过，保险人认定存在正当理由时，对于在期间经过后提出的申请，亦可受理。

2. 提出第 3 条第 4 款的申请的主体，在缴纳期限届满后未缴纳首次应当缴纳的保险费时，无论该款作何规定，不再被视为任意继续被保险人。不过，保险人认定其因存在正当理由而迟延缴纳时，不在此限。

第 38 条（任意继续被保险人的资格丧失）

任意继续被保险人，自符合下列各项所规定情形之一之日的次日（符合第 4—6 项所规定情形之一时，为符合第 4—6 项所规定情形的日期）起，丧失任意继续被保险人的资格。

（1）自成为任意继续被保险人之日起已超过 2 年。

（2）死亡。

（3）在缴纳期限届满后仍未缴纳保险费（首次应当缴纳的保险费除

外)(保险人认定对于迟延缴纳存在正当理由的除外)。

(4) 成为被保险人。

(5) 成为船员保险的被保险人。

(6) 成为后期高龄者医疗的被保险人等主体。

第 39 条(资格得丧的确认)

1. 被保险人资格的取得及丧失,因保险人等(被保险人为协会所管理健康保险的被保险人时,为厚生劳动大臣,被保险人为健康保险组合所管理健康保险的被保险人时,为该健康保险组合。第 164 条第 2 款及第 3 款、第 180 条第 1 款、第 2 款及第 4 款、第 181 条第 1 款除外,以下亦同)的确认而发生效力。不过,因符合第 36 条第 4 项而丧失被保险人资格、取得或丧失任意继续被保险人资格时,不在此限。

2. 前款的确认,依第 48 条所规定的申报、第 51 条第 1 款所规定的请求或依职权而进行。

3. 针对第 1 款的确认,不适用行政程序法(1993 年法律第 88 号)第三章(第 12 条及第 14 条除外)的规定。

第二节 每月标准报酬数额及标准奖金额

第 40 条(每月标准报酬数额)

1. 基于被保险人每月的报酬数额,按照下列的等级区分(根据下一款的规定对等级区分进行修改时,为修改后的等级区分)确定每月标准报酬数额。

每月标准报酬数额等级	每月标准报酬数额	每月报酬数额
第一级	58000 日元	未满 63000 日元
第二级	68000 日元	63000 日元以上、未满 73000 日元
第三级	78000 日元	73000 日元以上、未满 83000 日元
第四级	88000 日元	83000 日元以上、未满 93000 日元
第五级	98000 日元	93000 日元以上、未满 101000 日元
第六级	104000 日元	101000 日元以上、未满 107000 日元
第七级	110000 日元	107000 日元以上、未满 114000 日元
第八级	118000 日元	114000 日元以上、未满 122000 日元
第九级	126000 日元	122000 日元以上、未满 130000 日元
第十级	134000 日元	130000 日元以上、未满 138000 日元

续表

每月标准报酬数额等级	每月标准报酬数额	每月报酬数额
第十一级	142000 日元	138000 日元以上、未满 146000 日元
第十二级	150000 日元	146000 日元以上、未满 155000 日元
第十三级	160000 日元	155000 日元以上、未满 165000 日元
第十四级	170000 日元	165000 日元以上、未满 175000 日元
第十五级	180000 日元	175000 日元以上、未满 185000 日元
第十六级	190000 日元	185000 日元以上、未满 195000 日元
第十七级	200000 日元	195000 日元以上、未满 210000 日元
第十八级	220000 日元	210000 日元以上、未满 230000 日元
第十九级	240000 日元	230000 日元以上、未满 250000 日元
第二十级	260000 日元	250000 日元以上、未满 270000 日元
第二十一级	280000 日元	270000 日元以上、未满 290000 日元
第二十二级	300000 日元	290000 日元以上、未满 310000 日元
第二十三级	320000 日元	310000 日元以上、未满 330000 日元
第二十四级	340000 日元	330000 日元以上、未满 350000 日元
第二十五级	360000 日元	350000 日元以上、未满 370000 日元
第二十六级	380000 日元	370000 日元以上、未满 395000 日元
第二十七级	410000 日元	395000 日元以上、未满 425000 日元
第二十八级	440000 日元	425000 日元以上、未满 455000 日元
第二十九级	470000 日元	455000 日元以上、未满 485000 日元
第三十级	500000 日元	485000 日元以上、未满 5150000 日元
第三十一级	530000 日元	515000 日元以上、未满 545000 日元
第三十二级	560000 日元	545000 日元以上、未满 575000 日元
第三十三级	590000 日元	575000 日元以上、未满 605000 日元
第三十四级	620000 日元	605000 日元以上、未满 635000 日元
第三十五级	650000 日元	635000 日元以上、未满 665000 日元
第三十六级	680000 日元	665000 日元以上、未满 695000 日元
第三十七级	710000 日元	695000 日元以上、未满 730000 日元
第三十八级	750000 日元	730000 日元以上、未满 770000 日元
第三十九级	790000 日元	770000 日元以上、未满 810000 日元
第四十级	830000 日元	810000 日元以上、未满 855000 日元
第四十一级	880000 日元	855000 日元以上、未满 905000 日元
第四十二级	930000 日元	905000 日元以上、未满 955000 日元

续表

每月标准报酬数额等级	每月标准报酬数额	每月报酬数额
第四十三级	980000 日元	955000 日元以上、未满 1005000 日元
第四十四级	1030000 日元	1005000 日元以上、未满 1055000 日元
第四十五级	1090000 日元	1055000 日元以上、未满 1115000 日元
第四十六级	1150000 日元	1115000 日元以上、未满 1175000 日元
第四十七级	1210000 日元	1175000 日元以上、未满 1235000 日元
第四十八级	1270000 日元	1235000 日元以上、未满 1295000 日元
第四十九级	1330000 日元	1295000 日元以上、未满 1355000 日元
第五十级	1390000 日元	1355000 日元以上

2. 每年 3 月 31 日符合每月标准报酬数额最高等级的被保险人数量，超过被保险人总数的 1.5%时，并且这一状态继续存续时，自该年的 9 月 1 日起，政令可在该最高等级之上新增每月标准报酬数额等级区分。不过，在每年的 3 月 31 日，符合修改后每月标准报酬数额的最高等级的被保险人数量，不得低于该日被保险人总数的 0.5%。

3. 厚生劳动大臣，因需制定或修改前款的政令而提出立案时，应当听取社会保障审议会的意见。

第 41 条（定期决定）

1. 在被保险人每年 7 月 1 日被实际使用的事业所中，在该日前 3 个月期间［限于在该事业所连续使用的期间内，而且，某一个月内报酬支付基础天数不满 17 日（若为厚生劳动省令所规定的主体，则为 11 日。在第 43 条第 1 款、第 43 条之 2 第 1 款、第 43 条之 3 第 1 款中亦同）时，该月份除外］所获得的报酬总额，除以在此期间的月份数，所得数额为每月报酬数额，保险人应以此为基准决定每月标准报酬数额。

2. 根据前款规定所决定的每月标准报酬数额，为自该年 9 月至次年 8 月期间内每月标准报酬数额。

3. 对于自 6 月 1 日至 7 月 1 日期间内取得被保险人资格的主体，以及根据第 43 条、第 43 条之 2、第 43 条之 3 的规定，自 7 月至 9 月内任意一个月起，每月标准报酬数额被修改或应当被修改的被保险人，第 1 款的规定仅限于在该年不予适用。

第 42 条（取得被保险人资格时的决定）

1. 对于取得被保险人资格的主体，保险人应将下列数额作为每月报酬数额，以此为基准决定每月标准报酬数额。

（1）按照月、周或者其他期间确定报酬时，应将取得被保险人资格之日的实际报酬数额除以该期间内的总天数，相当于所得到数额的30倍。

（2）根据日期、时间、总量或承包而确定报酬时，以在取得被保险人资格之月前的1个月内，在该事业所从事同样业务、获得同样报酬的主体所得到报酬数额的平均值为基准。

（3）根据前2项的规定进行计算存在困难时，以在取得被保险人资格之月前的1个月内，在其他地方从事同样业务、获得同样报酬的主体所得到的报酬数额为基准。

（4）因符合前3项中2项以上的条件而获得报酬时，应以分别按照前3项所计算出数额的总额为基准。

2. 根据前款的规定决定的每月标准报酬数额，为自取得被保险人资格之月起至该年的8月（自6月1日至12月31日期间内取得被保险人资格时，为第2年的8月）期间内的每月标准报酬数额。

第43条（修改每月标准报酬数额）

1. 与以被保险人每月标准报酬数额为基础的每月报酬数额相比较，被保险人在实际受雇的事业所内，连续3个月（每个月支付报酬的基础天数应为17日以上）所获得的报酬总额除以3所获得的数额，显著过高或过低而存在必要时，保险人等可将此项数额作为每月报酬数额，自显著过高或过低之月的次月起，对每月标准报酬数额进行修改。

2. 根据前款规定所修改的每月标准报酬数额，为至该年8月（自7月至12月期间内的任意一个月起修改时，为次年的8月）为止的各月的每月标准报酬数额。

第43条之2（育儿休假等结束时的修改）

1. 与育儿休假、护理休假等育儿有关事项或开展家庭护理的劳动者福祉相关法律（1991年法律第76号）第2条第1项，所规定的育儿休假，按照与该法第23条第2款中育儿休假相关制度所进行的休假、根据该法第24条第1款（限于与第2项相关的部分）并按照与该款第2项所规定的育儿休假相关制度进行的休假、基于政令中所规定法令的育儿休假（以下简称"育儿休假等"）已经结束的被保险人，在育儿休假等结束之日（本条以下简称"育儿休假等结束之日"），若仍在养育未满3岁的孩子，可经由受雇事业所的事业主，按照厚生劳动省令的规定向保险人等提出申请，由保险人对每月标准报酬数额进行修改，每月标准报酬数额修改基准为：无论第41条作何规定，以育儿休假等结束之日的次日所在之月以后3个月内（限于在育儿休假等结束之日的次日，事业所仍继续使用被保险人的期间内，而且，作为报酬支付基础的天数未达到17日的月份除外）所获得的报酬总额，除以该期间内的月份数所得数额，作为每月报酬数额。不过，在育儿休假等结束之日的次日，开始下一条第1款所规定的产前产后休假的被保险人，不在此限。

2. 根据前款的规定，所修改的每月标准报酬数额，为自育儿休假等结束之日的次日起算，经过2个月之日所属月份的次月起至该年的8月（次月为7—12月的月份之一时，为次年的8月）期间内各月的每月标准报酬数额。

第43条之3（产前产后休假结束时的修改）

1. 产前产后休假［指的是自生育之日（生育之日为生育预估日之后时，为生育的预估日）的前42日（生育多个胎儿时为98日）起，至生育日后的56日止的期间内，因无法从事劳务工作（仅限于因生育等事由无法从事劳务的情形而进行休假。以下亦同）］已经结束的被保险人，产前产后休假结束之日（本条以下简称"产前产后休假结束之日"），仍在养育产前产后休假期间内分娩的婴儿时，可经由受雇事业所的事业主按照厚生劳动省令的规定，向保险人等提出申请，由保险人对每月标准报酬数额进行修改，每月标准报酬数额修改基准为：无论第41条作何规定，以产前产后休假结束之日的次日所属月份以后3个月内（限于在产前产后休假结束之日的次日，事业所仍继续使用被保险人的期间内，而且，作为报酬支付基础的天数未达到17日的月份除外）所获得的报酬总额，除以该期间内的月份数所得数额，作为每月报酬数额。不过，产前产后休假结束之日的次日开始育儿休假的被保险人，不在此限。

2. 根据前款的规定，所修改的每月标准报酬数额，为自产前产后休假结束之日的次日起算，经过2个月之日所属月份的次月起至该年的8月（次月为7—12月的月份之一时，为次年的8月）期间内各月的每月标准报酬数额。

第44条（每月报酬数额计算的特例）

1. 针对被保险人每月报酬数额，根据第41条第1款、第42条第1

款、第 43 条之 2 第 1 款、前条第 1 款的规定，计算存在困难时，或者根据第 41 条第 1 款、第 42 条第 1 款、第 43 条第 1 款、第 43 条之 2 第 1 款、前条第 1 款的规定，所计算的数额明显不合理时，无论这些条文作何规定，保险人应将所计算出的数额作为被保险人的每月报酬数额。

2. 在前款所规定的场合下，保险人为健康保险组合时，该款的计算方法应由规约作出规定。

3. 被保险人同时自 2 个以上的事业所获得报酬时，应根据第 41 条第 1 款、第 42 条第 1 款、第 43 条第 1 款、第 43 条之 2 第 1 款、前条第 1 款、第 1 款的规定，以所计算出的自每个事业所所获报酬数额的总额，作为该被保险人的每月报酬数额。

第 45 条（标准奖金额的决定）

1. 在被保险人获得奖金的月份内，该月被保险人所获得的奖金数额存在未满 1000 日元的尾数时，保险人等应舍弃尾数，以决定该月的标准奖金额。不过，该月因被保险人所接受的奖金，导致该年度内（指的是每年 4 月 1 日至次年 3 月 31 日的期间。以下亦同）标准奖金额的总额超过 573 万日元（对第 40 条第 2 款规定的每月标准报酬数额等级区分作修改时，为政令所规定的数额。本款以下亦同）时，保险人应将该月的标准奖金额确定为 573 万日元，并将该年度内自该月之后所获得的标准奖金数额降为零。

2. 第 40 条第 3 款的规定，准用于前款中政令的制定和修改，前条的规定准用于标准奖金额的计算。

第 46 条（实物给付的价额）

1. 对于全部或部分报酬、奖金，以货币以外的形式支付时，其价额由厚生劳动大臣根据地方的市场价格进行确定。

2. 无论前款作何规定，健康保险组合可通过规约作出特别规定。

第 47 条（任意继续被保险人的每月标准报酬数额）

无论第 41—44 条作何规定，任意继续被保险人的每月标准报酬数额，为下列各项所列举数额中较少的数额。

（1）任意继续被保险人丧失被保险人资格时的每月标准报酬数额。

（2）以前 1 年（1—3 月期间内的每月标准报酬数额，为前年）9 月 30 日任意继续被保险人所属保险人管理的全部被保险人，在该月的平均报酬数额（健康保险组合在平均报酬数额范围内通过规约作出规定时，为规约所规定的数额），作为每月报酬数额，以此为基准决定每月标准报酬数额。

第三节 申报等

第 48 条（申报）

适用事业所的事业主，应按照厚生劳动省令的规定，将与被保险人资格取得、丧失、每月报酬数额、奖金额相关的事项向保险人等进行申报。

第 49 条（通知）

1. 厚生劳动大臣在作出第 33 条第 1 款所规定的许可时，应当将许可的事实向事业主作出通知，保险人等根据第 39 条第 1 款进行确认、决定或修改标准报酬（指的是每月标准报酬数额及标准奖金额）时，应将相关事实向事业主作出通知。

2. 事业主在收到前款的通知时，应毫不迟延地通知被保险人、作为被保险人的主体。

3. 被保险人丧失被保险人资格时，若因被保险人地址不明而无法作出前款的通知，事业主应当将无法通知的事实向厚生劳动大臣、保险人等进行申报。

4. 厚生劳动大臣收到前款的申报时，针对地址不明的被保险人，应将根据第 1 款的规定向事业主作出通知的情况予以公告，保险人等在收到前款的申报时，针对地址不明的被保险人，应将根据第 1 款的规定向事业主通知的情况予以公告。

5. 因事业所被废止或其他不可抗拒的事由，导致厚生劳动大臣无法作出第 1 款所规定的通知时，应将应通知的事项予以公告，以代替该款的通知，因事业所被废止或其他不可抗拒的事由，导致保险人等无法作出该款所规定的通知时，应将通知的事项予以公告，以代替该款的通知。

第 50 条

1. 保险人等收到第 48 条所规定的申报时，若认为不存在与申报相关的事实，应通知提出申报的事业主。

2. 前条第 2—5 款的规定准用于前款的通知。

第 51 条（确认请求）

1. 被保险人、作为被保险人的主体，可随时提出第 39 条第 1 款所规定的确认请求。

2. 保险人等收到前款所规定的请求时，若认为不存在与请求相关的事实，应驳回请求。

第 51 条之 2（信息的提供等）

厚生劳动大臣应按照厚生劳动省令的规定，向协会提供与被保险人资格、标准报酬、协会业务实施相关的必要信息。

第四章　保险给付

第一节　通则

第 52 条（保险给付的种类）

本法所规定的对被保险人的保险给付，主要包括：

（1）疗养给付、住院时饮食疗养费、住院时生活疗养费、保险外并用疗养费、疗养费、访问看护疗养费及移送费的给付。

（2）伤病津贴的给付。

（3）丧葬费的给付。

（4）生育育儿一时金的给付。

（5）生育津贴的给付。

（6）家庭疗养费、家庭访问看护疗养费、家庭移送费的给付。

（7）家庭丧葬费的给付。

（8）家庭生育育儿一时金的给付。

（9）高额疗养费、高额护理总计疗养费的给付。

第 53 条（健康保险组合的附加给付）

保险人为健康保险组合时，可按照规约的规定，连同前条各项所规定的给付，一同提供其他保险给付。

第 53 条之 2（作为法人管理人员的被保险人及其被抚养人的保险给付特例）

若被保险人及其被抚养人为法人的管理人员（指的是执行业务的社员、董事、执行者，不论是采取顾问还是其他名称，包含所有能够执行法人业务的人员。本条以下亦同），该被保险人及其被抚养人因作为法人管理人员执行职务而患病、受伤或死亡时（由厚生劳动省令所规定的被保险人数量未满 5 人的适用事业所的管理人员除外），不得提供保险给付。

第54条（对短期雇佣特殊被保险人的保险给付的调整）

因同一疾病、伤害事故、死亡、生育，根据下一章的规定，获得疗养给付、住院时饮食疗养费、住院时生活疗养费、保险外并用疗养费、疗养费、访问看护疗养费、移送费、丧葬费、生育育儿一时金的给付时，在获得给付的限度范围内，不得向被保险人提供家庭疗养费（包含在第110条第7款中，根据准用的第87条第1款的规定所给付的疗养费）、家庭访问看护疗养费、家庭移送费、家庭丧葬费、家庭生育育儿一时金的给付。

第55条（与其他法令所规定的保险给付之间的调整）

1. 因同一疾病、伤害事故、死亡，根据劳动者灾害补偿保险法、国家公务员灾害补偿法（1951年法律第191号。包含其他法律中准用的情形或准用其他规定的情形）、地方公务员灾害补偿法（1967年法律第121号）或基于该法的条例规定获得相当的给付时，不再向被保险人提供疗养给付、住院时饮食疗养费、住院时生活疗养费、保险外并用疗养费、疗养费、访问看护疗养费、移送费、伤病津贴、丧葬费、家庭疗养费、家庭访问看护疗养费、家庭移送费、家庭丧葬费的给付。

2. 被保险人因同一疾病或伤害事故，根据护理保险法的规定获得相当的给付时，不再向被保险人提供疗养给付、住院时饮食疗养费、住院时生活疗养费、保险外并用疗养费、疗养费、访问看护疗养费、家庭疗养费、家庭访问看护疗养费的给付。

3. 被保险人因同一疾病或伤害事故，根据其他法令的规定，自国家或地方公共团体获得疗养或疗养费的给付时，在获得给付的限度内，不再向被保险人提供疗养给付、住院时饮食疗养费、住院时生活疗养费、保险外并用疗养费、疗养费、访问看护疗养费、移送费、家庭疗养费、家庭访问看护疗养费、家庭移送费的给付。

第56条（保险给付的方法）

1. 住院时饮食疗养费、住院时生活疗养费、保险外并用疗养费、疗养费、访问看护疗养费、移送费、伤病津贴、丧葬费、生育育儿一时金、生育津贴、家庭疗养费、家庭访问看护疗养费、家庭移送费、家庭丧葬费、家庭生育育儿一时金的给付，应当每次提出。第100条第2款（包含第105条第2款中准用的情形）所规定的丧葬所需费用的给付，亦同。

2. 无论前款作何规定，可在每月固定的期日提供伤病津贴、生育津贴的给付。

第 57 条（损害赔偿请求权）

1. 因第三人的行为而发生给付事由时，保险人在提供保险给付后，在给付的价额范围内（保险给付为疗养给付时，应自疗养给付所需费用中，扣除相当于被保险人所应负担的部分负担金数额。下一条第 1 款亦同），取得享有保险给付权利的主体（给付事由因被保险人的被抚养人而发生时，包含该被抚养人。下一款亦同）对第三人的损害赔偿请求权。

2. 在前款所规定的场合下，享有保险给付权利的主体，因同一事由自第三人处已获得损害赔偿时，保险人在被保险人获得的损害赔偿范围内，免除保险给付责任。

第 58 条（不当得利的返还等）

1. 对于通过欺诈或其他违法手段获得保险给付的主体，保险人可要求其返还全部或部分给付价额。

2. 在前款所规定的场合下，事业主提交虚假报告或证明，在第 63 条第 3 款第 1 项所规定的保险医疗机关从事诊疗服务的第 64 条所规定的保险医生、第 88 条第 1 款所规定的主治医生，在应向保险人提交的诊断书上作虚假记载，进而导致保险人提供保险给付时，保险人可要求事业主、保险医生、主治医生对被保险人的全部或部分给付价额返还义务承担连带责任。

3. 第 63 条第 3 款第 1 项所规定的保险医疗机关、保险药店、第 88 条第 1 款所规定的指定访问看护事业者，通过欺诈或其他违法行为，而获得疗养给付所需费用、第 85 条第 5 款（包含第 85 条之 2 第 5 款及第 86 条第 4 款中准用的情形）、第 88 条第 6 款（包含第 111 条第 3 款中准用的情形）、第 110 条第 4 款所规定的给付时，保险人可要求保险医疗机关、保险药店、指定访问看护事业者返还已经提出的给付价额，此外，还可要求上述主体给付所应当返还给付价额 40% 的数额。

第 59 条（文件的提交等）

因保险给付而存在必要之时，保险人可命令获得保险给付的主体（获得保险给付的主体为被抚养人时，包含该被抚养人。第 211 条亦同），提交或出示文件及其他物件，要求职员进行质问或诊断。

第 60 条（诊疗记录的提交等）

1. 因提供保险给付而存在必要之时，厚生劳动大臣可命令医生、牙科医生、药剂师、实施治疗的主体或者使用相关服务的主体，提交与诊疗、药品给付、治疗相关的报告，诊疗记录、账簿文件及其他物件，要求职员进行质问。

2. 在必要之时，厚生劳动大臣可命令获得疗养给付、住院时饮食疗养费、住院时生活疗养费、保险外并用疗养费、疗养费、访问看护疗养费、家庭疗养费、家庭访问看护疗养费给付的被保险人、作为被保险人的主体，提交与保险给付相关的诊疗、药物调理、第88条第1款所规定的指定访问看护内容报告，要求职员进行质问。

3. 第7条之38第2款的规定准用于前2款所规定的质问，该条第3款的规定准用于前2款所规定的权限。

第61条（保险给付受领权的保障）

获得保险给付的权利，不得让与、用于担保或被扣押。

第62条（税收及其他课征的禁止）

税收及其他课征，不得以所受领的保险给付为标准收取。

第二节　疗养给付及住院时饮食疗养费等给付

第一小节　疗养给付、住院时饮食疗养费、住院时生活疗养费、保险外并用疗养费及疗养费的给付

第63条（疗养给付）

1. 被保险人罹患疾病或负伤时，应当提供下列疗养给付。

（1）诊察。

（2）药品及治疗物品的给付。

（3）处理、手术及其他治疗。

（4）居家疗养管理、疗养看护及其他相关看护。

（5）在医院或诊所提供住院服务、疗养看护及其他看护。

2. 下列与疗养相关的给付不包含在前款所规定的给付之中。

（1）与前款第5项所规定的疗养一同开展的饮食提供疗养服务［在医疗法（1948年法律第205号）第7条第2款第4项所规定的疗养病床（以下简称"疗养病床"）住院之时、获得疗养及其他看护服务之时，已满65岁之日所属月份的次月以后的被保险人（以下简称"特定长期住院被保险人"）的疗养服务除外。以下简称"饮食疗养"］。

（2）与前款第5项所规定的疗养服务一并提供的下列疗养服务（限于与特定长期住院被保险人相关的疗养服务。以下简称"生活疗养"）。

第一，饮食提供疗养服务。

第二，与温度、照明、给水相关，为培养适宜环境而提供的疗养服务。

（3）使用厚生劳动大臣所确定水准的医疗技术而提供的疗养及其他疗养服务，而且，针对是否应当成为前项的给付对象进行判断，从医疗效率的视角出发，构成由厚生劳动省令所规定的为展开评价而必需的疗养服务（下一项的患者申请疗养除外）（以下简称"评价疗养"）。

（4）使用先进医疗技术而提供的疗养服务，而且，基于准备获得该疗养服务的主体的申请，针对是否应当成为前项的给付对象进行判断，从医疗效率的视角出发，构成由厚生劳动省令所规定的为展开评价所必需的疗养服务（以下简称"患者申请疗养"）。

（5）厚生劳动大臣所规定的、为被保险人提供选择的特别病房以及其他疗养服务（以下简称"选择疗养"）。

3. 准备获得第1款给付的主体，应按照厚生劳动省令的规定，自自己所选择的下列医院、诊所、药店处，通过电子资格确认及厚生劳动省令所规定的其他方法（以下简称"电子资格确认等"），获得被保险人身份的确认，并接受该款的给付。

（1）获得厚生劳动大臣指定的医院、诊所（根据第65条的规定，排除全部或部分病床而获得指定时，排除的病床除外。以下简称"保险医疗机关"）、药店（以下简称"保险药店"）。

（2）向特定的保险人所管理的被保险人提供诊疗、药物调理的医院、诊所或药店，并得到保险人的指定。

（3）作为健康保险组合的保险人所开设的医院、诊所、药店。

4. 在提出第2款第4项的申请时，应根据厚生劳动大臣所作规定，向厚生劳动大臣提交下列文件：医疗法第4条之3所规定的、提供与该申请相关疗养服务的临床研究核心医院（限于作为保险医疗机关的临床研究核心医院）开设者的意见书，以及其他必要文件。

5. 厚生劳动大臣在收到第2款第4项所规定的申请时，应毫不迟延地对该申请进行审查，申请的疗养构成该项所评定的必要疗养时，应将该疗养确定为患者申请疗养。

6. 根据前款的规定，厚生劳动大臣将第2款第4项中申请的疗养确定为患者申请疗养时，应立即通知提出申请的主体。

7. 根据第5款的规定，厚生劳动大臣对第2款第4项中的申请进行审查后，若不将申请的疗养确定为患者申请疗养，应附上理由后，立即通知提出申请的主体。

第64条（保险医生或保险药剂师）

在保险医疗机关中从事健康保险诊疗的医生、牙科医生，在保险药店中从事健康保险药物调理事务的药剂师，应为获得厚生劳动大臣登记的医生、牙科医生（以下统称"保险医生"）、药剂师（以下简称"保险药剂师"）。

第65条（保险医疗机关或保险药店的指定）

1. 应按照政令的规定，根据医院、诊所、药店开设者的申请，作出第63条第3款第1项的指定。

2. 在前款所规定的场合下，申请中涉及医院或拥有病床的诊所时，对于该款的申请，应按照医疗法第7条第2款所规定的病床类型（第4款第2项及下一条第1款中简称"病床的类型"），确定病床的数量。

3. 厚生劳动大臣在收到第1款的申请时，若符合下列各项情形之一，可不作出第63条第3款第1项所规定的指定。

（1）根据本法的规定，针对与该申请相关的医院、诊所、药店，第63条第3款第1项所规定的与保险医疗机关或保险药店相关的指定被撤销，自撤销之日起尚未经过5年。

（2）与该申请相关的医院、诊所、药店，因与保险给付相关的诊疗、药物调理内容欠缺妥当性，而需重复接受第73条第1款（包含第85条第9款、第85条之2第5款、第86条第4款、第110条第7款、第149条中所准用的情形）所规定的指导。

（3）依据本法或其他与国民保健医疗相关法律及政令的规定，与该申请相关的医院、诊所、药店的开设者或管理者被判处罚金刑，刑罚执行已经终止或不再继续执行刑罚。

（4）与该申请相关的医院、诊所、药店的开设者或管理者，被判处禁锢以上的刑罚，刑罚执行已经终止或不再继续执行刑罚。

（5）按照本法、船员保险法、国民健康保险法（1958年法律第192号）、与高龄者医疗确保相关法律、地方公务员等互助组合法（1962年法律第152号）、私立学校教职员互助法（1953年法律第245号）、厚生年金保险法（1954年法律第115号）、国民年金法（1959年法律第141

号)(第 89 条第 4 款第 7 项中简称"社会保险相关法律")的规定,对于应缴纳的保险费、负担金或定期金[包含地方税法(1950 年法律第 226 号)所规定的国民健康保险税。本项以下、第 89 条第 4 款第 7 项、第 199 条第 2 款中简称"社会保险费"],至提出申请之日的前 1 日,与申请相关的医院、诊所、药店的开设者或管理者,基于这些法律的规定受到滞纳处分,并且,自受到处分之日起,无正当理由继续迟延缴纳受到该处分之日以后缴纳期限已经到期的全部社会保险费(限于:根据规定与该处分相关社会保险费缴纳义务的法律,受到处分的主体应缴纳的社会保险费。第 89 条第 4 款第 7 项中亦同),迟延缴纳保险费期限达到 3 个月以上。

(6)除前面各项所作规定外,与该申请相关的医院、诊所、药店,被认定为明显不适合作为保险医疗机关、保险药店。

4. 厚生劳动大臣,自第 2 款的医院或诊所收到第 1 款的申请时,若符合下列各项情形之一,除与申请相关的全部或部分病床外,可作出第 63 条第 3 款第 1 项的指定。

(1)考虑到医疗法第 21 条第 1 款第 1 项、第 2 款第 1 项中厚生劳动大臣所确定的人员数量、该条第 3 款中厚生劳动省令所确定的基准,医院、诊所的医生、牙科医生、护士、其他从业人员数量,未达到根据厚生劳动大臣所确定基准计算出的人员数量。

(2)根据与申请相关的病床种类,医疗法第 7 条之 2 第 1 款所规定区域内保险医疗机关的病床数量,超过考虑到按照指定时该法第 30 条之 4 第 1 款所规定的医疗计划中所确定的基准病床数量,根据厚生劳动大臣所作规定计算出的数量时(包含已经超过所计算出数量的情形),医院、诊所的开设者或管理者,收到该法第 30 条之 11 所规定的都道府县的劝告后不遵循劝告。

(3)医疗法第 7 条之 3 第 1 款所规定的构想区域内保险医疗机关的病床数量,超过考虑到按照与申请相关的指定,该法第 30 条之 4 第 1 款所规定医疗计划中所确定的将来的必要病床数量,根据厚生劳动大臣所作规定而计算出的数量时(包含已经超过计算出的数量的场合),医院或诊所的开设者、管理者,收到该法第 30 条之 11 所规定的都道府县知事的劝告而未遵循劝告。

(4)从医疗给付效率的视角出发,在该医院或诊所对病床的使用问题上，被认定为明显不适合作为保险医疗机关。

第 66 条（保险医疗机关的指定变更）

1. 前条第 2 款的医院或诊所的开设者，准备增加与第 63 条第 3 款第 1 项中指定相关的病床数量、变更病床的类型时，应按照厚生劳动省令的规定，申请变更该项的指定。

2. 前条第 4 款的规定，准用于前款的指定变更申请。

第 67 条（向地方社会保险医疗协议会的咨询）

厚生劳动大臣无法作出与保险医疗机关相关的第 63 条第 3 款第 1 项的指定时，或准备排除与申请相关的全部或部分病床而作出指定（包含指定的变更）时，或不作出与保险药店相关的该项的指定时，应经由地方社会保险医疗协议会进行审议。

第 68 条（保险医疗机关或保险药店的指定更新）

1. 第 63 条第 3 款第 1 项的指定，自指定之日起超过 6 年而失去效力。

2. 对于由厚生劳动省令所规定的保险医疗机关（第 65 条第 2 款所规定的医院或诊所除外）、保险药店，按照前款的规定，在指定失去效力之日的前 6 个月至前 3 个月内，若未提出特别申请，应视为已经收到该条第 1 款的申请。

第 69 条（视为已对保险医疗机关或保险药店进行指定）

在医生、牙科医生、药剂师开设的诊所、药店中，若只有作为开设者的医生、牙科医生、药剂师从事诊疗、药物调理业务，对医生、牙科医生、药剂师进行第 64 条的登记，视为已对诊所或药店作出了第 63 条第 3 款第 1 项的指定。不过，因诊所、药店符合第 65 条第 3 款或第 4 款所规定的要件，而视为获得厚生劳动大臣作出的该项的指定并不合理时，不在此限。

第 70 条（保险医疗机关或保险药店的义务）

1. 保险医疗机关或保险药店，除应按照第 72 条第 1 款中厚生劳动省令的规定，要求在保险医疗机关从事诊疗的保险医生、在保险药店从事药物调理业务的保险药剂师，实施诊疗或药物调理活动外，还应按照厚生劳动省令的规定，承担疗养给付义务。

2. 保险医疗机关或保险药店，除按照前款（包含第 85 条第 9 款、第 85 条之 2 第 5 款、第 86 条第 4 款、第 110 条第 7 款、第 149 条中准用的情形）的规定承担相应义务外，还应承担船员保险法、国民健康保险法、国家公务员互助组合法（1958年法律第128号。包含其他法律中准用的情形或准用其他规定的情形）、地方公务员等互助组合法（以下简称"其他与医疗保险相关法律"）所规定的疗养给付、被保险人及被抚养人的疗养、与高龄者医疗确保相关法律所规定的疗养给付、与住院时饮食疗养费相关的疗养、与住院时生活疗养费相关的疗养、与保险外并用疗养费相关的疗养。

3. 在保险医疗机关中，针对医疗法第4条之2所规定的特定机能医院、厚生劳动省令所规定的其他医院，应根据患者的病况、患者的其他情况，向该患者介绍适当的保险医疗机关，在保险医疗机关之间采取功能分担措施、业务合作措施等由厚生劳动省令所规定的措施。

第71条（保险医生或保险药剂师的登记）

1. 应根据医生、牙科医生、药剂师的申请，实施第64条的登记。

2. 厚生劳动大臣在收到前款的申请时，若符合下列各项情形之一，可不作出第64条的登记。

（1）根据本法的规定，对于申请人而言，第64条所规定的保险医生及保险药剂师登记已被撤销，自撤销之日起尚未经过5年。

（2）按照本法、其他与国民保健医疗相关法律及政令的规定，申请人被判处罚金刑，刑罚执行已经终止或不再继续执行刑罚。

（3）申请人被判处禁锢以上的刑罚，刑罚执行已经终止或不再继续执行刑罚。

（4）除前3项所作规定外，申请人被认定为明显不适合作为保险医生或保险药剂师。

3. 对于保险医生或保险药剂师，厚生劳动大臣不作出第64条的登记时，应经由地方社会保险医疗协议会的审议。

4. 除第1款及第2款所作规定外，与涉及保险医生、保险药剂师的第64条中的登记相关的必要事项，应由政令作出规定。

第72条（保险医生或保险药剂师的义务）

1. 在保险医疗机关中从事诊疗的保险医生、在保险药店中从事药物调理的保险药剂师，应按照厚生劳动省令的规定，实施健康保险诊疗、药物调理业务。

2. 在保险医疗机关中从事诊疗的保险医生、在保险药店中从事药物调理的保险药剂师，除承担前款（包含第85条第9款、第85条之2第5

款、第86条第4款、第110条第7款、第149条中准用的情形）所规定的义务外，还应实施其他与医疗保险相关法律、与高龄者医疗确保相关法律所规定的诊疗及调理业务。

第73条（厚生劳动大臣的指导）

1. 保险医疗机关及保险药店提供疗养给付、保险医生及保险药剂师实施诊疗及药物调理业务，应接受厚生劳动大臣的指导。

2. 厚生劳动大臣在提供前款的指导时，若存在必要，可根据关系团体的指定，要求对诊疗及药物调理拥有专业知识的主体，出席并提供专业意见。不过，若关系团体并未作出指定、被指定的主体无法到场，不在此限。

第74条（部分负担金）

1. 根据第63条第3款的规定，自保险医疗机关或保险药店获得疗养给付的主体，在获得给付时，应按照下列各项所规定的区分情形，根据第76条第2款或第3款的规定，计算出给付数额，并以计算出的数额乘以下列各项所规定的比例，以所得数额作为部分负担金，并向保险医疗机关或保险药店提出部分负担金的给付。

（1）满70岁之日所属月份之前，为30%。

（2）满70岁之日所属月份的次月以后（下一项所规定的情形除外），为20%。

（3）满70岁之日所属月份的次月以后，按照政令的规定所计算出的报酬数额在政令规定的数额以上，为30%。

2. 保险医疗机关或保险药店，应获得前款的部分负担金（采取第75条之2第1款第1项的措施时，为减少后的部分负担金）给付，即便保险医疗机关或保险药店对确保获得给付尽到善良管理人的注意义务，但获得疗养给付的主体不支付全部或部分负担金时，基于保险医疗机关或保险药店的请求，保险人可准用本法中有关收取金的规定作出处分。

第75条

根据前条第1款的规定给付部分负担金时，该款中的部分负担金数额存在未满5日元的尾数时，应舍弃尾数，存在5日元以上但未满10日元的尾数时，尾数应提升至10日元。

第75条之2（部分负担金数额的特例）

1. 因灾害、厚生劳动省令所规定的其他特殊情况，被保险人一方向保险医疗机关、保险药店支付第 74 条第 1 款所规定的部分负担金存在困难时，保险人应采取下列措施。

（1）减少部分负担金数额。

（2）免除部分负担金的给付。

（3）直接收取部分负担金，以代替向保险医疗机关或保险药店的给付，并推迟收取时间。

2. 无论第 74 条第 1 款作何规定，对于因前款第 1 项措施而获得优待的被保险人而言，将减少后的部分负担金向保险医疗机关或保险药店支付即可；对于因该款第 2 项或第 3 项措施而获得优待的被保险人而言，不要求其向保险医疗机关或保险药店支付部分负担金。

3. 前条的规定，准用于前款中部分负担金的支付。

第 76 条（疗养给付费用）

1. 保险人应向保险医疗机关或保险药店支付疗养给付费用，保险医疗机关或保险药店可向保险人请求的疗养给付费用数额，应自疗养给付所需费用数额中，扣除被保险人应向保险医疗机关或保险药店支付的与疗养给付相关的部分负担金数额。

2. 前款中的疗养给付费用数额，应按照厚生劳动大臣所作规定进行计算。

3. 保险人在获得厚生劳动大臣的认可后，可根据与保险医疗机关或保险药店之间的合同，针对保险医疗机关或保险药店所提供的第 1 款疗养给付费用数额，按照前款的规定在计算出的数额范围内，作出特别规定。

4. 保险人自保险医疗机关、保险药店处收到疗养给付费用请求时，应参照第 70 条第 1 款、第 72 条第 1 款中的厚生劳动省令、前 2 款的规定，在开展审查的基础之上，进行支付。

5. 保险人可将前款所规定的与审查及支付相关的事务，委托至社会保险诊疗报酬支付基金法（1948 年法律第 129 号）规定的社会保险诊疗报酬支付基金（以下简称"基金"）、国民健康保险法第 45 条第 5 款所规定的国民健康保险团体联合合（以下简称"国保联合会"）实施。

6. 除前面各款所作规定外，有关保险医疗机关、保险药店疗养给付费用请求的必要事项，由厚生劳动省令作出规定。

第 77 条（厚生劳动大臣对疗养给付所需费用数额的调查）

1. 为了前条第 2 款中与药物相关的规定、厚生劳动大臣所作其他规定的顺利实施，厚生劳动大臣可开展必要调查。

2. 在保险医疗机关中，为了由厚生劳动省令所规定的医院能够顺利实施前条第 2 款的规定，厚生劳动大臣可开展必要的调查。

3. 为了前款所规定调查的实施，前款所规定的医院应向厚生劳动大臣，提供在该院住院的患者的医疗信息、厚生劳动大臣所规定的其他信息（在第 150 条之 2 第 1 款、第 150 条之 3 中简称"诊疗等关联信息"）。

第 78 条（保险医疗机关或保险药店的报告等）

1. 因疗养给付而存在必要时，厚生劳动大臣可命令保险医疗机关、保险药店、保险医疗机关或保险药店的开设者或管理者、保险医生、保险药剂师及其他从业者（本款以下简称"作为开设者的主体等"）提交或出示报告、诊疗记录、其他账簿文件，要求保险医疗机关、保险药店的开设者或管理者、保险医生、保险药剂师及其他从业者（包含作为开设者的主体等）出席，要求职员对关系人进行质问，对保险医疗机关或保险药店的设备、诊疗记录、账簿文件及其他物件进行检查。

2. 第 7 条之 38 第 2 款、第 73 条第 2 款的规定，准用于前款所规定的质问和检查，第 7 条之 38 第 3 款的规定，准用于前款所规定的权限。

第 79 条（保险医疗机关等主体拒绝指定、涂销保险医生等主体的登记）

1. 保险医疗机关或保险药店，可在 1 个月以上的预告期间内，提出拒绝指定。

2. 保险医生或保险药剂师，可在 1 个月以上的预告期间内，请求涂销登记。

第 80 条（保险医疗机关或保险药店指定的撤销）

在符合下列各项所规定的情形之一时，厚生劳动大臣可撤销第 63 条第 3 款第 1 项所规定的对保险医疗机关或保险药店的指定。

（1）在保险医疗机关中从事诊疗业务的保险医生、在保险药店中从事药物调理业务的保险药剂师，违反第 72 条第 1 款（包含第 85 条第 9 款、第 85 条之 2 第 5 款、第 86 条第 4 款、第 110 条第 7 款、第 149 条中准用的情形）的规定（为了防止违法行为的产生，保险医疗机关、保险药店已经尽到充分注意及监督义务的除外）。

（2）除前项所作规定外，保险医疗机关或保险药店，违反第 70 条第 1 款（包含第 85 条第 9 款、第 85 条之 2 第 5 款、第 86 条第 4 款、第 110

条第 7 款、第 149 条中准用的情形）的规定。

（3）提出疗养给付费用请求、第 85 条第 5 款（包含第 85 条之 2 第 5 款、第 86 条第 4 款中准用的情形）、第 110 条第 4 款（包含第 149 条中准用这些规定的情形）所规定的支付请求时，曾实施违法行为。

（4）根据第 78 条第 1 款（包含第 85 条第 9 款、第 85 条之 2 第 5 款、第 86 条第 4 款、第 110 条第 7 款、第 149 条中准用的情形。下一项亦同），被要求提交或出示报告、诊疗记录、其他账簿文件时，未提交报告、诊疗记录、其他账簿文件，或提交虚假报告。

（5）根据第 78 条第 1 款的规定，保险医疗机关、保险药店的开设者或从业者被要求出席而未出席，对该款规定的质问不予回答或作出虚假回答，抗拒、妨碍或逃避该款所规定的检查（该保险医疗机关或保险药店的从业者实施此类行为时，为防止此类行为的发生，该保险医疗机关、保险药店已尽到必要监督及注意义务的除外）。

（6）针对其他医疗保险相关法律所规定的疗养给付、被保险人或被抚养人的疗养、与高龄者医疗确保相关法律所规定的疗养给付、与住院时饮食疗养费相关的疗养、与住院时生活疗养费相关的疗养、与保险外并用疗养费相关的疗养，存在前面各项所规定的情形之一。

（7）按照本法、其他与国民保健医疗相关法律及政令的规定，保险医疗机关或保险药店的开设者、管理者被判处罚金刑，刑罚执行已经终止或不再继续执行刑罚。

（8）保险医疗机关或保险药店的开设者、管理者，被判处禁锢以上的刑罚，刑罚执行已经终止或不再继续执行刑罚。

（9）除前面各项所作规定外，保险医疗机关或保险药店的开设者，违反本法、其他与国民保健医疗相关法律、基于这些法律的命令及处分。

第 81 条（保险医生、保险药剂师登记的撤销）

符合下列各项情形之一时，厚生劳动大臣可撤销第 64 条所规定的与保险医生或保险药剂师相关的登记。

（1）保险医生、保险药剂师违反第 72 条第 1 款（包含第 85 条第 9 款、第 85 条之 2 第 5 款、第 86 条第 4 款、第 110 条第 7 款、第 149 条中准用的情形）的规定。

（2）根据第 78 条第 1 款（包含第 85 条第 9 款、第 85 条之 2 第 5 款、第 86 条第 4 款、第 110 条第 7 款、第 149 条中准用的情形。本项以下亦同）的规定，保险医生、保险药剂师被要求出席而未出席，对第78条第1款所规定的质问不予回答，或作出虚假回答，抗拒、妨碍、逃避该款所规定的检查。

（3）针对其他医疗保险相关法律、与高龄者医疗确保相关法律所规定的诊疗及药物调理，存在前2项所规定的情形之一。

（4）根据本法及其他与国民保健医疗相关法律及政令的规定，保险医生、保险药剂师被判处罚金刑，刑罚执行已经终止或不再继续执行刑罚。

（5）保险医生或保险药剂师，被判处禁锢以上的刑罚，刑罚执行已经终止或不再继续执行刑罚。

（6）除前面各项所作规定外，保险医生或保险药剂师违反本法、其他与国民保健医疗相关法律及政令、基于这些法律的命令及处分。

第82条（向社会保险医疗协议会的咨询）

1. 在准备制定第70条第1款（包含第85条第9款、第85条之2第5款、第86条第4款、第110条第7款、第149条中准用的情形）、第3款、第72条第1款（包含第85条第9款、第85条之2第5款、第86条第4款、第110条第7款、第149条中准用的情形）中的厚生劳动省令时，或者在准备作出第63条第2款第3项、第5项、第76条第2款（包含第149条中准用这些规定的情形）中的规定时，应向中央社会保险医疗协议会进行咨询。不过，第63条第2款第3项所规定的与先进医疗技术相关的规定，不在此限。

2. 厚生劳动大臣在准备作出或准备撤销第63条第3款第1项中与保险医疗机关、保险药店相关的指定时，或者在准备涂销第64条中与保险医生或保险药剂师相关的登记时，应按照政令的规定，向地方社会保险医疗协议会咨询。

第83条（对处分进行申辩的机会）

针对保险医疗机关，厚生劳动大臣决定不作出第63条第3款第1项中的指定时，或者准备排除全部或部分与申请相关的病床而作出指定（包含指定的变更）时，或者不向保险药店作出该项的指定时，或者不作出第64条所规定的保险医生或保险药剂师的登记时，应赋予医疗机关、药店的开设者、保险医生、保险药剂师以申辩的机会。此时，应提前以书面形式通知申辩时间、场所及事由。

第84条（在保险人指定的医院等场所提供疗养给付）

1. 在第63条第3款第2项、第3项所列举的医院、诊所、药店等场所中提供疗养给付、健康保险诊疗及药物调理服务时，针对这些服务的准则，应准用第70条第1款、第72条第1款中厚生劳动省令的规定。

2. 自第63条第3款第2项所列举的医院、诊所、药店获得疗养给付的主体，在获得给付之时，应将准用第74条的规定所计算出的费用，作为部分负担金支付至医院、诊所、药店。不过，保险人为健康保险组合时，可按照规约的规定，减少部分负担金数额或者不予支付部分负担金。

3. 健康保险组合可按照规约的规定，要求自第63条第3款第3项所列举的医院、诊所、药店获得疗养给付的主体，在准用第74条的规定所计算出数额的范围内，支付部分负担金。

第85条（住院时饮食疗养费）

1. 被保险人（特定长期住院被保险人除外）应按照厚生劳动省令的规定，自所选择的第63条第3款各项列举的医院、诊所，通过电子资格确认等方法得到被保险人身份的确认，在获得该条第1款第5项所列举的疗养给付、饮食疗养后，一同给付住院时饮食疗养费。

2. 在确定住院时饮食疗养费数额时，应考虑到该饮食疗养所需平均费用，按照厚生劳动大臣所确定的基准计算出费用数额（此项数额超过该饮食疗养实际所需费用数额时，为该饮食疗养实际所需费用数额），同时根据一般家庭的饮食费用状况、特定护理保险机构等机构（指的是护理保险法第51条之1第1款所规定的特定护理保险机构等机构）中提供饮食所需平均费用，由厚生劳动大臣确定数额，自计算出的费用数额中，扣除由厚生劳动大臣确定的数额（考虑到收入所得及其他情况后，针对由厚生劳动省令所规定的主体，为特别确定的数额。以下简称"饮食疗养标准负担额"）。

3. 厚生劳动大臣在准备制定前款的基准时，应向中央社会保险医疗协议会进行咨询。

4. 厚生劳动大臣在确定饮食疗养标准负担额后，如果应予考量的因素发生显著变化，应毫不迟延地对饮食疗养标准负担额进行修改。

5. 被保险人（特定长期住院被保险人除外。本条以下亦同）自第63条第3款第1项、第2项所列举的医院、诊所获得饮食疗养时，针对被保险人应向医院、诊所支付的饮食疗养所需费用，保险人可在向被保险人支付的住院时饮食疗养费范围内，代被保险人向医院或诊所支付。

6. 在按照前款的规定进行支付后，视为已向被保险人支付住院时饮食疗养费。

7. 被保险人自第63条第3款第3项所列举的医院、诊所获得饮食疗养时，在保险人应向被保险人支付的饮食疗养所需费用中，若免除相当于应向被保险人支付的住院时饮食疗养费，视为已经支付住院时饮食疗养费。

8. 第63条第3款各项所列举的医院或诊所，在获得饮食疗养费给付时，应按照厚生劳动省令的规定，向支付饮食疗养费的被保险人交付收据。

9. 第64条、第70条第1款、第72条第1款、第73条、第76条第3—6款，第78条及前条第1款的规定，准用于自第63条第3款各项所列举的医院或诊所获得饮食疗养、住院时饮食疗养费的给付。

第85条之2（住院时生活疗养费）

1. 特定长期住院被保险人，应按照厚生劳动省令的规定，自选择的第63条第3款各项所列举的医院、诊所，通过电子资格确认等方法得到被保险人身份的确认，在获得该条第1款第5项所列举的疗养给付、生活疗养后，一同给付住院时生活疗养费。

2. 在确定住院时生活疗养费数额时，应考虑到生活疗养所需平均费用数额，按照厚生劳动大臣所确定基准计算出费用数额（此项费用数额超过生活疗养实际所需费用数额时，为生活疗养实际所需费用数额），同时根据一般家庭的饮食费用，光热水费用状况，针对在医院或诊所中生活疗养所需费用，护理保险法第51条之3第2款第1项所规定的饮食基准费用数额、该款第2项所规定的居住基准费用数额，由厚生劳动大臣确定数额，自计算出的费用数额中，扣除厚生劳动大臣所确定的数额（考虑到收入所得状况、疾病程度、治疗内容及其他因素，对于由厚生劳动大臣所确定的主体，为特别规定的数额。以下简称"生活疗养标准负担额"）。

3. 厚生劳动大臣在准备制定前款的基准时，应向中央社会保险医疗协议会进行咨询。

4. 厚生劳动大臣在确定生活疗养标准负担额后，应予考量的因素发生明显变化时，应毫不迟延地对数额作出修改。

5. 第 64 条、第 70 条第 1 款、第 72 条第 1 款、第 73 条、第 76 条第 3—6 款、第 78 条、第 84 条第 1 款、前条第 5—8 款的规定，准用于自第 63 条第 3 款各项所列举的医院或诊所获得的生活疗养以及与此伴随的住院时生活疗养费的给付。

第 86 条（保险外并用疗养费）

1. 被保险人应按照厚生劳动省令的规定，自所选择的保险医疗机关等主体，通过电子资格确认等方法，得到被保险人身份的确认，在获得评价疗养、患者申请疗养、选择疗养后，对于这些疗养服务所需费用，支付保险外并用疗养费。

2. 保险外并用疗养费数额，为第 1 项所规定的数额（如果该疗养包含饮食疗养，为该数额以及第 2 项所列举数额的总额，如果该疗养包含生活疗养，为该数额及第 3 项所列举数额的总额）。

（1）对于该疗养（饮食疗养及生活疗养除外），考虑到第 76 条第 2 款，根据厚生劳动大臣所作规定，计算出费用数额（此项数额超过疗养实际所需费用数额时，为疗养实际所需费用数额），按照第 74 条第 1 款各项中的区分情形，乘以该款各项所规定的比例（对于该款中疗养给付的部分负担金，采取第 75 条之 2 第 1 款各项的措施时，为采取相应措施时的数额）所得数额，自计算出的费用数额中扣除乘以第 74 条第 1 款各项比例所得数额。

（2）按照第 85 条第 2 款中厚生劳动大臣就饮食疗养所确定的基准，计算出费用数额（此项数额超过饮食疗养实际所需费用数额时，为该饮食疗养实际所需费用数额），自此项数额中扣除饮食疗养标准负担额。

（3）按照前条第 2 款中厚生劳动大臣就生活疗养所确定的基准，计算出费用数额（此项数额超过生活疗养实际所需费用数额时，为生活疗养实际所需费用数额），自此项数额中扣除生活疗养标准负担额。

3. 厚生劳动大臣在准备制定前款第 1 项的规定时，应向中央社会保险医疗协议会进行咨询。

4. 第 64 条、第 70 条第 1 款、第 72 条第 1 款、第 73 条、第 76 条第 3—6 款、第 77 条、第 78 条、第 84 条第 1 款、第 85 条第 5—8 款的规定，准用于自保险医疗机关等主体，获得评价疗养、患者申请疗养、选择疗养以及与此相伴随的保险外并用疗养费的给付。

5. 根据前款规定准用第 85 条第 5 款时，按照第 2 款规定计算出费用数额（此项数额超过疗养实际所需费用数额时，为疗养实际所需费用数额），自此项数额中扣除相当于因疗养所应给付的保险外并用疗养费的数额，对扣除后费用数额的给付准用第75条的规定。

第87条（疗养费）

1. 保险人认为提供疗养给付、住院时饮食疗养费、住院时生活疗养费、保险外并用疗养费的给付（本款以下简称"疗养给付等服务"）存在困难时，或者被保险人自保险医疗机关等主体以外的医院、诊所、药店、其他主体处，获得诊疗、药物调理的给付或接受治疗时，若存在必要，保险人可给付疗养费，以代替疗养给付等服务的提供。

2. 保险人应按照下列基准确定疗养费数额：对于所计算出的疗养（饮食疗养及生活疗养除外）费用数额，按照第74条第1款各项中的区分情形，分别乘以该款各项所规定的比例，扣除乘以第74条第1款各项所规定比例所得数额；自所计算出的饮食疗养费用数额、生活疗养费用数额扣除饮食疗养标准负担额、生活疗养标准负担额。

3. 针对前款中费用数额的计算，在应获得疗养给付时，应准用第76条第2款中费用数额的计算，在应获得住院时饮食疗养费的给付时，应准用第85条第2款中费用数额的计算，在应获得住院时生活疗养费的给付时，应准用第85条之2第2款中费用数额的计算，在应获得保险外并用疗养费的给付时，应准用前条第2款费用数额的计算。不过，此项数额不得超过疗养实际所需费用数额。

第二小节 访问看护疗养费的给付

第88条（访问看护疗养费）

1. 因开展与指定相关的访问看护事业［指的是，对于因疾病或负伤处于继续居家接受疗养状态的主体（限于主治医生认为其治疗必要程度符合厚生劳动省令所规定基准的情形），护士、厚生劳动省令所规定的其他主体在住宅中提供疗养上的照顾、必要的诊疗辅助（保险医疗机关等主体、护理保险法第8条第28款所规定的护理老人保健机构、该条第2款所规定的护理医疗院除外。以下简称"访问看护"）服务］的事业所提供访问看护服务，被保险人自厚生劳动大臣指定的主体（以下简称"指定访问看护事业者"）获得指定访问看护服务（以下简称"指定访问看护"）时，被保险人应针对指定访问看护所需费用，给付访问看护疗养费。

2. 对于前款的访问看护疗养费,应按照厚生劳动省令的规定,在保险人认为存在必要之时支付。

3. 准备获得指定访问看护的主体,应按照厚生劳动省令的规定,自自己选择的指定访问看护事业者处,通过电子资格确认等方法,得到被保险人身份的确认,并获得指定访问看护。

4. 在确定访问看护疗养费的数额时,应考虑到指定访问看护所需平均费用数额,按照厚生劳动大臣所作规定计算出费用数额,针对此项数额按照第74条第1款各项中的区分情形,乘以该款各项所规定的比例,自计算出的费用数额中扣除乘以第74条第1款各项规定比例所得数额(对于该款中与疗养给付相关的部分负担金,应采取第75条之2第1款各项的措施时,为采取措施时的数额)。

5. 厚生劳动大臣在准备制定前款的规定时,应向中央社会保险医疗协议会进行咨询。

6. 被保险人自指定访问看护事业者处接受指定访问看护时,对于被保险人应向指定访问看护事业者支付的指定访问看护所需费用,保险人可在应向被保险人给付的访问看护疗养费限度内,代被保险人向指定访问看护事业者支付。

7. 已根据前款规定进行支付时,视为已向被保险人支付访问看护疗养费。

8. 在第6款中根据第4款的规定计算出费用数额,自计算出的费用数额中,扣除相当于指定访问看护所需的访问看护疗养费数额,对扣除后费用数额的支付,准用第75条的规定。

9. 指定访问看护事业者在获得指定访问看护所需费用的支付时,应按照厚生劳动省令的规定,向提出给付的被保险人交付收据。

10. 保险人自指定访问看护事业者处收到访问看护疗养费的请求时,应在参照第4款的规定、第92条第2款所规定的有关指定访问看护事业运营基准(限于与指定访问看护处理相关的部分)进行审查的基础上,予以支付。

11. 保险人可将前款所规定的审查及支付事务,委托至基金或国保联合会实施。

12. 指定访问看护未包含在第63条第1款各项所列举的疗养服务之中。

13. 除前面各款所作规定外，有关指定访问看护事业者访问看护疗养费请求的必要事项，由厚生劳动省令作出规定。

第 89 条（指定访问看护事业者的指定）

1. 应按照厚生劳动省令的规定，根据开展访问看护事业的主体的申请，以开展访问看护事业的事业所为单位（以下简称"访问看护事业所"），作出前条第 1 款的指定。

2. 对于指定访问看护事业者以外的开展访问看护事业的主体，若已作出护理保险法第 41 条第 1 款主文规定的指定居家服务事业者（限于在开展访问看护事业的主体中，满足厚生劳动省令所规定基准的事业者。下一款亦同）的指定、该法第 42 条之 2 第 1 款主文所规定的指定区域密集型服务事业者（限于在开展访问看护事业的主体中，满足厚生劳动省令所规定基准的主体。下一款亦同）的指定、该法第 53 条第 1 款主文所规定的指定护理预防服务事业者（限于在开展访问看护事业的主体中，满足厚生劳动省令所规定基准的事业者。下一款亦同）的指定，在作出指定时，视为已向开展该访问看护事业的主体，作出前条第 1 款的指定。不过，开展该访问看护事业的主体，按照厚生劳动省令的规定提出特别申请时，不在此限。

3. 护理保险法第 70 条之 2 第 1 款所规定的指定居家服务事业者的指定失效、该法第 77 条第 1 款、第 115 条之 35 第 6 款所规定的指定居家服务事业者指定的撤销或效力停止、该法第 78 条之 10（包含根据该法第 78 条之 17 的规定，变更文字而适用的情形）所规定的指定区域密集型服务事业者指定的撤销或效力停止、该法第 78 条之 12 中所准用的该法第 70 条之 2 第 1 款、该法第 78 条之 15 第 1 款或第 3 款（包含该条第 5 款中准用的情形）所规定的指定区域密集型服务事业者指定的失效、该法第 115 条之 9 第 1 款、第 115 条之 35 第 6 款所规定的指定护理预防服务事业者指定的撤销或效力停止、该法第 115 条之 11 中所准用的该法第 70 条之 2 第 1 款所规定的指定护理预防服务事业者指定的失效，不影响根据前款主文的规定，视为所获得的前条第 1 款指定的效力。

4. 厚生劳动大臣在收到第 1 款的申请时，若符合下列各项情形之一，不得作出前条第 1 款的指定。

（1）申请人并非地方公共团体、医疗法人、社会福祉法人、厚生劳动大臣所规定的其他主体。

(2) 与该申请相关的访问看护事业所的护士、其他从业者的知识、技能、人员数量，未满足第 92 条第 1 款中厚生劳动省令所确定的基准、该款厚生劳动省令所规定的人员数量。

(3) 申请人被认定未按照第 92 条第 2 款（包含第 111 条第 3 款、第 149 条中准用的情形）所规定的与指定访问看护事业运营相关的基准，运营指定访问看护事业。

(4) 根据本法的规定，对于申请人而言，前条第 1 款的指定访问看护事业者指定被撤销，自撤销之日起尚未经过 5 年。

(5) 根据本法及其他与国民保健医疗相关法律及政令的规定，申请人被判处罚金刑，刑罚执行已经终止或不再继续执行刑罚。

(6) 申请人被判处禁锢以上的刑罚，刑罚执行已经终止或不再继续执行刑罚。

(7) 至提出申请之日的前 1 日，因迟延缴纳社会保险费，依据社会保险相关法律、地方税法的规定，申请人受到滞纳处分，自作出处分之日后，仍继续迟延缴纳期限已经届满的全部社会保险费，迟延缴纳期限已达 3 个月以上。

(8) 除前面各项所作规定外，申请人被认定为明显不适合作为指定访问看护事业者。

第 90 条（指定访问看护事业者的义务）

1. 指定访问看护事业者，应遵循第 92 条第 2 款所规定的有关指定访问看护事业的运营基准，按照接受访问看护的主体的身心状况等因素，提供适宜的指定访问看护服务。

2. 除前款（包含第 111 条第 3 款、第 149 条中准用的情形）所作规定外，指定访问看护事业者还应提供以下服务：其他与医疗保险相关法律所规定的被保险人及其被抚养人的指定访问看护、与高龄者医疗确保相关法律所规定的被保险人的指定访问看护。

第 91 条（厚生劳动大臣的指导）

指定访问看护事业者、与指定相关的访问看护事业所的护士及其他从业者，就指定访问看护应接受厚生劳动大臣的指导。

第 92 条（指定访问看护事业运营相关基准）

1. 指定访问看护事业者，应按照厚生劳动省令所确定的基准，为与指定相关的访问看护事业所配备所规定数量的护士及其他从业者。

2. 除前款所作规定外，有关指定访问看护事业运营的基准，由厚生劳动大臣作出规定。

3. 厚生劳动大臣在准备制定前款所规定的有关指定访问看护事业的运营基准（限于与指定访问看护处理相关的部分）时，应向中央社会保险医疗协议会进行咨询。

第93条（变更的申报等）

与指定相关的访问看护事业所的名称、所在地、厚生劳动省令所规定的其他事项发生变更时，或指定访问看护事业者废止、中止、再次开展指定访问看护事业时，应按照厚生劳动省令的规定，在10日以内向厚生劳动大臣提出申报。

第94条（指定访问看护事业者等主体的报告等）

1. 因访问看护疗养费的给付而存在必要时，厚生劳动大臣可命令指定访问看护事业者、作为指定访问看护事业者的主体、与指定相关的访问看护事业所的护士及其他从业者（本款以下简称"作为指定访问看护事业者的主体等"）提交或出示报告、账簿文件，要求指定访问看护事业者、与指定相关的访问看护事业所的护士、其他从业者（包含作为指定看护事业者的主体等）出席，要求职员对关系人进行质问，对指定访问看护事业者的与指定相关的访问看护事业所的账簿文件及其他物件进行检查。

2. 第7条之38第2款的规定，准用于前款所规定的质问和检查，该条第3款的规定，准用于前款所规定的权限。

第95条（指定访问看护事业者的指定被撤销）

在符合下列各项的情形之一时，厚生劳动大臣可撤销第88条第1款中指定访问看护事业者的指定。

（1）指定访问看护事业者未使得与指定相关的访问看护事业所的护士、其他从业者，满足第92条第1款中厚生劳动省令所确定的基准、该款中厚生劳动省令所规定的人员数量。

（2）指定访问看护事业者未能遵循第92条第2款（包含第111条及第149条中准用的情形）所规定的指定访问看护事业运营基准，运营指定访问看护事业。

（3）在提出与第88条第6款（包含第111条第1款及第149条中准用的情形）所规定的支付相关的请求时，曾实施违法行为。

（4）根据前条第1款（包含第111条第3款及第149条中准用的情形。本条以下亦同）的规定，指定访问看护事业者被命令提交或出示报告、账簿文件而未予遵循，或者提交虚假报告。

（5）根据前条第1款的规定，指定访问看护事业者、与指定相关的访问看护事业所的护士、其他从业者被要求出席而未出席，对该款所规定的质问不予回答或作出虚假回答，抗拒、妨碍、逃避该款规定的检查（在与指定相关的访问看护事业所的护士及其他从业者实施此类行为时，为了防止此类行为的发生，指定访问看护事业者已经尽到充分注意及监督义务的除外）。

（6）对于其他的医疗保险相关法律所规定的被保险人、被抚养人的指定访问看护，与高龄者医疗确保相关法律所规定的被保险人的指定访问看护，存在相当于第2项至前项所规定的事由之一。

（7）指定访问看护事业者通过违法行为，获得指定访问看护事业者的指定。

（8）根据本法及其他与国民保健医疗相关法律及政令的规定，指定访问看护事业者被判处罚金刑，刑罚执行已经终止或不再继续执行刑罚。

（9）指定访问看护事业者被判处禁锢以上的刑罚，刑罚执行已经终止或不再继续执行刑罚。

（10）除前面各项所作规定外，指定访问看护事业者违反本法、其他国民保健医疗相关法律及政令的规定，基于这些法律的命令及处分。

第96条（公示）

在下列情形下，厚生劳动大臣应将作出的决定予以公示。

（1）作出指定访问看护事业者的指定。

（2）收到第93条所规定的申报（该条厚生劳动省令所规定事项的变更、该条所规定的事业中止及再次开展事业的申报除外）。

（3）根据前条的规定，撤销指定访问看护事业者的指定。

第三小节　移送费的给付

第97条

1. 被保险人为了获得疗养给付（包含与保险外并用疗养费相关的疗养）而被移送至医院或诊所时，应给付按照厚生劳动省令的规定所计算出的移送费。

2. 前款的移送费，限于按照厚生劳动省令的规定，保险人认为在必要之时提出给付。

第四小节 补充规则

第98条（被保险人为短期雇佣劳动者及其被抚养人）

1. 被保险人丧失被保险人资格，且成为短期雇佣特殊被保险人及其被抚养人之时，对于下列服务，接受相当于疗养的服务时，若因疾病、负伤、负伤所引发的疾病，可自保险人处获得疗养给付、住院时饮食疗养费、住院时生活疗养费、保险外并用疗养费、疗养费、访问看护疗养费、移送费的给付。下列服务包括：丧失资格时的疗养给付、与住院时饮食疗养费相关的疗养、与住院时生活疗养费相关的疗养、与保险外并用疗养费相关的疗养、与疗养费相关的疗养、与访问看护疗养费相关的疗养、护理保险法所规定的与居家护理服务费相关的指定居家服务（指的是该法第41条第1款所规定的指定居家服务。第129条第2款第2项亦同）、与特殊居家护理服务费相关的居家服务（指的是该法第8条第1款所规定的居家服务。该项及第135条第1款亦同）以及与此相当的服务、与区域密集型护理服务费相关的指定区域密集型服务（指的是该法第42条之2第1款所规定的指定区域密集型服务。该项亦同）、与特殊区域密集型护理服务费相关的区域密集型服务（指的是该法第8条第14款所规定的区域密集型服务。该项及第135条第1款亦同）以及与此相当的服务、与机构护理服务费相关的指定机构服务（指的是该法第48条第1款所规定的指定机构服务。该项亦同）、与特殊机构护理服务费相关的机构服务（指的是该法第8条第26款所规定的机构服务。该项及第135条第1款亦同）、与护理预防服务费相关的指定护理预防服务（指的是该法第53条第1款所规定的指定护理预防服务。该项亦同）、与特殊护理预防服务费相关的护理预防服务（指的是该法第8条之2第1款所规定的护理预防服务。该项及第135条第1款亦同）以及与此相当的服务。

2. 在符合下列各项情形之一时，不得提出前款所规定的疗养给付、住院时饮食疗养费、住院时生活疗养费、保险外并用疗养费、疗养费、访问看护疗养费、移送费的给付。

（1）因疾病或负伤，按照下一章的规定，可获得疗养给付、住院时饮食疗养费、住院时生活疗养费、保险外并用疗养费、疗养费、访问看护疗养费、移送费、家庭疗养费、家庭访问看护疗养费、家庭移送费的给付。

（2）某一主体成为被保险人、船员保险的被保险人及其被抚养人、国民健康保险的被保险人、后期高龄者医疗保险的被保险人。

（3）自丧失被保险人资格之日起尚未经过6个月。

3. 因疾病或负伤，按照下一章的规定获得特别疗养费（包含根据第145条第6款中准用第132条的规定给付疗养费的情形）、移送费、家庭移送费给付的期间内，不得提供第1款所规定的疗养给付、住院时饮食疗养费、住院时生活疗养费、保险外并用疗养费、疗养费、访问看护疗养费、移送费的给付。

4. 因疾病或负伤，根据护理保险法的规定获得相当的给付时，不再提供第1款规定的疗养给付、住院时饮食疗养费、住院时生活疗养费、保险外并用疗养费、疗养费、访问看护疗养费的给付。

第三节 伤病津贴、丧葬费、生育育儿一时金、生育津贴的给付

第99条（伤病津贴）

1. 被保险人（任意继续被保险人除外。第102条第1款亦同）因疗养而无法从事劳务工作时，自无法从事劳务工作之日起经过3日后，在无法从事劳务工作的期间内，应向其给付伤病津贴。

2. 开始给付伤病津贴之日所属月份之前的连续12个月内，将相当于每月平均标准报酬数额（限于被保险人实际所属的保险人等所确定的数额。本款以下亦同）1/30的数额（此项数额存在未满5日元的尾数时，应将尾数舍弃，存在5日元以上、未满10日元的尾数时，应将尾数提升至10日元），乘以2/3所得数额（此项数额存在未满50钱的尾数时，应将尾数舍弃，存在50钱以上未满1日元的尾数时，应将尾数提升至1日元），即相当于伤病津贴的数额。不过，该日所属月份之前的连续期间内，确定每月标准报酬数额的月份未达到12个月时，为相当于下列各项所规定较少数额中2/3的数额（此项数额存在不足50钱的尾数时，应将尾数予以舍弃，存在50钱以上、未满1日元的尾数时，应将尾数提升至1日元）。

（1）开始给付伤病津贴之日所属月份的前连续数月内，相当于每月平均标准报酬数额1/30的数额（此项数额存在未满5日元的尾数时，应将尾数予以舍弃，存在5日元以上未满10日元的尾数时，应将尾数提升至10日元）。

（2）开始给付伤病津贴之日所属年度前一年度的 9 月 30 日，以全部被保险人在该月内的平均标准报酬数额为标准确定每月标准报酬数额，相当于每月标准报酬数额的 1/30（此项数额存在未满 5 日元的尾数时，应将尾数予以舍弃，存在 5 日元以上未满 10 日元的尾数时，应将尾数提升至 10 日元）。

3. 除前款所作规定外，有关伤病津贴数额计算的必要事项，由厚生劳动省令作出规定。

4. 因同一疾病或负伤，伤病津贴的给付期间，自开始给付之日起不得超过 1 年 6 个月。

第 100 条（丧葬费）

1. 被保险人死亡之时，若依靠其维持生计的主体为其料理丧葬事务，应按照政令的规定向料理丧葬事务的主体给付丧葬费。

2. 根据前款的规定，不存在应获得丧葬费给付的主体时，应在该款的金额范围内向料理丧葬事务的主体，给付丧葬所需费用。

第 101 条（生育育儿一时金）

被保险人生育之时，应按照政令的规定向其给付生育育儿一时金。

第 102 条（生育津贴）

1. 被保险人生育之时，自生育之日（生育日处于生育的预估日之后时，为生育的预估日）前 42 日（生育多个胎儿时，为 98 日），至生育之日后 56 日内无法从事劳务工作的期间内，应向其给付生育津贴。

2. 第 99 条第 2 款及第 3 款的规定，准用于生育津贴的给付。

第 103 条（对生育津贴及伤病津贴的调整）

1. 在给付生育津贴（符合第 108 条第 3 款或第 4 款时除外）时，在此期间内不得给付伤病津贴。不过，所能够获得的生育津贴数额（在该条第 2 款但书所规定的场合下，为该款但书所规定的报酬与根据但书所计算出的生育津贴数额的总额），少于根据第 99 条第 2 款所计算出的数额时，应给付差额。

2. 在应给付生育津贴而给付伤病津贴时，所给付的伤病津贴（根据前款但书的规定进行给付的除外）视为对生育津贴的给付。

第 104 条（伤病津贴、生育津贴的继续给付）

至被保险人丧失被保险人资格之日（丧失任意继续被保险人资格时，为取得其资格之日）的前 1 日，连续 1 年以上成为被保险人（任意继续被保险人、作为互助组合成员的被保险人除外）的主体（第106条简称"作为1年以上的被保险人的主体"），且在丧失资格时为获得伤病津贴、生育津贴给付的主体，在作为被保险人能够获得给付的期间内，可继续自同一保险人处获得给付。

第105条（资格丧失后因死亡而提出的给付）

1. 可根据前条规定获得保险给付的主体死亡之时，若根据该条的规定获得保险给付的主体，在未获得保险给付后的3个月以内死亡，或者其他的作为被保险人的主体自丧失被保险人资格后3个月以内死亡，依靠被保险人维持生计的主体料理丧葬事务后，可自该被保险人最后的保险人处获得丧葬费给付。

2. 第100条的规定，准用于根据前款的规定不存在应获得丧葬费给付的主体、该款的丧葬费金额。

第106条（被保险人资格丧失后生育育儿一时金的给付）

作为1年以上的被保险人的主体在丧失被保险人资格后的6个月以内生育时，可自最后的被保险人处获得生育育儿一时金的给付。

第107条（成为船员保险的被保险人）

无论前3条作何规定，作为被保险人的主体成为船员保险的被保险人时，不再提供保险给付。

第108条（对伤病津贴或生育津贴与报酬等的调整）

1. 因疾病或负伤而可获得全部或部分报酬的主体，在能够获得报酬的期间内，不应提供伤病津贴。不过，相较于根据第99条第2款的规定所计算出的数额，可获得的报酬数额更少（符合第103条第1款、第3款、第4款时除外）时，应给付差额。

2. 在生育时能够获得全部或部分报酬的主体，在能够获得报酬的期间内，不应给付生育津贴。不过，相较于生育津贴数额，能够获得的报酬数额更少时，应给付差额。

3. 应获得伤病津贴给付的主体，因同一疾病、负伤、负伤所引发的疾病，而获得厚生年金保险法所规定的残疾厚生年金给付时，不应给付伤病津贴。不过，相较于根据第99条第2款的规定所计算出的数额，按照厚生劳动省令规定所计算出的（本款以下简称"残疾年金数额"）能够获得的残疾厚生年金数额（若基于与该残疾厚生年金数额相同的给付事由，而可获得国民年金法所规定的残疾基础年金给付时，为该残疾厚生年金数额与该残疾基础年金数额的总额）较少时，应给付此项数额与下列各项所规定区分情形中数额的差额。

（1）无法获得报酬及生育津贴时，为残疾年金的数额。

（2）无法获得报酬，但能够获得生育津贴时，为生育津贴（该数额超过根据第99条第2款的规定所计算出的数额时，为该数额）及残疾年金数额中较多者。

（3）能够获得全部或部分报酬，但无法获得生育津贴的给付时，为能够获得的全部或部分报酬数额（当该数额超过根据第99条第2款规定所计算出的数额时，为该数额）与残疾年金数额中较多者。

（4）能够获得全部或部分报酬，而且，能够获得生育津贴的给付时，为能够获得的全部或部分报酬数额及根据前款但书的规定所计算出的生育津贴数额的总额（当该总额超过根据第99条第2款的规定所计算出的数额时，为该总额）与残疾年金数额中较多者。

4. 应获得伤病津贴给付的主体，因同一疾病、负伤、负伤所引发的疾病，而能够获得厚生年金保险法所规定的残疾津贴给付时，自获得该残疾津贴给付之日，至该主体在之后能够获得伤病津贴的给付时，根据第99条第2款的规定，所计算出伤病津贴数额的总额，达到残疾津贴数额之日的期间内，不应给付伤病津贴。不过，在该总额达到残疾津贴数额之日，该总额超过残疾津贴数额时，若能够获得全部或部分报酬、生育津贴的给付以及存在政令所规定的其他情形时，针对该项总额与该项残疾津贴数额之间存在的差额、政令所规定的存在差额的其他情形，不在此限。

5. 应获得伤病津贴给付的主体（限于按照第104条的规定，应获得给付并满足政令所规定要件的主体），可获得国民年金法、厚生年金保险法所规定的以老龄为给付事由的年金给付、政令所规定的其他以老龄或退休为给付事由的年金给付（本款以下及下一款简称"老龄退休年金给付"）时，不得给付伤病津贴。不过，按照厚生劳动省令的规定，所计算出的能够获得的老龄退休年金给付数额（该老龄退休年金给付为两项以上时，为两项以上的老龄退休年金给付数额的总额），少于伤病津贴数额时，应给付差额。

6. 根据前3款的规定，因给付伤病津贴而存在必要时，保险人可请求提供老龄退休年金给付的主体（下一款简称"年金保险人"），针对第2款的残疾厚生年金、残疾基础年金、第3款的残疾津贴、前款的老龄退休年金给付情况，提供必要资料。

7. 年金保险人（厚生劳动大臣除外）在获得厚生劳动大臣的同意后，可将前款所规定的资料提供事务，委托至厚生劳动大臣实施。

第 109 条

1. 前条第 1—4 款所规定的主体，因疾病、负伤或生育而无法获得本应获得的全部或部分报酬时，若无法获得全部报酬，应给付全额的伤病津贴或生育津贴，若无法获得部分报酬，且所获得的部分报酬相较于伤病津贴、生育津贴数额较少时，应给付此项数额与伤病津贴或生育津贴的差额。不过，根据该条第 1 款的但书、第 2 款的但书、第 3 款的但书、第 4 款的但书规定，已获得部分伤病津贴或生育津贴时，应自给付的数额中扣除已经获得的给付数额。

2. 对于根据前款的规定保险人所给付的费用，应向事业主收取。

第四节　家庭疗养费、家庭访问看护疗养费、家庭移送费、家庭丧葬费、家庭生育育儿一时金的给付

第 110 条（家庭疗养费）

1. 被保险人的被抚养人自自己所选择的保险医疗机关等主体处获得疗养时，应向被保险人给付疗养所需的家庭疗养费。

2. 家庭疗养费数额，为第 1 项所列举的数额（该疗养包含饮食疗养时，为此项数额与第 2 项所列举数额的总额，该疗养包含生活疗养时，为此项数额与第 3 项所列举数额的总额）。

（1）按照第一至第四所规定的区分情形，以所计算出的该项疗养（饮食疗养及生活疗养除外）所需费用数额（此项数额超过该项疗养实际所需费用数额时，为该项疗养实际所需费用数额），乘以第一至第四所规定比例而得到的数额。

第一，被抚养人已满 6 岁之日以后第一个 3 月 31 日的次日以后，至满 70 岁之日所属月份以前，为 70%。

第二，被抚养人已满 6 岁之日以后第一个 3 月 31 日以前，为 80%。

第三，被抚养人（第四所规定的被抚养人除外）满 70 岁之日所属月份的次月以后，为 80%。

第四，符合第 74 条第 1 款第 3 项所规定情形的被保险人、政令所规定其他被保险人的被抚养人，满 70 岁之日所属月份的次月以后，为 70%。

（2）自所计算出的饮食疗养费用数额（此项数额超过该饮食疗养实际所需费用数额时，为饮食疗养实际所需费用数额），扣除饮食疗养标准负担额所得数额。

（3）自所计算出的生活疗养费用数额（此项数额超过该生活疗养实际所需费用数额时，为生活疗养实际所需费用数额），扣除生活疗养标准负担额所得数额。

3. 在计算前款第 1 项中的疗养费用数额时，若自保险医疗机关等主体获得疗养（评价疗养、患者申请疗养、选择疗养除外），应准用第 76 条第 2 款中费用数额的计算，若自保险医疗机关等主体获得评价疗养、患者申请疗养、选择疗养，应准用第 86 条第 2 款第 1 项中费用数额的计算；在计算前款第 2 项中饮食疗养费用数额时，应准用第 85 条第 2 款中费用数额的计算；在计算前款第 3 项中生活疗养费用数额时，应准用第 85 条之 2 第 2 款中费用数额的计算。

4. 被抚养人自第 63 条第 3 款第 1 项、第 2 项所列举的医院、诊所、药店处获得疗养时，对于被抚养人应向医院、诊所、药店支付的疗养所需费用，保险人在应向被保险人给付的家庭疗养费数额限度内，可代被保险人，向医院、诊所、药店支付。

5. 根据前款的规定给付时，视为已向被保险人给付家庭疗养费。

6. 被抚养人自第 63 条第 3 款第 3 项所列举的医院、诊所、药店获得疗养时，在被抚养人应支付的疗养所需费用中，保险人免除相当于应当向被保险人给付的家庭疗养费数额时，视为已向被保险人给付家庭疗养费。

7. 第 63 条、第 64 条、第 70 条第 1 款、第 72 条第 1 款、第 73 条、第 76 条第 3—6 款、第 78 条、第 84 条第 1 款、第 85 条第 8 款、第 87 条、第 98 条的规定，准用于家庭疗养费的给付及被抚养人的疗养。

8. 在第 4 款所规定场合下，自根据第 3 款的规定所计算出的疗养所需费用数额（此项数额超过疗养实际所需费用数额时，为该疗养实际所需费用数额）中，扣除相当于给付的疗养所需家庭疗养费数额，按照扣除后的数额给付时，准用第 75 条的规定。

第 110 条之 2（家庭疗养费数额的特例）

1. 对于第 75 条之 2 第 1 款所规定的被保险人的被抚养人的家庭疗养费的给付，可遵照前条第 2 款第 1 项第一至第四所规定的比例，同时，在超过所规定比例至 100% 以下的范围内，可由保险人确定具体的比例。

2. 在适用与前款所规定的被抚养人相关的前条第 4 款时，该款中的"应向被保险人给付的家庭疗养费数额"变更为"所计算出的该疗养所需费用数额（此项数额超过该疗养实际所需费用数额时，为疗养实际所需费用数额）"。此时，保险人自应支付的数额中，扣除应向被保险人给付的家庭疗养费数额，自与被抚养人相关的被保险人处直接收取扣除后的费用时，可推迟收取时间。

第 111 条（家庭访问看护疗养费）

1. 被保险人的被抚养人，自指定访问看护事业者处获得指定访问看护时，应向被保险人给付指定访问看护所需的家庭访问看护疗养费。

2. 家庭访问看护疗养费数额指的是，对于准用第 88 条第 4 款中厚生劳动大臣所作规定，所计算出的指定访问看护所需费用数额，按照第 110 条第 2 款第 1 项第一至第四中的区分情形，乘以该项第一至第四所规定比例所得数额（对于家庭疗养费的给付，应适用前条第 1 款或第 2 款的规定时，为适用相应规定时的数额）。

3. 第 88 条第 2 款、第 3 款、第 6—11 款、第 13 款、第 90 条第 1 款、第 91 条、第 92 条第 2 款及第 3 款、第 94 条、第 98 条，准用于家庭访问看护疗养费的给付及被抚养人的指定访问看护。

第 112 条（家庭移送费）

1. 被保险人的被抚养人为了获得与家庭疗养费相关的疗养，而被移送至医院或诊所时，对于按照第 97 条第 1 款中厚生劳动省令的规定，所计算出的家庭移送费，应向被保险人提出给付。

2. 第 97 条第 2 款、第 98 条，准用于家庭移送费的给付。

第 113 条（家庭丧葬费）

被保险人的被抚养人死亡时，应按照第 100 条第 1 款政令所确定的金额，向被保险人给付家庭丧葬费。

第 114 条（家庭生育育儿一时金）

被保险人的被抚养人生育时，应按照第 101 条中政令所确定的金额，向被保险人给付家庭生育育儿一时金。

第五节　高额疗养费及高额护理总计疗养费的给付

第 115 条（高额疗养费）

1. 自因疗养给付所给付的部分负担金数额、疗养（饮食疗养及生活疗养除外。下一款亦同）所需费用数额中，扣除相当于给付的疗养所需保险外并用疗养费、疗养费、访问看护疗养费、家庭疗养费、家庭访问看护疗养费数额后，扣除后的数额（下一条第 1 款简称"部分负担金等的数额"）。显著过高时，应向获得疗养给付、保险外并用疗养费、疗养费、访问看护疗养费、家庭疗养费、家庭访问看护疗养费给付的主体，支付高额疗养费。

2. 高额疗养费的给付要件、给付数额、其他与高额疗养费给付相关的必要事项，应在考虑到疗养对家庭必要费用负担产生的影响、疗养所需费用数额后，由政令进行规定。

第 115 条之 2（高额护理总计疗养费）

1. 部分负担金等的数额（给付前条第 1 款的高额疗养费时，为扣除相当于给付额后的数额）、护理保险法第 51 条第 1 款所规定的护理服务使用者负担额（给付该款的高额护理服务费时，为扣除给付额后的数额）、该法第 61 条第 1 款所规定的护理预防服务使用者负担额（给付该款的高额护理预防服务费时，为扣除给付额后的数额）的总额显著过高时，应向获得与部分负担金等相关的疗养给付、保险外并用疗养费、疗养费、访问看护疗养费、家庭疗养费、家庭访问看护疗养费给付的主体，给付高额护理总计疗养费。

2. 前条第 2 款的规定，准用于高额护理总计疗养费的给付。

第六节　保险给付的限制

第 116 条

被保险人、作为被保险人的主体，故意实施犯罪行为、故意导致给付事由发生时，不得提供与给付事由相关的保险给付。

第 117 条

被保险人因打架、醉酒、其他违法行为导致给付事由发生时，可不提供与给付事由相关的全部或部分保险给付。

第 118 条

1. 被保险人、作为被保险人的主体符合下列各项情形之一时，在其罹患疾病、负伤、生育期间内，不得提供保险给付（在给付伤病津贴及生育津贴时，限于由厚生劳动省令所规定的情形）。

（1）被少年院或其他类似场所收容。

(2) 被刑事场所、劳役场所或其他类似场所拘禁。

2. 即便被保险人、作为被保险人的主体符合前款各项所规定的情形之一，也不妨碍保险人向被抚养人提供保险给付。

第 119 条

被保险人、作为被保险人的主体无正当理由未遵循与疗养相关的指示时，保险人可不提供部分保险给付。

第 120 条

对于通过欺诈、其他违法行为获得保险给付或准备获得保险给付的主体，保险人可规定在 6 个月以内的期间内，不得向其给付全部或部分伤病津贴或生育津贴。不过，欺诈等违法行为已经发生 1 年后，不在此限。

第 121 条

获得保险给付的主体，无正当理由不予遵循第 59 条所规定的命令、拒绝回答或拒绝接受诊断时，保险人可无须提供全部或部分保险给付。

第 122 条

第 116 条、第 117 条、第 118 条第 1 款、第 119 条的规定，准用于被保险人的被扶养人。此时，这些规定中的"保险给付"变更为"与该被抚养人相关的保险给付"。

第五章　与短期雇佣特殊被保险人相关的特例

第一节　短期雇佣特殊被保险人保险的保险人

第 123 条

1. 短期雇佣特殊被保险人保险的保险人，为协会。

2. 在短期雇佣特殊被保险人保险的保险人业务中，短期雇佣特殊被保险人手册的交付、与短期雇佣特殊被保险人相关保险费的收取、短期雇佣互助金的收取以及与此相关的附带业务，应由厚生劳动大臣实施。

第二节　每日标准工资数额等

第 124 条（每日标准工资数额）

1. 应基于短期雇佣特殊被保险人的每日工资数额，按照下列等级区分（按照下一款对等级区分进行修改后，为修改后的等级区分），确定每日标准工资数额。

每日标准工资数额等级	每日标准工资数额	每日工资数额
第一级	3000 日元	未满 3500 日元
第二级	4400 日元	3500 日元以上、未满 5000 日元
第三级	5750 日元	5000 日元以上、未满 6500 日元
第四级	7250 日元	6500 日元以上、未满 8000 日元
第五级	8750 日元	8000 日元以上、未满 9500 日元
第六级	10750 日元	9500 日元以上、未满 12000 日元
第七级	13250 日元	12000 日元以上、未满 14500 日元
第八级	15750 日元	14500 日元以上、未满 17000 日元
第九级	18250 日元	17000 日元以上、未满 19500 日元
第十级	21250 日元	19500 日元以上、未满 23000 日元
第十一级	24750 日元	23000 日元以上

2. 某一年度内，与最高等级的每日标准工资数额对应的保险费延期缴纳天数，超过该年度内短期雇佣特殊被保险人的保险费总计延期缴纳天数的 3% 时，若延期缴纳的状态得以延续，自下一年度的 9 月 1 日起，可在最高等级之上，通过政令修改每日标准工资数额等级区分，以增加相应的等级区分。不过，在该年度内，与修改后的最高等级的每日标准工资数额相关的保险费延期缴纳天数，不得低于短期雇佣特殊被保险人的保险费总计延期缴纳天数的 1%。

3. 第 40 条第 3 款的规定，准用于前款政令的制定或修改。

第 125 条（每日工资数额）

1. 每日工资数额，分别按照下列各项进行计算。

（1）若能够按照期日或其他时间确定工资，或者能够根据 1 日内的产出确定工资，或者在能够计算短期雇佣特殊被保险人被使用之日的工资的其他情形下时，为各种情形下所确定的工资数额。

（2）若在 2 日以上的期间内，根据产出确定工资，或者在短期雇佣特殊被保险人被使用之日的工资无法被计算（符合下一项情形的除外）的其他情形下，为在该事业所中从事同样业务获得同样工资的主体在前 1 日（在前 1 日不存在从事同样业务获得同样工资的主体时，为最近的存在该主体之日）的每日工资的平均额。

（3）按照 2 日以上的期间确定工资时，为工资数额除以该期间总天数（期间为 1 个月时，1 个月按照 30 日计算）所得数额。

（4）无法根据前 3 项的规定进行计算时，为在该地区内从事同样业务获得同样工资的主体在 1 日内所获得的工资数额。

（5）在前面各项中，因符合两种以上的情形而获得工资时，为根据前面各项规定所计算出工资数额的总额。

（6）在 1 日内被 2 个以上的事业所使用时，为自最初被使用的事业所所获得的根据前面各项所计算出的工资数额。

2. 在前款所规定的场合下，通过货币以外的形式支付工资时，所支付的工资数额应根据地方市场价值，由厚生劳动大臣进行确定。

第 126 条（短期雇佣特殊被保险人手册）

1. 短期雇佣劳动者成为短期雇佣特殊被保险人时，自成为短期雇佣特殊被保险人之日起 5 日以内，应向厚生劳动大臣申请交付短期雇佣特殊被保险人手册。不过，已经获得短期雇佣特殊被保险人手册的交付并仍持有时，若在短期雇佣特殊被保险人手册之上仍存在粘贴健康保险收据的空间，不在此限。

2. 厚生劳动大臣在收到前款的申请时，应交付短期雇佣特殊被保险人手册。

3. 受领短期雇佣特殊被保险人手册的主体，若能够预见到在短期雇佣特殊被保险人手册中仍存在粘贴健康保险收据的空白的期间内，不可能再成为短期雇佣特殊被保险人时，或者获得第 3 条第 2 款但书所规定的承认时，应向厚生劳动大臣返还短期雇佣特殊被保险人手册。

4. 短期雇佣特殊被保险人手册的样式、交付、返还及其他与短期雇佣特殊被保险人手册相关的必要事项，由厚生劳动省令作出规定。

第三节 与短期雇佣特殊被保险人相关的保险给付

第 127 条（保险给付的种类）

本法所规定的与短期雇佣特殊被保险人（包含作为短期雇佣特殊被保险人的主体。本节以下亦同）相关的保险给付，包括以下给付。

（1）疗养给付、住院时饮食疗养费、住院时生活疗养费、保险外并用疗养费、疗养费、访问看护疗养费、移送费的给付。

（2）伤病津贴的给付。

(3) 丧葬费的给付。

(4) 生育育儿一时金的给付。

(5) 生育津贴的给付。

(6) 家庭疗养费、家庭访问看护疗养费、家庭移送费的给付。

(7) 家庭丧葬费的给付。

(8) 家庭生育育儿一时金的给付。

(9) 特别疗养费的给付。

(10) 高额疗养费、高额护理总计疗养费的给付。

第128条（与其他医疗保险给付等之间的调整）

1. 因同一疾病、负伤、死亡、生育，根据前章的规定、其他医疗保险相关法律（国民健康保险法除外。本条以下亦同）的规定、第55条第1款中法令的规定、护理保险法的规定，可获得相当的给付时，不再提供与短期雇佣特殊被保险人相关的疗养给付、住院时饮食疗养费、住院时生活疗养费、保险外并用疗养费、疗养费、访问看护疗养费、移送费、伤病津贴、丧葬费、生育育儿一时金、生育津贴的给付。

2. 因同一疾病、负伤、死亡、生育，根据前章的规定、其他医疗保险相关法律规定，已经获得相当于本章所规定的家庭疗养费（包含根据第140条第2款中准用的第132条规定所给付的疗养费。下一款亦同）、家庭访问看护疗养费、家庭移送费、家庭丧葬费、家庭生育育儿一时金的给付时，不再提供与短期雇佣特殊被保险人相关的疗养给付、住院时饮食疗养费、住院时生活疗养费、保险外并用疗养费、疗养费、访问看护疗养费、移送费、丧葬费、生育育儿一时金的给付。

3. 因同一疾病、负伤、死亡、生育，根据前章的规定、其他医疗保险相关法律的规定、护理保险法的规定，可获得相当的给付、相当于本章所规定的疗养给付、住院时饮食疗养费、住院时生活疗养费、保险外并用疗养费、疗养费、访问看护疗养费、移送费、丧葬费、生育育儿一时金的给付时，不再提供与短期雇佣特殊被保险人相关的家庭疗养费、家庭访问看护疗养费、家庭移送费、家庭丧葬费、家庭生育育儿一时金的给付。

4. 因同一疾病或负伤，根据前章的规定、其他医疗保险相关法律的规定、第55条第1款中法令的规定、护理保险法的规定，能够获得相当于本章所规定的疗养给付、住院时饮食疗养费、住院时生活疗养费、保险外并用疗养费、疗养费、访问看护疗养费、家庭疗养费、家庭访问看护疗养费的给付时，不再提供特别疗养费（包含根据第 145 条第 6 款中准用的第 132 条的规定所给付的疗养费）的给付。

5. 因同一疾病、负伤，根据其他法令的规定，已经获得国家、地方公共团体所提供的疗养或疗养费给付时，在所获得给付的限度范围内，不再提供与短期雇佣特殊被保险人相关的疗养给付、住院时饮食疗养费、住院时生活疗养费、保险外并用疗养费、疗养费、访问看护疗养费、移送费、家庭疗养费、家庭访问看护疗养费、家庭移送费、特别疗养费的给付。

第 129 条（疗养给付）

1. 应向罹患疾病或负伤的短期雇佣特殊被保险人，提供第 63 条第 1 款各项所规定的疗养给付。

2. 短期雇佣特殊被保险人获得疗养给付之日，应符合下列各项所规定的条件之一。不过，在符合第 2 项所规定的情形时，对于因符合第 1 项的规定而获得疗养给付时所患疾病、负伤以及因此而诱发的其他疾病或负伤，不再提供疗养给付。

（1）在该日所属月份的前 2 个月期间内总计 26 日以上、在该日所属月份的前 6 个月期间内总计 78 日以上的保险费，已由短期雇佣特殊被保险人缴纳。

（2）因符合前项的规定，自因疾病（包含引发疾病的其他疾病或负伤。本款以下亦同）、负伤获得疗养给付开始之日［在开始之日前因疾病、负伤而给付特别疗养费（包含根据第 145 条第 6 款中准用的第 132 条的规定给付疗养费。本项以下亦同）、根据护理保险法的规定给付居家护理服务费（限于在给付中与相当于疗养的指定居家服务相关的部分。本项以下、第 135 条第 4 款、第 145 条第 1 款中亦同）、给付特殊居家护理服务费（限于与在给付中相当于疗养的居家服务或与此相当的服务相关的部分。本项以下、第 135 条第 4 款、第 145 条第 1 款中亦同）、给付区域密集型护理服务费（限于与在给付中相当于疗养的指定区域密集型服务相关的部分。本项以下、第 135 条第 4 款、第 145 条第 1 款中亦同）、给付特殊区域密集型护理服务费（限于与在给付中相当于疗养的区域密集型服务、与此相当的服务相关的部分。本项以下、第 135 条第 4 款、第 145 条第 1 款中亦同）、给付机构护理服务费（限于与在给付中相当于疗养的指定机构服务相关的部分。本项以下、第 135 条第 4 款、第 145 条第

1款中亦同)、给付特殊机构护理服务费（限于与在疗养中相当于疗养的机构服务相关的部分。本项以下、第135条第4款、第145条第1款中亦同)、给付护理预防服务费（限于与在给付中相当于疗养的指定护理预防服务相关的部分。本项以下、第135条第4款、第145条第1款亦同)、给付特殊护理预防服务费（限于与在给付中相当于疗养的护理预防服务以及与此相当的服务相关的部分。本项以下、第135条第4款、第145条第1款亦同）时，为特别疗养费的给付、护理保险法所规定的居家护理服务费的给付、特殊居家护理服务费的给付、区域密集型护理服务费的给付、特殊区域密集型护理服务费的给付、机构护理服务费的给付、特殊机构护理服务费的给付、护理预防服务费的给付、特殊护理预防服务费的给付开始之日］起，尚未经过（符合前项所规定的情形除外）1年（与厚生劳动大臣指定的疾病相关时，为5年）。

3. 短期雇佣特殊被保险人通过短期雇佣特殊被保险人手册，申请证明符合前款第1项所规定的情形时，保险人应发放表示对此予以确认的受领资格证，或者在已经发行的受领资格证之上表示确认。

4. 短期雇佣特殊被保险人准备获得第63条第1款各项所规定的疗养给付时，应将受领资格证提交至自己自该条第3款第1项、第2项中所选择的主体，并自该主体处获得疗养给付。

5. 前款的受领资格证，应获得第3款所规定的确认，而且，此项确认应就疾病、负伤，证明满足第2款所规定的受领要件。

6. 受领资格证的样式、第3款所规定的确认、其他与受领资格证相关的必要事项，由厚生劳动省令作出规定。

第130条（住院时饮食疗养费）

1. 短期雇佣特殊被保险人［进入疗养病床、获得与疗养相伴随的照顾、其他看护疗养服务时，满65岁之日所属月份的次月以后的主体（下一条第1款简称"特定长期住院短期雇佣特殊被保险人"）除外］，应向自第63条第3款第1项、第2项所列举的医院、诊所中所选择的主体提交受领资格证，并一同给付自该主体所获得的该条第1款第5项所规定的疗养给付、饮食疗养所需住院时饮食疗养费。

2. 前条第2款、第4款、第5款的规定，准用于住院时饮食疗养费的给付。

第130条之2（住院时生活疗养费）

1. 特定长期住院短期雇佣特殊被保险人，应向自第63条第3款第1

项、第 2 项所规定的医院、诊所中所选择的主体提交受领资格证，并一同给付自该主体所获得的该条第 1 款第 5 项所列举的疗养给付、所获得的生活疗养所需住院时生活疗养费。

2. 第 129 条第 2 款、第 4 款、第 5 款的规定，准用于住院时生活疗养费的给付。

第 131 条（保险外并用疗养费）

1. 短期雇佣特殊被保险人提交受领资格证，自第 63 条第 3 款第 1 项及第 2 项所列举的医院、诊所、药店中所选择的主体获得评价疗养、患者申请疗养、选择疗养时，应给付疗养所需的保险外并用疗养费。

2. 第 129 条第 2 款、第 4 款、第 5 款的规定，准用于保险外并用疗养费的给付。

第 132 条（疗养费）

1. 保险人提供疗养给付、住院时饮食疗养费、住院时生活疗养费、保险外并用疗养费的给付（本款以下简称"疗养给付等"）存在困难之时，或者短期雇佣特殊被保险人自第 63 条第 3 款第 1 项、第 2 项所列举的医院、诊所、药店以外的医院、诊所、药店、其他主体处，获得诊疗、药物给付、治疗，保险人认为存在不可抗拒的事由时，可提供疗养费的给付，以代替提供疗养给付等。

2. 若短期雇佣特殊被保险人未获得第 129 条第 3 款所规定的确认，且自第 63 条第 3 款第 1 项、第 2 项所列举的医院、诊所、药店获得诊疗、药物给付，保险人认为存在不可抗拒的事由导致无法获得确认之时，按照前款作相同处理。

第 133 条（访问看护疗养费）

1. 短期雇佣特殊被保险人向自指定访问看护事业者中所选择的主体提交受领资格证，并获得指定访问看护时，应给付指定访问看护所需的访问看护疗养费。

2. 第 129 条第 2 款、第 5 款的规定，准用于访问看护疗养费的给付。

第 134 条（移送费）

短期雇佣特殊被保险人为了获得疗养给付（包含与保险外并用疗养费及特别疗养费相关的疗养），而被移送至医院或诊所时，应按照第 97 条第 1 款中厚生劳动省令的规定，给付所计算出的移送费。

第 135 条（伤病津贴）

1. 短期雇佣特殊被保险人获得疗养给付［包含作为保险外并用疗养

费、疗养费、访问看护疗养费的给付、护理保险法所规定的居家护理服务费、特殊居家护理服务费、区域密集型护理服务费、特殊区域密集型护理服务费、机构护理服务费、特殊机构护理服务费、护理预防服务费、特殊护理预防服务费的给付（限于与在这些给付中相当于疗养的居家服务以及与此相当的服务、区域密集型服务以及与此相当的服务、机构服务、护理预防服务以及与此相当的服务相关的部分），向拥有第129条第3款中受领资格证（限于满足该条第5款规定的受领资格证）的主体提供的给付。下一款及下一条亦同］时，若因疗养（在居家服务以及与此相当的服务、机构服务、护理预防服务以及与此相当的服务中，包含相当于疗养的服务）而无法从事劳务工作，自无法从事劳务工作之日起经过3日之后，在仍无法从事劳务工作的期间内，应向其给付伤病津贴。

2. 应按照下列各项所规定的区分情形，每日将伤病津贴数额确定为各项所规定的数额。不过，符合下列所有情形时，为各项中较高的金额。

（1）该短期雇佣特殊被保险人自首次获得疗养给付之日所属月份的前2个月期间内，共计缴纳26日以上的保险费时，为在该期间内该短期雇佣特殊被保险人每月的每日标准工资数额总额最大月份时总额的1/45。

（2）该短期雇佣特殊被保险人自首次获得疗养给付之日所属月份的前6个月期间内，共计缴纳78日以上的保险费时，为在该期间内该短期雇佣特殊被保险人每月的每日标准工资数额总额最大月份时总额的1/45。

3. 因同一疾病、负伤以及由此引发的疾病，向短期雇佣特殊被保险人提供伤病津贴给付的期间，自开始提供给付之日起不得超过6个月（与厚生劳动大臣指定的疾病相关时，为1年6个月）。

4. 因疾病或负伤，无法获得第128条所规定的全部疗养给付、保险外并用疗养费、疗养费、访问看护疗养费的给付时，或者根据护理保险法第20条的规定，无法获得该法所规定的全部居家护理服务费的给付、特殊居家护理服务费的给付、区域密集型护理服务费的给付、特殊区域密集型护理服务费的给付、机构护理服务费的给付、特殊机构护理服务费的给付、护理预防服务费的给付、特殊护理预防服务费的给付［仅限于向拥有第129条第3款中受领资格证（限于满足该条第5款规定的受领资格证）的主体提供给付的情形。本款以下亦同］时，应将相当于疗养给付、保险外并用疗养费、疗养费、访问看护疗养费的给付、护理保险法所规定的居家护理服务费的给付、特殊居家护理服务费的给付、区域密集型护理服务费的给付、特殊区域密集型护理服务费的给付、机构护理服务费的给付、特殊机构护理服务费的给付、护理预防服务费的给付、特殊护理预防服务费的给付、疗养、疗养费的给付，视为本章所规定的疗养给付、保险外并用疗养费、疗养费、访问看护疗养费的给付、护理保险法所规定的居家护理服务费的给付、特殊居家护理服务费的给付、区域密集型护理服务费的给付、特殊区域密集型护理服务费的给付、机构护理服务费的给付、特殊机构护理服务费的给付、护理预防服务费的给付、特殊护理预防服务费的给付，并适用第1款及第2款的规定。

第136条（丧葬费）

1. 短期雇佣特殊被保险人死亡之时，若已缴纳在死亡之日所属月份前2个月内总计26日以上或前6个月内总计78日以上的保险费，短期雇佣特殊被保险人死亡之时已获得疗养给付、保险外并用疗养费、疗养费、访问看护疗养费的给付时，或者其死亡发生于不再获得疗养给付、保险外并用疗养费、疗养费、访问看护疗养费给付之日后的3个月以内，应向依赖短期雇佣特殊被保险人维持生计并料理丧葬事务的主体，给付第100条第1款中政令所规定的丧葬费。

2. 不存在根据前款的规定应当获得丧葬费给付的主体时，应向料理丧葬事务的主体，在前款所规定的丧葬费数额范围内，给付丧葬所需费用。

第137条（生育育儿一时金）

短期雇佣特殊被保险人生育时，若其在生育之日所属月份之前的4个月内缴纳总计26日以上的保险费，应向短期雇佣特殊被保险人给付第100条中政令所规定数额的生育育儿一时金。

第138条（生育津贴）

1. 能够获得生育育儿一时金给付的短期雇佣特殊被保险人，在生育之日（生育之日为生育预估日之后时，为生育的预估日）的前24日（生育多个胎儿时，为98日）至生育之日后的56日内无法从事劳务工作的期间内，应向其给付生育津贴。

2. 生育津贴数额为，若在生育之日所属月份之前4个月期间的保险费已经缴纳，在该期间内短期雇佣特殊被保险人每月的每日标准工资数额总额最大月份时总额的1/45。

第139条（对生育津贴及伤病津贴的调整）

在向短期雇佣特殊被保险人给付生育津贴的期间内，不得向其给付伤病津贴。不过，伤病津贴的数额超过生育津贴数额时，对于超过部分，不在此限。

第140条（家庭疗养费）

1. 短期雇佣特殊被保险人的被抚养人，向自第63条第3款第1项、第2项所列举的医院、诊所、药店中所选择的主体，提交受领资格证，并自所选择的主体获得疗养给付时，应向短期雇佣特殊被保险人给付疗养所需的家庭疗养费。

2. 第129条第2款、第4款、第5款、第132条的规定，准用于家庭疗养费的给付。

3. 在前款中准用第132条第1款、第2款的规定，以计算给付的疗养费数额时，准用第87条第2款、第3款的规定。

第141条（家庭访问看护疗养费）

1. 短期雇佣特殊被保险人的被抚养人，向自指定访问看护事业者中所选择的主体，提交受领资格证，并获得指定访问看护时，应向短期雇佣特殊被保险人给付指定访问看护所需的家庭访问看护疗养费。

2. 第129条第2款、第5款的规定，准用于家庭访问看护疗养费的给付。

第142条（家庭移送费）

为了获得与家庭疗养费相关的疗养（包含与特别疗养费相关的疗养），短期雇佣特殊被保险人的被抚养人被移送至医院或诊所时，应向短期雇佣特殊被保险人给付按照第97条第1款中厚生劳动省令的规定所计算出的家庭移送费。

第143条（家庭丧葬费）

1. 短期雇佣特殊被保险人的被抚养人死亡之时，应向短期雇佣特殊被保险人给付家庭丧葬费。

2. 短期雇佣特殊被保险人获得家庭丧葬费的给付时，应缴纳被抚养人死亡之日所属月份的前2个月内总计26日以上、死亡之日所属月份的前6个月内总计78日以上的保险费。

3. 家庭丧葬费的数额，为第113条中政令所规定的数额。

第144条（家庭生育育儿一时金）

1. 短期雇佣特殊被保险人的被抚养人生育之时，应向短期雇佣特殊被保险人给付家庭生育育儿一时金。

2. 短期雇佣特殊被保险人在获得家庭生育育儿一时金的给付时，应缴纳生育之日所属月份之前的 2 个月内总计 26 日以上、生育之日所属月份之前的 6 个月内总计 78 日以上的保险费。

3. 家庭生育育儿一时金的金额，为第 101 条中政令所规定的数额。

第 145 条（特别疗养费）

1. 作为符合下列各项所规定情形之一的短期雇佣特殊被保险人，自符合下列各项情形之一之日所属月份的第一日起尚未经过 3 个月（在该月的第一日符合下列各项情形之一的主体，为 2 个月。第 5 款亦同）的主体及其被抚养人，向自第 63 条第 3 款第 1 项、第 2 项所列举的医院、诊所、药店中所选择的主体，提交特别疗养费受领证并获得疗养时，或者向自指定访问看护事业者中所选择的主体，提交特别疗养费受领证并获得指定访问看护时，应向短期雇佣特殊被保险人，给付疗养或指定访问看护所需的特别疗养费。不过，因疾病或负伤，能够获得疗养给付、住院时饮食疗养费、住院时生活疗养费、保险外并用疗养费、疗养费、访问看护疗养费、家庭疗养费、家庭访问看护疗养费的给付、护理保险法所规定的居家护理服务费的给付、特殊居家护理服务费的给付、区域密集型护理服务费的给付、特殊区域密集型护理服务费的给付、机构护理服务费的给付、特殊机构护理服务费的给付、护理预防服务费的给付、特殊护理预防服务费的给付时，不在此限。

（1）首次获得短期雇佣特殊被保险人手册的交付。

（2）在 1 个月内或连续 2 个月内总计 26 日以上、连续 3 个月内或 6 个月内总计 78 日以上的保险费应被缴纳的月份中，短期雇佣特殊被保险人手册中已不存在粘贴健康保险收据的空间，或者在该月的次月，根据第 126 条第 3 款的规定返还短期雇佣特殊被保险人手册后，首次获得短期雇佣特殊被保险人手册的交付。

（3）在之前已经交付的短期雇佣特殊被保险人手册（之前已经两次获得过短期雇佣特殊被保险人手册时，为最后获得的短期雇佣特殊被保险人手册）之中，已不存在粘贴健康保险收据的空间之日，或根据第 126 条第 3 款的规定，自返还短期雇佣特殊被保险人手册之日起已经超过 1 年后，获得短期雇佣特殊被保险人手册的交付。

2. 自第 63 条第 3 款第 1 项、第 2 项所列举的医院、诊所、药店获得疗养时，特别疗养费数额为第 1 项所规定的数额（该疗养包含饮食疗养时，为该项数额与第 2 项所规定数额的总额，该疗养包含生活疗养时，为该项数额与第 3 项所规定数额的总额），自指定访问看护事业者处获得指定访问看护时，特别疗养费数额为第 4 项所规定的数额。

（1）相当于所计算出的该疗养（饮食疗养及生活疗养除外）费用数额（此项数额超过该疗养实际所需费用数额时，为疗养实际所需费用数额）70%的数额。

（2）自所计算出的该饮食疗养所需费用数额（此项数额超过该饮食疗养实际所需费用数额时，为饮食疗养实际所需费用数额）中，扣除饮食疗养标准负担额后的数额。

（3）自所计算出的该生活疗养所需费用数额（此项数额超过该生活疗养实际所需费用数额时，为生活疗养实际所需费用数额）中，扣除生活疗养标准负担额后的数额。

（4）相当于所计算出的指定访问看护所需费用数额 70%的数额。

3. 获得第 1 款的疗养、指定访问看护的主体满 6 岁之日以后首个 3 月 31 日之前，适用前款的规定时，该款第 1 项及第 4 项中的"70%"变更为"80%"。

4. 获得第 1 款的疗养、指定访问看护的主体（满足第 149 条中准用第 74 条第 1 款第 3 项所规定情形的被保险人、其被抚养人、政令所规定被保险人的被抚养人除外）满 70 岁之日所属月份的次月以后，适用第 2 款的规定时，该款第 1 项及第 4 项中的"70%"变更为"80%"。

5. 若自满足第 1 款各项所规定情形之一的短期雇佣特殊被保险人，符合相应情形之日所属月份的第 1 日起尚未经过 3 个月，根据短期雇佣特殊被保险人的申请，保险人应交付特别疗养费受领证。

6. 第 132 条的规定，准用于特别疗养费的给付。此时，该条第 2 款中的"第 129 条第 3 款所规定的确认""确认"，变更为"特别疗养费受领证的交付"。

7. 根据在前款中准用的第 132 条第 1 款、第 2 款的规定，计算给付的疗养费数额时，准用第 87 条第 2 款、第 3 款的规定。

8. 特别疗养费受领证的样式、交付、其他与特别疗养费受领证相关的必要事项，由厚生劳动省令作出规定。

第 146 条

短期雇佣特殊被保险人获得第 3 条第 2 款但书的承认时，因承认而不再成为短期雇佣特殊被保险人之日以后，短期雇佣特殊被保险人根据第126条第3款的规定，返还短期雇佣特殊被保险人手册后，不再提供特别疗养费的给付。

第147条（高额疗养费）

自因与短期雇佣特殊被保险人相关的疗养给付而给付的部分负担金、短期雇佣特殊被保险人及其被抚养人的疗养（饮食疗养及生活疗养除外）所需费用数额中，扣除相当于疗养所需的保险外并用疗养费、疗养费、访问看护疗养费、家庭疗养费、家庭访问看护疗养费、特别疗养费的给付额（下一条简称"与短期雇佣特殊被保险人相关的部分负担金等的数额"），扣除后所得数额显著过高时，应向获得疗养给付、保险外并用疗养费、疗养费、访问看护疗养费、家庭疗养费、家庭访问看护疗养费、特别疗养费给付的短期雇佣特殊被保险人，给付高额疗养费。

第147条之2（高额护理总计疗养费）

与短期雇佣特殊被保险人相关的部分负担金等的数额（给付前条的高额疗养费时，为扣除相当于给付额后的数额）、护理保险法第51条第1款所规定的护理服务使用者负担额（给付该款的高额护理服务费时，为扣除给付额后的数额）、该法第61条第1款所规定的护理预防服务使用者负担额（给付该款的高额护理预防服务费时，为扣除给付额后的数额）的总额显著过高时，应向获得与部分负担金等的数额相关的疗养给付、保险外并用疗养费、疗养费、访问看护疗养费、家庭疗养费、家庭访问看护疗养费、特别疗养费给付的短期雇佣特殊被保险人，给付高额护理总计疗养费。

第148条（受领方法）

准备获得与短期雇佣特殊被保险人相关的住院时饮食疗养费、住院时生活疗养费、保险外并用疗养费、疗养费、访问看护疗养费、移送费、伤病津贴、丧葬费、生育育儿一时金、生育津贴、家庭疗养费、家庭访问看护疗养费、家庭移送费、家庭丧葬费、家庭生育育儿一时金、特别疗养费给付的主体，应按照厚生劳动省令的规定，提交能够证明满足受领要件的短期雇佣特殊被保险人手册、受领资格证、其他文件，以提出申请。

第149条（准用）

下表第一列中的规定，分别准用于下表第二列与短期雇佣特殊被保险人相关的事项。

第 56—62 条	保险给付
第 63 条第 2 款、第 64 条、第 70 条第 1 款、第 72 条第 1 款、第 73 条、第 76 条第 3—6 款、第 78 条、第 84 条第 1 款	疗养给付、住院时饮食疗养费、住院时生活疗养费、保险外并用疗养费、家庭疗养费、特别疗养费的给付
第 74 条、第 75 条、第 75 条之 2、第 76 条第 1 款及第 2 款、第 84 条第 2 款	疗养给付
第 77 条	疗养给付及保险外并用疗养费的给付
第 85 条第 2 款及第 4 款	住院时饮食疗养费的给付
第 85 条第 5 款及第 6 款	住院时饮食疗养费、住院时生活疗养费、保险外并用疗养费的给付
第 85 条第 8 款	住院时饮食疗养费、住院时生活疗养费、保险外并用疗养费、家庭疗养费、特别疗养费的给付
第 85 条之 2 第 2 款及第 4 款	住院时生活疗养费的给付
第 86 条第 2 款及第 5 款	保险外并用疗养费的给付
第 87 条第 2 款及第 3 款	疗养费的给付
第 88 条第 2 款、第 6—11 款及第 13 款、第 90 条第 1 款、第 91 条、第 92 条第 2 款及第 3 款、第 94 条	访问看护疗养费、家庭访问看护疗养费、特别疗养费的给付
第 88 条第 4 款及第 12 款	访问看护疗养费的给付
第 97 条第 2 款	移送费及家庭移送费的给付
第 103 条第 2 款、第 108 条第 1—3 款及第 5 款、第 109 条	伤病津贴及生育津贴的给付
第 110 条第 2 款	家庭疗养费的给付
第 110 条第 3—5 款及第 8 款、第 110 条之 2	家庭疗养费及特别疗养费的给付
第 111 条第 2 款	家庭访问看护疗养费的给付
第 115 条第 2 款	高额疗养费、高额护理总计疗养费的给付
第 116—121 条	短期雇佣特殊被保险人及其被抚养人

第六章 保险事业及福祉事业

第 150 条（保健事业及福祉事业）

1. 保险人除实施与高龄者医疗确保相关法律第 20 条所规定的特定健康诊查、该法第 24 条所规定的特定保健指导（本款以下及第 154 之 2 简称"特定健康诊查等"）外，还应致力于向存在健康教育、健康咨询、健康诊查、健康管理、疾病预防需求的被保险人及其被抚养人（本条以下简称"被保险人等"）提供自助帮助服务，实施为了保持、增进被保险人等主体健康的特定健康诊查等以外的其他必要事业。

2. 保险人在实施前款的事业之时，应高效利用与高龄者医疗确保相关法律第 16 条第 1 款所规定的医疗保险等关联信息，并进行合理、高效使用。

3. 因被保险人等主体的疗养而有必要对资金、工具进行借贷的事业，因被保险人等主体的疗养、提升疗养环境质量、被保险人的生育而有必要对资金进行借贷的其他事业，为了增进被保险人等主体福祉的其他必要事业，可由保险人实施。

4. 只要在第 1 款及前款所规定的事业中并不存在障碍，保险人可要求并非被保险人的主体使用这些事业中的服务。此时，保险人可按照厚生劳动省令的规定，要求使用人给付使用费。

5. 厚生劳动大臣可按照厚生劳动省令的规定，命令健康保险组合实施第 1 款及第 3 款所规定的事业。

6. 对于根据第 1 款的规定，为保持、增进被保险人等主体的健康，而由保险人实施的必要事业，厚生劳动大臣应公布方针、提供信息，并采取其他必要帮助措施，以促使事业能够合理、高效实施。

7. 前款的方针，应与健康增进法（2002 年第 103 号）第 9 条第 1 款所规定的健康诊查等方针保持协调。

第 150 条之 2（为提升国民保健水平而使用或提供匿名诊疗等关联信息）

1. 为提升国民保健水平，厚生劳动大臣可使用匿名诊疗等关联信息［指的是为了实现无法识别特定被保险人、厚生劳动省令所规定其他主体（下一条简称"本人"）、无法还原能识别本人的诊疗等关联信息的目的，按照厚生劳动省令规定的基准所加工成的诊疗等关联信息。以下亦同］，按照厚生劳动省令的规定，因下列主体实施相关业务，因而向其提供匿名诊疗等关联信息具有较强的公益性时，可分别向下列各项所规定的主体提供匿名诊疗等关联信息。

（1）因提供适当的保健医疗服务而制订计划、提出方案，需展开调查，向其他国家行政机关、地方公共团体提供匿名诊疗等关联信息。

（2）因对疾病原因、疾病预防、诊断、治疗方法开展研究，对提升及增进公共卫生水平进行研究，向大学及其他研究机关提供匿名诊疗等关联信息。

（3）因对医疗领域内的研究开发进行分析、实施厚生劳动省令所规定的其他业务（为了对特定商品或劳务进行宣传时除外），向民间事业者、厚生劳动省令所规定的其他主体提供匿名诊疗等关联信息。

2. 根据前款的规定，厚生劳动大臣准备提供匿名诊疗等关联信息时，应事先听取社会保障审议会的意见。

第 150 条之 3（核对等的禁止）

根据前条第 1 款的规定，获得并使用匿名诊疗等关联信息的主体（以下简称"匿名诊疗等关联信息的使用人"），在处理匿名诊疗等关联信息时，不得为了识别本人，而恢复诊疗等关联信息中已经被删除的记载〔指的是记载、记录于文件、图画、电磁媒介〔指的是通过电磁方式（指的是电子方式、磁性介质及人的知觉所无法察知的其他方式）所作的记录〕，或通过声音、动作、其他方法表示的一切事项〕，不得获取与用于制作匿名诊疗等关联信息的加工方法相关的信息，不得将匿名诊疗等关联信息与其他信息进行核对。

第 150 条之 4（删除）

当使用匿名诊疗等关联信息的必要性已丧失时，匿名诊疗等关联信息的使用人应毫不迟延地删除匿名诊疗等关联信息。

第 150 条之 5（安全管理措施）

为避免匿名诊疗等关联信息的泄露、毁损、灭失，确保匿名诊疗等关联信息的安全，匿名诊疗等关联信息的使用人，应采取厚生劳动省令所规定的必要且合理的措施。

第 150 条之 6（使用人的义务）

匿名诊疗等关联信息的使用人，不得擅自让他人知晓在使用匿名诊疗等关联信息过程中所得知的内容，或将其用于不当目的。

第 150 条之 7（进入场所开展检查等）

1. 在本章规定实施的必要限度内，厚生劳动大臣可命令匿名诊疗等关联信息使用人（其他国家行政机关除外。本款以下及下一条亦同）提交或出示报告、账簿文件，要求职员进入匿名诊疗等关联信息使用人的事务所、其他事业所，对关系人进行质问，对账簿文件及其他物件进行检查。

2. 第 7 条之 38 第 2 款的规定准用于前款所规定的质问和检查，该条第 3 款的规定准用于前款所规定的权限。

第 150 条之 8（改正命令）

匿名诊疗等关联信息使用人违反第 150 条之 3 至第 150 条之 6 的规定时，厚生劳动大臣可命令匿名诊疗等关联信息使用人采取必要的改正措施。

第 150 条之 9（对基金等的委托）

厚生劳动大臣可将下列事务委托至基金、国保联合会、厚生劳动省令所规定的其他主体（下一条简称"基金等"）实施：与第 77 条第 2 款所规定的调查、第 150 条之 2 第 1 款所规定的信息使用或提供相关的全部或部分事务。

第 150 条之 10（手续费）

1. 匿名诊疗等关联信息使用人，应在考虑到实际费用基础上，向国家（根据前条的规定接受厚生劳动大臣的委托，由基金等主体实施第 150 条之 2 第 1 款所规定的与匿名诊疗等关联信息提供相关的全部事务时，为基金等主体）缴纳政令所规定数额的手续费。

2. 准备缴纳前款的手续费的主体为都道府县、政令所规定的为了提升国民保健水平而发挥重要作用的其他主体时，厚生劳动大臣可按照政令的规定，减少手续费数额或者免除手续费。

3. 根据第 1 款的规定，向基金等主体缴纳的手续费，为基金等主体的收入。

第七章　费用负担

第 151 条（国库负担）

国库应在每年度的预算范围内，负担执行健康保险事业事务（包含与前期高龄者缴纳金等、后期高龄者帮助金等、第 173 条所规定的互助金、护理缴纳金的缴纳相关的事务）所需费用。

第 152 条

1. 向健康保险组合交付的国库负担金，应以各健康保险组合中的被保险人数量为基准，由厚生劳动大臣进行计算，予以确定。

2. 可对前款的国库负担金进行估算。

第 153 条（国库补助）

除第 151 条所规定的费用外，国库可对下列数额范围内的费用提供补助：以高龄者医疗确保相关法律所规定的前期高龄者缴纳金（以下简称"前期高龄者缴纳金"）的缴纳所需费用数额，乘以给付费比例（指的是该款第 1 项所规定数额占该法第 34 条第 1 款第 1 项、第 2 项所规定数额的总额的比例。本条以下及下一条亦同）所得数额，在此基础上，计算与被保险人相关的疗养给付等所需费用数额、前期高龄者缴纳金的缴纳所需费用数额乘以给付比例后所得数额的总额，在总额［存在该法所规定的前期高龄者交付金（以下简称"前期高龄者交付金"）时，为自总额中扣除前期高龄者交付金乘以给付费比例所得数额后的额度］的 130‰—200‰的范围内。与被保险人相关的疗养给付等所需费用数额包括：在协会所管理的健康保险事业执行所需费用中，与被保险人相关的疗养给付、住院时饮食疗养费、住院时生活疗养费、保险外并用疗养费、疗养费、访问看护疗养费、移送费、伤病津贴、生育津贴、家庭疗养费、家庭访问看护疗养费、家庭移送费、高额疗养费、高额护理总计疗养费给付所需费用（对于疗养给付而言，为扣除相当于部分负担金的数额后的费用）的数额。

第 154 条

1. 除第 151 条及前条所规定的费用外，国库可对下列数额范围内的费用提供补助：以前期高龄者缴纳金缴纳所需费用数额，乘以给付费比例所得数额，在此基础上，计算与短期雇佣特殊被保险人相关的疗养给付等所需费用数额、前期高龄者缴纳金缴纳所需费用数额乘以给付比例后所得数额的总额（存在前期高龄者交付金时，为自总额中扣除以前期高龄者交付金数额乘以给付费比例所得数额后的额度），以设立健康保险组合（包含获得第 3 条第 1 款第 8 项承认的主体的国民健康保险的保险人。第 171 条第 2 款及第 3 款亦同）的事业主以外的事业主，在该年度内已经缴纳的与短期雇佣特殊被保险人相关的保险费的延期缴纳总天数，除以该年度内已经缴纳的与短期雇佣特殊被保险人相关的保险费的延期缴纳总天数得到比例，以该比例乘以总额，并乘以前条中政令所规定的比例所得数额。与短期雇佣特殊被保险人相关的疗养给付等所需费用数额包括：在每年度内健康保险事业执行所需费用中，与短期雇佣特殊被保险人相关的疗养给付、住院时饮食疗养费、住院时生活疗养费、保险外并用疗养费、疗养费、访问看护疗养费、移送费、伤病津贴、生育津贴、家庭疗养费、家庭访问看护疗养费、家庭移送费、特别疗养费、高额疗养费、高额护理总计疗养费的给付所需费用（对于疗养给付，应扣除相当于部分负担金的数额）数额。

2. 除第 151 条、前条、前款所规定的费用外，国库可对下列数额范围内的费用提供补助：针对协会应筹集的前期高龄者缴纳金、与高龄者医疗确保相关法律所规定的后期高龄者帮助金、护理缴纳金中与短期雇佣特殊被保险人相关的应缴纳费用的总额（以该前期高龄者缴纳金乘以给付费比例所得数额除外，当存在前期高龄者交付金时，为自该前期高龄者交付金数额中，扣除该项数额乘以给付费比例所得额度后的数额，并将这一数额自总额中扣除后的数额），乘以该项所规定的比例所得数额，并将这一数额乘以该条中政令所规定比例所得数额。

第 154 条之 2

除第 151 条、前 2 条所规定的费用外，国库可在预算范围内，针对执行健康保险事业所需费用中实施特定健康诊查等所需部分费用，提供补助。

第 155 条（保险费）

1. 为了筹措健康保险事业所需费用（包含前期高龄者缴纳金等、后期高龄者帮助金等、护理缴纳金，以及在健康保险组合中，第 173 条中的互助金缴纳所需费用），保险人等主体应收取保险费。

2. 无论前款作何规定，与协会所管理的健康保险的任意继续被保险人相关的保险费，由协会收取。

第 155 条之 2（保险费等的交付）

为了筹措协会执行健康保险事业所需费用，政府应按照政令的规定，自厚生劳动大臣所收取的保险费、本法所规定的其他收取金、与税收缴纳相关法律（1948 年法律第 142 号）所规定的相当于缴纳金的数额中，扣除相当于厚生劳动大臣所实施健康保险事业事务执行所需费用数额（第 151 条所规定的与费用相关的国库负担金数额除外），按照扣除后的费用数额向协会交付费用。

第 156 条（被保险人的保险费数额）

1. 针对被保险人的保险费数额，应按照下列各项所规定的被保险人的区分情形，每月分别依据下列各项予以确定。

（1）对于护理保险法第 9 条第 2 项所规定的被保险人（以下简称"护理保险第二号被保险人"），为一般保险费数额［指的是各被保险人的每月标准报酬数额、标准奖金额分别乘以一般保险费率（指的是将基本保险费率、特定保险费率相加后所得费率）所得数额。以下亦同］与护理保险费数额（指的是各被保险人的每月标准报酬数额、标准奖金额分别乘以护理保险费率所得数额）的总额。

（2）对于护理保险第二号被保险人以外的被保险人，为一般保险费数额。

2. 无论前款第 1 项作何规定，护理保险第二号被保险人不具有护理保险第二号被保险人的身份时，每月的保险费数额为一般保险费数额。不过，该月再次成为护理保险第二号被保险人或在政令规定的其他场合下，不在此限。

3. 无论前 2 款作何规定，自前 1 个月被保险人连续丧失被保险人资格时，不再计算该月的保险费。

第 157 条（任意继续被保险人的保险费）

1. 任意继续被保险人的保险费，自获得任意继续被保险人资格之月起开始计算。

2. 在前款所规定的场合下，每月的保险费计算方法，应准用前条的规定。

第 158 条（保险费收取的特例）

在以下情形所对应的期间内，不再收取保险费，自前 1 月连续成为被保险人（任意继续被保险人除外。本条以下、下一条及第 159 条之 3 亦同）的主体，符合第 118 条第 1 款各项所规定情形之一时，自符合第 118 条第 1 款各项所规定情形之月以后，至不再符合该款各项所规定情形之月的前 1 月期间内；若被保险人在取得被保险人资格之月符合该款各项所规定情形之一，自次月至不再符合该款各项所规定情形之月的前 1 月期间内。不过，被保险人在符合该款各项所规定情形之一之月，不再符合该款各项所规定的情形之一时，不在此限。

第 159 条

使用正在育儿休假等的被保险人（第 159 条之 3 规定的被保险人除外）的事业所的事业主，按照厚生劳动省令的规定向保险人等主体提出申请时，自开始育儿休假等之日所属月份至育儿休假等终了之日的次日所属月份的前 1 月的期间内，不得向该被保险人收取保险费。

第 159 条之 2

厚生劳动大臣在收取保险费时，若适用事业所的事业主已经缴纳部分保险费、厚生年金保险法第 81 条所规定的保险费（以下简称"厚生年金保险费"）、因子女或子女养育而由帮助法（2012 年法律第 65 号）第 69 条所规定互助金（以下简称"子女·子女养育互助金"），应以该事业主所应缴纳的保险费、厚生年金保险费、因子女或子女养育而所需的互助金数额为基准，按照各项费用比例确定缴纳的保险费数额。

第 159 条之 3

使用正在开展产前产后休假的被保险人的事业所的事业主，按照厚生劳动省令的规定向保险人等提出申请时，自产前产后休假开始之日所属月份至产前产后休假结束之日的次日所属月份的前 1 月的期间内，不再向被保险人收取保险费。

第 160 条（保险费率）

1. 与协会所管理健康保险的被保险人相关的一般保险费率，应以支部被保险人（指的是位于各支部的都道府县的适用事业所所使用的被保险人、在都道府县区域内拥有住所或居所的任意继续被保险人。以下亦同）为单位，由协会在 30‰—130‰ 的范围内予以决定。

2. 根据前款的规定，以支部被保险人为单位决定的一般保险费率（以下简称"都道府县单位保险费率"），适用于该支部被保险人。

3. 都道府县单位保险费率应以支部被保险人为单位，参照下列数额，为保持每事业年度内的财政均衡，按照政令的规定进行计算。

（1）在第 52 条第 1 项所规定的疗养给付、厚生劳动省令所规定的其他保险给付（本款以下及下一款简称"疗养给付等"）中，基于下一款的规定，对与支部被保险人相关的保险给付所需费用数额（第 153 条对于与支部被保险人相关的疗养给付等所规定的国库补助数额除外）进行调整，所得到的预估额。

（2）保险给付（与支部被保险人相关的疗养给付等除外）、前期高龄者缴纳金等、后期高龄者帮助金等所需费用数额的预估额［第 153 条、第 154 条所规定的国库补助数额（前项的国库补助数额除外）、第 173 条所规定的互助金数额除外］，乘以总报酬按份率（指的是以都道府县的支部被保险人的报酬（指的是每月标准报酬数额与标准奖金额的总额。以下亦同）总额，除以协会所管理健康保险的被保险人的报酬总额所得比率）所得数额。

（3）保健事业、福祉事业所需费用数额（第 154 条之 2 所规定的国库补助数额除外）、健康保险事业的事务执行所需费用、下一条所规定准备金积累的预定额（第 151 条所规定的国库负担金数额除外）中，由协会所确定的由支部被保险人应分担的数额。

4. 为了消除下列不平衡状况，应按照政令的规定，以支部被保险人为单位对健康保险的财政进行调整：由于支部被保险人及其被抚养人的年龄分布状况与协会所管理健康保险的被保险人及其被抚养人的年龄段分布状况的差异，所产生的疗养给付等所需费用负担的不均衡；由于支部被保险人的报酬的平均额与协会所管理健康保险的被保险人的报酬的平均额之间的差异，而产生的财政力量不平衡。

5. 协会应每 2 年就下列事项制定预算，并予以公布：第 2 个事业年度之后 5 年内协会所管理健康保险的被保险人数量、报酬数额的预估值、保险给付所需费用数额、保险费数额（包含在各事业年度内能够保持财政均衡的保险费率水准）、健康保险事业其他收支的预估情况。

6. 协会准备变更都道府县单位保险费率时，理事长应提前听取位于与变更相关的都道府县的支部的支部长意见，并经由运营委员会进行审议。

7. 除被要求出具前款的意见外，支部长认为有必要变更都道府县单位保险费率时，应事先听取在支部中所设置评议会的意见，并向理事长就都道府县单位保险费率变更提出意见。

8. 协会在准备变更都道府县单位保险费率时，理事长应就变更获得厚生劳动大臣的许可。

9. 厚生劳动大臣在作出前款的许可后，应毫不迟延地予以公示。

10. 厚生劳动大臣认定都道府县单位保险费率对于在都道府县中实现健康保险事业的收支均衡并不合理时，而且对协会所管理健康保险事业的健全运营产生障碍时，可指定期间，命令协会申请都道府县单位保险费率的变更许可。

11. 协会在所确定的前款期间内，未提出该款的申请时，厚生劳动大臣可经由社会保障审议会变更都道府县单位保险费率。

12. 第 9 款的规定，准用于根据前款的规定，所开展的都道府县单位保险费率的变更。

13. 第 1 款及第 8 款的规定，准用于健康保险组合所管理健康保险的一般保险费率。此时，第 1 款中的"应以支部被保险人（指的是位于各支部的都道府县的适用事业所所使用的被保险人、在都道府县区域内拥有住所或居所的任意继续被保险人。以下亦同）为单位，由协会在 30‰—130‰ 的范围内予以决定"变更为"在 30‰—130‰ 的范围内予以决定"，第 8 款中的"都道府县单位保险费率"变更为"健康保险组合所管理健康保险的一般保险费率"。

14. 保险人应按照以下基准计算特定保险费率，以各年度内由保险人所应缴纳的前期高龄者缴纳金等的数额、后期高龄者帮助金等的数额（在协会所管理健康保险及短期雇佣特殊被保险人的保险中，为自该项数额中扣除第 153 条、第 154 条所规定国库补助金后的数额）的总额（当存在前期高龄者交付金时，为扣除前期高龄者交付金后的数额），除以该年度内保险人所管理被保险人的报酬总额的预估额，以所得比率为基准进行确定。

15. 针对基本保险费率，应由保险人以自一般保险费率中扣除特定保险费率后所得费率为基准，予以确定。

16. 保险人应按照以下基准确定护理保险费率，以各年度内保险人应缴纳的护理缴纳金（与短期雇佣特殊被保险人相关的护理缴纳金除外）数额，除以该年度内被保险人所管理护理保险第二号被保险人的报酬总额的预估额，以所得比率为基准进行确定。

17. 协会在根据第 14 款、第 15 款的规定确定基本保险费率、特定保险费率时，或者根据前款的规定确定护理保险费率后，应毫不迟延地通知厚生劳动大臣。

第 160 条之 2（准备金）

为了筹足健康保险事业所需支出费用，保险人应按照政令的规定，在每事业年度末设置准备金。

第 161 条（保险费的负担及缴纳义务）

1. 被保险人及使用被保险人的事业主，应分别负担保险费数额的 1/2。不过，任意继续被保险人应负担全额保险费。

2. 事业主对其所使用的被保险人及自己所负担的保险费，负有缴纳义务。

3. 任意继续被保险人负有缴纳自己所负担保险费的义务。

4. 被保险人同时被 2 个以上的事业所使用时，各事业主所应负担的保险费数额、保险费缴纳义务，由政令作出规定。

第 162 条（健康保险组合的保险费负担比例的特例）

无论前条第 1 款作何规定，健康保险组合可按照规约的规定，增加事业主所应负担的一般保险费数额、护理保险费数额的负担比例。

第 163 条 删除

第 164 条（保险费的缴纳）

1. 与被保险人相关的每月的保险费，应在次月的最后 1 日缴纳。不过，任意继续被保险人应在当月的 10 日（对于首次应缴纳的保险费，为保险人指定的日期）之前缴纳。

2. 保险人等（被保险人为协会所管理健康保险的任意继续被保险人时，为协会，被保险人为健康保险组合所管理健康保险的被保险人时，为健康保险组合，除此之外的情形为厚生劳动大臣。下一款亦同）向被保险人作出缴纳保险费的告知后，若其知道告知缴纳的保险费数额超过缴纳义务人应缴纳的保险费数额，或者知道已经缴纳的与被保险人相关的保险费数额超过缴纳义务人应缴纳的保险费数额后，对于与超过部分相关的缴纳告知或缴纳，视为自告知之日或缴纳之日的次日起，保险人等将应缴纳的保险费缴纳期限提前至 6 个月以内的期日。

3. 根据前款的规定，视为将相关保险费的缴纳期限提前时，保险人等主体，应向缴纳义务人作出通知。

第 165 条（任意继续被保险人保险费的提前缴纳）

1. 任意继续被保险人可提前缴纳将来一定期间内的保险费。

2. 在前款所规定的场合下，对于应提前缴纳的保险费数额，应自该期间内各月的保险费数额中，扣除政令所规定的数额。

3. 根据第 1 款的规定所提前缴纳的保险费，自与提前缴纳相关期间内的各月首日到来时，视为已经缴纳该月的保险费。

4. 除前 3 款所作规定外，保险费提前缴纳的程序、提前缴纳的保险费偿还、其他与提前缴纳保险费相关的必要事项，由政令作出规定。

第 166 条（通过自动转账进行缴纳）

缴纳义务人，提出将存款的支出、以支出的金钱缴纳保险费，委托至开设存款账户的金融机构实施的申请时，仅当确实存在缴纳的需求，而且，对所提出的申请进行承认对保险费的收取有利时，可对所提出的申请进行承认。

第 167 条（保险费的提前扣除）

1. 事业主通过现金向被保险人支付报酬时，可自报酬中将与被保险人所应负担的前 1 月的每月标准报酬数额相关的保险费（被保险人不再被事业所使用时，为与前 1 月及当月的每月标准报酬数额相关的保险费）扣除。

2. 事业主通过现金向被保险人给付奖金时，可自奖金中扣除相当于与被保险人应负担的标准奖金额相关的保险费的数额。

3. 事业主根据前 2 款的规定扣除保险费时，应制定与保险费扣除相关的计算书，并将扣除额向被保险人作出通知。

第 168 条（短期雇佣特殊被保险人的保险费数额）

1. 短期雇佣特殊被保险人的保险费数额，为每日以下数额的总额。

（1）按照短期雇佣特殊被保险人的每日标准工资数额等级，按照政令的规定以下数额的总额为基准所计算出的数额。

第一，以平均保险费率（指的是以各都道府县单位保险费率，乘以各支部被保险人的报酬总额所得数额，以此项数额除以协会所管理健康保险的被保险人的报酬总额，所得到的费率）与护理保险费率的合计费率（针对作为护理保险第二号被保险人的短期雇佣特殊被保险人以外的短期雇佣特殊被保险人，为平均保险费率），乘以每日标准工资数额所得数额。

第二，第一所列举的数额乘以 31% 所得数额。

（2）以平均保险费率与护理保险费率的合计费率（针对作为护理保险第二号被保险人的短期雇佣特殊被保险人以外的短期雇佣特殊被保险人，为平均保险费率），乘以奖金额［此项数额存在未满 1000 日元的尾数时，应将尾数予以舍弃，此项数额超过 40 万日元（对第 124 条第 2 款所规定的每日标准工资数额等级区分进行修改后，为政令所规定的数额。本项以下亦同）时，为 40 万日元］所得数额。

2. 第 40 条第 3 款的规定准用于前款第 2 项中政令的制定与修改，第 48 条的规定准用于与短期雇佣特殊被保险人奖金额相关的事项，第 125 条第 2 款的规定准用于通过现金之外的形式给付全部或部分奖金时价额的计算。

第 169 条（与短期雇佣特殊被保险人相关的保险费负担与缴纳义务）

1. 短期雇佣特殊被保险人，应负担下列数额范围内的保险费：按照政令的规定，所计算出的相当于前条第 1 款第 1 项第一所规定数额 1/2 的数额、该款第 2 项数额 1/2 的数额的总额。使用短期雇佣特殊被保险人的事业主，应负担下列数额范围内的保险费：按照政令的规定所计算出的相当于该款第 1 项第二中数额的数额、该款第 2 项数额 1/2 数额的总额。

2. 事业主（短期雇佣特殊被保险人在 1 日之内被 2 个以上的事业所使用时，为首先使用短期雇佣特殊被保险人的事业主。第 4—6 款、下一条第 1 款及第 2 款、第 171 条中亦同）应按照使用短期雇佣特殊被保险人的日期，承担与短期雇佣特殊被保险人应负担、自己应负担的当日的每日标准工资数额相关的保险费。

3. 履行前款所规定保险费缴纳义务后，应在短期雇佣特殊被保险人所提交的短期雇佣特殊被保险人手册中粘贴健康保险收据，并盖上印章。

4. 持有短期雇佣特殊被保险人手册的短期雇佣特殊被保险人，应在被适用事业所使用之日，向事业主提交短期雇佣特殊被保险人手册。

5. 事业主在使用短期雇佣特殊被保险人之日，应请求短期雇佣特殊被保险人提交所持有的短期雇佣特殊被保险人手册。

6. 事业主根据第 2 款的规定缴纳保险费后，可自向短期雇佣特殊被保险人给付的工资中，扣除相当于短期雇佣特殊被保险人应负担的保险费数额。此时，事业主应告知短期雇佣特殊被保险人扣除的事实。

7. 至事业主在向短期雇佣特殊被保险人给付奖金之日所属月份的次月最后 1 日，事业主应承担与短期雇佣特殊被保险人、自己所应负担的该日奖金额相关的保险费的缴纳义务。

8. 第 164 条第 2 款及第 3 款、第 166 条的规定，准用于前款所规定的保险费缴纳义务，第 167 条第 2 款及第 3 款，准用于通过现金向短期雇佣特殊被保险人给付奖金的场合。

第 170 条（与短期雇佣特殊被保险人每日标准工资数额相关的保险费数额的告知等）

1. 事业主怠于缴纳前条第 2 款所规定的保险费时，厚生劳动大臣应在调查的基础上，确定应缴纳的保险费数额，并告知事业主。

2. 即便事业主无正当理由而怠于履行前条第 2 款所规定的保险费缴纳义务，厚生劳动大臣应根据厚生劳动省令的规定，收取相当于根据前款的规定所确定的保险费数额 25% 的追缴金。不过，所确定的保险费数额未满 1000 日元时，不在此限。

3. 计算追缴金时，若确定的保险费数额存在未满 1000 日元的尾数，应舍弃尾数。

4. 针对第 2 款所规定的追缴金，自确定之日起 14 日以内，应向厚生劳动大臣缴纳。

第 171 条（健康保险收据受领、交付等的报告）

1. 事业主应在每个事业所中，设置与健康保险收据受领、交付、前条第 1 款所规定保险费缴纳（本条以下简称"受领、交付"）的告知相关的账簿，并在每次受领或交付时，对受领或交付的情况予以记载，此外，在次月的最后 1 日，还应向厚生劳动大臣报告受领或交付的情况。

2. 在前款所规定的场合下，设立健康保险组合的事业主，应一同向该健康保险组合提交该款的报告。

3. 根据前款的规定收到报告的健康保险组合，应按照厚生劳动省令的规定，每年度向厚生劳动大臣提交设立健康保险组合的事业主在前一年度的受领或交付等的报告。

第 172 条（保险费的提前收取）

在下列所规定的场合下，可在缴纳期限之前，收取所有的保险费。

（1）缴纳义务人符合下列情形之一。

第一，因迟延缴纳国税、地方税及其他费用，受到滞纳处分。

第二，进入强制执行程序。

第三，作出破产程序开始的决定。

第四，开始企业担保权实行程序。

第五，开始拍卖程序。

（2）缴纳义务人为法人时，其被解散。

（3）使用被保险人的事业所被废止。

第 173 条（短期雇佣互助金的收取及缴纳义务）

1. 为筹措针对短期雇佣特殊被保险人的健康保险事业所需费用（包含前期高龄者缴纳金等、后期高龄者帮助金等、护理缴纳金的缴纳所需费用。第 175 条亦同），厚生劳动大臣除应根据第 155 条的规定收取保险费外，还应每年度自使用短期雇佣特殊被保险人的事业主所设立的健康保险组合（以下简称"短期雇佣关系组合"）处，收取互助金。

2. 短期雇佣关系组合，负有前款所规定的互助金（以下简称"短期雇佣互助金"）缴纳义务。

第174条（短期雇佣互助金的数额）

根据前条第1款的规定，自短期雇佣关系组合所收取的短期雇佣互助金的数额，为当年度的估算短期雇佣互助金。不过，前一年度的估算短期雇佣互助金数额，超过前一年度实际的短期雇佣互助金数额时，为自当年度的估算短期雇佣互助金数额中扣除超过部分后所得数额，前一年度的估算短期雇佣互助金数额未达到前一年度实际的短期雇佣互助金数额时，为在当年度的估算短期雇佣互助金数额中加上不足部分后所得数额。

第175条（估算短期雇佣互助金）

应按照下列方式计算前条的估算短期雇佣互助金数额：根据厚生劳动省令的规定，自当年度针对短期雇佣特殊被保险人的健康保险事业所需费用的预估额，扣除当年度短期雇佣特殊被保险人的保险费预估额所得数额（译者注：本条以下简称"前一项数额"）；以前一年度设立短期雇佣关系组合的事业主所缴纳的短期雇佣特殊被保险人的保险费总延期缴纳天数，除以前一年度缴纳的短期雇佣特殊被保险人的保险费总延期缴纳天数所得比率，以此项比率乘以前一项数额。

第176条（实际短期雇佣互助金）

应按照下列方式计算第174条中的实际短期雇佣互助金数额：根据厚生劳动省令的规定，自前一年度针对短期雇佣特殊被保险人的健康保险事业所需费用（包含前期高龄者缴纳金等、后期高龄者帮助金等、护理缴纳金缴纳所需费用）中，扣除前一年度短期雇佣特殊被保险人的保险费数额所得数额（译者注：本条以下简称"前一项数额"）；以前一年度设立短期雇佣关系组合的事业主缴纳的短期雇佣特殊被保险人的保险费总延期缴纳天数，除以前一年度缴纳的短期雇佣特殊被保险人的保险费总延期缴纳天数所得比率，以此项比率乘以前一项数额。

第177条（短期雇佣互助金数额计算的特例）

对于以下主体而言：因合并或分立而设立的短期雇佣关系组合、合并或分割后存续的短期雇佣关系组合、承继已解散的短期雇佣关系组合权利义务的健康保险组合，在计算其短期雇佣互助金数额时，按照与高龄者医疗确保相关法律第41条所规定的前期高龄者交付金、前期高龄者缴纳金等数额计算的特例进行计算。

第 178 条（对政令的委任）

除第 173 条至前条外，短期雇佣互助金数额的确定、缴纳方法、缴纳期限、推迟缴纳、其他与短期雇佣互助金缴纳相关的必要事项，由政令作出规定。

第 179 条（对国民健康保险的保险人的适用）

提供获得第 3 条第 1 款第 8 项承认的主体的国民健康保险的保险人，应被视为健康保险组合，并适用第 173 条至前条的规定。

第 180 条（保险费等的督促及滞纳处分）

1. 出现存在迟延缴纳保险费、迟延缴纳本法所规定的其他收取金（第 204 条之 2 第 1 款、第 204 条之 6 第 1 款除外，以下简称"保险费等"）的主体（以下简称"滞纳人"）的情形时，保险人等［被保险人为协会所管理健康保险的任意继续被保险人时，协会所管理健康保险的被保险人、短期雇佣特殊被保险人必须缴纳第 58 条、第 74 条第 2 款、第 109 条第 2 款（包含第 149 条中准用这些规定的情形）所规定的收取金时、因解散而根据第 26 条第 4 款的规定承继解散的健康保险组合权利而尚未收取健康保险组合的保险费等之时，为协会，被保险人为健康保险组合所管理健康保险的被保险人时，为健康保险组合，此外的情形则指的是厚生劳动大臣。本条以下及下一条第 1 款亦同］应督促其在指定期限内缴纳。不过，根据第 172 条的规定收取保险费时，不在此限。

2. 准备根据前款的规定进行督促之时，保险人等主体应向给付义务人发放督促状。

3. 前款的督促状所指定的期限，应自发放督促状之日起经过 10 日以上。不过，符合第 172 条各项情形之一时，不在此限。

4. 给付义务人符合下列各项情形之一时，保险人等主体应准用国税滞纳处分的相关规定作出处分，或者请求给付义务人的居住地或其财产所在地的市町村［包含特别区，为地方自治法（1947 年法律第 67 号）第 252 条之 19 第 1 款中的指定都市时，为区或者综合区。第 6 款中亦同］作出处分。

（1）收到第 1 款所规定督促的主体，在指定期限届满之前尚未缴纳保险费等。

（2）因符合第 172 条各项所规定情形之一而将缴纳期限提前，收到提前缴纳保险费告知的主体，在指定期限届满之前尚未缴纳保险费。

5. 按照前款的规定，协会或健康保险组合准用国税滞纳处分的相关规定作出处分时，应获得厚生劳动大臣的许可。

6. 市町村在收到第 4 款所规定的处分请求时，可准用市町村税收的相关规定作出处分。此时，保险人应向市町村提出相当于收取金 4% 数额的给付。

第 181 条（迟延金）

1. 根据前条第 1 款的规定进行督促后，保险人等主体，按照自缴纳期限届满之日的次日至收取金完全缴纳或财产被扣押之日的前 1 日期间内的天数，以收取金数额乘以每年 14.6%（该督促与保险费相关之时，自缴纳期限届满之日的次日起至经过 3 个月之日的期间内，为每年 7.3%）的比例，得出迟延金数额，并按照这一数额收取迟延金。不过，符合下列各项情形之一或存在无法抗拒的事由而无法缴纳之时，不在此限。

（1）收取金数额未满 1000 日元。

（2）提前收取。

（3）给付义务人的住所、居所不在国内，或者其住所或居所无法得以明确，因而需通过公示送达方法进行督促。

2. 在前款所规定的场合下，若收取金的部分已经缴纳，对于缴纳之日以后的期间内作为迟延金计算基础的收取金，应扣除已经缴纳的收取金。

3. 在计算迟延金时，若收取金存在未满 1000 日元的尾数，应当舍弃尾数。

4. 在督促状中所指定期限之前已经缴纳收取金时，或者根据前 3 款的规定所计算的金额未满 100 日元时，不得收取迟延金。

5. 迟延金数额中存在未满 100 日元的尾数时，应舍弃尾数。

第 181 条之 2（协会的宣传及保险费缴纳的鼓励等）

为了协会所管理健康保险事业的稳健运营，协会应对事业的意义及内容进行宣传，同时，还应鼓励缴纳保险费，采取其他合理措施，以便于厚生劳动大臣开展保险费的收取业务。

第 181 条之 3（协会对保险费的收取）

1. 厚生劳动大臣可与协会订立协议，在为高效收取保险费而存在必要之时，可向协会提供与保险费的滞纳人相关的必要信息，与此同时，还可要求协会向该滞纳人收取保险费。

2. 根据前款的规定，厚生劳动大臣要求协会向滞纳人收取保险费时，应向该滞纳人通知以下事项：协会将要向该滞纳人收取保险费、厚生劳动省令所规定的其他事项。

3. 根据第1款的规定，协会收取保险费时，应将协会视为保险人等主体，并适用第180条及第181条的规定。

4. 协会根据第1款的规定收取保险费时，对于相当于所收取的数额，视为已经根据第155条之2的规定，由政府向协会提出给付。

5. 除前面各款所作规定外，有关协会收取保险费的必要事项，由政令作出规定。

第182条（优先权的顺位）

保险费等费用的优先权顺位，劣后于国税及地方税。

第183条（有关收取的通则）

除本法已作特别规定外，应准用国税收取相关规定收取保险费等费用。

第八章　健康保险组合联合会

第184条（设立、人格及名称）

1. 为了共同达成目的，健康保险组合可设立健康保险组合联合会（以下简称"联合会"）。

2. 联合会为法人。

3. 联合会应在其名称中使用健康保险组合联合会的字样。

4. 非联合会的主体，不得使用健康保险组合联合会的字样。

第185条（设立的许可等）

1. 准备设立联合会之时，应制定规约，并获得厚生劳动大臣的许可。

2. 联合会自获得设立许可时成立。

3. 为了增进作为组合成员的被保险人的共同福利，存在必要之时，厚生劳动大臣可命令健康保险组合加入联合会。

第186条（规约的记载事项）

联合会应在规约中记载下列事项。

（1）目的及事业。

（2）名称。

（3）事务所的所在地。

（4）与联合会大会相关的事项。

（5）与管理人员相关的事项。

（6）与会员的加入及退出相关的事项。

（7）与资产及会计相关的事项。

（8）与公告相关的事项。

（9）除前面各项所作规定外，由厚生劳动省令所规定的事项。

第187条（管理人员）

1. 联合会应设置会长、副会长、理事及监事。

2. 会长代表联合会执行业务。

3. 副会长辅助会长执行联合会的业务，会长遭遇事故时，由副会长代理执行职务，欠缺会长时，由副会长执行职务。

4. 理事应按照会长所提出的要求，辅助会长及副会长管理联合会的业务，在会长及副会长遭遇事故时代理执行职务，在欠缺会长及副会长时，由理事执行职务。

5. 监事应对联合会业务执行及财产状况进行监督。

第188条（准用）

第7条之38、第7条之39、第9条第2款、第16条第2款及第3款、第18条第1款及第2款、第19条、第20条、第26条第1款（与第2项相关的部分除外）及第2款、第29条第2款、第30条、第150条、第195条的规定，准用于联合会。此时，这些规定中的"组合会议"变更为"联合会大会"，第7条之39第1款中的"厚生劳动大臣应指定期间，命令协会或其管理人员采取必要措施，改正事业实施及财产管理上的不当行为"变更为"若厚生劳动大臣根据第188条中准用的前条规定，收取报告、进行质问或开展检查，应指定期间，命令协会或其管理人员采取必要措施，改正事业实施及财产管理上的不当行为"，"章程"变更为"规约"，第16条第2款中的"前款"变更为"第186条"，第29条第2款中的"前款"变更为"第188条"，"违反前条第2款规定的指定健康保险组合、对该条第3款的要求未作出回应的指定健康保险组合、政令所规定的其他指定健康保险组合的事业"变更为"其事业"。

第九章　不服申诉

第 189 条（审查请求及再审查请求）

1. 对与被保险人资格、标准报酬、保险给付相关的处分不服的主体，可向社会保险审查官提出审查请求，对社会保险审查官作出的决定不服的主体，可向社会保险审查会提出再审查请求。

2. 自提出审查请求之日起，在 2 个月以内未作出决定时，审查请求人可视为社会保险审查官已驳回审查请求。

3. 第 1 款中的审查请求、再审查请求，在时效中断及重新起算问题上，视为提出裁判上的请求。

4. 与被保险人资格、标准报酬相关的处分确定之时，不得以对该处分不服作为对保险给付相关的处分不服的理由。

第 190 条

对保险费等的课征、收取处分、第 180 条所规定的处分不服的主体，可向社会保险审查会提出审查请求。

第 191 条（行政不服审查法的适用关系）

对于前 2 条的审查请求、第 189 条第 1 款的再审查请求，不适用行政不服审查法（2014 年法律第 68 号）第二章（第 22 条除外）及第四章的规定。

第 192 条（审查请求与诉讼之间的关系）

第 189 条第 1 款所规定处分的撤销之诉，应在社会保险审查官针对处分的审查请求作出决定之后，方可提起。

第十章　其他规则

第 193 条（时效）

1. 收取保险费等费用的权利、获得偿付及保险给付的权利，自可得行使相应权利之日起经过 2 年，因时效经过而消灭。

2. 保险费等费用缴纳的告知及督促，可产生时效重新起算的效力。

第 194 条（期间的计算）

本法及基于本法的命令所规定的期间计算，准用民法（1896 年法律第 89 号）有关期间的规定。

第 194 条之 2（被保险人等标志・编号等的使用限制）

1. 由厚生劳动省令所规定的厚生劳动大臣、保险人、保险医疗机关等、指定访问看护事业者、为了实施健康保险事业或执行相关事务而使用保险人编号及被保险人等标志・编号（本条以下简称"被保险人等标志・编号等"）的主体（本条以下简称"厚生劳动大臣等"），除为了事业实施或事务执行而存在必要的场合外，不得要求任何人告知与其自身或他人相关的被保险人等标志・编号等。

2. 厚生劳动大臣等以外的主体，除了厚生劳动省令规定的为了实施健康保险事业或执行相关事务，而存在特殊必要使用被保险人等标志・编号等场合，不得要求任何人告知与其自身或他人相关的被保险人等标志・编号等。

3. 除下列情形外，任何人在开展从业活动时，不得要求以下主体告知与其自身或他人相关的被保险人等标志・编号等：准备、正在、已经和开展从业活动的主体订立买卖、借贷、雇佣等合同的主体（本款以下简称"合同"）。

（1）厚生劳动大臣等在第 1 款所规定的场合下，要求告知被保险人等标志・编号等。

（2）厚生劳动大臣等以外的主体，在前款中厚生劳动省令规定的场合下，要求告知被保险人等标志・编号等。

4. 除下列情形外，任何人不得将构建记录被保险人等标志・编号等的数据库（指的是包含与其他主体相关的被保险人等标志・编号等的信息集合，并为了能够通过电子计算机检索这些信息而形成的构架体系）作为业务，以将记录于数据库中的信息向他人提供（本款以下简称"提供的数据库"）。

（1）厚生劳动大臣等在第 1 款所规定的场合下，构建向他人提供信息的数据库。

（2）厚生劳动大臣等以外的主体，在第 2 款中厚生劳动省令规定的场合下，构建向他人提供信息的数据库。

5. 当存在违反前 2 款规定的行为时，若实施违反行为的主体存在反复违反的可能，厚生劳动大臣可劝告其中止违反行为，或劝告其采取为确保中止行为而必要的措施。

6. 受到前款所规定劝告的主体未遵循劝告时，厚生劳动大臣可指定期限，命令其遵循劝告。

第 194 条之 3（报告及检查）

1. 因前条第 5 款、第 6 款所规定的措施而存在必要时，厚生劳动大臣可在必要范围内，命令对违反该条第 3 款、第 4 款规定具有充分理由的主体，就必要事项提交报告，要求职员进入事业所或事务所进行质问，对账簿文件及其他物件进行检查。

2. 第 7 条之 38 第 2 款的规定准用于前款所规定的质问和检查，该条第 3 款的规定准用于前款所规定的权限。

第 195 条（不收取印花税）

对与健康保险相关的文件，不收取印花税。

第 196 条（户籍事项的免费证明）

1. 市町村村长（包含特别区的区长，为地方自治法第 252 条之 19 第 1 款的指定都市时，为区长或综合区长。第 203 条中亦同）可按照市町村（包含特别区）条例的规定，向保险人或应获得保险给付的主体，免费提供与被保险人或作为被保险人的主体的户籍相关的证明。

2. 在提供与被抚养人相关的保险给付时，前款的规定准用于被抚养人或作为被抚养人的主体的户籍。

第 197 条（报告等）

1. 保险人（对于厚生劳动大臣所实施的第 5 条第 2 款、第 123 条第 2 款所规定的业务，为厚生劳动大臣。下一款亦同）可按照厚生劳动省令的规定，要求使用被保险人的事业主，报告第 48 条规定事项以外的事项，提交文件，实施为了本法施行而存在必要的其他事务。

2. 保险人可按照厚生劳动省令的规定，要求被保险人（包含短期雇佣特殊被保险人）或应当获得保险给付的主体，向保险人或事业主提出为了本法的施行而必要的申报，提交相关文件。

第 198 条（进入相关场所实施检查）

1. 因被保险人的资格、标准报酬、保险费或保险给付而存在必要之时，厚生劳动大臣可命令事业主提交或出示文件及其他物件，要求职员进入事业所对关系人进行质问，对账簿文件及其他物件进行检查。

2. 第 7 条之 38 第 2 款的规定准用于前款所规定的质问和检查，该条第 3 款的规定准用于前款所规定的权限。

第 199 条（资料的提供）

1. 因被保险人的资格、标准报酬、保险费而存在必要之时，厚生劳动大臣，可要求政府机关提供法人的事业所的名称、所在地、其他必要资料。

2. 因第 63 条第 3 款第 1 项、第 88 条第 1 款的指定而存在必要之时，对于与指定相关的开设者、管理者、申请人的社会保险费的缴纳状况，厚生劳动大臣可要求收取社会保险费的主体，提供必要资料及文件以供阅览。

第 199 条之 2（厚生劳动大臣与协会之间的合作）

为了协会基于本法所管理健康保险事业的稳健运营，厚生劳动大臣及协会应致力于交换必要信息，确保彼此之间开展密切合作。

第 200 条（与互助组合相关的特例）

1. 对于国家所使用的被保险人、地方公共团体的事务所所使用的被保险人、法人所使用的作为被保险人的互助组合的成员，不得提供本法所规定的保险给付。

2. 互助组合给付的种类及程度，应处于本法所规定给付的种类及程度之上。

第 201 条

厚生劳动大臣认为存在必要之时，可向互助组合收取与其事业及财产相关的报告，并就运营作出指示。

第 202 条

对于根据第 200 条第 1 款的规定无法获得保险给付的主体，不得收取保险费。

第 203 条（市町村所处理的事务等）

1. 在短期雇佣特殊被保险人的保险的保险人的事务中，厚生劳动大臣所实施的部分事务，可按照政令的规定，由市町村实施。

2. 协会可按照政令的规定，将短期雇佣特殊被保险人的保险的保险人事务中由协会所实施的部分事务，委托至市町村（包含特别区）实施。

第 204 条（向机构委任与厚生劳动大臣权限相关的事务）

1. 以下与厚生劳动大臣权限相关的事务（根据第 181 条之 3 第 1 款

的规定由协会实施的事务、根据前条第 1 款的规定由市町村村长实施的事务、第 204 条之 7 第 1 款所规定的事务除外），应由日本年金机构（以下简称"机构"）实施。不过，第 18—20 项所规定的权限，不妨碍由厚生劳动大臣行使。

（1）第 3 条第 1 款第 8 项所规定的承认。

（2）第 3 条第 2 款但书（限于与该款第 1 项及第 2 项相关的部分）所规定的承认。

（3）第 31 条第 1 款、第 33 条第 1 款所规定的许可（与健康保险组合相关的许可除外）、第 34 条第 1 款所规定的承认（与健康保险组合相关的承认除外）、第 31 条第 2 款、第 33 条第 2 款所规定的申请受理（与健康保险组合相关的受理除外）。

（4）第 39 条第 1 款所规定的确认。

（5）第 41 条第 1 款、第 42 条第 1 款、第 43 条第 1 款、第 43 条之 2 第 1 款、第 43 条之 3 第 1 款所规定的每月标准报酬数额的决定或修改（包含：第 43 条之 2 第 1 款、第 43 条之 3 第 1 款所规定申请的受理，对根据第 44 条第 1 款的规定所计算出的每月报酬数额进行决定或修改）。

（6）第 45 条第 1 款所规定的标准奖金额的决定（包含根据该条第 2 款中准用的第 44 条第 1 款的规定，对计算出的标准奖金额进行决定的情形）。

（7）受理第 48 条（包含第 168 条第 2 款中准用的情形）所规定的申报、根据第 50 条第 1 款的规定进行通知。

（8）对第 49 条第 1 款所规定的许可进行通知（与健康保险组合相关的通知除外）、对该条第 3 款所规定的申报予以受理（与健康保险组合相关的申报受理除外）、作出该条第 4 款及第 5 款所规定的公告（与健康保险组合相关的公告除外）。

（9）作出与第 49 条第 1 款所规定的确认、标准报酬的决定、修改相关的通知，对该条第 3 款（包含第 50 条第 2 款中准用的情形）所规定的申报予以受理、作出 49 条第 4 款及第 5 款（包含第 50 条第 2 款中准用这些规定的情形）所规定的公告。

（10）对第 51 条第 1 款所规定的请求予以受理、驳回该条第 2 款所规定的请求。

（11）对第 126 条第 1 款所规定的申请进行受理、根据该条第 2 款的规定进行交付、受领该条第 3 款所规定的短期特殊雇佣被保险人手册。

（12）对第 159 条、第 159 条之 3 所规定的申请予以受理。

（13）对第 166 条（包含第 169 条第 8 款中准用的情形）所规定的申请予以受理及承认。

（14）对第 171 条第 1 款及第 3 款所规定的报告予以受理。

（15）根据第 180 条第 4 款的规定，准用国税滞纳处分相关规定作出处分、向该款所规定的市町村提出处分请求。

（16）根据第 183 条的规定，与准用国税收取相关规定进行收取的权限［以下事务权限除外：准用国税通则法（1962 年法律第 66 号）第 36 条第 1 款的规定，作出缴纳告知；根据在该法第 42 条中所准用的民法第 423 条第 1 款的规定，行使属于缴纳义务人的权限；准用国税通则法第 46 条的规定推迟缴纳、厚生劳动省令所规定的其他权限、下一项所规定的质问、检查及搜索］相关的事务。

（17）根据第 183 条，因准用国税收取法（1959 年法律第 147 号）第 141 条而开展的质问、检查、该法第 142 条所规定的搜索。

（18）根据第 197 条第 1 款的规定要求提交报告及文件，为了本法的实施而开展其他必要事务，要求提出该条第 2 款所规定的申请、申报，提交文件。

（19）作出第 198 条第 1 款所规定的命令，进行质问，实施检查（与健康保险组合相关的场合除外）。

（20）根据第 199 条第 1 款的规定请求提供资料。

（21）除前面各项所作规定外，行使厚生劳动省令所规定的权限。

2. 为了根据前款第 15 项中所准用的国税滞纳处分相关规定作出处分、行使该款第 17 项所规定的权限（以下简称"滞纳处分等"）、行使该款各项列举的由厚生劳动省令所规定的其他权限，机构认为存在必要之时，可按照厚生劳动省令的规定，向厚生劳动大臣提供与权限行使有关的必要信息，并要求厚生劳动大臣行使相关权限。

3. 厚生劳动大臣收到前款所规定的请求之后，认为存在必要之时，或者机构认为因自然灾害或其他事由而行使第 1 款各项所规定的全部或部分权限存在困难、不合理之处时，应由其自身行使该款各项所规定的全部或部分权限。

4. 自厚生年金保险法第 100 条之 4 第 4—7 款的规定，准用于机构实施与第 1 款各项所规定权限相关的事务、厚生劳动大臣行使该款各项所规定的权限。

第 204 条之 2（对财务大臣的权限委任）

1. 根据前条第 3 款的规定，厚生劳动大臣自己实施滞纳处分等事务、行使该条第 1 款第 16 项所列举的全部或部分权限时，若与这些权限、该项所规定的厚生劳动省令所确定的权限（本款以下简称"滞纳处分等处分及其他处分"）相关的给付义务人，以免除滞纳处分等处分及其他处分的执行为目的，存在隐匿其财产的可能时，或者存在政令所规定的其他事由时，为有效地收取保险费、本法所规定的其他收取金［第 58 条、第 74 条第 2 款、第 109 条第 2 款（包含第 149 条中准用这些规定的情形）所规定的收取金除外。在第 204 条之 6 第 1 款中简称"保险费等"］而存在必要之时，厚生劳动大臣可按照政令的规定，向财务大臣提供与缴纳义务人相关的信息及其他必要信息，并将与滞纳处分等处分及其他处分相关的全部或部分权限，委任至财务大臣行使。

2. 自厚生年金保险法第 100 条之 5 第 2—7 款的规定，准用于前款所规定的对财务大臣的权限委任。

第 204 条之 3（与机构所作出的滞纳处分等相关的许可）

1. 机构在作出滞纳处分等处分时，应提前获得厚生劳动大臣的许可，遵从下一条第 1 款所规定的滞纳处分等处分实施规程，并要求收取职员具体实施。

2. 厚生年金保险法第 100 条之 6 第 2 款及第 3 款的规定，准用于前款所规定的机构作出的滞纳处分等。

第 204 条之 4（对滞纳处分等处分实施规程的认可等）

1. 机构在制定与滞纳处分等处分实施相关的规程（下一款简称"滞纳处分等处分实施规程"）时，应获得厚生劳动大臣的认可。准备对规程进行变更时，亦同。

2. 厚生年金保险法第 100 条之 7 第 2 款及第 3 款的规定，准用于滞纳处分等处分实施规程的认可及变更。

第 204 条之 5（与机构所开展的进入场所、检查等相关的许可）

1. 机构在实施与第 204 条第 1 款第 19 项所规定的权限相关的事务时，应事先获得厚生劳动大臣的许可。

2. 在前款所规定的场合下，适用第 198 条第 1 款规定时，该款中的

"保险费或保险给付"应变更为"保险费","职员"变更为"日本年金机构的职员"。

第 204 条之 6（机构的收取）

1. 无论会计法（1947 年法律第 35 号）第 7 条第 1 款作何规定，厚生劳动大臣可要求机构收取政令所规定的保险费等费用。

2. 自厚生年金保险法第 100 条之 11 第 2—6 款的规定，准用于前款所规定的机构对费用的收取。此时，条文中文字的必要变更，由政令作出规定。

第 204 条之 7（向协会委托与厚生劳动大臣权限相关的事务）

1. 与第 198 条第 1 款中厚生劳动大臣的命令、质问、检查权限（与健康保险组合相关的权限除外，限于与保险给付相关的权限）相关的事务，可要求协会实施。不过，并不妨碍厚生劳动大臣自己行使相关权限。

2. 除前款所作规定外，与协会实施该款中权限相关的必要事项，应由厚生劳动省令作出规定。

第 204 条之 8（对协会所开展的进入场所、进行检查等相关的许可）

1. 协会在实施与前条第 1 款所规定权限相关的事务时，应事先获得厚生劳动大臣的许可。

2. 在前款所规定的场合下，适用第 198 条第 1 款时，该款中的"被保险人的资格、标准报酬、保险费或保险给付"变更为"保险给付","职员"变更为"协会的职员"。

第 205 条（对地方厚生局长等的权限委任）

1. 针对本法所规定的厚生劳动大臣的权限（第 204 条之 2 第 1 款、该条第 2 款中准用的厚生年金保险法第 100 条之 5 第 2 款所规定的厚生劳动大臣权限除外），可按照厚生劳动省令的规定，委托至地方厚生局长行使。

2. 针对按照前款的规定，被委托至地方厚生局长的权限，可按照厚生劳动省令的规定，委托至地方厚生支局长行使。

第 205 条之 2（对机构的事务委托）

1. 厚生劳动大臣可要求机构实施下列事务（根据第 181 条之 3 第 1 款的规定，由协会实施的事务，根据第 203 条第 1 款的规定，由市町村村长实施的事务除外）。

（1）与第 3 条第 2 款但书（限于与该款第 3 项相关的部分）所规定

的承认相关的事务（该承认除外）。

（2）与第 46 条第 1 款、第 125 条第 2 款（包含第 168 条第 2 款中准用的情形）所规定的价额决定相关的事务（该决定除外）。

（3）与第 51 条之 2 所规定的信息提供相关的事务（该信息提供除外）。

（4）与第 108 条第 6 款所规定的资料提供相关的事务（该资料提供除外）。

（5）与第 155 条第 1 款、第 158 条、第 159 条、第 159 条之 3、第 172 条所规定的保险费收取相关的事务（第 204 条第 1 款第 12 项、第 13 项、第 15—17 项所规定的权限范围内的事务、按照第 204 条之 6 第 1 款机构实施的收取事务、第 180 条第 1 款所规定的督促、厚生劳动省令所规定权限范围内的其他事务、下一项、第 7 项、第 9 项、第 11 项所列举的事务除外）。

（6）与第 164 条第 2 款、第 3 款（包含第 169 条第 8 款中准用这些规定的情形）所规定的缴纳相关的事务（将缴纳期限提前并发出缴纳告知，或者视为作出缴纳的决定并予以通知的事务除外）。

（7）与第 170 条第 1 款所规定的保险费数额的决定、告知相关的事务（该保险费数额的决定及告知除外）、与该条第 2 款所规定的追缴金的收取相关的事务（第 204 条第 1 款第 15—17 项所规定权限范围内的事务、根据第 204 条之 6 第 1 款的规定由机构实施的收取事务、第 180 条第 1 款所规定的督促事务、厚生劳动省令所规定权限范围内的其他事务、第 9 项及第 11 项所规定的事务除外）。

（8）与第 173 条第 1 款所规定的互助金收取相关的事务（第 204 条第 1 款第 15—17 项所规定权限范围内的事务、根据第 204 条之 6 第 1 款的规定由机构实施的收取事务、第 180 条第 1 款所规定的督促事务、厚生劳动省令所规定权限范围内的其他事务、下一项及第 11 项所规定的事务除外）。

（9）与第 180 条第 1 款及第 2 款所规定的督促相关的事务［该督促的作出、督促状的发放（与督促状发送相关的事务除外）除外］。

（10）与第 181 条第 1 款及第 4 款所规定的迟延金收取相关的事务（第 204 条第 1 款第 15—17 项所规定权限范围内的事务、根据第 204 条之 6 第 1 款的规定由机构实施的收取事务、第 180 条第 1 款所规定的督促事务、厚生劳动省令所规定权限范围内的其他事务、前项及下一项所规定的事务除外）。

（11）与第 204 条第 1 款第 16 项所规定的厚生劳动省令所确定权限相关的事务（行使该权限的事务除外）。

（12）按照护理保险法第 68 条第 5 款、厚生劳动省令所确定法律的规定，与本法实施、厚生劳动大臣提供掌握的信息相关的事务（该信息的提供、厚生劳动省令所规定的事务除外）。

（13）除前面各项所作规定外，由厚生劳动省令所规定的事务。

2. 厚生年金保险法第 100 条之 10 第 2 款及第 3 款的规定，准用于前款所规定的对机构的事务委托。此时，条文中必要的文字变更，由政令作出规定。

第 205 条之 3（信息的提供等）

1. 机构应按照厚生劳动省令的规定，就与被保险人资格相关的事项、与标准报酬相关的事项、与厚生劳动大臣权限行使相关的其他事项，提供必要信息。

2. 为了协会基于本法所管理健康保险的事业能够稳健运营，厚生劳动大臣及机构应致力于相互提供必要信息，开展其他必要密切合作。

第 205 条之 4（向基金等主体的事务委托）

1. 除第 76 条第 5 款（包含第 85 条第 9 款、第 85 条之 2 第 5 款、第 86 条第 4 款、第 110 条第 7 款、第 149 条中准用的情形。第 1 项中亦同）、第 88 条第 11 款（包含第 111 条第 3 款、第 149 条中准用的情形。第 1 项中亦同）所规定的事务外，保险人还可将下列事务委托至基金或国保联合会实施。

（1）在第四章所规定的保险给付、第五章第三节所规定的与短期雇佣特殊被保险人相关的保险给付中，由厚生劳动省令所规定的与给付相关的事务（第 76 条第 5 款、第 88 条第 1 款所规定的事务除外）。

（2）第四章所规定的保险给付、第五章第三节所规定的与短期雇佣特殊被保险人相关的保险给付、第六章所规定的保健事业及福祉事业的实施、第 155 条所规定的保险费的收取、对与厚生劳动省令所规定的其他事务相关的被保险人、作为被保险人的主体及其被抚养人（以下简称"被保险人等"）的信息进行收集并整理的事务。

（3）第四章所规定的保险给付、第五章第三节所规定的与短期雇佣特殊被保险人相关的保险给付、第六章所规定的保健事业及福祉事业的实施、第155条所规定的保险费的收取、对与厚生劳动省令所规定的其他事务相关的被保险人及其被抚养人等主体的信息进行使用及提供的事务。

2. 根据前款的规定，保险人对该款第2项或第3项所规定的事务作出委托时，视为与社会保险诊疗报酬支付基金法第1条所规定的其他保险人共同作出委托。

第205条之5（关系人的合作及协力）

国家、协会、健康保险组合、医疗保险机关等、其他关系人应引入电子资格确认机制、在其他程序中使用信息通信技术，为与医疗保险相关法律等（指的是与高龄者医疗确保相关法律第7条第1款所规定的与医疗保险相关法律、与高龄者医疗确保相关法律）的规定的顺利实施，应相互协力、开展合作。

第206条（过渡措施）

基于本法制定、修改或废除命令时，在对于制定、修改、废除合理且必要的范围内，可通过命令确定必要的过渡措施（包含与罚则相关的过渡措施）。

第207条（实施规定）

除本法已经作出特别规定外，本法实施所必需的程序、执行细则，由厚生劳动省令作出规定。

第十一章　罚则

第207条之2

违反第7条之37第1款（包含该条第2款、第22条之2中准用的情形）的规定而泄露秘密的主体，应被判处1年以下的有期徒刑或100万日元以下的罚金刑。

第207条之3

符合下列各项情形之一的主体，应被判处1年以下的有期徒刑、50万日元以下的罚金刑，或并科两种刑罚。

（1）违反第150条之6的规定，擅自向他人泄露因使用匿名诊疗等关联信息而获知的匿名诊疗等关联信息内容，或者将匿名诊疗等关联信息用于不当目的。

（2）违反第 150 条之 8 所规定的命令。

第 207 条之 4

违反第 194 条之 2 第 6 款所规定命令的主体，应被判处 1 年以下的有期徒刑或 50 万日元以下的罚金刑。

第 208 条

事业主无正当理由而符合下列各项情形之一时，应被判处 6 个月以下的有期徒刑或 50 万日元以下的罚金刑。

（1）违反第 48 条（包含第 168 条第 2 款中准用的情形）的规定，而未提出申报或提出虚假申报。

（2）违反第 49 条第 2 款（包含第 50 条第 2 款中准用的情形）的规定，而未作出通知。

（3）违反第 161 条第 2 款、第 169 条第 7 款的规定，在督促状指定的期限届满后仍未缴纳保险费。

（4）违反第 169 条第 2 款的规定，未缴纳保险费，或者违反第 171 条第 2 款的规定，未设置账簿，或者违反该款、该条第 2 款的规定，未提交报告或者提交虚假报告。

（5）未提交或出示第 198 条第 1 款所规定的文件、其他物件，对该款所规定的职员（包含在第 204 条之 5 第 2 款中变更文字后所适用的第 198 条第 1 款所规定的机构职员、在第 204 条之 8 第 2 款中变更文字后所适用的第 198 条第 1 款所规定的协会职员。下一条亦同）的质问不予回答或者作出虚假回答，抗拒、妨碍或逃避第 198 条第 1 款所规定的检查。

第 209 条

事业主以外的主体，无正当理由对第 198 条第 1 款所规定的职员质问不予回答或者作出虚假回答，抗拒、妨碍、逃避该款所规定的检查时，应被判处 6 月以下的有期徒刑或 30 万日元以下的罚金刑。

第 210 条

在无正当理由的情况下，被保险人、作为被保险人的主体未根据第 60 条第 2 款（包含第 149 条中准用的情形）的规定提交报告，对该款所规定的职员的质问不予回答或者作出虚假回答时，应被判处 30 万日元以下的罚金刑。

第 211 条

在提出第 126 条第 1 款所规定的申请时，针对提出虚假申请的主体，应被判处 6 月以下的有期徒刑或 30 万日元以下的罚金刑。

第 212 条

针对违反第 126 条第 1 款的规定未提出申请的主体，或者违反第 169 条第 4 款的规定，未提交短期雇佣特殊被保险人手册的主体，应判处 30 万日元以下的罚金刑。

第 212 条之 2

未提交第 7 条之 38 第 1 款所规定的报告或提交虚假报告，对该款所规定的职员质问不予回答或者作出虚假回答，抗拒、妨碍、逃避该款所规定的检查，违反第 7 条之 39 第 1 款所规定的命令时，对存在违反行为的协会管理人员及职员，应判处 30 万日元以下的罚金刑。

第 213 条

健康保险组合、第 154 条第 1 款所规定国民健康保险组合（该国民健康保险组合为国民健康保险的保险人）的管理人员、清算人及职员，违反第 171 条第 3 款的规定，未提交报告或者提交虚假报告时，应被判处 50 万日元以下的罚金刑。

第 213 条之 2

符合下列各项所规定情形之一的主体，应被判处 50 万日元以下的罚金刑。

（1）未提交或出示第 150 条之 7 第 1 款所规定的报告、账簿文件，或提交、出示虚假报告及账簿文件，对该款所规定的职员质问不予回答，或作出虚假回答，抗拒、妨碍、逃避该款所规定的检查。

（2）对第 183 条中准用的国税收取法第 141 条所规定的收取职员的质问（协会或健康保险组合的职员进行的质问除外），不予回答或者作出虚假陈述。

（3）抗拒、妨碍或逃避第 183 条中准用的国税收取法第 141 条所规定的检查（协会或健康保险组合的职员进行的质问除外），在检查过程中提交附有虚假记载或记录的账簿文件。

第 213 条之 3

符合以下情形之一的主体：无正当理由未提交第 194 条之 3 第 1 款所规定的报告、提交虚假报告，对该款所规定的职员质问无正当理由不予回答、作出虚假回答，无正当理由抗拒、妨碍、逃避该款所规定的检查，应被判处 30 万日元以下的罚金刑。

第 213 条之 4

第 207 条之 3 的刑罚，适用于在日本境外触犯该条所规定罪名的主体。

第 214 条

1. 法人［包含确定代表人或管理人的并非法人的社团或财团（本条以下简称"不具有人格的社团等"）。本款以下亦同］的代表人（包含不具有人格的社团等主体的管理人）、法人或自然人的代理人、使用人、其他从业者，针对法人、自然人的业务及财产，实施违反第 207 条之 3 至第 208 条、第 213 条之 2、第 213 之 3 的行为时，除对行为人进行处罚外，还应对法人、自然人科处各条所规定的罚金刑。

2. 针对不具有人格的社团等主体，在适用前款的规定时，其代表人、管理人除可代表不具有人格的社团等主体实施诉讼行为外，在以法人为被告或嫌疑人时，还应对其代表人、管理人适用有关刑事诉讼法律的规定。

第 215 条

医生、牙科医生、药剂师、实施治疗的主体或者使用相关服务的主体，无正当理由未按照第 60 条第 1 款（包含第 149 条中准用的情形）的规定提交报告、账簿文件及其他物件，对该款所规定的职员质问，无正当理由不予回答或者作出虚假回答时，应被判处 10 万日元以下的罚款。

第 216 条

事业主无正当理由违反第 197 条第 1 款的规定，而未提交报告或者提交虚假报告，未提交文件，对为了本法的实施而必要的事务懈怠之时，应被判处 10 万日元以下的罚款。

第 217 条

被保险人或应获得保险给付的主体，无正当理由违反第 197 条第 2 款的规定，未提交申请或提交虚假申请，未予申报或提交虚假申报，迟延提交文件时，应被判处 10 万日元以下的罚款。

第 217 条之 2

符合下列各项情形之一时，对存在违反行为的协会管理人员，应判处 20 万日元以下的罚款。

（1）违反第 7 条之 7 第 1 款规定的政令而怠于登记。

（2）根据第 7 条之 27、第 7 条之 31 第 1 款、第 2 款、第 7 条之 34 的规定，应当获得厚生劳动大臣的许可或认可时，未能获得许可或认可。

（3）根据第 7 条之 28 第 2 款的规定，应当获得厚生劳动大臣的承认时，未能获得承认。

（4）违反第 7 条之 28 第 4 款的规定，未设置财物诸表、事业报告书等，未设置书面文件，以记载监事、会计检查人的意见并供阅览。

（5）违反第 7 条之 33 的规定而运用协会业务上的充裕资金。

（6）未作出第 7 条之 35 第 2 款、第 7 条之 36 第 2 款所规定的申报，或者作出虚假申报。

（7）未按照第 7 条之 35 第 2 款、第 7 条之 36 第 2 款的规定进行公布，或者进行虚假公布。

（8）开展本法所规定业务以外的业务、按照其他法律的规定应由协会实施的业务以外的业务。

第 218 条

被命令设立健康保险组合的事业主，无正当理由在厚生劳动大臣指定的期日之前，未申请设立许可时，在程序迟延期间内，应被判处相当于所负担保险费数额 2 倍以下的罚款。

第 219 条

健康保险组合或联合会，未作出第 16 条第 3 款（包含第 188 条中准用的情形）所规定的申报或作出虚假申报，未按照第 29 条第 1 款或第 188 条中准用的第 7 条之 38 的规定提交报告或者提交虚假报告，对第 29 条第 1 款、第 188 条中准用的第 7 条之 38 规定的职员质问不予回答，或者作出虚假回答，抗拒、妨碍、逃避该条所规定的检查，违反第 29 条第 1 款或第 188 条中准用的第 7 条之 39 第 1 款所规定的命令时，应对其管理人员判处 20 万日元以下的罚款。

第 220 条

针对违反第 7 条之 8、第 10 条第 2 款、第 184 条第 4 款的规定，使用全国健康保险协会的名称、健康保险组合的名称、健康保险组合联合会的名称的主体，应判处 10 万日元以下的罚款。

第 221 条

机构的管理人员符合下列各项情形之一时，应被判处 20 万日元以下的罚款。

（1）根据第 204 条之 3 第 1 款、该条第 2 款中准用的厚生年金保险法第 100 条之 6 第 2 款、第 204 条之 4 第 1 款、第 204 条之 5 第 1 款、第

204 条之 6 第 2 款中准用的该法第 100 条之 11 第 2 款的规定，应当获得厚生劳动大臣的认可时，未获得其认可。

（2）违反第 204 条之 4 第 2 款中准用的厚生年金保险法第 100 条之 7 第 3 款所规定的命令。

第 222 条

协会的管理人员应当按照第 204 条之 8 第 1 款的规定，获得厚生劳动大臣的许可时，若未获得其许可，应被判处 20 万日元以下的罚款。

附则（略）

第二部分　国民健康保险法
（1958 年法律第 192 号）
［对国民健康保险法
（1938 年法律第 60 号）
进行全部修改］

第一章　总则

第 1 条（法律目的）

为了确保国民健康保险事业健全运行，推动社会保障、国民保健的发展，特制定本法。

第 2 条（国民健康保险）

国民健康保险，指的是对罹患疾病、受伤、生育、死亡的被保险人提出的必要给付。

第 3 条（保险人）

1. 都道府县应连同都道府县内的市町村（包含特别区。以下亦同），按照本法的规定提供国民健康保险。

2. 国民健康保险组合，可按照本法的规定提供国民健康保险。

第 4 条（国家、都道府县、市町村的义务）

1. 国家应采取必要措施，以确保国民健康保险事业能够健全运行，为实现第 1 条的目的，应致力于采取与保健、医疗、福祉相关的措施、其他关联措施。

2. 为促进财政稳定运营、市町村的国民健康保险事业高效实施、其他都道府县及都道府县内市町村的国民健康保险事业健全运行，都道府县应发挥关键作用。

3. 市町村具体负责与被保险人资格取得及丧失相关的事务、国民健康保险的保险费［包含地方税法（1950年法律第226号）规定的国民健康保险税。第9条第3款、第7款、第10款、第11条第2款、第63条之2、第81条之2第1款各项、第9款第2项及第3项、第82条之2第2款第2项及第3项、附则第7条第1款第3项、第21条第3款第3项及第4款第3项中亦同］的收取、保健事业及其他国民健康保险事业的顺利实施。

4. 为履行前2款所规定的义务，都道府县及市町村应同时采取与保健医疗服务、福祉服务相关的措施，并开展密切合作。

5. 除第2款及前款所作规定外，为了国民健康保险事业的健全、顺利运行，都道府县应向国民健康保险组合、其他关系人提供必要的指导及建议。

第二章　都道府县及市町村

第5条（被保险人）

在都道府县区域内拥有住所的主体，为都道府县与都道府县内市町村共同提供的国民健康保险的被保险人。

第6条（适用除外）

无论前条作何规定，符合下列各项情形之一的主体，不能成为都道府县与都道府县内市町村共同提供的国民健康保险（以下简称"都道府县等提供的国民健康保险"）的被保险人。

（1）健康保险法（1922年法律第70号）所规定的被保险人。不过，该法第3条第2款所规定的短期雇佣特殊被保险人除外。

（2）船员保险法（1939年法律第73号）所规定的被保险人。

（3）国家公务员互助组合法（1958年法律第128号）、地方公务员等互助组合法（1962年法律第152号）中互助组合的组合成员。

（4）私立学校教职员互助法（1953年法律第245号）中私立学校教职员互助制度的参加人。

（5）健康保险法所规定的被抚养人。不过，该法第3条第2款所规定的短期雇佣特殊被保险人的被抚养人除外。

（6）船员保险法、国家公务员互助组合法（包含其他法律中准用的情形）、地方公务员等互助组合法所规定的被抚养人。

(7) 按照健康保险法第 126 条，受领短期雇佣特殊被保险人手册时，在手册中不存在粘贴健康保险收据空间的期间内的主体、该法所规定的这一主体的被抚养人。不过，获得该法第 3 条第 2 款但书所规定的承认、在尚未成为该款所规定的短期雇佣特殊被保险人的期间内的主体，按照该法第 126 条第 3 款，返还短期雇佣特殊被保险人手册的主体，该法所规定的这一主体的被抚养人除外。

(8) 与高龄者医疗确保相关法律（1982 年法律第 80 号）所规定的被保险人。

(9) 属于获得生活保护法所规定保护（1950 年法律第 144 号）的家庭（保护被停止的家庭除外）中的主体。

(10) 国民健康保险组合的被保险人。

(11) 存在其他特别理由而由厚生劳动省令所规定的主体。

第 7 条（资格取得时期）

都道府县等所提供国民健康保险的被保险人，自在都道府县区域内拥有住所之日起或不符合前条各项所规定的情形之一时，取得被保险人资格。

第 8 条（资格丧失时期）

1. 都道府县等所提供国民健康保险的被保险人，自丧失在都道府县区域内住所之日的次日、符合第 6 条各项（第 9 项及第 10 项除外）所规定情形之一之日的次日起，丧失被保险人资格。不过，在丧失都道府县区域内住所之日，若在其他都道府县区域内拥有住所，自丧失都道府县区域内住所之日即丧失被保险人资格。

2. 都道府县等所提供国民健康保险的被保险人，自符合第 6 条第 9 项、第 10 项所规定的情形之日起，丧失被保险人资格。

第 9 条（申报等）

1. 户主应按照厚生劳动省令的规定，将家庭内的被保险人资格取得、丧失事项、其他必要事项向市町村进行申报。

2. 户主可请求户主住所所在的市町村，交付家庭内全部被保险人的被保险人证明。

3. 迟延缴纳保险费的户主［限于在市町村区域内拥有住所的户主，若家庭内的所有被保险人可根据原子弹爆炸受害人救助法（1994 年法律第 117 号），请求获得一般疾病医疗费用给付、厚生劳动省令所规定的与医疗相关的其他给付（第 6 款及第 8 款中简称"原子弹爆炸一般疾病医疗费给付等"），家庭内的户主除外］，若自保险费的缴纳期限届满至厚生劳动省令所规定的期间内仍未缴纳保险费，除因灾害或政令所规定的其他特殊事由而迟延缴纳外，市町村应按照厚生劳动省令的规定，要求户主返还被保险人证明。

4. 在前款所规定的厚生劳动省令所确定期间尚未经过时，市町村可要求该款所规定的户主返还被保险人证明。不过，当存在该款中政令规定的特殊事由时，不在此限。

5. 按照前 2 款的规定，被要求返还被保险人证明的户主，应向市町村返还被保险人证明。

6. 户主根据前款的规定返还被保险人证明时，市町村应向户主交付户主所属家庭内的被保险人（可获得原子弹爆炸一般疾病医疗费给付等给付的主体、处于满 18 岁之日以后第一个 3 月 31 日之前期间内的主体除外）资格证明书〔若家庭内的部分被保险人可获得原子弹爆炸一般疾病医疗费给付等给付，或为处于满 18 岁之日以后第一个 3 月 31 日之前期间内的主体时，为被保险人资格证明书及这些主体的被保险人证明［若为处于满 18 岁之日以后第一个 3 月 31 日之前期间内的主体（可获得原子弹爆炸一般疾病医疗费给付等给付的主体除外），指的是有效期间为 6 个月的被保险人证明。本款以下亦同］。若家庭内的全部被保险人可获得原子弹爆炸一般疾病医疗费给付等给付或为处于满 18 岁之日以后第一个 3 月 31 日以前期间内的主体，则指的是这些主体的被保险人证明〕。

7. 当受领被保险人资格证明书的户主完全缴纳迟延支付的保险费、迟延支付的数额显著减少、发生灾害或存在政令所规定的其他特殊事由时，市町村应向户主交付家庭内所有被保险人的被保险人证明。

8. 户主受领被保险人资格证明书时，若家庭内的被保险人成为可获得原子弹爆炸一般疾病医疗费给付等给付的主体，市町村应向户主交付被保险人的被保险人证明。

9. 家庭内的被保险人丧失被保险人资格时，户主应按照厚生劳动省令的规定，毫不迟延地向市町村进行申报，与此同时，还应返还被保险人的被保险人证明、被保险人资格证明书。

10. 市町村可规定被保险人证明、被保险人资格证明书的有效期间。此时，对于迟延缴纳本法所规定保险费的户主（根据第 3 款的规定，被市町村要求返还被保险人证明的主体除外)、家庭内的被保险人、迟延缴纳国民年金法(1959年法律第141号)所规定保险费的户主(包含根据该法第88条第2款的规定,负有缴纳保险费义务的主体,仅限于符合厚生劳动大臣通过厚生劳动省令所规定要件,并已向市町村作出通知的户主)、家庭内的被保险人、厚生劳动省令所规定其他主体的被保险人证明,市町村可规定特别的有效期间。不过,针对处于满18岁之日以后第一个3月31日之前期间内的主体所属家庭内被保险人的被保险人证明,规定未满6个月的特别有效期间时,对于该主体的被保险人证明特别有效期间,应规定为6个月以上。

11. 根据前款规定,市町村规定被保险人证明或被保险人资格证明书的有效期间时(包含规定被保险人证明的特别有效期间的情形),应对同一家庭内的所有被保险人(在该款但书所规定场合下,家庭内处于满18岁之日以后第一个3月31日之前期间内的主体、厚生劳动省令所规定的其他主体除外)规定相同的有效期间。

12. 第10款所规定的有关厚生劳动大臣通知权限的事务,可要求日本年金机构实施。

13. 国民年金法第109条之4第3款、第4款、第6款、第7款的规定,准用于前款所规定的通知权限。此时,这些规定中必要的文字变更,由政令进行规定。

14. 根据居民基本登记法(1967年法律第81号)第22—24条、第25条、第30条之46、第30条之47的规定,提出申报时(仅限于在提出申报的书面文件之上,作出该法第28条所规定备注的情形),视为已基于与申报相同的事由提出第1款、第9款所规定的申报。

15. 除前面各款所作规定外,与被保险人申报、被保险人证明、被保险人资格证明书相关的必要事项,应由厚生劳动省令进行规定。

第10条(特别会计)

都道府县、市町村应按照政令的规定,针对国民健康保险收入及支出分别设置特别会计。

第11条(与国民健康保险事业运营相关的审议会)

1. 为了审议与国民健康保险事业运营相关的事项(限于作为按照本法的规定应由都道府县处理的事务,第75条之7第1款所规定的国民健康保险事业费缴纳金的收取、第82条之2第1款所规定的都道府县国民健康保险运营方针的制定、其他重要事项），应在都道府县中设置与国民健康保险事业运营相关的审议会。

2. 为了审议与国民健康保险事业运营相关的事项（限于作为按照本法的规定应由市町村处理的事务，由第四章所规定的保险给付、第 76 条第 1 款所规定的保险费收取、其他重要事项），应在市町村中设置与国民健康保险事业运营相关的审议会。

3. 除前 2 款所作规定外，前 2 款所规定的审议会可审议与国民健康保险事业运营相关的事项（对于第 1 款所规定的审议会，限于按照本法的规定由都道府县所处理的事务，对于前款所规定的审议会，限于按照本法的规定由市町村所处理的事务）。

4. 除前 3 款所作规定外，与第 1 款及第 2 款所规定审议会相关的必要事项，由政令进行规定。

第 12 条 删除

第三章　国民健康保险组合

第一节　通则

第 13 条（组织）

1. 国民健康保险组合（以下简称"组合"）指的是，从事同种事业或业务的、在组合所处地区内拥有住所的成员所组成的组织。

2. 前款中组合所处地区，应位于 1 个或 2 个以上的市町村。不过，存在特殊事由时，不在此限。

3. 无论第 1 款作何规定，符合第 6 条各项（第 8 项及第 10 项除外）所规定情形之一的主体、其他组合所提供国民健康保险的被保险人，不得成为国民健康保险组合的成员。不过，某一家庭中的主体不符合该条各项（第 10 项除外）所规定情形之一，而且，不属于其他组合所提供国民健康保险的被保险人时，不在此限。

4. 无论第 1 款作何规定，被组合所使用的主体不符合第 6 条各项（第 8 项及第 10 项除外）所规定情形之一，而且，也并非其他组合所提供国民健康保险的被保险人时，可成为组合成员。

第 14 条（人格）

组合为法人。

第 15 条（名称）

1. 组合必须在其名称中使用"国民健康保险组合"的字样。

2. 组合以外的主体，不得使用"国民健康保险组合"的名称以及类似名称。

第 16 条（住所）

组合的住所为主要事务所的所在地。

第 17 条（设立）

1. 准备设立组合之时，应获得主要事务所所在地的都道府县知事的许可。

2. 提出前款所规定许可的申请时，应有 15 人以上的发起人所制定的规约，并得到 300 个以上应成为组合成员的主体同意。

3. 都道府县知事在收到第 1 款所规定的许可申请时，应按照下列各项所规定组合的区分情形，事先听取各项所规定主体的意见，若组合的设立，不会对组合所在的都道府县、都道府县内市町村的国民健康保险事业的运营造成障碍，则可作出组合的设立许可。

（1）若组合所处地区并未超过某一都道府县区域，为组合所处地区市町村的市町村村长（包含特别区的区长。以下亦同）

（2）若组合所处地区位于 2 个以上的都道府县区域，为组合所处地区市町村（限于收到第 1 款所规定许可申请的都道府县知事所统辖都道府县区域内的市町村）的市町村村长、组合所处地区的都道府县的都道府县知事（收到许可申请的都道府县知事除外。下一款简称"其他的都道府县知事"）。

4. 其他的都道府县知事根据前款的规定陈述意见时，应事先听取其他都道府县知事所统辖都道府县内市町村（限于提出第 1 款所规定许可申请的组合所处地区的市町村）的市町村村长意见。

5. 组合自获得设立许可之时成立。

第 18 条（规约的记载事项）

组合的规约，应对下列各项所规定的事项予以记载。

（1）名称。

（2）事务所的所在地。

(3) 组合所处地区及组合成员范围。

(4) 与组合成员加入及退出相关的事项。

(5) 与被保险人资格取得及丧失相关的事项。

(6) 与管理人员相关的事项。

(7) 与组合会议相关的事项。

(8) 与保险费相关的事项。

(9) 与准备金及其他财产管理相关的事项。

(10) 公告方法。

(11) 除前面各项所规定事项外，由厚生劳动省令规定的事项。

第 19 条（被保险人）

1. 组合成员或组合成员所属家庭的人员，为组合所提供国民健康保险的被保险人。不过，符合第 6 条各项（第 10 项除外）所规定情形之一的主体、其他组合所提供国民健康保险的被保险人，不在此限。

2. 无论前款作何规定，组合可在规约中规定，属于组合成员家庭的人员并非被保险人。

第 20 条（资格取得时期）

组合所提供国民健康保险的被保险人，自成为组合成员或组合成员所属家庭的人员之日、不符合第 6 条各项（第 10 项除外）所规定情形之一之日、不再成为其他组合所提供国民健康保险的被保险人之日起，取得被保险人资格。

第 21 条（资格丧失时期）

1. 组合所提供国民健康保险的被保险人，自不再成为组合成员、组合成员所属家庭人员之日的次日，不再符合第 6 条各项（第 9 项及第 10 项除外）所规定情形之一之日的次日起，丧失被保险人资格。不过，若不再成为组合成员、组合成员所属家庭人员，但成为都道府县等所提供国民健康保险或其他组合所提供国民健康保险的被保险人时，自不再成为组合成员、组合成员所属家庭人员之日丧失被保险人资格。

2. 组合所提供国民健康保险的被保险人，自符合第 6 条第 9 项的规定之日起，丧失被保险人资格。

第 22 条（准用规定）

第 9 条（第 12 款至第 14 款的规定除外）的规定，准用于与组合所提供国民健康保险的被保险人相关的申报、被保险人证明及被保险人资格证明书。此时，该条第 1 款中的"户主"变更为"组合成员"，"市町村"变更为"组合"，该条第 2 款中的"户主"变更为"组合成员"，"户主住所所在的市町村"变更为"组合"，该条第 3 款中的"市町村"变更为"组合"，"户主（限于在市町村内拥有住所的户主）"变更为"组合成员"，"户主"变更为"组合成员"，该条第 4—9 款规定中的"市町村"变更为"组合"，"户主"变更为"组合成员"，该条第 10 款中的"市町村"变更为"组合"，"户主（根据第 3 款的规定，被市町村要求返还被保险人证明的主体除外）、家庭内的被保险人、迟延缴纳国民年金法（1959 年法律第 141 号）所规定保险费的户主（包含根据该法第 88 条第 2 款的规定，负有缴纳保险费义务的主体，仅限于符合厚生劳动大臣通过厚生劳动省令所规定要件，并已向市町村作出通知的户主）"变更为"组合成员（根据第 3 款的规定被组合要求返还被保险人证明的主体除外）"，该条第 11 款中的"市町村"变更为"组合"。

第二节　管理

第 23 条（管理人员）

1. 组合应设置理事、监事作为管理人员。

2. 理事的人员数量为 5 人以上，监事的人员数量为 2 人以上，具体人员数量由规约进行规定。

3. 理事和监事，应按照规约的规定，自组合成员中由组合成员会议选任。不过，当存在特殊事由时，也可自组合成员以外的主体中，由组合成员会议选任。

4. 理事和监事的任期，不得超过 3 年，具体任期由规约进行规定。

第 24 条（管理人员的职务）

1. 理事应按照规约的规定，代表组合，执行组合业务。

2. 组合的业务，除规约作出特别规定外，应由理事过半数决定。

3. 监事应监督组合的业务执行情况及财产状况。

第 24 条之 2（理事代表权的限制）

对理事代表权所施加的限制，不得对抗善意第三人。

第 24 条之 3（理事代理行为的委任）

若规约及组合会议决议并未对理事代理行为的委任问题作出禁止性规定，理事可委任他人代理实施特定行为。

第 24 条之 4（代理事）

在欠缺理事的情况下，为避免组合事务陷入停滞状态而产生损害，都道府县知事应根据利害关系人的请求或者依职权选任代理事。

第 24 条之 5（利益冲突行为）

对于组合和理事之间存在利益冲突的事项，理事不享有代表权。此时，都道府县知事应根据利害关系人的请求或者依职权选任特别代理人。

第 25 条（理事的独断处理）

1. 组合会议未成立、对应通过决议决定的事项未作出决议时，理事可接受都道府县知事的指挥，对应形成决议的事项进行处理。

2. 对于应通过组合会议形成决议的事项，因紧急情况而需实施时，若组合会议未成立、无法及时召开组合会议，理事可对应形成决议的事项进行处理。

3. 理事根据前 2 款的规定处理事务后，应向之后第一次召开的组合会议作出报告。

第 26 条（组合会议）

1. 应在组合中设置组合会议。

2. 组合会议由组合会议员构成，组合会议员的人数不得低于组合成员总数的 1/20，具体人员数量由规约进行规定。不过，组合成员的总数超过 600 人时，设置 30 名以上的组合会议员即可。

3. 应按照规约的规定，由组合成员自组合成员中选任组合会议员。

4. 组合会议员的任期不得超过 3 年，具体任期由规约进行规定。

第 27 条（组合会议的决议事项）

1. 下列各项所列举的事项，应经由组合会决议通过。

（1）规约的变更。

（2）借入资金、借入资金的方法、借入资金利率、偿还方法。

（3）收入及支出的预算。

（4）决算。

（5）除预算所规定事项外，组合应承担的合同。

（6）准备金、其他重要财产的处分。

（7）诉讼提起及和解。

（8）除前面各项所规定事项外，规约所规定的应由组合会决议通过的事项。

2. 针对前款第 1 项、第 2 项、第 6 项列举事项（该款第 1 项、第 2 项所列举事项中，将因合并而终止的组合所处地区作为合并后组合所处地区的一部分，与此部分地区扩张相关的规约变更、厚生劳动省令所规定的其他事项除外）所形成的决议，应获得都道府县知事的认可后，方发生效力。

3. 第 17 条第 3 款、第 4 款的规定，准用于前款所规定的与组合地区扩张相关的规约变更许可。

4. 针对第 1 款第 3 项所列举事项、第 2 款中由厚生劳动省令所规定的事项，组合通过决议时，应毫不迟延地向都道府县知事进行申报。

第 28 条（组合会议的召集）

1. 理事应按照规约的规定，每年度召集一次通常组合会议。

2. 组合会议员在得到 1/3 以上议员的同意后，向组合提交记载会议所讨论事项、召集理由的文件，并请求召集组合会议时，理事应自收到请求之日起的 20 日以内，召集临时组合会议。

第 29 条（选举权及表决权）

每个组合成员享有一票选举权，每个组合会议员享有一票表决权。

第 29 条之 2（不享有表决权的情形）

针对组合与特定组合会议员之间的关系进行表决时，该特定的组合会议员不享有表决权。

第 30 条（组合会议的权限）

1. 组合会议可对与组合事务相关的文件进行检查，要求理事或监事提交报告，对事务的管理、决议的执行、收支情况进行检查。

2. 组合会议可要求自组合会议员中选任出的主体，实施属于前款组合会议权限的事项。

第 31 条（与一般社团法人、一般财团法人相关法律的准用）

与一般社团法人、一般财团法人相关法律（2006 年法律第 48 号）第 78 条的规定，准用于组合。

第三节　解散及合并

第 32 条（解散）

1. 组合因下列各项所规定事由而解散。

（1）组合会议通过解散的决议。

(2) 规约所规定的解散事由发生。

(3) 第 108 条第 4 款、第 5 款所规定的解散命令。

(4) 合并。

2. 组合因前款第 1 项、第 2 项所规定事由而准备解散时，应按照厚生劳动生令的规定，获得都道府县知事的许可。

第 32 条之 2（剩余财产的归属）

1. 已解散组合的财产，属于规约指定的主体所有。

2. 规约对权利的归属主体未作规定、对确定权利归属主体的方法未作规定时，理事可在获得都道府县知事的许可后，以与组合目的相类似的目的对财产进行处理。不过，理事对财产的处理应经由组合会决议通过。

3. 无法按照前 2 款规定处理的财产，属国库所有。

第 32 条之 3（清算中组合的能力）

解散的组合，在清算目的范围内，至清算终了止仍视为存续。

第 32 条之 4（清算人）

组合解散时，除按照破产程序开始的决定解散外，理事为清算人。不过，规约存在特别规定、组合会议选任理事以外的主体担任清算人时，不在此限。

第 32 条之 5（法院对清算人的选任）

不存在前条所规定的清算人、缺少清算人因而可能造成损害时，法院应按照利害关系人或检察官的请求，依职权选任清算人。

第 32 条之 6（清算人的解任）

存在重大事由时，法院可按照利害关系人或检察官的请求、依职权解任清算人。

第 32 条之 7（清算人及解散的申报）

1. 除根据破产程序开始的决定解散、第 108 条第 4 款或第 5 款所规定的解散命令外，清算人应将其姓名、住所、解散原因、年月日向都道府县知事进行申报。

2. 清算程序中就职的清算人，应将其姓名、住所向都道府县知事进行申报。

3. 前款的规定，准用于第 108 条第 4 款、第 5 款所规定的在作出解散命令时就职的清算人。

第 32 条之 8（清算人的职务及权限）

1. 清算人的职务包括：

（1）结束正在实施的事务。

（2）债权的收取、债务的清偿。

（3）剩余财产的交付。

2. 为了执行前款各项所规定的职务，清算人可采取一切必要措施。

第 32 条之 9（债权申报的催告等）

1. 清算人自就职之日起的 2 个月以内，应发布至少 3 次公告，催告债权人在一定期间内申报其债权。所确定申报债权的期间不得少于 2 个月。

2. 前款公告必须注明：若债权人未在申报期间内申报债权，则清算程序将排除其债权。不过，清算人不得排除所知道的债权人。

3. 清算人必须向所知道的债权人分别发出债权申报的催告。

4. 第 1 款所规定的公告，应记载于官报之上。

第 32 条之 10（期间经过后的债权申报）

在前条第 1 款所规定的期间经过后，提出申报的债权人，只能就组合债务完全清偿后尚未向权利归属主体交付的财产主张债权。

第 32 条之 11（法院的监督）

1. 组合的解散及清算，由法院进行监督。

2. 为了行使前款所规定的监督权，法院可依职权随时展开必要的检查。

3. 对组合的解散和清算进行监督的法院，可要求对组合业务进行监督的机关出具意见，委托其进行调查。

4. 前款所规定的机关，可向该款所规定的法院陈述意见。

第 32 条之 12（清算结束的申报）

清算结束之时，清算人应向都道府县知事进行申报。

第 32 条之 13（对解散及清算进行监督等案件的管辖）

与组合解散及清算的监督、清算人相关的案件，由主要事务所所在地的地方法院管辖。

第 32 条之 14（不服申诉的限制）

对清算人选任的裁判，不得提出申诉。

第 32 条之 15（法院选任的清算人的报酬）

法院根据第 32 条之 5 的规定选任清算人时，可确定组合应向清算人支付的报酬数额。此时，法院应听取清算人以及监事的意见。

第32条之16（检查人员的选任）

1. 为了对组合解散和清算进行监督而有必要展开调查时，法院可选任检查人员。

2. 前2条规定，准用于根据前款的规定由法院选任检查人员。此时，前条中的"清算人以及监事"变更为"组合以及检查人员"。

第33条（合并）

1. 组合在准备合并之时，应由组合会议通过合并的决议。

2. 组合合并之后，由合并后新设的组合、合并后继续存续的组合，承继因合并而终止的组合的权利义务（包括组合基于行政厅的许可、认可、采取的其他处分措施而享有的与国民健康保险事业相关的权利义务）。

第34条 删除

第四节 其他规则

第35条（对政令的委任）

除本章的规定外，与组合管理、财产保管、其他与组合相关的必要事项，由政令进行规定。

第四章 保险给付

第一节 疗养给付等

第36条（疗养给付）

1. 市町村及组合应向患病或负伤的被保险人，提供下列各项所规定的疗养给付。不过，被保险人所属家庭的户主、组合成员尚未收到被保险人的被保险人资格证明书时，不在此限。

（1）诊察。

（2）药品及治疗物品的给付。

（3）处置、手术及其他治疗措施。

（4）居家疗养管理、疗养过程中的照顾及其他看护。

（5）进入医院或诊所住院，提供疗养过程中的照顾及其他看护。

2. 前款所规定的给付，不包含与疗养相关的下列给付。

（1）与前款第 5 项所规定的疗养一同提供的饮食疗养服务〔为被保险人提供医疗法（1948 年法律第 205 号）第 7 条第 2 款第 4 项所规定的疗养病床住院服务、疗养过程中的照顾及其他看护，与在获得疗养之时已满 65 岁之日所属月份次月以后的被保险人（以下简称"特定长期住院被保险人"）相关的疗养除外。以下简称"饮食疗养"〕。

（2）与前款第 5 项所规定的疗养一同提供的下列疗养服务（限于与特定长期住院被保险人相关的部分。以下简称"生活疗养"）。

第一，提供饮食的疗养服务。

第二，为了形成适宜的疗养环境而提供的与温度、照明、给水相关的疗养服务。

（3）评价疗养（指的是健康保险法第 63 条第 2 款第 3 项所规定的评价疗养。以下亦同）。

（4）患者申请疗养（指的是健康保险法第 63 条第 2 款第 4 项所规定的患者申请疗养。以下亦同）。

（5）选择疗养（指的是健康保险法第 63 条第 2 款第 5 项所规定的选择疗养。以下亦同）。

3. 被保险人准备获得第 1 款所规定的给付时，应由自己选定的保险医疗机关等主体（指的是健康保险法第 63 条第 3 款第 1 项所规定的保险医疗机关、保险药店。以下亦同），通过电子资格确认方法〔准备自保险医疗机关等主体处获得疗养的主体、准备自第 54 条之 2 第 1 款所规定的指定访问看护事业者处获得该款所规定的指定访问看护的主体，通过向市町村或组合发送在个人编号卡〔指的是与在行政程序中为识别特定个人而使用编号等相关法律（2013 年法律第 27 号）第 2 条第 7 款所规定的个人编号卡〕上记载的使用人证明电子书〔指的是，与涉及电子签名等的地方公共团体信息系统机构的认证业务相关法律（2002 年法律第 153 号）第 22 条第 1 款所规定的使用人电子证明书〕，了解被保险人的相关信息（包含与保险给付费用的请求相关的必要信息），通过对与被保险人资格相关的信息进行核查、使用电子信息处理组织方法、其他信息技术方法，自市町村或组合处获得答复，将相关信息提供给保险医疗机关等主体、指定访问看护事业者，自保险医疗机关等主体、指定访问看护事业者处对被保险人得以确认。以下亦同〕、厚生劳动省令所规定的其他方法（以下简称"电子资格确认等方法"）确认其为被保险人，并获得第 1 款所规定的给付。不过，当符合厚生劳动省令所规定的情形时，无须获得此项确认。

第37条 删除

第38条 删除

第39条 删除

第40条（保险医疗机关等的义务）

1. 保险医疗机关等主体、保险医生、保险药剂师（指的是健康保险法第64条所规定的保险医生、保险药剂师。以下亦同），提供国民健康保险疗养给付、开展国民健康保险诊疗及药物调理时，有关准则准用该法第70条第1款、第72条第1款中的厚生劳动省令。

2. 在前款所规定的情形下，若准用该款所规定的厚生劳动省令，存在困难或者是不合理之处，有关准则由厚生劳动省令进行规定。

第41条（厚生劳动大臣或都道府县知事的指导）

1. 保险医疗机关等主体在提供疗养给付时，保险医生及保险药剂师在开展国民健康保险诊疗及药物调理时，应接受厚生劳动大臣或都道府县知事的指导。

2. 厚生劳动大臣或都道府县知事在开展前款所规定的指导时，若存在必要，可经由关系团体指定，由在诊疗或药物调理方面拥有专业知识的主体会同指导。不过，在关系团体未作出指定或指定主体未能到场时，不在此限。

第42条（获得疗养给付时的部分负担金）

1. 根据第36条第3款的规定，自保险医疗机关等主体处获得疗养给付的主体，在获得疗养给付时，应将按照第45条第2款或第3款的规定所计算出的数额乘以下列各项区分情形中的比例，得到某一数额，以所计算出的数额为标准，将部分负担金支付至该保险医疗机关等主体。

（1）满6岁之日以后，最初的3月31日的次日至满70岁之日所在月份以前的期间内，为3/10。

（2）满6岁之日以后，最初的3月31日以前的期间内，为2/10。

（3）满70岁之日所在月份次月以后的期间内（下一项所规定的情形除外），为2/10。

（4）满70岁之日所在月份次月以后的期间内，针对获得疗养给付的主体所属家庭的被保险人（限于处于已满70岁之日所在月份次月以后期间内的主体、政令所规定的其他主体），按照政令的规定所计算出的所得数额超过政令所确定的数额时，为 3/10。

2. 保险医疗机关等主体应受领前款所规定的部分负担金（根据第 43 条第 1 款的规定，部分负担金的比例被减少时，对于该条第 2 款所规定的保险医疗机关等主体，为减少之后的部分负担金，采取第 44 条第 1 款第 1 项所规定的措施时，为减少之后的部分负担金），保险医疗机关等主体已尽到善良管理人的注意义务，而致力于获得部分负担金时，若被保险人仍未支付全部或部分的部分负担金，市町村及组合可根据保险医疗机关等主体的请求，准用本法中收取金的相关规定作出处分。

第 42 条之 2

根据前条第 1 款的规定支付部分负担金时，该款中的部分负担金数额尾数未满 5 日元时，应舍弃尾数，尾数为 5 日元以上、未满 10 日元时，应当将尾数调整为 10 日元。

第 43 条

1. 市町村及组合可按照政令的规定，在条例或规约中，降低第 42 条第 1 款所规定的部分负担金比例。

2. 根据前款的规定降低部分负担金比例时，在市町村或组合获得开设者的同意后，无论第 42 条第 1 款作何规定，自保险医疗机关等主体获得疗养给付的被保险人，只需将减少之后的部分负担金，向保险医疗机关等主体支付即可。

3. 根据第 1 款的规定，部分负担金的比例被降低时，被保险人自前款所规定的保险医疗机关等主体以外的保险医疗机关等主体处，获得疗养给付时，市町村及组合应将被保险人根据 42 条第 1 款的规定，向保险医疗机关等主体支付的部分负担金与按照第 1 款的规定被减少后的部分负担金之间的差额，向被保险人进行支付。

4. 前条的规定准用于第 2 款所规定的部分负担金的支付。

第 44 条

1. 存在特殊理由的被保险人，难以向保险医疗机关等主体，给付第 42 条、前条所规定的部分负担金时，市町村及组合可分别采取下列各项所规定的措施。

（1）减少部分负担金的数额。

（2）免除部分负担金的支付。

(3) 代为向医疗保险机关等主体进行支付，直接收取部分负担金，或者推迟收取部分负担金。

2. 无论第42条第1款、前条第2款作何规定，因前款第1项所规定措施获得优待的被保险人，向保险医疗机关等主体支付减少后的部分负担金即可，因该款第2项、第3项措施获得优待的被保险人，无须向保险医疗机关等主体支付部分负担金。

3. 第42条之2的规定，准用于前款所规定的部分负担金的支付。

第45条（保险医疗机关等主体的诊疗报酬）

1. 市町村及组合应自疗养给付费用数额中，扣除相当于与疗养给付相关的被保险人（在第57条所规定的场合下，为该被保险人所属家庭的户主或组合成员）向保险医疗机关等主体应支付的部分负担金的数额，以作为保险医疗机关等主体可向市町村或组合请求的疗养给付费用数额。

2. 前款所规定的疗养给付所需费用数额的计算，应准用健康保险法第76条第2款中厚生劳动大臣所作规定。

3. 市町村及组合在获得都道府县知事的认可后，按照与保险医疗机关等主体之间的合同，对于保险医疗机关等主体所提供疗养给付中的第1款疗养给付所需费用数额，在依据前款的规定所计算出的数额范围内，可作出特别规定。

4. 市町村及组合自保险医疗机关等主体处收到疗养给付费用请求时，应参照第40条所规定的准则、第2款所规定的数额计算方法、前款的规定，对请求进行审查后提出给付。

5. 市町村及组合可将前款所规定的审查及给付事务，委托至位于都道府县区域内的国民健康保险团体联合会（加入的都道府县、市町村及组合的数量，未达到区域内都道府县、市町村及组合总数的2/3时除外）、社会保险诊疗报酬支付基金法（1948年法律第129号）所规定的社会保险诊疗报酬支付基金（以下简称"支付基金"）实施。

6. 国民健康保险团体联合会在接受前款规定、健康保险法第76条第5款规定的委托后，在与诊疗报酬请求书审查相关的事务中，可将与厚生劳动大臣所制定的诊疗报酬请求书审查相关的事务，委托至在组织及其他事项方面符合厚生劳动省令所规定要件的、能够确保事务顺利实施的、厚生劳动大臣指定的一般社团法人或一般财团法人。

7. 根据前款的规定，接受厚生劳动大臣所制定诊疗报酬请求书审查事务委托的主体,应将诊疗报酬请求书的审查,交由符合厚生劳动省令所规定要件的主体实施。

8. 除前面各款规定外,与保险医疗机关等主体的疗养给付费用请求相关的必要事项,由厚生劳动省令进行规定。

第45条之2(保险医疗机关等主体的报告)

1. 因疗养给付而存在必要时,厚生劳动大臣或都道府县知事可要求保险医疗机关等主体、保险医疗机关等主体的开设者、管理者、保险医生、保险药剂师、其他从业者(本款以下简称"开设者等主体")提交或出具报告、诊疗记录、其他账簿文件,命令保险医疗机关等主体的开设者、管理者、保险医生、保险药剂师、其他从业者(包含开设者等主体)出席,要求职员对关系人进行质问,对保险医疗机关等主体的设备、诊疗记录、账簿文件、其他物件进行检查。

2. 根据前款的规定进行质问或检查时,职员应携带身份证明,在关系人提出请求时,应出示身份证明。

3. 第1款所规定的权限,不能解释为用于犯罪搜查。

4. 第41条第2款的规定,准用于第1款所规定的质问和检查。

5. 保险医疗机关等主体提供本法所规定的疗养给付时,若有必要根据健康保险法第80条的规定作出处分,或保险医生、保险药剂师实施本法所规定的诊疗、药物调理时,如果存在必要,根据健康保险法第81条的规定作出处分,都道府县知事应连同理由一并向厚生劳动大臣作出通知。

第46条(健康保险法的准用)

健康保险法第64条、第82条第1款的规定,准用于本法所规定的疗养给付。此时,这些规定中必要的文字变更,应由政令进行规定。

第47条 删除

第48条 删除

第49条 删除

第50条 删除

第51条 删除

第52条(住院时饮食疗养费)

1. 针对被保险人(特定长期住院被保险人除外)自己所选择的保险医疗机关提供的第36条第1款第5项所规定的疗养给付、一同获得的饮食疗养所需费用，市町村及组合应向被保险人所属家庭的户主、组合成员给付住院时饮食疗养费。不过，户主或组合成员获得被保险人的被保险人资格证明书的期间内，不在此限。

2. 准用健康保险法第 85 条第 2 款所规定的厚生劳动大臣所确定的基准，计算出饮食疗养费数额（此项数额超过饮食疗养实际所需费用数额时，为饮食疗养实际所需费用数额），自此项数额中扣除该款所规定的饮食疗养标准负担额（以下简称"饮食疗养标准负担额"），以作为住院时饮食疗养费数额。

3. 被保险人自保险医疗机关获得饮食疗养时，对于被保险人所属家庭的户主、组合成员应向保险医疗机关支付的饮食疗养费，市町村及组合在应向户主或组合成员支付的住院时饮食疗养费数额限度内，可代户主或组合成员向保险医疗机关支付。

4. 根据前款的规定进行支付时，视为已向户主或组合成员支付住院时饮食疗养费。

5. 保险医疗机关在获得饮食疗养费的给付时，应按照厚生劳动省令的规定，向提出给付的户主或组合成员交付收据。

6. 健康保险法第 64 条，本法第 36 条第 3 款、第 40 条、第 41 条、第 45 条第 3—8 款、第 45 条之 2 的规定，准用于自保险医疗机关获得的饮食疗养、与此相伴随的住院时饮食疗养费的给付。此时，这些规定中必要的文字变更，由政令进行规定。

第 52 条之 2（住院时生活疗养费）

1. 因特定长期住院被保险人所选择的保险医疗机关提供的第 36 条第 1 款第 5 项所规定的疗养给付、一同获得的生活疗养所需费用，市町村及组合应向特定长期住院被保险人所属家庭的户主、组合成员给付住院时生活疗养费。不过，户主、组合成员获得特定长期住院被保险人的被保险人资格证明书期间内，不在此限。

2. 在确定住院时生活疗养费数额时，应准用健康保险法第 85 条之 2 第 2 款所规定的厚生劳动大臣确定的基准，计算出生活疗养费数额（此项数额超过生活疗养实际所需费用数额时，为生活疗养实际所需费用数额），自此项费用数额中扣除该款所规定的生活疗养标准负担额（以下简称"生活疗养标准负担额"）。

3. 健康保险法第 64 条，本法第 36 条第 3 款、第 40 条、第 41 条、第

45 条第 3—8 款、第 45 条之 2、前条第 3—5 款的规定，准用于自保险医疗机关处获得的生活疗养、与此相伴随的住院时生活疗养费的给付。此时，这些规定中必要的文字变更，由政令进行规定。

第 53 条（保险外并用疗养费）

1. 被保险人自其所选择的保险医疗机关等主体处，接受评价疗养、患者申请疗养、选择疗养时，市町村及组合应向被保险人所属家庭的户主、组合成员，给付疗养所需的保险外并用疗养费。不过，户主、组合成员获得被保险人的被保险人资格证明书期间内，不在此限。

2. 保险外并用疗养费数额为第 1 项所规定的数额（疗养包含饮食疗养时，为该数额以及第 2 项所规定数额的总额；疗养包含生活疗养时，为该数额及第 3 项所规定数额的总额）。

（1）针对疗养（饮食疗养及生活疗养除外），准用健康保险法第 86 条第 2 款第 1 项中厚生劳动大臣所作规定，计算出费用数额（此项数额超过疗养实际所需费用数额时，为疗养实际所需费用数额），根据第 42 条第 1 款各项所规定的区分情形，乘以各项规定的比例（根据第 43 条第 1 款的规定，部分负担金的比例被减少时，为减少后的比例）后所得数额（针对与疗养给付相关的第 42 条第 1 款的部分负担金，采取第 44 条第 1 款各项所规定的措施时，为采取该款各项中措施时的数额），得到某一数额，自前项数额中扣除后项数额。

（2）针对饮食疗养，准用健康保险法第 85 条第 2 款所规定的厚生劳动大臣所确定的基准，计算出费用数额（此项数额超过饮食疗养实际所需费用数额时，为饮食疗养实际所需费用数额），自该项数额中扣除饮食疗养标准负担额。

（3）针对生活疗养，准用健康保险法第 85 条之 2 第 2 款所规定的厚生劳动大臣所确定的基准，计算出费用数额（此项数额超过生活疗养实际所需费用数额时，为生活疗养实际所需费用数额），自该项数额中扣除生活疗养标准负担额。

3. 健康保险法第 64 条，本法第 36 条第 3 款、第 40 条、第 41 条、第 45 条第 3—8 款、第 45 条之 2、第 52 条第 3—5 款的规定准用于，自保险医疗机关等主体处接受评价疗养、患者申请疗养、选择疗养、与此相伴随的保险外并用疗养费给付。此时，这些规定中必要的文字变更，由政令进行规定。

4. 在前款所准用的第 52 条第 3 款中，根据第 2 款规定计算出疗养费数额（此项数额超过该疗养实际所需费用数额时，为该疗养实际所需费用数额），自该项数额中扣除相当于疗养所需保险外并用疗养费的数额，第 42 条之 2 的规定准用于扣除后数额的支付。

第 54 条（疗养费）

1. 提供疗养给付、住院时饮食疗养费、住院时生活疗养费、保险外并用疗养费的给付（本款以下及下一款简称"疗养给付等"）存在困难时，被保险人自保险医疗机关等主体以外的医院、诊所、药店、其他主体处接受诊疗、药物给付、治疗等服务而市町村或组合认为存在必要时，市町村及组合可给付疗养费，以代替疗养给付等。不过，被保险人所属家庭的户主、组合成员获得被保险人的被保险人资格证明书期间内，不在此限。

2. 被保险人未通过电子资格确认等方法获得被保险人身份的确认，而自保险医疗机关等主体处获得诊疗或药品给付时，若因紧急事由、其他不可抗力事由而无法获得被保险人身份的确认，市町村及组合应给付疗养费，以代替疗养给付等。不过，被保险人所属家庭的户主、组合成员获得被保险人的被保险人资格证明书的期间内，不在此限。

3. 市町村或组合应以下列扣除后的数额为基准，确定疗养费数额：自所计算出的疗养（饮食疗养及生活疗养除外）费用数额中，扣除此项数额乘以第 42 条第 1 款各项所规定区分情形对应比例的数额；针对饮食疗养、生活疗养计算出费用数额，自所计算出的费用数额中扣除饮食疗养标准负担额、生活疗养标准负担额。

4. 在计算前款所规定的费用数额时，应获得疗养给付时准用第 45 条第 2 款的规定，应获得住院时饮食疗养费给付时准用第 52 条第 2 款的规定，应获得住院时生活疗养费给付时准用第 52 条之 2 第 2 款的规定，应获得保险外并用疗养费给付时准用前条第 2 款的规定。不过，此项数额不得超过疗养实际所需费用数额。

第 54 条之 2（访问看护疗养费）

1. 被保险人自指定访问看护事业者（指的是健康保险法第 88 条第 1 款所规定的指定访问看护事业者。以下亦同）处获得指定访问看护（指的是该款所规定的指定访问看护。以下亦同）时，市町村及组合应向被保险人所属家庭的户主、组合成员支付指定访问看护所需访问看护疗养费。不过，户主、组合成员获得被保险人的被保险人资格证明书期间内，不在此限。

2. 针对前款所规定的访问看护疗养费，仅限于按照厚生劳动省令的规定，在市町村或组合认为必要之时进行支付。

3. 被保险人在准备获得指定访问看护时，应按照厚生劳动省令的规定，自所选择的指定访问看护事业者处，通过电子资格确认等方法，获得被保险人身份的确认，并接受指定访问看护。

4. 准用健康保险法第 88 条第 4 款中厚生劳动大臣所作规定，计算出指定访问看护的费用数额，按照第 42 条第 1 款各项所规定的区分情形，乘以该款各项所规定比例（按照第 43 条第 1 款的规定，部分负担金比例被减少时，为减少后的比例）得到数额（针对疗养给付采取第 44 条第 1 款各项所规定的措施时，为采取措施时的数额），自前项数额中扣除后项数额，即为访问看护疗养费数额。

5. 被保险人自指定访问看护事业者处接受指定访问看护时，对于被保险人所属家庭的户主、组合成员，应向指定访问看护事业者所支付的指定访问看护所需费用，在市町村或组合应向户主或组合成员支付的访问看护疗养费数额范围内，可代户主或组合成员，向指定访问看护事业者进行支付。

6. 根据前款的规定进行支付时，视为已向户主或组合成员支付访问看护疗养费。

7. 在第 5 款中根据第 4 款的规定，计算出费用数额，自计算出的费用数额中，扣除相当于支付的访问看护疗养费数额时，对扣除后数额的支付，准用第 42 条之 2 的规定。

8. 指定访问看护事业者在收到所支付的指定访问看护所需费用时，应按照厚生劳动省令的规定，向支付费用的户主或组合成员交付收据。

9. 市町村及组合自指定访问看护事业者处，收到访问看护疗养费的请求时，应参照第 4 款所规定数额的计算方法、下一款所规定的准则展开审查之后，进行支付。

10. 针对指定访问看护事业者提供国民健康保险的指定访问看护时的准则，准用健康保险法第 92 条第 2 款所规定的与指定访问看护事业运营相关的基准（限于与指定访问看护的处理相关的部分），存在困难或者不合理之处时，由厚生劳动省令进行规定。

11. 第 36 条第 1 款各项所列举的疗养，不包含指定访问看护。

12. 健康保险法第 92 条第 3 款、本法第 45 条第 5—8 款的规定，准用于自指定访问看护事业者处接受指定访问看护、与此相伴随的访问看护疗养费的给付。此时，这些规定中必要的文字变更，由政令进行规定。

第 54 条之 2 之 2（厚生劳动大臣或都道府县知事的指导）

指定访问看护事业者、与指定相关的事业所的护士、其他从业者，应接受厚生劳动大臣或都道府县知事关于指定访问看护的指导。

第 54 条之 2 之 3（报告等）

1. 因访问看护疗养费的给付而存在必要时，厚生劳动大臣或都道府县知事，可要求指定访问看护事业者、作为指定访问看护事业者的主体、与指定相关的事业所的护士、其他从业者（本款以下简称"指定访问看护事业者等主体"），提交或出示报告、账簿文件，命令指定访问看护事业者、与指定相关的事业所的护士、其他从业者（包含指定访问看护事业者等主体）出席，要求职员对关系人进行质问，进入指定访问看护事业者与指定相关的事业所，对账簿文件及其他物件进行检查。

2. 第 45 条之 2 第 2 款的规定，准用于前款所规定的质问和检查，该条第 3 款的规定，准用于前款所规定的权限。

3. 针对指定访问看护事业者，都道府县知事认为有必要作出健康保险法第 95 条所规定的、与本法中的指定访问看护相关的处分时，应附上理由，向厚生劳动大臣作出通知。

第 54 条之 3（特别疗养费）

1. 市町村及组合在获得户主或组合成员所属家庭的被保险人的被保险人资格证明书期间内，若被保险人自保险医疗机关等主体、指定访问看护事业者处获得疗养，市町村及组合应向户主或组合成员支付特别疗养费。

2. 健康保险法第 64 条，本法第 36 条第 3 款、第 40 条、第 41 条、第 45 条第 3 款、第 45 条之 2、第 52 条第 5 款、第 53 条第 2 款、第 54 条之 2 第 3 款、第 8 款及第 10 款、第 54 条之 2 之 2、前条的规定，准用于自保险医疗机关等主体、指定访问看护事业者处，获得与特别疗养费相关的疗养、与此相伴随的特别疗养费的给付。此时，第 53 条第 2 款中的"保险外并用疗养费数额"变更为"特别疗养费数额"，"准用健康保险法第 86 条第 2 款第 1 项中厚生劳动大臣所作规定"变更为"若被保险人证明已交付且能够获得疗养给付时，准用健康保险法第 76 条第 2 款中厚生劳动大臣所作规定；若被保险人证明已交付且能够获得保险外并用疗养费给付时，准用该法第 86 条第 2 款第 1 项中厚生劳动大臣所作规定；若被保险人证明已交付且能够获得访问看护疗养费给付时，准用该法第 88 条第 4 款"，此外，其他规定中必要的文字变更，由政令进行规定。

3. 在第 1 款所规定的场合下，若已向户主、组合成员交付被保险人的被保险人证明，在适用第 54 条第 1 款的规定时，市町村及组合可向户主、组合成员给付疗养费。

4. 在第 1 款所规定的场合下，被保险人未通过电子资格确认等方法获得被保险人身份的确认，而自保险医疗机关等主体处获得诊疗或药物给付时，若因紧急事由、其他不可抗力事由而无法获得被保险人身份的确认，市町村及组合应给付疗养费。

5. 第 54 条第 3 款、第 4 款的规定，准用于前 2 款所规定的疗养费。此时，该条第 4 款中的"应获得疗养给付时"变更为"若被保险人证明已经交付，且能够获得疗养给付时"，"应获得住院时饮食疗养费给付时"变更为"若被保险人证明已经交付，且能够获得住院时生活疗养费给付时"，"应获得保险外并用疗养费给付时"变更为"若被保险人证明已经交付，且能够获得保险外并用疗养费给付时"。

第 54 条之 4（移送费）

1. 为了被保险人获得疗养给付（包含与保险外并用疗养费相关的疗养、与特别疗养费相关的疗养），而将其移送至医院或诊所时，市町村及组合应向被保险人所属家庭的户主、组合成员，给付按照厚生劳动省令的规定所计算出的移送费。

2. 前款所规定的移送费，仅限于按照厚生劳动省令的规定，市町村及组合认为存在必要时进行支付。

第 55 条（被保险人为短期雇佣劳动者或其被抚养人的情形）

1. 被保险人符合第 6 条第 7 项所规定情形而丧失被保险人资格，若在丧失资格时实际获得下列服务：疗养给付、与住院时饮食疗养费相关的疗养、与住院时生活疗养费相关的疗养、与保险外并用疗养费相关的疗养、与访问看护疗养费相关的疗养、与特别疗养费相关的疗养、与护理保险法（1997 年法律第 123 号）中居家护理服务费相关的指定居家服务（指的是该法第 41 条第 1 款所规定的指定居家服务）（限于相当于疗养的服务）、与特殊居家护理服务费相关的居家服务（指的是该法第 8 条第 1 款所规定的居家服务）以及与此相当的服务（限于相当于疗养的服务）、与区域密集型护理服务费相关的指定区域密集型服务（指的是该法第 42 条之 2 第 1 款所规定的指定区域密集型服务）以及与此相当的服务（限于相当于疗养的服务）、与特殊区域密集型服务护理服务费相关的区域密集型服务（指的是该法第 8 条第 14 款所规定的区域密集型服务）以及与此相当的服务（限于相当于疗养的服务）、与机构护理服务费相关的指定机构服务等服务（指的是该法第 48 条第 1 款所规定的指定机构服务等服务）（限于相当于疗养的服务）、与特殊机构护理服务费相关的机构服务（指的是该法第 8 条第 26 款所规定的机构服务）（限于相当于疗养的服务）、与护理预防服务费相关的指定护理预防服务（指的是该法第 53 条第 1 款所规定的指定护理预防服务）（限于相当于疗养的服务）、与特殊护理预防服务费相关的护理预防服务（指的是该法第 8 条之 2 第 1 款所规定的护理预防服务）以及与此相当的服务（限于相当于疗养的服务），在被保险人罹患疾病、负伤、因负伤引发疾病时，其可自市町村或组合处获得疗养给付、住院时饮食疗养费的给付、住院时生活疗养费的给付、保险外并用疗养费的给付、访问看护疗养费的给付、特别疗养费的给付、移送费的给付。

2. 若符合下列各项所规定情形之一，不得提出前款所规定的疗养给付、住院时饮食疗养费给付、住院时生活疗养费给付、保险外并用疗养费给付、访问看护疗养费给付、特别疗养费给付、移送费给付。

（1）因疾病或负伤，而能够获得健康保险法第五章所规定的疗养给付、住院时饮食疗养费给付、住院时生活疗养费给付、保险外并用疗养费给付、访问看护疗养费给付、移送费给付、家庭疗养费给付、家庭访问看护疗养费给付、家庭移送费给付。

（2）被保险人符合第 6 条第 1—6 项、第 8 项、第 9 项、第 11 项所规定的情形之一。

（3）被保险人因疾病或负伤，而能够自其他市町村、组合处，获得疗养给付、住院时饮食疗养费给付、住院时生活疗养费给付、保险外并用疗养费给付、访问看护疗养费给付、特别疗养费给付、移送费给付。

（4）自丧失被保险人资格之日起已经经过 6 个月。

3. 因疾病或负伤，而能够获得健康保险法第五章所规定的特别疗养费给付、移送费给付、家庭移送费给付的期间内，不得提出第 1 款所规定的疗养给付、住院时饮食疗养费给付、住院时生活疗养费给付、保险外并用疗养费给付、访问看护疗养费给付、特别疗养费给付、移送费给付。

4. 因疾病或负伤，根据护理保险法的规定可获得对应的给付时，不得提出第 1 款所规定的疗养给付、住院时饮食疗养费给付、住院时生活疗养费给付、保险外并用疗养费给付、访问看护疗养费给付、特别疗养费给付。

第 56 条（与其他法令规定的医疗相关给付之间的调整）

1. 被保险人因疾病或负伤，根据健康保险法、船员保险法、国家公务员互助组合法（包含其他法律中准用的情形或准用其他规定的情形）、地方公务员等互助组合法、与高龄者医疗确保相关法律，能够获得与医疗相关的给付时，或根据护理保险法能够获得对应的给付时，不得提出疗养给付、住院时饮食疗养费、住院时生活疗养费、保险外并用疗养费、访问看护疗养费、特别疗养费、移送费的给付。能够获得劳动基准法（1947 年法律第 49 号）所规定的疗养补偿、劳动者灾害补偿保险法（1947 年法律第 50 号）所规定的疗养补偿给付、复数事业劳动者疗养给付、疗养给付、国家公务员灾害补偿法（1951 年法律第 191 号。包含其他法律中准用的情形）所规定的疗养补偿、地方公务员灾害补偿法（1967 年法律第 121 号）或基于该法的条例所规定的疗养补偿、政令中其他法令所规定的医疗给付时，或者根据这些法令之外的法令，国家及地方公共团体已经负担与医疗相关的给付时，同样如此。

2. 前款中法令所规定的给付为与医疗相关的实物给付时，若已经给付对应的部分负担金或收取实际费用，而且，部分负担金或收取的实际费用数额，超过提供本法所规定的疗养给付时本法所规定的部分负担金（根据第 43 条第 1 款的规定，第 42 条第 1 款的部分负担金比例被减少时，为减少后的部分负担金数额）数额；或者前款中法令（护理保险法除外）所规定的给付为医疗费给付时，若给付数额未达到疗养对应的本法中的住院时饮食疗养费、住院时生活疗养费、保险外并用疗养费、疗养费、访问看护疗养费、特别疗养费、移送费数额，市町村及组合应向被保险人给付差额。

3. 在前款所规定的场合下，被保险人自保险医疗机关等主体获得疗养时，根据该款的规定在应向被保险人给付的数额范围内，市町村及组合可代被保险人向保险医疗机关等主体，给付被保险人应向保险医疗机关等主体支付的疗养所需费用。不过，市町村或组合根据第 43 条第 1 款的规定，减少部分负担金的比例时，限于被保险人自该条第 2 款所规定的保险医疗机关等主体处获得疗养的情形。

4. 根据前款的规定，向保险医疗机关等主体给付费用时，视为已在相应范围内向被保险人提出第 2 款所规定的给付。

第 57 条（与并非户主或组合成员的被保险人相关的部分负担金等）

针对部分负担金的给付或缴纳、第 43 条第 3 款及前条第 2 款所规定的差额给付及疗养费给付，作为非户主或非组合成员的被保险人罹患疾病或负伤时，无论各条就这些事项作何规定，被保险人所属家庭的户主、组合成员应缴纳部分负担金，并应向户主、组合成员给付第 43 条第 3 款、前条第 2 款所规定的差额、疗养费。

第 57 条之 2（高额疗养费）

1. 自因疗养给付所支付的部分负担金数额、疗养（饮食疗养及生活疗养除外。下一款亦同）所需费用数额中，扣除相当于所支付的疗养所需的保险外并用疗养费、疗养费、访问看护疗养费、特别疗养费的数额，或者相当于根据第 56 条第 2 款所规定给付的差额，扣除后所得的数额（下一条第 1 款简称"部分负担金等的数额"）过高时，市町村及组合应向户主或组合成员给付高额疗养费。不过，未获得疗养给付、保险外并用疗养费给付、疗养费给付、访问看护疗养费给付、特别疗养费给付、第 56 条第 2 款所规定的差额给付时，不在此限。

2. 高额疗养费的给付要件、给付数额、其他与高额疗养费给付相关的必要事项，应在考虑疗养所需必要费用对家庭经济产生的影响、疗养所需费用数额之后，由政令进行规定。

第 57 条之 3（高额护理总计疗养费）

1. 部分负担金等的数额（给付前条第 1 款的高额疗养费时，为扣除相当于给付数额之后的数额）、护理保险法第 51 条第 1 款所规定的护理服务使用人负担额（给付该款的高额护理服务费时，为扣除给付额后的数额）、该法第 61 条第 1 款所规定的护理预防服务使用人负担额（给付该款的高额护理预防服务费时，为扣除给付额后的数额）的总额过高时，市町村及组合应向户主或组合成员，给付高额护理总计疗养费。不过，在获得与部分负担金等相关的疗养给付、保险外并用疗养费给付、疗养费给付、访问看护疗养费给付、特别疗养费的给付、第 56 条第 2 款所规定的差额给付时，不在此限。

2. 前条第 2 款的规定，准用于高额护理总计疗养费的给付。

第二节 其他给付

第 58 条

1. 市町村及组合应按照条例或规约的规定，向生育及死亡的被保险人给付生育育儿一时金、丧葬费，或提供丧葬给付。不过，存在特殊理由时，市町村及组合无须提供全部或部分给付。

2. 市町村及组合除提供前款规定的保险给付外，还可按照条例或规约的规定，给付伤病津贴、提供其他保险给付。

3. 市町村及组合可将第 1 款中的保险给付、前款中的伤病津贴给付事务，委托至国民健康保险团体联合会或支付基金实施。

第三节 保险给付的限制

第 59 条

对于被保险人或作为被保险人的主体，在符合下列各项所规定的情形之一时，不得在此期间内提供疗养给付、住院时饮食疗养费、住院时生活疗养费、保险外并用疗养费、访问看护疗养费、特别疗养费、移送费（本节以下简称"疗养给付等给付"）的给付。

（1）被收容于少年院或其他类似场所。

（2）被拘禁于刑事场所、劳役场所以及其他类似场所。

第 60 条

被保险人因故意犯罪、故意染上疾病或负伤时，不得向其提供与疾病或负伤相关的疗养给付。

第 61 条

被保险人因打架斗殴、醉酒或其他明显不当行为而患病或负伤时，可无须向其提供全部或部分与疾病或负伤相关的疗养给付等给付。

第 62 条

被保险人或作为被保险人的主体，无正当理由而不遵守与疗养相关的指示时，市町村及组合可不提供部分疗养给付等给付。

第 63 条

被保险人、作为被保险人的主体、接受保险给付的主体，无正当理由而不遵守第66条所规定的命令、拒绝作出回复或接受诊断时，市町村及组合可不提供全部或部分疗养给付等给付。

第63条之2

1. 能够获得保险给付（包含第43条第3款、第56条第2款所规定的差额给付。以下亦同）的户主、组合成员迟延缴纳保险费，而且，在保险费缴纳期限届满后，在厚生劳动省令所规定的期限内仍未缴纳保险费时，除因灾害、政令所规定的其他特殊事由，导致迟延缴纳保险费外，市町村及组合应按照厚生劳动省令的规定，中止提供全部或部分保险给付。

2. 即便前款中厚生劳动省令所规定期间尚未经过，能够获得保险给付的户主或组合成员迟延缴纳保险费时，除因灾害、政令所规定的其他特殊事由，导致无法缴纳保险费外，市町村及组合可按照厚生劳动省令的规定，中止提供全部或部分保险给付。

3. 根据第9条第6款（包含第22条中准用的情形）的规定，针对受领被保险人资格证明书的户主或组合成员，中止提供前2款所规定的全部或部分保险给付后，仍未缴纳保险费时，市町村及组合可按照厚生劳动省令的规定，在提前向户主或组合成员进行通知之后，自中止的保险给付数额中，扣除户主或组合成员迟延缴纳的保险费。

第四节 其他规则

第64条（损害赔偿请求权）

1. 若给付事由因第三人行为而产生，在提供保险给付时，市町村及组合在给付的价额（保险给付为疗养给付时，应自疗养给付所需费用数额中，扣除被保险人应负担的与疗养给付相关的、相当于部分负担金的数额。下一条第1款亦同）范围内，取得被保险人对第三人享有的损害赔偿请求权。

2. 在前款所规定的场合下，应获得保险给付的主体，因同一事由自第三人处获得损害赔偿时，市町村及组合在获得的赔偿范围内，免于承担保险给付义务。

3. 市町村及组合因第1款的规定取得损害赔偿请求权时，可将与损害赔偿金收取相关的事务，委托至第45条第5款中厚生劳动省令规定的国民健康保险团体联合会实施。

第65条（不当得利的返还等）

1. 针对因欺诈或其他违法行为，而获得保险给付的主体，市町村及组合可要求该主体返还全部或部分给付价额。

2. 在前款所规定的场合下，在保险医疗机关从事诊疗的保险医生、健康保险法第 88 条第 1 款所规定的主治医生，在应向市町村或组合提交的诊断书上作虚假记载，导致提供保险给付时，市町村及组合可命令该保险医生、主治医生与获得保险给付的主体，对所承担的价额返还义务承担连带责任。

3. 保险医疗机关等主体、指定访问看护事业者，通过欺诈或其他违法行为，获得与疗养给付相关的费用给付、第 52 条第 3 款（包含第 52 条之 2 第 3 款、第 53 条第 3 款中准用的情形）、第 54 条之 2 第 5 款所规定的给付时，市町村及组合除可要求保险医疗机关等主体、指定访问看护事业者返还提出的给付价额外，还可要求其给付返还数额 40% 的价额。

4. 市町村按照前款的规定，要求保险医疗机关等主体、指定访问看护事业者承担给付价额返还义务及给付义务时，都道府县可自市町村处接受委托，采取广范围的必要应对措施或专业措施。

第 66 条（强制诊断等）

因保险给付而存在必要之时，市町村及组合可命令被保险人、作为被保险人的主体、获得保险给付的主体，提交或出示文件及其他物件，要求职员进行质问或诊断。

第 66 条之 2（与市町村保险给付相关的事务范围）

1. 市町村根据第 36 条第 1 款、第 43 条第 3 款、第 52 条第 1 款、第 52 条之 2 第 1 款、第 53 条第 1 款、第 54 条第 1 款及第 2 款、第 54 条之 2 第 1 款、第 54 条之 3 第 1 款、第 3 款及第 4 款、第 54 条之 4 第 1 款、第 55 条第 1 款、第 56 条第 2 款、第 57 条之 2 第 1 款、第 57 条之 3 第 1 款的规定，提供保险给付时，应向在市町村区域内拥有住所的主体提供保险给付。

2. 针对在市町村区域内拥有住所的主体，市町村应开展以下事务：第 42 条第 2 款、第 43 条第 1 款、第 44 条第 1 款、第 45 条第 3 款（包含第 52 条第 6 款、第 52 条之 2 第 3 款、第 53 条第 3 款、第 54 条之 3 第 2 款中准用的情形）、第 58 条第 1 款所规定的事务。

第 67 条（受领权的保护）

获得保险给付的权利，不得让与、设定担保、扣押。

第 68 条（税收及其他课征的禁止）

不得以作为保险给付所受领的金钱和物品为标准，收取税收、进行其他课征。

第五章 费用负担

第 69 条（国家的负担）

国家应按照政令的规定，向组合承担执行国民健康保险事务［与高龄者医疗确保相关法律规定的前期高龄者缴纳金等（以下简称"前期高龄者缴纳金等"）、该法所规定的后期高龄者帮助金等（以下简称"后期高龄者帮助金等"）、护理保险法所规定的缴纳金（以下简称"护理缴纳金"）的缴纳相关的事务］所需费用。

第 70 条

1. 为了实现都道府县等所提供国民健康保险财政的安定化，在缴纳以下费用时：都道府县内市町村所提供疗养给付、住院时饮食疗养费、住院时生活疗养费、保险外并用疗养费、疗养费、访问看护疗养费、特别疗养费、移送费、高额疗养费、高额护理总计疗养费给付所需费用（在第 73 条第 1 款、第 75 条之 2 第 1 款、第 76 条第 2 款、第 104 条中简称"疗养给付等给付所需费用"）、与都道府县开展的高龄者医疗确保相关法律规定的前期高龄者缴纳金（以下简称"前期高龄者缴纳金"）、该法所规定的后期高龄者帮助金（以下简称"后期高龄者帮助金"）、护理缴纳金所需费用，国家应按照政令的规定，负担下列各项所规定数额总额的 30%。

（1）自被保险人疗养给付所需费用数额中，扣除相当于与给付相关的部分负担金的数额，自住院时饮食疗养费、住院时生活疗养费、保险外并用疗养费、疗养费、访问看护疗养费、特别疗养费、移送费、高额疗养费、高额护理总计疗养费给付所需费用数额的总额中，扣除相当于第 72 条之 3 第 1 款所规定的转入额及第 72 条之 4 第 1 款所规定转入额总额的一半。

（2）因缴纳前期高龄者缴纳金、后期高龄者帮助金、护理缴纳金所需费用数额［若为与高龄者医疗确保相关法律所规定的前期高龄者交付金（以下简称"前期高龄者交付金"），则为扣除前期高龄者交付金后的数额］。

2. 根据第 43 条第 1 款的规定，减少部分负担金比例的市町村、都道府县、市町村，针对负担相当于全部或部分被保险人的全部或部分部分负担金数额的市町村所属都道府县，适用前款的规定时，该款第 1 项所规定的数额为，在减少部分负担金比例后或未能采取相当于部分负担金数额的全部或部分负担措施时，相当于按照政令的规定所计算出的该项所规定的数额。

3. 除第 1 款所作规定外，国家应按照政令的规定，针对被保险人的全部医疗给付所需费用数额，考虑到高额医疗给付所需费用比例等因素，就对国民健康保险财政产生显著影响的医疗给付，负担按照政令的规定所计算出数额以上的医疗给付所需费用总额（在第 72 条之 2 第 2 款中简称"高额医疗费负担对象额"）1/4 的数额。

第 71 条（国库负担金数额的减少）

1. 都道府县、都道府县内的市町村无法确保收入时，国家可按照政令的规定，减少前条所规定的对都道府县应负担的数额。

2. 根据前款的规定所减少的数额，不得超过无法确保的收入数额。

第 72 条（调整交付金等）

1. 针对都道府县等主体提供的国民健康保险，国家应考虑都道府县及都道府县内市町村的财政状况及其他情况后，采取财政调整措施，按照政令的规定向都道府县交付调整交付金。

2. 前款所规定的调整交付金总额，为下列各项所规定数额的总额。

（1）相当于第 70 条第 1 款第 1 项所规定数额（适用该条第 2 款的规定时，为适用该款的规定所计算出的数额）及该条第 1 款第 2 项所规定数额总额的预估额（下一条第 1 款简称"计算对象额"）9% 的数额。

（2）相当于第 72 条之 3 第 1 款所规定的转入金及第 72 条之 4 第 1 款所规定的转入金总额 1/4 的数额。

3. 除第 1 款所作规定外，为维持和增进被保险人的健康水平、提升医疗效率、促使医疗所需费用合理化，而在都道府县、都道府县内市町村采取措施时提供帮助，国家应按照政令的规定，在预算范围内向都道府县交付交付金。

第 72 条之 2（转入都道府县的特别会计）

1. 为了都道府县等所提供国民健康保险财政的安定化，按照都道府县内市町村财政状况、其他情况对财政进行调整，都道府县应按照政令的规定，将一般会计中相当于计算对象额的 9% 的数额，转入都道府县内国民健康保险的特别会计。

2. 除前款所作规定外，都道府县应按照政令的规定，将一般会计中相当于高额医疗费负担对象额 1/4 的数额，转入都道府县内国民健康保险的特别会计。

第 72 条之 3（向市町村特别会计的转入等）

1. 针对收入所得较少的主体，市町村应以按照条例的规定所减少课征的保险费数额、地方税法第 703 条之 5 所规定的基于国民健康保险税所减少数额的被保险人保险费、针对该法所规定的国民健康保险税所减少数额的总额为基础，考虑到国民健康保险财政状况、其他情况，按照政令的规定，将所计算出的数额自一般会计中转入市町村内国民健康保险特别会计。

2. 都道府县应按照政令的规定，负担相当于前款所规定转入金 3/4 的数额。

第 72 条之 4

1. 除基于前条第 1 款的规定而转入的金额外，市町村应按照政令的规定，考虑到收入所得较少的主体数量、国民健康保险财政状况、其他情况，按照政令的规定，将计算出的数额转入市町村的国民健康保险特别会计中。

2. 国家应按照政令的规定，负担相当于前款所规定转入金 1/2 的数额。

3. 都道府县应按照政令的规定，负担相当于第 1 款所规定转入金 1/4 的数额。

第 72 条之 5（特定健康诊查等所需费用的负担）

1. 国家应按照政令的规定，向都道府县负担下列费用：都道府县内市町村所提供与高龄者医疗确保相关法律第 20 条规定的特定健康诊查、该法第 24 条所规定的特定保健指导（第 82 条第 1 款、第 86 条中简称"特定健康诊查等"）所需费用中，政令所规定费用数额（下一款简称"特定健康诊查等费用数额"）的 1/3。

2. 都道府县应按照政令的规定，将一般会计中相当于特定健康诊查等费用数额 1/3 的数额，转入都道府县内的国民健康保险特别会计中。

第 73 条（对组合的补助）

1. 针对疗养给付等给付所需费用、前期高龄者缴纳金、后期高龄者帮助金、护理缴纳金的缴纳所需费用，国家可按照政令的规定，在下列各项分别规定数额的总额范围内向组合提供补助。

（1）考虑到组合的财政情况，将以下所列举数额的总额，乘以政令在13%—32%范围内所规定的比例，所得到的数额。

第一，自疗养给付所需费用数额中，扣除相当于给付的部分负担金数额，自住院时饮食疗养费、住院时生活疗养费、保险外并用疗养费、疗养费、访问看护疗养费、特别疗养费、移送费、高额疗养费、高额护理总计疗养费所需费用数额的总额中，扣除按照政令的规定，针对组合特定被保险人（指的是获得健康保险法第3条第1款第8项、该条第2款但书所规定的承认，并未成为该法的被保险人而是组合的被保险人且属于组合被保险人家庭的被保险人。第二亦同）所计算出的数额（本条以下简称"特定给付额"）。

第二，自前期高龄者缴纳金、后期高龄者帮助金、护理缴纳金的缴纳所需费用数额（存在前期高龄者交付金时，指的是扣除前期高龄者交付金后的数额）中，扣除按照政令的规定，针对组合特定被保险人所计算出的费用数额（本条以下简称"特定缴纳费用额"）。

（2）特定给付额、特定缴纳费用额，分别乘以特定比例所得数额的总额。

2. 考虑到国家针对健康保险法中健康保险事业所需费用（包含前期高龄者缴纳金、后期高龄者帮助金、护理缴纳金的缴纳所需费用）提供补助的比例、组合的财政力量，针对特定给付额、特定缴纳费用额，应分别按照政令的规定，确定前款第2项中的特定比例，此项比例应低于32%。

3. 在根据第43条第1款减少部分负担金比例的组合、全部或部分组合成员中，针对负担相当于全部或部分的部分负担金数额的组合，在适用第1款的规定时，该款第1项第一中所列举的数额、特定给付数额为，未采取减少部分负担金比例、负担相当于全部或部分部分负担金数额的措施时，按照政令的规定，所计算出的该项第一所列举的数额及特定给付额。

4. 国家在按照第1款的规定提供补助时，可按照政令的规定，考虑到组合财政力量等因素后，增加该款所规定的补助数额。

5. 根据前款的规定，能够增加的补助数额总额，为第1款第1项第一所列举数额、特定给付额（对这些数额适用第3款的规定时，为适用该款的规定所计算出的数额)、该项第二所列举的数额、特定缴纳费用额总额预估额的 15.4%。

第 74 条（国家的补助）

除第 69 条、第 70 条、第 72 条、第 72 条之 4 第 2 款、第 72 条之 5 第 1 款、前条所作规定外，国家可在预算范围内，针对保健师所需费用的 1/3、国民健康保险事业所需部分费用，提供补助。

第 75 条（都道府县及市町村提供补助、贷款）

除第 72 条之 3 第 2 款、第 72 条之 4 第 3 款所作规定外，针对国民健康保险事业所需费用（包含前期高龄者缴纳金等、后期高龄者帮助金等、护理缴纳金的缴纳所需费用），都道府县及市町村可交付补助金或提供贷款。

第 75 条之 2（国民健康保险保险给付费等交付金）

1. 为了顺利提供保险给付、开展其他国民健康保险事业、按照都道府县内市町村的财政状况及其他情况对财政进行调整，针对市町村内国民健康保险特别会计中所负担的疗养给付等给付所需费用、国民健康保险事业所需其他费用，都道府县应按照政令及条例的规定，向都道府县内市町村交付国民健康保险保险给付费等交付金。

2. 前款所规定的国民健康保险保险给付费等交付金的交付，应在致力于确保与都道府县国民健康保险运营方针协调性的基础之上进行。

第 75 条之 3

基于广范围或医疗专业视角，为确保都道府县内市町村顺利提供保险给付，并交付国民健康保险保险给付费等交付金，都道府县可按照厚生劳动省令的规定，请求都道府县内市町村提供与下列请求或事项相关的信息：保险医疗机关等主体根据第 45 条第 4 款（包含第 52 条第 6 款、第 52 条之 2 第 3 款、第 53 条第 3 款中准用的情形）的规定提出的请求，指定访问看护事业者根据第 54 条之 2 第 9 款的规定提出的请求，对市町村所提供的其他保险给付的审查及保险给付［市町村将与保险给付相关的事务，委托至国民健康保险团体联合会或支付基金实施时（下一条简称"事务委托的场合"），包含与被委托事务相关的由国民健康保险团体联合会、支付基金知晓的信息］。

第 75 条之 4

1. 都道府县内市町村在提供保险给付时，若违反本法及其他相关法令的规定、存在实施违法行为的可能性，都道府县可附上理由，要求对市町村（包含在事务委托的场合之下，接受委托的国民健康保险团体联合会或支付基金）所提供的保险给付进行再度审查。

2. 市町村、国民健康保险团体联合会、支付基金，在收到前款所规定的再度审查请求（以下简称"再度审查请求"）时，应对相关的保险给付进行再度审查，并将结果向都道府县知事作出报告。

第 75 条之 5

1. 即使提出再度审查请求，若市町村未撤销与再度审查请求相关的全部或部分保险给付，在提供保险给付时违反本法及其他关系法令的规定、曾实施违法行为〔第 87 条第 1 款所规定的国民健康保险诊疗报酬审查委员会［根据第 45 条第 6 款的规定，国民健康保险团体联合会，将与诊疗报酬请求书审查相关的事务，委托至该款所规定的厚生劳动大臣指定的法人（以下简称"指定法人"）时，包含对诊疗报酬请求书进行审查的主体］、社会保险诊疗报酬支付基金法第 16 条第 1 款所规定的审查委员会、该法第 21 条第 1 款所规定的特别审查委员会，开展与再度审查请求相关的审查时除外〕，都道府县可劝告市町村撤销全部或部分保险给付。

2. 都道府县在提出前款所规定的劝告时，应事先听取市町村的意见。

第 75 条之 6

即使都道府县根据前条第 1 款的规定，劝告市町村撤销全部或部分保险给付，若市町村未遵循劝告，都道府县在交付国民健康保险保险给付费等交付金时，可按照政令的规定，自国民健康保险保险给付费等交付金中，扣除相当于保险给付（限于与劝告相关的部分）的数额。

第 75 条之 7（国民健康保险事业费缴纳金的收取及缴纳义务）

1. 为筹足都道府县的国民健康保险特别会计所负担的国民健康保险保险给付费等交付金的交付所需费用、国民健康保险事业所需其他费用（包含前期高龄者缴纳金等、后期高龄者帮助金等、护理缴纳金的缴纳所需费用），都道府县应根据政令及条例的规定，每年度（指的是每年的 4 月 1 日至次年的 3 月 31 日）向都道府县内的市町村，收取国民健康保险事业费缴纳金。

2. 市町村应缴纳前款所规定的国民健康保险事业费缴纳金。

第 76 条（保险费）

1. 为了筹足市町村内国民健康保险特别会计所负担的国民健康保险

事业费缴纳金的缴纳所需费用（包含市町村所属都道府县内国民健康保险特别会计所负担的前期高龄者缴纳金等、后期高龄者帮助金等、护理缴纳金的缴纳所需费用。以下亦同）、财政安定化基金互助金的缴纳所需费用、国民健康保险事业所需其他费用，市町村应自被保险人所属家庭的户主（限于在市町村区域内拥有住所的户主），收取保险费。不过，按照地方税法的规定收取国民健康保险税时，不在此限。

2. 为了筹足疗养给付等给付所需费用、国民健康保险事业所需其他费用（包含前期高龄者缴纳金等、后期高龄者帮助金等、护理缴纳金的缴纳所需费用。为健康保险法第 179 条所规定的组合时，包含该法所规定的短期雇佣互助金的缴纳所需费用），组合应向组合成员收取保险费。

3. 前 2 款所规定的保险费中，为了筹足护理缴纳金的缴纳所需费用而收取的保险费，应向护理保险法第 9 条第 2 项所规定的被保险人课征。

第 76 条之 2（课征日期）

市町村课征前条第 1 款所规定保险费的日期，为该年度的第 1 日。

第 76 条之 3（保险费的收取方法）

1. 市町村在收取第 76 条第 1 款的保险费时，除采取特别收取［指的是，市町村向获得老龄等年金给付的、作为被保险人的户主（政令所规定的户主除外）收取保险费，并要求其向支付老龄等年金的主体给付保险费。以下亦同］方法外，还应采取普通收取［指的是，根据地方自治法（1947 年法律第 67 号）第 231 条的规定，向户主作出缴纳的通知并收取保险费。以下亦同］方法。

2. 前款中的老龄等年金给付指的是，国民年金法所规定的老龄基础年金，该法以及厚生年金法（1954 年法律第 115 号）所规定的以老龄、残疾、死亡为给付事由的政令中的年金给付，政令规定的以老龄、退休、残疾、死亡为给付事由的类似于这些年金给付的年金给付。

第 76 条之 4（护理保险法的准用）

护理保险法第 134 条至第 141 条之 2 的规定，准用于根据前条规定通过特别收取方法对保险费进行收取。此时，这些规定中必要的文字变更，由政令进行规定。

第 77 条（保险费的减免等）

市町村及组合，可按照条例或规约的规定，针对存在特殊事由的主体减免保险费，或推迟收取保险费。

第 78 条（地方税法的准用）

地方税法第 9 条、第 13 条之 2、第 20 条、第 20 条之 2、第 20 条之 4 的规定，准用于保险费及本法所规定的其他收取金（附则第 10 条第 1 款所规定的互助金除外。第 91 条第 1 款亦同）

第 79 条（督促及迟延金的收取）

1. 针对迟延缴纳保险费、本法所规定的其他收取金的主体，组合可督促其在指定期限内缴纳。不过，根据前条中准用的地方税法第 13 条之 2 第 1 款的规定提前收取时，不在此限。

2. 准备根据前款的规定进行督促时，组合应向负有缴纳义务的主体发出督促状。此时，除符合地方税法第 13 条之 2 第 1 款各项所规定情形之一外，督促状指定的期限自发出督促状之日起应在 10 日以上。

3. 根据前款的规定进行督促时，组合可按照规约的规定收取迟延金。

第 79 条之 2（迟延处分）

市町村所收取的保险费、本法所规定的其他收取金，为地方自治法第 231 条之 3 第 3 款所规定的法律中的收入。

第 80 条

1. 受到第 79 条所规定督促的缴纳义务人，因地方税法第 13 条之 2 第 1 款各项的规定，收到提前收取通知的缴纳义务人，指定期限届满后仍未完全缴纳收取金时，组合可在获得都道府县知事的许可后作出处分，或请求缴纳义务人住所地及财产所在地的市町村作出处分。

2. 组合根据前款的规定作出处分时，准用地方自治法第 231 条之 3 第 3 款前段、第 11 款的规定。

3. 根据第 1 款的规定，组合请求市町村作出处分时，市町村应准用收取保险费的规则，作出处分。此时，组合应将相当于收取金 4% 的金额交付至市町村。

4. 保险费、按照本法的规定组合收取的其他收取金的优先权顺位，劣后于国税及地方税。

第 80 条之 2（保险费收取的委托）

仅限于在能够确保收入、增进被保险人便利时，市町村可按照政令的规定，将通过普通收取方法收取保险费的事务委托至私人实施。

第 81 条（对条例或规约的委任）

除第 76 条至前条所作规定外，课征数额、保险费比率、缴纳期限、减少课征数额、与保险费的课征及收取相关的其他事项，应遵从政令确定的基准，由条例或规约进行规定。

第 81 条之 2（财政安定化基金）

1. 为了实现国民健康保险财政的安定化，都道府县应设置财政安定化基金，以筹足下列事业的必要费用。

（1）针对都道府县内收取费用不足的市町村，以基金事业对象保险费收取额与基金事业对象保险费必要额之间的差额为基础，考虑到都道府县内市町村的保险费收取状况等因素，在按照政令的规定所计算出数额范围内开展贷款的事业。

（2）基金事业对象保险费收取额少于基金事业对象保险费必要额时，针对都道府县内收取费用不足的、被认定存在特别事由的市町村，按照政令的规定，以基金事业对象保险费收取额与基金事业对象保险费必要额之间的差额为基础，考虑到都道府县内市町村的保险费收取状况等因素，在按照政令的规定所计算出数额的 1/2 范围内开展交付资金的事业。

2. 在基金事业对象收入额未达到基金事业对象费用额时，都道府县应按照政令的规定，以不足的数额为基础，考虑到都道府县内市町村所提供的保险给付等状况，在按照政令的规定所计算出的数额范围内，取消财政安定化基金，将相当于不足的数额转入都道府县的国民健康保险的特别会计中。

3. 根据前款的规定，都道府县取消财政安定化基金时，应按照政令的规定，将相当于取消数额的金额转入财政安定化基金中。

4. 为筹措财政安定化基金，都道府县应按照政令的规定，向都道府县内的市町村收取财政安定化基金互助金。

5. 市町村应按照前款的规定，缴纳财政安定化基金互助金。

6. 都道府县应按照政令，根据第 4 款的规定，将自都道府县内市町村收取的财政安定化基金互助金总额 3 倍的金额，转入财政安定化基金中。

7. 国家应按照政令的规定，负担相当于都道府县根据前款的规定所转入金额 1/3 的数额。

8. 自财政安定化基金所产生的收入，应全部作为财政安定化基金。

9. 本条中用语的意义，按照下列各项予以确定。

（1）收取费用不足的市町村，为基金事业对象保险费收取额未达到基金事业对象保险费必要额的市町村。

（2）基金事业对象保险费收取额，指的是市町村在当年度所收取的保险费数额中，根据政令的规定，所计算出的已筹措的国民健康保险事业费缴纳金的缴纳所需费用数额、财政安定化基金互助金的缴纳所需费用数额、向开展第1款第1项所列举事业的都道府县偿还借入金（下一项简称"财政安定化基金事业借入金"）所需费用数额、政令所规定的其他费用数额。

（3）基金事业对象保险费必要额，指的是市町村在当年度所收取的必要保险费数额中，为了筹措国民健康保险事业费缴纳金的缴纳所需费用数额、财政安定化基金互助金的缴纳所需费用数额、偿还财政安定化基金事业借入金所需要费用数额、政令所规定的其他费用数额，根据政令的规定所计算出的数额。

（4）基金事业对象收入额，指的是在都道府县国民健康保险的特别会计中，在当年度内所取得的收入额（根据第2款的规定转入的数额除外）的总额中，针对自都道府县内市町村所提供的疗养给付所需费用数额中，扣除相当于与给付相关的部分负担金的数额，得到某一数额，计算此项数额与都道府县内市町村的住院时饮食疗养费、住院时生活疗养费、保险外并用疗养费、疗养费、访问看护疗养费、特别疗养费、移送费、高额疗养费、高额护理总计疗养费的给付所需费用数额的总额（下一项简称"疗养给付等所需费用数额"）、特别高额医疗费共同事业互助金、前期高龄者缴纳金等、后期高龄者帮助金等、护理缴纳金的缴纳所需费用数额、第3款所规定的转入金及第6款所规定的转入金（下一项简称"财政安定化基金转入金"）所需费用数额、政令所规定的其他费用数额，按照政令的规定所计算出的筹措这些费用所需数额。

（5）基金事业对象费用额，指的是在都道府县国民健康保险特别会计中，按照政令的规定所计算出的，在当年度内所负担的国民健康保险保险给付费等交付金的交付所需费用数额（限于与疗养给付等所需费用数额相关的部分）、特别高额医疗费共同事业互助金、前期高龄者缴纳金等、后期高龄者帮助金等、护理缴纳金的缴纳所需费用数额、第3款所规定的转入金及财政安定化基金转入金的转入所需费用数额、政令所规定的其他费用数额的总额。

第81条之3（特别高额医疗费共同事业）

1. 为了缓和医疗给付所需过高费用对国民健康保险财政所造成的影

响,指定法人应按照政令的规定,实施向都道府县交付医疗给付所需过高交付金的事业(本条以下简称"特别高额医疗费共同事业")。

2. 为了筹措特别高额医疗费共同事业所需费用,指定法人应按照政令的规定,向都道府县收取特别高额医疗费共同事业互助金。

3. 都道府县应按照前款的规定,缴纳特别高额医疗费共同事业互助金。

4. 针对第2款所规定的特别高额医疗费共同事业互助金(与特别高额医疗费共同事业的事务处理所需费用相关的部分除外)的缴纳所需费用,国家应按照政令的规定,在预算的范围内负担部分费用。

第六章　保健事业

第82条

1. 市町村及组合除开展特定健康诊查等之外,还应致力于向被保险人提供与健康教育、健康咨询、健康诊查、健康管理、疾病预防相关的帮助服务,实施为维持、增进被保险人的健康所必要的事业。

2. 市町村及组合,在开展前款所规定的事业时,应使用与高龄者医疗确保相关法律第16条第1款所规定的医疗保险等关联信息,并有效地予以合理使用。

3. 根据第1款的规定,在市町村为维持、增进被保险人的健康而开展的必要事业中,按照高龄者身心特殊情况开展事业时,应致力于一体实施与高龄者医疗确保相关法律第125条第1款所规定的高龄者保健事业、护理保险法第115条之45第1—3款所规定的区域帮助事业。

4. 市町村认为有必要按照高龄者身心特殊情况开展相关事业时,可要求其他市町村、后期高龄者医疗广域联合(指的是与高龄者医疗确保相关法律第48条所规定的后期高龄者医疗广域联合。下一款亦同),提供本法所规定的与被保险人疗养相关的信息、与高龄者医疗确保相关法律所规定的疗养信息、与该法第125条第1款所规定的健康诊查及保健指导相关的记录、与该法第18条第1款所规定的特定健康诊查及特定保健指导相关的记录、与护理保险法所规定的保健医疗服务或福祉服务相关的信息、厚生劳动省令所规定的根据高龄者的身心状况为高效开展相关事业所必需的信息。

5. 根据前款的规定，被要求提供信息或记录的市町村、后期高龄者医疗广域联合，应按照厚生劳动省令的规定，提供信息或者记录。

6. 根据第 3 款的规定，市町村按照高龄者的身心状况开展事业时，除按照前款的规定提供信息及记录外，还可使用自己所获得的与被保险人疗养相关的信息，与高龄者医疗确保相关法律第 18 条第 1 款所规定的特定健康诊查、特定健康指导的记录、与护理保险法所规定的保健医疗服务或福祉服务相关的信息。

7. 市町村及组合可开展被保险人疗养所必需的工具出借事业、改善被保险人疗养环境所必需的事业、提供保险给付所必需的事业、因被保险人疗养及生育费用所必需的资金借贷事业以及其他事业。

8. 只要对开展第 1 款及前款所规定的事业时不存在障碍，组合即可要求作为并非被保险人的主体，使用这些事业对应的服务。

9. 为了市町村及组合能够根据第 1 款的规定，高效开展维持、增进被保险人健康的必要事业，厚生劳动大臣应公布相关方针、提供信息，采取其他必要帮助措施。

10. 前款的方针，应与健康增进法（2002 年法律第 103 号）第 9 条第 1 款所规定的健康诊查等方针保持协调。

11. 为了市町村及组合能够根据第 1 款的规定，高效开展维持、增进被保险人健康的必要事业，都道府县应致力于在关系市町村之间进行必要的联系、沟通，派遣具有专业技能及知识的主体，提供信息，采取其他必要帮助措施。

12. 为了市町村能够根据第 1 款的规定开展维持、增进被保险人健康的必要事业，都道府县可按照厚生劳动省令的规定，请求都道府县内的市町村提供与被保险人有关的下列信息。

（1）与保险医疗机关等主体根据第 45 条第 4 款（包含第 52 条第 6 款、第 52 条之 2 第 3 款、第 53 条第 3 款中准用的情形）的规定所提出请求、指定访问看护事业者根据第 54 条之 2 第 9 款的规定所提出请求、市町村所提供保险给付及其审查相关的信息（市町村将与保险给付相关的事务委托至国民健康保险团体联合会、支付基金实施时，包含与被委托事务相关的由国民健康保险团体联合会或支付基金知晓的信息）。

（2）与高龄者医疗确保相关法律第 18 条第 1 款所规定的、涉及都道府县内市町村开展的特定健康诊查的记录，厚生劳动省令所规定的其他信息。

第六章之二　国民健康保险运营方针等

第 82 条之 2（都道府县国民健康保险运营方针）

1. 为了都道府县等主体所提供国民健康保险的财政能够稳健运营，广泛且高效地推进都道府县内市町村的国民健康保险事业的运行，都道府县应制定与都道府县及都道府县内市町村所开展国民健康保险事业运营相关的方针（以下简称"都道府县国民健康保险运营方针"）。

2. 都道府县国民健康保险运营方针，应对下列事项作出规定。

（1）国民健康保险医疗所需费用及财政预算。

（2）都道府县内市町村的保险费的标准计算方法。

（3）为顺利收取都道府县内市町村的保险费而采取的措施。

（4）为都道府县内市町村能够顺利提供保险给付而采取的措施。

3. 都道府县国民健康保险运营方针除就前款中的事项作出规定外，一般而言，还应就下列事项作出规定。

（1）为医疗所需费用合理化所采取的措施。

（2）为了都道府县内市町村能够广泛且高效地推进国民健康保险事业而采取的措施。

（3）与协同推进保健医疗服务措施、福祉服务措施、其他关联措施相关的事项。

（4）为了实施前款各项（第 1 项除外）、前 3 项所列举的事项，而在关系市町村之间进行必要联系、沟通，与开展必要联系、沟通相关的事项，以及都道府县认为存在必要的其他事项。

4. 按照厚生劳动省令的规定，考虑到被保险人的数量、年龄层的分布状况、其他因素后，都道府县内市町村中医疗所需费用数额仍然过高时，在所制定的都道府县国民健康保险运营方针中，都道府县应致力于就促使医疗所需费用合理化所采取的必要措施作出规定。

5. 都道府县国民健康保险运营方针，应保证与高龄者医疗确保相关法律第 9 条第 1 款所规定的都道府县医疗费用合理化计划之间的协调。

6. 都道府县在准备制定或变更都道府县国民健康保险运营方针时，

应事先听取都道府县内市町村的意见。

7. 都道府县制定或变更都道府县国民健康保险运营方针后,应致力于毫不迟延地予以公布。

8. 市町村应致力于实施以都道府县国民健康保险运营方针为基础的国民健康保险事务。

9. 存在必要制定都道府县国民健康保险运营方针、实施都道府县国民健康保险运营方针中所规定的措施时,都道府县可要求国民健康保险团体联合会以及其他的关系人提供必要协助。

第82条之3（标准保险费率）

1. 都道府县每年度应按照厚生劳动省令的规定,计算都道府县内每个市町村的保险费率的标准数值（第3款中简称"市町村标准保险费率"）。

2. 都道府县每年度应按照厚生劳动省令的规定,计算都道府县内全部市町村的保险费率的标准数值（下一款简称"都道府县标准保险费率"）。

3. 都道府县在计算市町村标准保险费率及都道府县标准保险费率（本条以下简称"标准保险费率"）时,应按照厚生劳动省令的规定,将标准保险费率向都道府县内的市町村作出通知。

4. 在前款所规定的场合下,都道府县应致力于按照厚生劳动省令的规定,毫不迟延地将标准保险费率予以公布。

第七章　国民健康保险团体联合会

第83条（设立、人格及名称）

1. 都道府县、市町村、组合为了共同达成目的,可设立国民健康保险团体联合会（以下简称"联合会"）。

2. 联合会为法人。

3. 联合会应在名称中使用"国民健康保险团体联合会"的字样。

4. 并非联合会的主体,不得使用"国民健康保险团体联合会"的名称或者类似的名称。

第84条（设立的许可等）

1. 准备设立联合会之时,应获得管辖包含联合会所处区域的都道府县的都道府县知事的许可。

2. 联合会自获得设立许可时成立。

3. 联合会所处区域内的都道府县、市町村、组合的 2/3 以上加入位于都道府县区域的联合会时，区域内的其他都道府县、市町村、组合全部成为联合会的会员。

第 85 条（规约的记载事项）

联合会的规约，应记载下列各项所列举事项。

(1) 事业。

(2) 名称。

(3) 事务所的所在地。

(4) 联合会的区域。

(5) 与会员加入及退出相关的事项。

(6) 与经费分担相关的事项。

(7) 与业务执行及会计相关的事项。

(8) 与管理人员相关的事项。

(9) 与会员大会或代议员会议相关的事项。

(10) 与准备金及其他财产相关的事项。

(11) 公告方法。

(12) 由厚生劳动省令所规定的其他事项。

第 85 条之 2（业务运营的基本理念）

联合会应致力于保障诊疗报酬请求书审查的公正性、中立性，通过对诊疗报酬请求书信息等的分析（指的是下一条第 3 款规定的业务），提升国民保健医疗水平，增进国民福祉，运用信息通信技术提高业务运营的效率，确保业务运营的透明性，促使医疗保险制度稳定、高效运营，与此同时，还应致力于同支付基金开展密切合作，为诊疗报酬的合理请求提供帮助，并采取其他必要措施。

第 85 条之 3（业务）

1. 根据第 45 条第 5 款（包含第 52 条第 6 款、第 52 条之 2 第 3 款、第 53 条第 3 款、第 54 条之 2 第 12 款中准用的情形）的规定，联合会自市町村及组合处接受委托，对疗养给付所需费用、住院时饮食疗养费、住院时生活疗养费、保险外并用疗养费、访问看护疗养费的请求进行审查，提出给付。

2. 联合会除开展前款所规定的业务外，为了国民健康保险事业的顺利运营，还可实施下列业务。

（1）根据第 58 条第 3 款的规定，接受市町村及组合的委托，开展该条第 1 款的保险给付、该条第 2 款的伤病津贴给付事务。

（2）根据第 64 条第 3 款的规定，接受市町村及组合的委托，开展向第三人收取损害赔偿金的事务。

（3）前 2 项业务的附带业务。

（4）除前 3 项所作规定外，开展为了国民健康保险事业顺利运营的事业。

3. 除前 2 款所规定业务外，联合会还可实施下列事务：收集与诊疗报酬请求书、特定健康诊查等（指的是高龄者医疗确保相关法律第 18 条第 2 款第 1 项所规定的特定健康诊查等）的记录相关的信息，为了提升国民保健医疗水平、增进国民福祉而收集必要信息，对这些信息进行整理并分析，得出结论，对结论进行合理使用。

4. 除依据本法及其他法令的规定开展相关业务外，在对业务的实施不产生障碍的范围内，联合会还可实施下列业务。

（1）接受国家、都道府县、市町村、法人及其他团体的委托，开展与保健、医疗及福祉相关的业务。

（2）前项所规定业务的附带业务。

第 86 条（准用规定）

第 16 条、第 23—25 条、第 26 条第 1 款、第 27—35 条、第 82 条（与特定健康诊查等相关的部分、该条第 3—6 款、第 11 款、第 12 款除外）的规定，准用于联合会。此时，这些规定中的"组合成员"变更为"能够代表作为会员的都道府县、市町村、组合的主体"，"组合会议"变更为"会员大会或代议员会议"，"组合会议员"变更为"会员大会或代议员会议的议员"。

第八章　诊疗报酬审查委员会

第 87 条（审查委员会）

1. 获得第 45 条第 5 款所规定的委托，而对诊疗报酬请求书进行审查，为开展审查事务，应在位于都道府县区域内的联合会（加入联合会的联合会所处区域内的都道府县、市町村、组合未达到 2/3 以上时除外），设置国民健康保险诊疗报酬审查委员会（以下简称"审查委员会"）。

2. 在对实施前款所规定的事务不存在障碍的范围内，若联合会根据健康保险法第 76 条第 5 款的规定，获得委托以实施诊疗报酬请求书审查事务，联合会可将其交由审查委员会实施。

第 88 条（审查委员会的组织）

1. 审查委员会由代表都道府县知事所确定的保险医生、保险药剂师的委员，代表都道府县、都道府县内的市町村、组合（以下简称"保险人"）的委员，代表公益的委员组成。

2. 委员由都道府县知事委任，代表保险医生、保险药剂师的委员，与代表保险人的委员数量相同。

3. 应分别根据关系团体的推荐，按照前款的规定委任代表保险医生、保险药剂师的委员，代表保险人的委员。

第 89 条（审查委员会的权限）

1. 为了对诊疗报酬请求书进行审查而存在必要时，审查委员会可在得到都道府县的承认后，命令保险医疗机关等主体、开展指定访问看护事业的事业所，提交或出示报告、诊疗记录、其他账簿文件，要求保险医疗机关等的开设者或管理者、指定访问看护事业者、在保险医疗机关等主体处承担疗养工作的保险医生、保险药剂师，出席并进行说明。

2. 根据前款的规定应审查委员会要求出席的主体的旅费、每日津贴、住宿费，应由联合会进行支付。不过，保险医疗机关等主体、实施指定访问看护事业的事业所，因提交的诊疗报酬请求书、诊疗记录、其他账簿文件的记载并不完备或存在不合理之处而被要求出席时，不在此限。

第 90 条（对省令的委任）

除本章所作规定外，与审查委员会相关的必要事项，由厚生劳动省令进行规定。

第九章　审查请求

第 91 条（审查请求）

1. 对与保险给付相关的处分（包含与被保险人证明交付的请求或返

还相关的处分)、与保险费或本法所规定的其他收取金相关的处分不服的主体,可请求国民健康保险审查会进行审查。

2. 在提出前款的审查请求时,时效的中断及重新起算,视为已经提出裁判上的请求。

第 92 条(审查会的设置)

国民健康保险审查会(以下简称"审查会")设置于各都道府县。

第 93 条(组织)

1. 审查会由代表被保险人的委员、代表保险人的委员及代表公益的委员 3 人组成。

2. 委员一职由他人兼任。

第 94 条(委员的任期)

1. 委员的任期为 3 年。不过,候补委员的任期为前任委员的剩余任期。

2. 委员可被再次委任。

第 95 条(会长)

1. 在审查会中,应由委员自代表公益的委员中选举 1 人为会长。

2. 会长遭遇事故时,按照前款的规定被选举的主体应代行会长职务。

第 96 条(委员人员数量)

审查会召开会议、通过决议时,代表被保险人的委员、代表保险人的委员、代表公益的委员各自至少有 1 人出席,此外,出席会议的人员数量应超过委员数量的 1/2。

第 97 条(表决)

审查会的议事,应经过出席会议委员的过半数表决通过,赞成与否决的人数相同时,由会长作出决定。

第 98 条(管辖审查会)

1. 请求审查时,应向作出处分的市町村或组合(对于第 80 条第 3 款所规定的处分,为作出处分的市町村)所在地的都道府县的审查会提出。

2. 审查请求存在管辖错误时,审查会应毫不迟延地将案件移送至有权管辖的审查会,并且向审查请求人作出通知。

3. 案件被移送后,视为自始将审查请求向接受移送的审查会提出。

第 99 条(审查请求的期间及方式)

自知晓作出处分之日的次日起 3 个月以内,应以书面或者口头的形式提出审查请求。不过，如果有初步证据表明，存在正当理由而无法在此期间提出审查请求时，不在此限。

第 100 条 （对市町村或组合的通知）

在提出审查请求后，除根据行政不服审查法（2014 年法律第 68 号）第 24 条的规定驳回审查请求之外，审查会还应向作出原处分的市町村、组合及其他利害关系人作出通知。

第 101 条 （为了审理而采取的处分措施）

1. 为了审理而存在必要之时，审查会可要求审查请求人、关系人提交报告或出具意见，命令其出席并进行审问，要求医生、牙科医生进行诊断或检查。

2. 根据前款的规定出席审查会的关系人、进行诊断或检查的医生及牙科医生所产生的旅费、每日津贴、住宿费、报酬，应由都道府县按照政令的规定提出给付。

第 102 条 （对政令的委任）

除本章及行政不服审查法所作规定外，与审查会及审查请求程序相关的必要事项，由政令进行规定。

第 103 条 （审查请求与诉讼的关系）

第 91 条第 1 款所规定的处分撤销之诉，应在作出对处分的审查裁决后提起。

第九章之二　　与保健事业等相关的帮助等

第 104 条 （与保健事业等相关的帮助等）

为了稳定运营国民健康保险事业，联合会及指定法人除应实施下列事务外：与市町村所开展的第 82 条第 1 款及第 7 款所规定的事业、为了疗养给付等给付所需费用的合理化而开展的事业及其他事业（本条以下简称"保健事业等"）相关的调查研究，为了保健事业等的实施而在相关的市町村之间进行联系、沟通，还应致力于派遣拥有专业技术及知识的主体，提供相关信息，对保健事业等的实施状况进行分析、评价，提供其他必要帮助。

第 105 条 （国家及地方公共团体的措施）

为了联合会及指定法人能够根据前条的规定推进所开展的事业，国家及地方公共团体应致力于提供必要建议、信息,并采取其他措施。

第十章 监督

第 106 条(报告的收取等)

1. 存在必要之时,下列各项所列举的主体,可向下列各项所规定的主体收取与事业及财产状况相关的报告,要求职员实地进行检查。

(1) 厚生劳动大臣可向都道府县、市町村、组合、联合会,收取与事业及财产状况相关的报告,要求职员实地进行检查。

(2) 都道府县知事可向都道府县知事管辖的都道府县区域内的市町村、组合、联合会,收取与事业及财产状况相关的报告,要求职员实地进行检查。

2. 根据前款的规定进行检查时,职员应携带身份证明,在关系人提出请求时,还应出示身份证明。

3. 第 1 款所规定的权限,不能被解释为用于犯罪搜查。

第 107 条(事业状况的报告)

下列各项所列举的主体,应按照厚生劳动省令的规定,就事业状况向各项所规定的主体提交报告。

(1) 都道府县应向厚生劳动大臣提交报告。

(2) 市町村、组合、联合会,应向管辖市町村、组合、联合会所在区域的都道府县的都道府县知事提交报告。

第 108 条(对组合等的监督)

1. 根据第 106 条第 1 款的规定,厚生劳动大臣或都道府县知事在收取报告或进行检查时,若符合以下情形,可指定期间,命令组合、联合会及其管理人员,针对事务执行及财产管理采取必要的改正措施:组合及联合会的事务执行、财产管理违反法令、规约、厚生劳动大臣或都道府县知事作出的处分,存在未能确保获得应当获得的收入、不当支出经费、不当处分财产等行为,组合或联合会的管理人员明显对事务执行、财产管理存在懈怠。

2. 组合、联合会及其管理人员违反前款的命令时,厚生劳动大臣或都道府县知事,可指定期间,命令组合及联合会改组全部或部分管理人员。

3. 组合、联合会在违反前款的命令时，厚生劳动大臣、都道府县知事可改组与该款所规定的命令相关的管理人员。

4. 组合、联合会违反第 1 款所规定的命令时，厚生劳动大臣、都道府县知事可命令组合及联合会予以解散。

5. 因组合及联合会的事业及财产状况，继续维持事业运转存在困难时，厚生劳动大臣、都道府县知事可命令组合及联合会（为都道府县知事时，限于都道府县知事所管辖都道府县区域内的组合及联合会）予以解散。

第 109 条 删除

第十一章　其他规则

第 110 条（时效）

1. 收取保险费及本法所规定的其他收取金的权利、接受收取金返还的权利、获得保险给付的权利，自可行使之日起经过 2 年因时效而消灭。

2. 保险费、本法所规定的其他收取金的收取告知及督促，产生时效重新起算的效力。

第 110 条之 2（课征决定的期间限制）

1. 自当年度最初的保险费缴纳期限届满（指的是基于本法或基于本法的条例的规定，应缴纳保险费的期限，在该缴纳期限届满后才能够收取保险费之时，指的是能够收取保险费之日。下一款亦同）的次日起算经过 2 年以后，不得再作出保险费的课征决定。

2. 作出保险费的课征决定后，因无法归责于被保险人的事由，有必要对与被保险人相关的医疗保险法律（指的是健康保险法、船员保险法、国家公务员互助组合法、地方公务员等互助组合法、私立学校教职员互助法）之间的适用关系作出调整时，无论前款作何规定，即便自当年度内最初的保险费的缴纳期限届满之日的次日起算经过 2 年以后，自当年度内最初的保险费的缴纳期限届满之日的次日起算至有必要作出调整的期间经过之前，仍可作出减少保险费数额的课征决定。

第 111 条（期间的计算）

本法、基于本法的命令所规定的期间计算，准用民法（1896 年法律第 89 号）关于期间的规定。

第 111 条之 2（被保险人的标志·编号等的使用限制）

1. 除为执行事务而存在必要外，厚生劳动大臣、都道府县、市町村、组合、保险医疗机关等主体、指定访问看护事业者、其他为了国民健康保险事业及相关事务的执行而由厚生劳动省令所规定的使用被保险人标志·编号等信息 [指的是保险人编号（指的是在国民健康保险事业中，为了识别市町村及组合，而由厚生劳动大臣以市町村及组合为单位设定的编号）及被保险人的标志·编号（指的是市町村及组合为了对被保险人资格进行管理，而以被保险人为单位设置的标志·编号及其他符号）。本条以下亦同] 的主体（本条以下简称"厚生劳动大臣等主体"），不得要求任何人告知被保险人的标志·编号等信息。

2. 除为实施国民健康保险事业以及关联事务，按照厚生劳动省令的规定有必要使用被保险人的标志·编号等信息外，厚生劳动大臣等主体以外的主体，不得要求任何人告知被保险人的标志·编号等信息。

3. 除下列规定情形外，针对准备、正在或已经与从业者缔结买卖合同、借贷合同、雇佣合同、其他合同的主体（本款以下简称"合同"），任何人不得要求其告知被保险人的标志·编号等信息。

（1）在第 1 款所规定的场合下，厚生劳动大臣等主体要求告知被保险人的标志·编号等信息。

（2）按照前款在厚生劳动省令所规定的场合下，厚生劳动大臣等主体以外的主体要求告知被保险人的标志·编号等信息。

4. 除下列规定情形外，任何人不得以构建记录被保险人的标志·编号等信息的数据库（指的是包含该主体以外的被保险人的标志·编号等信息，并可使用电子计算机对这些信息进行检索的系统。本款以下简称"提供个人信息的数据库"）为业，进而向他人提供数据库中所记录的信息。

（1）在第 1 款所规定的场合下，厚生劳动大臣等主体构建提供个人信息的数据库。

（2）按照第 2 款在厚生劳动省令所规定的场合下，厚生劳动大臣等主体以外的主体构建提供个人信息的数据库。

5. 当某一主体违反前 2 款的规定而实施违法行为，若认定实施违法行为的主体可能多次反复实施，厚生劳动大臣应劝告其中止违法行为，或劝告其采取中止违法行为的必要措施。

6. 受到前款所规定劝告的主体未遵循劝告时，厚生劳动大臣可命令其在指定期限内遵循劝告。

第 111 条之 3（报告及检查）

1. 因前条第 5 款、第 6 款规定的措施而存在必要时，在必要范围内，对于存在充分理由被认定为违反该条第 3 款、第 4 款规定的主体，厚生劳动大臣可要求其就必要事项提交报告，要求职员进入事务所或事业所，对其进行质问，对账簿文件及其他物件进行检查。

2. 第 45 条之 2 第 2 款的规定，准用于前款所规定的质问和检查，该条第 3 款的规定，准用于前款所规定的权限。

第 112 条（对户籍的免收费证明）

市町村村长（为地方自治法第 252 条之 19 第 1 款中的指定都市时，为区长或综合区长）可按照市町村条例的规定，向市町村、组合、接受保险给付的主体，为被保险人或者作为被保险人的主体免费出具户籍证明。

第 113 条（文件的提交等）

因被保险人的资格、保险给付、保险费而存在必要之时，市町村及组合可命令被保险人所属家庭的户主、组合成员、曾经具有此种身份的主体，提交、出示书面文件及其他物件，要求职员进行质问。

第 113 条之 2（资料的提供等）

1. 因被保险人的资格、保险给付、保险费而存在必要之时，针对与被保险人资格取得及丧失相关的事项、被保险人或被保险人所属家庭户主的资产、收入状况、国民年金被保险人类型的变更、国民年金法所规定保险费的缴纳状况，市町村可请求政府机关提供必要的文件资料以供阅览，或请求银行、信托公司、其他机关、被保险人的雇主及其他关系人提交报告。

2. 因被保险人的资格而存在必要之时，市町村可要求其他的市町村、组合、第 6 条第 1—3 项所列举法律规定的保险人、互助组合、负责私立学校教职员互助法规定的私立学校教职员互助制度的日本私立学校振兴·互助事业团体，提供其他市町村或组合所提供国民健康保险的被保险人、健康保险或船员保险的被保险人及被抚养人、互助组合的组合成员及被抚养人、私立学校教职员互助制度的参加人及被抚养人的姓名和住所、健康保险法第 3 条第 3 款所规定的适用事业所的名称、所在地及其他必要资料。

第 113 条之 3（对联合会及支付基金的事务委托）

1. 除第 45 条第 5 款（包含第 52 条第 6 款、第 52 条之 2 第 3 款、第 53 条第 3 款、第 54 条之 2 第 12 款中准用的情形）所规定的事务外，保险人可将下列事务委托至第 45 条第 5 款所规定的联合会或支付基金实施。

（1）第四章所规定的保险给付的提供、第 76 条第 1 款或第 2 款所规定的保险费的收取、第 82 条第 1 款所规定的保健事业的实施、与厚生劳动省令所规定的其他事务相关的信息收集或整理。

（2）第四章所规定的保险给付的提供、第 76 条第 1 款及第 2 款所规定的保险费的收取、第 82 条第 1 款所规定的保健事业的实施、与厚生劳动省令所规定的其他事务相关的信息提供或利用。

2. 根据前款的规定，保险人将该款各项所列举的事务委托至其他主体实施时，应与社会保险诊疗报酬支付基金法第 1 条所规定的其他保险人共同进行委托。

第 113 条之 4（关系人的合作及协助）

国家、都道府县、市町村、组合、保险医疗机关等主体、其他关系人，应通过电子资格确认机制的引入、在其他程序中信息通信技术的使用，按照与医疗保险相关法律（指的是与高龄者医疗确保相关法律第 7 条第 1 款所规定的与医疗保险相关法律、与高龄者医疗确保相关法律）的规定，推进事务顺利实施，相互之间开展合作、提供协助。

第 114 条（诊疗记录的提交等）

1. 因保险给付而存在必要之时，厚生劳动大臣或都道府县知事可命令医生、牙科医生、药剂师、实施治疗的主体或者使用相关服务的主体，提交与诊疗、药物给付、治疗相关的报告、诊疗记录、账簿文件或其他物件，要求职员进行质问。

2. 在必要之时，厚生劳动大臣或都道府县知事可命令接受疗养给付或住院时饮食疗养费、住院时生活疗养费、保险外并用疗养费、访问看护疗养费、特别疗养费给付的被保险人或作为被保险人的主体，提交与疗养给付或住院时饮食疗养费、住院时生活疗养费、保险外并用疗养费、访问看护疗养费、特别疗养费的给付相关的诊疗、调理、指定访问看护内容报告，要求职员进行质问。

第 115 条（准用规定）

第 106 条第 2 款的规定，准用于第 113 条及前条所规定的质问，第

106条第3款的规定，准用于第113条及前条所规定的权限。

第116条（上学期间被保险人的特例）

因上学而在某一市町村区域内拥有住所的被保险人，若因不再上学而与在其他市町村区域内拥有住所的他人属于同一家庭，在适用本法时，视为被保险人在其他市町村区域内拥有住所，且属于该家庭的成员。

第116条之2（住院、入住或者居住中的被保险人的特例）

1. 因属于下列各项所列举的住院、入住、居住（本条以下简称"住院"）等情形，导致被保险人将住所变更至各项所规定的医院、诊所、机构（本条以下简称"医院"）所在场所时，若在住院之时于其他市町村（指的是医院所在市町村以外的市町村）区域内拥有住所，在适用本法时，视为在其他市町村区域内拥有住所。不过，相继进入2个以上医院的被保险人，因进入实际住院的医院（本条以下简称"实际住院的医院"）之前住院的医院（本款以下简称"之前住院的医院"）、进入现在住院的医院等原因，导致被保险人的住所依次变更为之前住院的医院、实际住院的医院所在处所时（下一款简称"特定的连续住院的被保险人"），不在此限。

（1）进入医院或诊所。

（2）入住儿童福祉法（1947年法律第164号）第7条第1款所规定的儿童福祉机构（限于按照该法第27条第1款第3项、该法第27条之2的规定，采取入住措施的场合）。

（3）按照对残疾人的日常生活及社会生活提供综合帮助的法律（2005年法律第123号）第5条第11款的规定，入住残疾人帮助机构、该条第1款中厚生劳动省令所规定的机构。

（4）按照独立行政法人国立重度知觉残疾人综合机构希望之园法（2002年法律第167号）第11条第1项的规定，入住独立行政法人国立重度知觉残疾人综合机构希望之园所设置的机构。

（5）入住老人福祉法（1963年法律第133号）第20条之4、第20条之5所规定的养护老人之家、特别养护老人之家（限于采取该法第11条第1款第1项、第2项所规定的入住措施的场合）。

（6）居住于护理保险法第8条第11款所规定的特定机构、入住该条第25款所规定的护理保险机构。

2. 在特定的连续住院的被保险人中，满足下列各项所规定的条件时，若适用本法规定，视为其在各项所规定的市町村区域内拥有住所。

（1）因连续在 2 个以上的医院住院，导致被保险人在医院所在场所的住所依次发生变更，在 2 个以上的医院中，进入最先住院的医院时，若在其他市町村（指的是实际住院的医院所在市町村以外的市町村）区域内拥有住所，为其他的市町村。

（2）被保险人连续在 2 个以上的医院住院，自其中的医院之一进入其他医院（本项以下简称"继续住院"），并自该医院所在场所以外的场所，将住所变更至其他医院所在场所（本项以下简称"特定住所变更"），在最后变更特定住所时，若在其他市町村（指的是实际住院的医院所在市町村以外的市町村）区域内拥有住所时，为其他市町村。

3. 适用前 2 款规定时，被保险人住院的医院，应向医院所在市町村、根据前 2 款的规定视为被保险人拥有的住所所在的市町村提供必要协助。

第 117 条（条文变更规定）

如果都道府县所管辖区域存在跨越 2 个以上都道府县区域的联合会，本法中的"都道府县知事"变更为"厚生劳动大臣"。

第 118 条（权限的委任）

1. 本法所规定的厚生劳动大臣的权限，可按照厚生劳动省令的规定委任至地方厚生局长行使。

2. 根据前款的规定被委任至地方厚生局长的权限，可按照厚生劳动省令的规定委任至地方厚生支局长行使。

第 119 条（厚生劳动大臣与都道府县知事之间的合作）

根据第 41 条第 1 款（包含第 52 条第 6 款、第 52 条之 2 第 3 款、第 53 条第 3 款、第 54 条之 3 第 2 款中准用的情形）、第 2 款（包含第 45 条之 2 第 4 款、第 52 条第 6 款、第 52 条之 2 第 3 款、第 53 条第 3 款、第 54 条之 3 第 2 款中准用的情形）、第 45 条之 2 第 1 款（包含第 52 条第 6 款、第 52 条之 2 第 3 款、第 53 条第 3 款、第 54 条之 3 第 2 款中准用的情形）、第 54 条之 2 之 2（包含第 54 条之 3 第 2 款中准用的情形）、第 54 条之 2 之 3 第 1 款（包含第 54 条之 3 第 2 款中准用的情形）、第 114 条的规定，厚生劳动大臣、都道府县知事在从事这些条文规定的事务时，应当开展密切合作。

第 119 条之 2（事务的区分）

下列事务为地方自治法第 2 条第 9 款第 1 项所规定的第一号法定受托

事务：按照第17条第1款及第3款（包含第27条第3款中准用的情形）、第24条之4、第24条之5、第25条第1款、第27条第2款及第4款、第32条第2款、第32条之2第2款、第32条之7第1款及第2款（包含该条第3款中准用的情形）、第32条之12、第41条第1款（包含第52条第6款、第52条之2第3款、第53条第3款、第54条之3第2款中准用的情形）及第2款（包含第45条之2第4款、第52条第6款、第52条之2第3款、第53条第3款、第54条之3第2款中准用的情形）、第45条第3款、第45条之2第1款及第5款（包含第52条第6款、第52条之2第3款、第53条第3款、第54条之3第2款中准用的情形）、第45条第3款、第45条之2第1款及第5款（包含第52条第6款、第52条之2第3款、第53条第3款、第54条之3第2款中准用这些规定的情形）、第54条之2之2、第54条之2之3第1款及第3款（包含第54条之3第2款中准用这些规定的情形）、第80条第1款、第88条、第89条第1款的规定，由都道府县处理的事务；按照第106条第1款（限于与第2项相关的部分）、第107条（限于与第2项相关的部分）、第108条的规定，由都道府县处理的事务中，与组合相关的事务；按照第114条、附则第16条中所准用的与高龄者医疗确保相关法律第44条第4款、第134条第2款、附则第19条所准用的该法第152条第1款及第3款的规定，由都道府县处理的事务。

第120条（实施规定）

除本法所作特别规定外，与本法施行相关的程序、其他必要执行细则，由厚生劳动省令进行规定。

第十二章　罚则

第120条之2

保险人的管理人员、职员或者曾经担任过这些职务的主体，无正当理由泄露因执行职务而获知的与国民健康保险事业相关的秘密时，应被判处1年以下有期徒刑或100万日元以下的罚金刑。

第121条

1. 审查委员会、审查会的委员、联合会的管理人员、职员以及曾经担任过这些职务的主体，无正当理由泄露因执行职务而获知的秘密时，应被判处 1 年以下的有期徒刑或 100 万日元以下的罚金刑。

2. 根据第 45 条第 7 款（包含第 52 条第 6 款、第 52 条之 2 第 3 款、第 53 条第 3 款、第 54 条之 2 第 12 款中准用的情形）的规定，对厚生劳动大臣所制定的诊疗报酬请求书进行审查或已经进行审查的主体、指定法人的管理人员、职员、曾经担任过这些职务的主体，无正当理由泄露因执行职务而获知的秘密时，适用前款的规定。

第 121 条之 2

对违反第 111 条之 2 第 6 款所规定命令的主体，应判处 1 年以下的有期徒刑或 50 万日元以下的罚金刑。

第 122 条

无正当理由而违反第 101 条第 1 款所规定的处分，未予出席，未作出陈述，未提交报告，作出虚假陈述或提交虚假报告，未进行诊断或未作出检查时，应判处 30 万日元以下的罚金刑。不过，在审查会开展审查的程序中，对于请求人或收到第 100 条所规定通知的市町村、组合、其他利害关系人，不在此限。

第 122 条之 2

无正当理由而未按照第 111 条之 3 第 1 款的规定提交报告，提交虚假报告，对该款所规定的职员的质问，无正当理由而不予回答，作出虚假回答，无正当理由抗拒、妨碍、逃避该款所规定的检查时，应判处 30 万日元以下的罚金刑。

第 123 条

根据第 114 条第 2 款的规定，被保险人或作为被保险人的主体被命令提交报告，但其无正当理由而不遵循命令，对该条该款规定的职员质问无正当理由不予回答或者作出虚假回答时，应判处 30 万日元以下的罚金刑。

第 123 条之 2

1. 法人［包含规定了代表人或管理人的非法人社团或财团（本条以下简称"不具有人格的社团等主体"）。本款以下亦同］的代表人（包含不具有人格的社团等主体的管理人）、法人或自然人的代理人、使用人、其他从业者，在执行法人或自然人的事务时，违反第 121 条之 2、第 122 条之 2，除应对行为人进行处罚外，还应对法人或自然人判处各条所规定的罚金刑。

2. 对不具有人格的社团等主体适用前款的规定时，其代表人或管理人除可在诉讼行为层面代表不具有人格的社团等主体外，在法人成为被告或嫌疑人时，对代表人或管理人准用关于刑事诉讼的法律规定。

第 124 条

根据第 114 条第 1 款的规定，医生、牙科医生、药剂师、实施治疗的主体或者使用相关服务的主体，被要求提交报告、诊疗记录、账簿文件及其他物件，无正当理由而不遵循命令，对该条该款规定的职员质问，无正当理由不予回答或者作出虚假回答时，应判处 10 万日元以下的罚款。

第 125 条

组合、联合会未作出第 27 条第 4 款（包含第 86 条中准用的情形）所规定的申报，或作出虚假申报，根据第 106 条第 1 款的规定被要求提交报告，无正当理由而不提交或提交虚假报告，违反第 108 条第 1 款所规定的命令时，应对其管理人员或者清算人判处 20 万日元以下的罚款。

第 126 条

对违反第 15 条第 2 款、第 83 条第 4 款规定的主体，应判处 10 万日元以下的罚款。

第 127 条

1. 市町村可在条例中作出以下规定：对不提出第 9 条第 1 款、第 9 款所规定的申报、提交虚假申报、不按照该条第 3 款或第 4 款的规定返还被保险人证明的主体，判处 10 万日元以下的罚款。

2. 市町村可在条例中作出以下规定：户主或作为户主的主体，无正当理由不按照第 113 条的规定提交、出示文件及其他物件，对该条所规定的职员质问不予回答或作出虚假回答时，应判处 10 万日元以下的罚款。

3. 市町村可在条例中作出以下规定：通过欺诈或其他违法行为，而获得免除本法所规定保险费、收取金优待的主体，应被判处所免除金额 5 倍以下的罚款。

4. 地方自治法第 255 条之 3 的规定，准用于前 3 款所规定的罚款处分。

第 128 条

1. 前条第 1—3 款的规定，准用于组合。此时，这些规定中的"条例"应变更为"规约","罚款"变更为"金钱罚"。

2. 组合或联合会可按照规约的规定,因设施使用问题而对相关主体判处 10 万日元以下的金钱罚。

附则(略)

第三部分 护理保险法
（1997年法律第123号）

第一章 总则

第1条（目的）

为了应对因年龄增大、身心变化而出现疾病等，国民将产生对沐浴、排泄、饮食等护理、机能训练、看护、疗养管理以及其他医疗服务的需求，为保障国民能够有尊严地在自身能力范围内独立开展日常生活，为其提供必要的保健医疗服务及福祉服务，基于国民共同连带的理念设置护理保险制度，对有关保险给付等的必要事项进行规定，以提升国民的保健医疗水平、增进其福祉，特制定本法。

第2条（护理保险）

1. 护理保险为处于需要护理状态或需要帮助状态（以下简称"需要护理等状态"）的被保险人提供必要的保险给付。

2. 在提供前款规定的保险给付时，应在努力减轻需要护理等状态或防止需要护理等状态恶化的同时，充分考虑同医疗机构展开合作。

3. 在提供第1款所规定的保险给付时，必须顾及被保险人的身心状况、所处环境、被保险人自身选择等因素，由多种事业者或机构，全方位、高效地提供适宜的保健医疗服务。

4. 针对已经处于护理状态的被保险人，在确定第1款所规定的保险给付内容及水准时，应当尽可能地促使其在自己住宅内于自身能力范围内独立地开展日常生活。

第3条（保险人）

1. 市町村以及特别区应当按照本法的规定提供护理保险。

2. 针对与护理保险相关的收入及支出，市町村以及特别区应根据政令的规定设置特别会计。

第 4 条（国民的努力及义务）

1. 为防止国民陷入需要护理状态，国民应关注随着年龄增长所伴随的自身身心健康状况的变化，并时常致力于维持、增进自身身体健康。即便在陷入需要护理状态之时，也应采取康复训练措施、使用其他适宜的保健医疗及福祉服务，以致力于维持并提升其生活能力。

2. 基于共同连带的理念，国民应公平负担护理保险事业所需费用。

第 5 条（国家及地方公共团体的义务）

1. 为确保护理保险事业能够健全、顺利地运行，国家必须采取必要措施以保障保健医疗服务及福祉服务的提供。

2. 为确保护理保险事业能够健全、顺利地运行，都道府县必须提供必要的建议及适当的帮助。

3. 为尽可能使得被保险人能够于惯常居所地在自身能力范围内独立开展日常生活，国家及地方公共团体应致力于全面推进下列措施同与医疗及居住相关措施的有机结合：就与保险给付相关的保健医疗服务及福祉服务所采取的措施，为预防陷入需要护理等状态、减轻需要护理等状态、防止需要护理等状态进一步恶化所采取的措施，地区为支持国民独立日常生活所采取的措施。

4. 在全面推进前款规定中的措施时，国家及地方公共团体应努力促使其与针对残疾人及其他主体的福祉所采取的措施有机结合，与此同时，还应努力促使区域居民相互尊重各自的人格及个性，推动共同参与、共生型区域社会的实现。

第 5 条之 2（与认知症相关措施的综合推进等）

1. 为深化国民对认知症（包括阿尔兹海默症、其他神经病变性疾病、脑血管疾病，由政令所规定的因其他疾病导致认知机能低下、使得患者日常生活受到不利影响的状态。以下亦同）的关心和理解，国家及地方公共团体应当致力于普及有关认知症的知识，深化国民对认知症的理解，以便为其提供适当的帮助。

2. 为了向被保险人提供与认知症相关的适宜的保健医疗服务及福祉服务，国家及地方公共团体应与研究机关、医疗机关、护理服务事业者（指的是第 115 条之 32 第 1 款所规定的护理服务事业者）等主体开展合作，致力于认知症的预防、诊断、治疗、根据认知症患者身心特点采取康复措施、针对有关护理方法推进调查研究,与此同时,还应致力于普及并灵活运用相关成果,并对相关成果作进一步的发展。

3. 国家及地方公共团体应完善区域内对认知症患者的帮助体制,通过护理人员为认知症患者提供帮助,致力于向认知症患者提供护理人员,确保向认知症患者提供帮助人员的数量及质量,并为提升其资质采取必要措施,综合推进与认知症相关的其他措施的实施。

4. 国家及地方公共团体在推进前3款的措施时,应当尊重认知症患者及其家庭的意愿,致力于保障认知症患者在区域内能够有尊严地与其他人共同生活。

第 6 条(医疗保险人的协助)

医疗保险人应当提供必要的协助,以促使护理保险事业健全、顺利运营。

第 7 条(定义)

1. 本法所规定的需要护理状态是指,由于身体上或精神上的残疾,造成被保险人日常生活中沐浴、排泄、饮食等全部或一部分满足基本生活需求的行动无法完成,若此一事实持续达厚生劳动省令所规定的期间,此时将产生长期护理的需要,只要满足厚生劳动省令根据护理必要程度所规定的区分(以下简称"需要护理状态的区分")情形之一,均属于需要护理状态(需要帮助状态除外)。

2. 本法所规定的需要帮助状态是指,由于身体上或精神上的残疾,造成被保险人日常生活中沐浴、排泄、饮食等全部或一部分满足基本生活需求的行动存在障碍,若此一事实持续达厚生劳动省令所规定的期间,为了减轻需要长期护理的状态、防止被保险人状况进一步恶化而需采取帮助措施。由于身体上或精神上的残疾,造成被保险人在厚生劳动省令所规定的期间内持续开展日常生活存在障碍时,只要满足厚生劳动省令根据需要帮助的程度所规定的区分(以下简称"需要帮助状态的区分")情形之一,均属于需要帮助状态。

3. 本法中需要护理的主体,指符合下列各项情形之一的主体:

(1) 65 岁以上处于需要护理状态的主体。

(2) 40 岁以上、未满 65 岁的处于需要护理状态的主体,需要护理的原因为政令规定的因年龄产生的疾病,从而导致的身体上及精神上的残疾(以下简称"特定疾病")。

4. 本法中需要帮助的主体，指符合下列各项情形之一的主体：

（1）65 岁以上处于需要帮助状态的主体。

（2）40 岁以上、未满 65 岁的处于需要帮助状态的主体，需要帮助的原因为，因年龄增大伴随的身心变化，诱发疾病，进而导致身体上或精神上的残疾。

5. 本法中的护理帮助专业人员指的是，应需要护理的主体或需要帮助的主体（以下简称"需要护理者等"）的要求，考虑到需要护理者等主体的身心状况，为了使其能够使用适宜的居家服务、区域密集型服务、机构服务、护理预防服务、区域密集型护理预防服务，或利用特定护理预防·日常生活帮助综合事业（指的是第 115 条之 45 第 1 款第 1 项第一中所规定的第一号访问事业、该项第二中所规定的第一号日间事业以及该项第三中所规定的第一号生活帮助事业。以下亦同），与市町村、开展居家服务事业的主体、开展区域密集型服务事业的主体、护理保险机构、开展护理预防服务事业的主体、开展区域密集型护理预防服务事业的主体、开展特定护理预防·日常生活帮助综合事业的主体等进行联系及沟通等行为的主体，同时，还需具备能够帮助需要护理者等主体的必要专业知识和技术，获得第 69 条之 7 第 1 款所规定的护理帮助专业人员证。

6. 本法中与医疗保险相关法律包括：

（1）健康保险法（1922 年法律第 70 号）。

（2）船员保险法（1939 年法律第 73 号）。

（3）国民健康保险法（1958 年法律第 192 号）。

（4）国家公务员互助组合法（1958 年法律第 128 号）。

（5）地方公务员等互助组合法（1962 年法律第 152 号）。

（6）私立学校教职员互助法（1953 年法律第 245 号）。

7. 本法中的医疗保险人指的是，根据与医疗保险相关法律规定，提供与医疗相关给付的全国健康保险协会、健康保险组合、都道府县以及市町村（包含特别区）、国民健康保险组合、互助组合以及日本私立学校振兴·互助事业团体。

8. 本法中的医疗保险参加人，指的是下列主体。

（1）健康保险法所规定的被保险人。不过，该法第 3 条第 2 款所规定的短期雇佣特殊被保险人除外。

（2）船员保险法所规定的被保险人。

（3）国民健康保险法所规定的被保险人。

（4）国家公务员互助组合法以及地方公务员等互助组合法中所规定的互助组合成员。

（5）根据私立学校教职员互助法的规定，为私立学校教职员互助制度的参加人。

（6）健康保险法、船员保险法、国家公务员互助组合法（包含其他法律中准用的情形）、地方公务员等互助组合法中所规定的被扶养人。不过，健康保险法第3条第2款所规定的短期雇佣特殊被保险人在该法中的被扶养人除外。

（7）根据健康保险法第126条的规定获得短期雇佣特殊被保险人手册的交付，处于在手册中已无粘贴健康保险收据空间期间内的被保险人、健康保险法所规定的该被保险人的被扶养人。不过，获得该法第3条第2款但书所规定承认的且处于并非该款所规定的短期雇佣特殊被保险人的期间内的主体，根据该法第126条第3款规定返还该短期雇佣特殊被保险人手册的主体及其被扶养人除外。

9. 本法中与社会保险相关法律包括：

（1）本法。

（2）第6款各项（第4项除外）所列举的法律。

（3）厚生年金保险法（1954年法律第115号）。

（4）国民年金法（1959年法律第141号）。

第8条

1. 本法中的居家服务是指，访问护理、访问入浴护理、访问看护、访问康复、居家疗养管理指导、日间护理、日间康复、短期入所生活护理、短期入所疗养护理、特定机构居住者生活护理、福祉工具出借、特定福祉工具销售。居家服务事业指的是提供居家服务的事业。

2. 本法中的访问护理指的是，根据厚生劳动省令的规定，需要护理的主体居家［包括：老人福祉法（1963年法律第133号）第20条之6所规定的低收费老人之家、该法第29条第1款所规定的收费老人之家（以下简称"收费老人之家"）、厚生劳动省令所规定机构中的其他居室。以下亦同］接受护理服务（以下将该主体简称"需要居家护理的主体"），在需要居家护理的主体的住宅中，由护理工作者或者政令所规定的其他主体为其提供沐浴、排泄、饮食等日常生活中的护理、厚生劳动省令所规定

的其他照护服务 [定期巡回·随时回应型访问护理看护（仅限于第 15 款第 2 项的列举部分）、夜间回应型访问护理除外]。

3. 本法中的访问入浴护理指的是，在需要居家护理的主体的住宅中，为其提供浴槽开展入浴护理。

4. 本法中的访问看护指的是，护士以及厚生劳动省令所规定的其他主体，在需要居家护理的主体的（仅限于主治医生认定治疗的必要程度符合厚生劳动省令所规定的基准时）住宅中，为其提供疗养或者必要的诊疗辅助服务。

5. 本法中的访问康复指的是，为帮助需要居家护理的主体（仅限于主治医生认定治疗的必要程度符合厚生劳动省令所规定的基准时）身心机能的维持与恢复、使其能够独立开展日常生活，在其住宅中为其提供理学疗法、作业疗法等必要的康复服务。

6. 本法中的居家疗养管理指导指的是，医院、诊所、药店（以下简称"医院等"）中的医生、牙科医生、药剂师、厚生劳动省令所规定的其他主体所提供的厚生劳动省令确定的疗养管理及指导等服务。

7. 本法中的日间护理指的是，根据厚生劳动省令的规定，在老人福祉法第 5 条之 2 第 3 款中厚生劳动省令所规定的机构，或该法第 20 条之 2 之 2 所规定的老人日间服务中心，为需要居家护理的主体提供沐浴、排泄、饮食等日常生活照顾服务，为其开展机能训练（使用人员数量不得超过厚生劳动省令所规定的限额，但认知症回应型日间护理除外）。

8. 本法中的日间康复指的是，通过护理老人保健机构、护理医疗院、医院、诊所以及厚生劳动省令所规定的其他机构，为维持或恢复需要居家护理的主体（仅限于主治医生认为治疗的必要程度符合厚生劳动省令所规定的基准时）的身心机能、使其能够独立开展日常生活，为其提供理学疗法、作业疗法等必要的康复措施。

9. 本法中的短期入所生活护理指的是，通过让需要居家护理的主体短期入住老人福祉法第 5 条之 2 第 4 款中厚生劳动省令所规定的机构、该法第 20 条之 3 中所规定的老人短期入所机构，以为其提供沐浴、排泄、饮食等日常生活护理及机能训练服务。

10. 本法中的短期入所疗养护理指的是，通过让需要居家护理的主体（仅限于达到厚生劳动省令所规定治疗必要程度的主体）短期入住护理老人保健机构、护理医疗院以及厚生劳动省令所规定的其他机构，以为其提供看护、依照医学管理的护理服务，开展机能训练，提供其他必要的医疗及日常生活中的帮助。

11. 本法中的特定机构指的是，收费老人之家以及厚生劳动省令所规定的其他机构、第21款所规定的区域密集型特定机构以外的机构。特定机构居住者生活护理指的是，按照厚生劳动省令的规定，为进入特定机构的需要护理的主体，提供该特定机构的服务，基于确定服务负责人、厚生劳动省令所规定事项的计划，开展沐浴、排泄、饮食等日常生活护理，实施机能训练、提供疗养帮助。

12. 本法中的福祉工具出借指的是，按照厚生劳动大臣政令的规定，向需要居家护理的主体出借福祉工具（由于需要护理的主体身心机能低下、开展日常生活存在障碍，为提升其生活便利程度、为了训练需要护理者身体机能、促使需要护理等服务的主体独立开展日常生活的工具。下一款、下一条第10款及第11款中亦同）。

13. 本法中的特定福祉工具销售指的是，向需要居家护理的主体销售可用于沐浴、排泄之用的福祉工具，或者厚生劳动大臣政令规定的对其他福祉工具的销售（以下简称"特定福祉工具"）。

14. 本法中的区域密集型服务指的是，定期巡回·随时回应型访问护理看护、夜间回应型访问护理、区域密集型日间护理、认知症回应型日间护理、小规模多机能型居家护理、认知症回应型共同生活护理、区域密集型特定机构入住者生活护理、区域密集型护理老人福祉机构入所者生活护理以及复合型服务。特定区域密集型服务指的是，定期巡回·随时回应型访问护理看护、夜间回应型访问护理、区域密集型日间护理、认知症回应型日间护理、小规模多机能型居家护理以及复合型服务。区域密集型服务事业指的是，开展区域密集型服务的事业。

15. 满足下列情形之一时，即为本法所规定的定期巡回·随时回应型访问护理看护。

（1）按照厚生劳动省令的规定，通过定期巡回访问，或者随时接到报告时，在需要居家护理的主体的住宅中，护理工作者以及第2款中政令所规定的其他主体，为需要居家护理的主体提供沐浴、排泄、饮食等日常生活护理服务，此外，还包括护士以及厚生劳动省令所规定的其他主体提供的疗养方面的服务或者开展的诊疗辅助工作。不过，在提供疗养方面的服务或者开展必要的诊疗辅助工作时，主治医生认为治疗的必要性应满足厚生劳动省令所规定的基准。

（2）通过定期巡回访问或者随时收到报告时，同开展访问看护的事业所合作，护理工作者、第2款中政令所规定的其他主体，在需要居家护理主体的住宅中，为其提供沐浴、排泄、饮食等厚生劳动省令规定的日常生活中的护理服务。

16. 本法中的夜间回应型访问护理指的是，在夜间通过定期巡回访问或者随时收到报告时，护理工作者、第2款政令所规定的其他主体，在需要居家护理主体的住宅中，为其提供沐浴、排泄、饮食等厚生劳动省令所规定的日常生活中的护理服务（定期巡回·随时回应型访问护理看护除外）。

17. 本法中的区域密集型日间护理指的是，在老人福祉法第5条之2第3款中厚生劳动省令所规定的机构以及该法第20条之2之2所规定的老人日间服务中心，为需要居家护理的主体提供沐浴、排泄、饮食等厚生劳动省令所规定的日常生活看护服务，帮助其开展机能训练（限于使用人员数量未满第7款中厚生劳动省令所规定的数量时，但认知症回应型日间护理除外）。

18. 本法中的认知症回应型日间护理指的是，在老人福祉法第5条之2第3款中厚生劳动省令所规定的机构、该法第20条之2之2中所规定的老人日间服务中心，为患有认知症的需要居家护理的主体，提供沐浴、排泄、饮食等厚生劳动省令所规定的日常生活看护服务，帮助其开展机能训练。

19. 本法中的小规模多机能型居家护理指的是，考虑到需要居家护理的主体的身心状况、所处环境及其自身选择，在其住宅内或者厚生劳动省令所规定的服务中心，或者让其短期住宿，为其提供沐浴、排泄、饮食等厚生劳动省令所规定的日常生活看护服务，帮助其开展机能训练。

20. 本法中的认知症回应型共同生活护理指的是，在患有认知症（认知症因急性疾病产生的除外）的需要护理的主体共同生活的住宅中，为其提供沐浴、排泄、饮食等日常生活看护服务，帮助其开展机能训练。

21. 本法中的区域密集型特定机构居住者生活护理指的是，在收费老人之家以及第11款中厚生劳动省令所规定的其他机构中，居住人为需要护理的主体及其配偶、厚生劳动省令所规定的其他主体（以下简称"护理专用型特定机构"）时，若居住的需要护理者人员数量在29人以下

（本款以下简称"区域密集型特定机构"），向其提供该区域密集型特定机构开展的服务、基于确定服务负责人及厚生劳动省令所规定事项的计划所提供的沐浴、排泄、饮食等日常生活看护服务，帮助其开展机能训练、进行疗养。

22. 本法中的区域密集型护理老人福祉机构指的是，在老人福祉法第20条之5所规定的特别养护老人之家（入住人员数量限制在29人以下。本款以下亦同）中，对于进入该特别养护老人之家的需要护理主体（仅限于满足厚生劳动省令中需要护理状态区分情形的主体、厚生劳动省令所规定的在住宅中开展日常生活存在困难的其他主体。本款以下及第27款亦同）而言，基于区域密集型机构服务计划（指的是确定向入住区域密集型护理老人福祉机构的需要护理主体所提供的服务、服务负责人、厚生劳动省令所规定其他事项的计划。本款以下亦同），为需要护理的主体提供沐浴、排泄、饮食等日常生活看护服务，帮助其开展机能训练、健康管理及疗养为目的的机构。区域密集型护理老人福祉机构入所者生活护理指的是，基于区域密集型机构服务计划，向入住区域密集型护理老人福祉机构的需要护理主体，提供沐浴、排泄、饮食等日常生活看护服务，帮助其开展机能训练、进行健康管理及疗养。

23. 本法中的复合型服务指的是，在向需要居家护理主体提供的访问护理、访问入浴护理、访问看护、访问康复、居家疗养管理指导、日间护理、日间康复、短期入所生活护理、短期入所疗养护理、定期巡回·随时回应型访问护理看护、夜间回应型访问护理、区域密集型日间护理、认知症回应型日间护理、小规模多机能型居家护理等服务类型的组合服务中，访问看护及小规模多机能型居家护理构成的组合，或者厚生劳动省令所规定的向需要居家护理主体提供一体化护理服务更为高效时的组合服务。

24. 本法中的居家护理帮助指的是，为了需要居家护理主体能够以合理方式使用第41条第1款中所规定的指定居家服务、与特殊居家护理服务费有关的居家服务以及与此相当的服务、第42条之2第1款所规定的指定区域密集型服务或者与特殊区域密集型护理服务费有关的区域密集型服务及与此相当的服务、为了在住宅中开展日常生活而使用的其他必要保健医疗服务或者福祉服务（本款以下简称"指定居家服务等"），接受需要居家护理主体的委托，根据其身心状况、所处环境、该需要居家护理主体及其家庭的意向，制定确定所使用的指定居住服务等服务的种类及内容、服务负责人及厚生劳动省令所规定其他事项的计划（本款以下、第115条之45第2款第3项及附表中简称"居家服务计划"）的同时，为确保能够基于该居家服务计划提供指定居家服务等服务，应在第41条第1款所规定的指定居家服务事业者、第42条之2第1款所规定的指定区域密集型服务事业者等主体之间进行联系、沟通，相互提供其他便利，当该需要居家护理主体要求入住区域密集型护理老人福祉机构或其他护理保险机构时，则指的是介绍其入住区域密集型护理老人福祉机构或护理保险机构、提供其他便利。居家护理帮助事业则指的是开展居家护理帮助的事业。

25. 本法中的护理保险机构指的是，第48条第1款第1项中所规定的指定护理老人福祉机构、护理老人保健机构及护理医疗院。

26. 本法中的机构服务指的是，护理福祉机构服务、护理保健机构服务、护理医疗院服务。机构服务计划指的是，针对入住护理老人福祉机构、护理老人保健机构或者护理医疗院的需要护理的主体，所制定的确定这些机构提供的服务内容、服务负责人及厚生劳动省令所规定其他事项的计划。

27. 本法中的护理老人福祉机构指的是，需要护理的主体入住老人福祉法第20条之5所规定的特别养护老人之家（仅限于入住人员数量为30人以上的特别养护老人之家。本款以下亦同）时，基于机构服务计划提供沐浴、排泄、饮食等日常生活看护服务，帮助其开展机能训练、进行健康管理及疗养为目的的机构。护理福祉机构服务指的是，需要护理的主体入住护理老人福祉机构时，基于机构服务计划所提供的沐浴、排泄、饮食等日常生活看护服务，帮助其开展机能训练、进行健康管理及疗养。

28. 本法中的护理老人保健机构指的是，在得到第94条第1款规定的都道府县知事许可时，若需要护理的主体为了身心机能的维持和恢复、以使自身能够在住宅中生活而有必要采取帮助措施（仅限于治疗必要程度符合厚生劳动省令规定的主体。本款以下简称"需要护理的主体"），基于场所服务计划，以看护、在医学管理下的护理、开展机能训练、采取其他必要医疗措施、进行日常生活看护为目的的机构。护理保健机构服务指的是，向入住护理老人保健机构的需要护理的主体，基于机构服务计划开展的看护、在医学管理下的护理、开展的机能训练、采取的其他必要医疗措施、开展的日常生活看护。

29. 本法中的护理医疗院指的是，在得到第107条第1款所规定的都道府县知事许可时，基于机构服务计划，向存在长期疗养必要的需要护理主体（仅限于治疗必要程度满足厚生劳动省令规定的主体。本款以下简称"需要护理的主体"），以提供疗养管理、看护、在医学管理下的护理、开展机能训练、采取其他必要医疗措施、开展日常生活中的看护为目的的机构。护理医疗院服务指的是，基于机构服务计划，为入住护理医疗院的需要护理主体提供疗养管理、看护、在医学管理下的护理，开展机能训练、采取其他必要的医疗措施、进行日常生活中的看护。

第8条之2

1. 本法中的护理预防服务指的是，护理预防访问入浴护理、护理预防访问看护、护理预防访问康复、护理预防居家疗养管理指导、护理预防日间康复、护理预防短期入所生活护理、护理预防短期入所疗养护理、护理预防特定机构居住者生活护理、护理预防福祉工具出借、特定护理预防福祉工具销售。护理预防服务事业指的是，开展护理预防服务的事业。

2. 本法中的护理预防访问入浴护理指的是，对需要居家帮助的主体，以提供护理预防服务（由于身体上或者精神上的残疾，在完成沐浴、排泄、饮食等日常生活中全部或一部分基本动作时需要经常性的护理，或者是减轻对开展日常生活存在障碍的状态或者防止这一状态的恶化。以下亦同）为目的，在厚生劳动省令所规定的场合下，到访需要帮助的主体的住宅，在厚生劳动省令所规定的期间内为其提供浴池、开展沐浴护理服务。

3. 本法中的护理预防访问看护指的是，对需要居家帮助的主体（仅限于主治医生认为治疗必要程度满足厚生劳动省令所规定标准的主体），以护理预防为目的，由护士及厚生劳动省令所规定的其他主体，在厚生劳动省令所规定的期间内提供疗养及必要的诊疗辅助服务。

4. 本法中的护理预防访问康复指的是，对需要居家帮助的主体（仅限于主治医生认为治疗必要程度满足厚生劳动省令所规定标准的主体），以护理预防为目的，在厚生劳动省令所规定的期间内提供理学疗法、作业疗法及其他必要康复服务。

5. 本法中的护理预防居家疗养管理指导指的是，对需要居家帮助的主体，以护理预防为目的，由医院等的医生、牙科医生、药剂师及厚生劳动省令所规定的其他主体，提供厚生劳动省令所规定的疗养上的管理及指导服务。

6. 本法中的护理预防日间康复指的是，对需要居家帮助的主体（仅限于主治医生认为治疗必要程度满足厚生劳动省令所规定标准的主体），在护理老人保健机构、护理医疗院、医院、诊所以及厚生劳动省令所规定的其他机构中，以护理预防为目的，在厚生劳动省令所规定的期间内提供理学疗法、作业疗法以及其他必要的康复服务。

7. 本法中的护理预防短期入所生活护理指的是，使得需要居家帮助的主体短期入住老人福祉法第5条之2第4款中厚生劳动省令所规定的机构、该法第20条之3所规定的老人短期入所机构中，以护理预防为目的，在厚生劳动省令所规定的期间内，为其提供沐浴、排泄、饮食等日常生活中的帮助服务，并开展机能训练。

8. 本法中的护理预防短期入所疗养护理指的是，使得需要居家帮助的主体（仅限于治疗必要程度符合厚生劳动省令所规定标准的主体）短期入住护理老人保健机构、护理医疗院以及厚生劳动省令所规定的其他机构，以护理预防为目的，在厚生劳动省令所规定的期间内，为其提供看护、在医学管理下的护理、机能训练、其他必要医疗服务及日常生活中的帮助服务。

9. 本法中的护理预防特定机构居住者生活护理指的是，对居住于特定机构（护理专用型特定机构除外）的需要帮助的主体，以护理预防为目的，基于所制定的确定该特定机构提供的服务内容、服务负责人及厚生劳动省所规定其他事项的计划，为其提供沐浴、排泄、饮食等护理、由厚生劳动省令规定的日常生活中的其他帮助服务，开展机能训练、进行疗养看护。

10. 本法中的护理预防福祉工具出借指的是，按照厚生劳动大臣政令的规定，向需要居家帮助的主体，提供足以起到护理预防作用的福祉工具出借服务。

11. 本法中的特定护理预防福祉工具销售指的是，按照厚生劳动大臣政令的规定，向需要居家帮助的主体，出售足以起到护理预防作用的福祉工具，以供其沐浴、排泄，或者是出售厚生劳动大臣规定的其他工具（以下简称"特定护理预防福祉工具"）。

12. 本法中的区域密集型护理预防服务指的是，护理预防认知症回应型日间护理、护理预防小规模多机能型居家护理、护理预防认知症回应型共同生活护理。特定区域密集型护理预防服务指的是，护理预防认知症回应型日间护理、护理预防小规模多机能型居家护理。区域密集型护理预防服务事业指的是，开展区域密集型护理预防服务的事业。

13. 本法中的护理预防认知症回应型日间护理指的是，以护理预防为目的，向患有认知症的需要居家帮助的主体，在老人福祉法第5条之2第3款中厚生劳动省令所规定的机构、该法第20条之2之2所规定的老人日间服务中心，在厚生劳动省令所规定期间内，为其提供沐浴、排泄、饮食等由厚生劳动省令规定的日常生活帮助服务，并开展机能训练。

14. 本法中的护理预防小规模多机能型居家护理指的是，对于需要居家帮助的主体，根据其身心状况、所处环境及其选择，在其住宅内、厚生劳动省令所规定的中心地点，或让其短期住宿，以护理预防为目的，为其提供沐浴、排泄、饮食等厚生劳动省令所规定的日常生活中的帮助服务，并开展机能训练。

15. 本法中的护理预防认知症回应型共同生活护理指的是，对患有认知症（因急性疾病导致认知症的除外）的需要帮助的主体（仅限于满足厚生劳动省令所规定的需要帮助状态区分情形的主体），在其日常生活的住所内，以护理预防为目的，为其提供沐浴、排泄、饮食等日常生活护理帮助服务，并开展机能训练。

16. 本法中的护理预防帮助指的是，为了使得需要居家帮助的主体能够以合理方式使用以下服务：第53条第1款所规定的指定护理预防服务、与特殊护理预防服务费相关的护理预防服务或者与此相当的服务、第54条之2第1款所规定的指定区域密集型护理预防服务、与特殊区域密集型护理预防服务费有关的区域密集型护理预防服务或者与此相当的服务、特定护理预防・日常生活帮助综合事业（仅限于市町村、第115条之45之3第1款中所规定的指定事业者、第115条之47第6款中受托人所开展的事业。本款以下及第32条第4款第2项亦同）中的服务、其他足以起到护理预防作用的保健医疗服务或福祉服务（本款以下简称"指定护理预防服务等"），厚生劳动省令所规定的第115条之46第1款中的区域综合帮助中心的职员，接受该需要居家帮助的主体的委托，根据其身心状况、所处环境、该需要居家帮助的主体及其家人的意向，制定明确所使用的指定护理预防服务等服务的种类及内容、服务负责人以及厚生劳动省令所规定事项的计划（本款以下及附表中简称"护理预防服务计划"）的同时，为了确保能够基于该护理预防服务计划提供指定护理预防服务等，还应在第 53 条第 1 款中所规定的指定护理预防服务事业者、第 54 条之 2 第 1 款中所规定的指定区域密集型护理预防服务事业者、开展特定护理预防·日常生活帮助综合事业的主体及其他主体之间进行联系、沟通并提供便利。

护理预防帮助事业指的是，开展护理预防帮助的事业。

第二章　被保险人

第 9 条（被保险人）

满足下列各项情形之一的主体，为市町村及特别区（以下简称"市町村"）所提供护理保险的被保险人。

（1）65 岁以上在市町村区域内拥有住所的主体（以下简称"第一号被保险人"）。

（2）40 岁以上但未满 65 岁在市町村区域内拥有住所的医疗保险参加人（以下简称"第二号被保险人"）

第 10 条（资格取得时间）

前条规定的市町村所提供护理保险的被保险人，自满足下列条件之一之日起取得被保险人资格。

（1）在该市町村区域内拥有住所的医疗保险参加人满 40 岁之时。

（2）40 岁以上、未满 65 岁的医疗保险参加人或者 65 岁以上的主体在该市町村区域内拥有住所之时。

（3）在该市町村区域内拥有住所的 40 岁以上、未满 65 岁的主体成为医疗保险参加人之时。

（4）在该市町村区域内拥有住所的主体（医疗保险参加人除外）满 65 岁之时。

第 11 条（资格丧失时间）

1. 自不再拥有市町村区域内的住所之日的次日起，第 9 条所规定的市町村所提供护理保险的被保险人丧失被保险人资格。不过，不再拥有市町村区域内的住所之日，被保险人在其他市町村区域内已经拥有住所时，自不再拥有市町村区域内的住所之日丧失被保险人资格。

2. 第二号被保险人自不具备医疗保险参加人身份之日起丧失被保险人资格。

第 12 条（申报等）

1. 第一号被保险人应当按照厚生劳动省令的规定，将与被保险人资格取得、丧失相关事项及其他必要事项，向市町村进行申报。不过，因符合第 10 条第 4 项所规定的情形取得被保险人资格（厚生劳动省令规定的情形除外）的除外。

2. 第一号被保险人所属家庭的户主，可代替第一号被保险人提出前款规定的申报。

3. 被保险人可要求市町村向其交付被保险人证明。

4. 被保险人丧失被保险人资格时，必须按照厚生劳动省令的规定，毫不迟延地返还被保险人证明。

5. 按照居民基本登记法（1967 年法律第 81 号）第 22—24 条、第 25 条、第 30 条之 46、第 30 条之 47 的规定进行申报时（仅限于在与该申报相关的书面上，按照该法第 28 条之 3 的规定作备注的情形），对申报的事由视为已根据第 1 款主文的规定进行了申报。

6. 除前面各款所作规定外，有关被保险人的申报及被保险人证明的必要事项，由厚生劳动省令进行规定。

第 13 条（入住住所地特殊对象机构或者居住于住所地特殊对象机构的被保险人的特例）

1. 入住或居住于（以下简称"入住"）下列机构（以下简称"住所地特殊对象机构"）时，被保险人住所变更为该住所地特殊对象机构所在地（被认定入住第 3 项所规定机构中，住所变更为该机构所在地的被保险人，仅限于根据老人福祉法第 11 条第 1 款第 1 项规定采取入住措施时的主体。本款以下及下一款简称"住所地特殊对象被保险人"），对于入住该住所地特殊对象机构的被保险人而言，若其在其他的市町村（指的是该住所地特殊对象机构所在市町村以外的其他市町村）区域内拥有住所，无论第 9 条作何规定，均成为其他市町村所提供护理保险的被保险人。不过，对于连续在 2 个以上的住所地特殊对象机构入住的住所地特殊对象被保险人而言，在按照入住顺序，分别以实际入住住所地特殊对象机构（本款以下及下一款简称"实际入住机构"）之前入住的住所地特殊对象机构（本款以下简称"之前入住的机构"）所在地、实际入住的住所地特殊对象机构所在地对住所进行变更时（下一款简称"特定的连续入住被保险人"），不适用本条规定。

（1）护理保险机构。

（2）特定机构。

（3）老人福祉法第20条之4所规定的养护老人之家。

2. 在特定的连续入住被保险人中，无论第9条作何规定，符合下列各项情形的主体，均构成下列各项规定的市町村所提供护理保险的被保险人。

（1）在住所地特殊对象被保险人因连续变更住所地特殊对象机构，导致其住所依次发生变更时，在2个以上的住所地特殊对象机构中，在入住最初的住所地特殊对象机构时，被认定在其他市町村（指的是实际入住机构所在市町村以外的市町村）区域内拥有住所时，为该其他的市町村。

（2）在连续入住的2个以上的住所地特殊对象机构中，因从其中1处住所地特殊对象机构转移入住其他住所地特殊对象机构（以下简称"相继入住"），当住所地特殊对象被保险人的住所变更至其他住所地特殊对象机构时（本项以下简称"特定住所变更"），在入住最后的住所地特殊对象机构时，若在其他市町村（指的是实际入住机构所在市町村以外的市町村）区域内拥有住所，为该其他的市町村。

3. 第1款规定中的其他市町村所提供护理保险的被保险人、前款各项中的其他市町村所提供护理保险的被保险人（以下简称"住所地特殊适用被保险人"）所入住的住所地特殊对象机构，应当为该住所地特殊对象机构所在市町村（以下简称"机构所在市町村"）、向该住所地特殊适用被保险人提供护理保险的市町村给予必要协助。

第三章　护理认定审查会

第14条（护理认定审查会）

为了开展第38条第2款所规定的审查判定业务，应在市町村中设置护理认定审查会（以下简称"认定审查会"）。

第15条（委员）

1. 认定审查会委员的人员数量，按照政令所确定的基准通过条例进行规定。

2. 委员由市町村村长（特别区则为区长。以下亦同）自对需要护理的主体的保健、医疗、福祉拥有专业知识及经验的主体中任命。

第 16 条（共同设置的帮助）

1. 根据地方自治法（1947 年法律第 67 号）第 252 条之 7 第 1 款的规定，应准备共同设置认定审查会的市町村的要求，都道府县可在市町村间提供必要的沟通。

2. 为确保认定审查会的顺利运营，针对共同设置认定审查会的市町村，都道府县可提供必要的技术建议以及其他帮助。

第 17 条（对政令的委任规定）

对于与认定审查会相关的必要事项，除本法所作规定外，由政令进行规定。

第四章　保险给付

第一节　通则

第 18 条（保险给付的种类）

本法所规定的保险给付包括：

（1）与被保险人的需要护理状态相关的保险给付（以下简称"护理给付"）。

（2）与被保险人的需要帮助状态相关的保险给付（以下简称"预防给付"）。

（3）除前 2 项所列举的保险给付外，由条例所规定的能够减轻需要护理等状态或者防止需要护理等状态的恶化的保险给付（第五节简称"市町村特别给付"）。

第 19 条（市町村的认定）

1. 为了判断准备接受护理给付的被保险人是否为需要护理的主体或者是否符合需要护理状态的区分情形时，准备接受护理给付的被保险人应接受市町村的认定（以下简称"需要护理的认定"）。

2. 为了判断准备接受预防给付的被保险人是否为需要帮助的主体或者是否满足需要帮助状态的区分情形时，准备接受预防给付的被保险人应接受市町村的认定（以下简称"需要帮助的认定"）。

第 20 条（与其他法令所规定的给付之间的调整）

针对处于需要护理等状态的被保险人，在提供劳动者灾害补偿保险法（1947 年法律第 50 号）所规定的疗养补偿给付、复数事业劳动者疗养给付、疗养给付、法令中政令所规定的其他给付的情形下，若被保险人获得相当于护理给付或预防给付（以下简称"护理给付等"）的给付，在政令所规定的限度内不再提供护理给付等服务，国家或地方公共团体在提供政令所规定给付以外的相当于护理给付等服务的其他给付时，在所提供给付的范围内，不再提供护理给付等服务。

第 21 条（损害赔偿请求权）

1. 在因第三人的行为导致发生给付事由的情况下，市町村提供保险给付后，在所提供给付的价额范围内，取得被保险人对第三人所享有的损害赔偿请求权。

2. 在前款规定的情形下，应当获得保险给付的被保险人，因同一事由自第三人处获得损害赔偿时，市町村在被保险人所获得的损害赔偿范围内免除保险给付义务。

3. 在收取根据第 1 款规定所应获得的损害赔偿金时，市町村可按照厚生劳动省令的规定，将该事项委托至国民健康保险法第 45 条第 5 款所规定的国民健康保险团体联合会实施（以下简称"联合会"）。

第 22 条（不当得利的返还等）

1. 针对通过欺诈或其他违法行为获得保险给付的主体，市町村除可要求该主体返还全部或部分给付价额外，在通过欺诈或其他违法行为所获得的保险给付为第 51 条之 3 第 1 款所规定的特定入所者护理服务费的给付、第 51 条之 4 第 1 款所规定的特殊特定入所者护理服务费的给付、第 61 条之 3 第 1 款所规定的特定入所者护理预防服务费的给付、第 61 条之 4 第 1 款所规定的特殊特定入所者护理预防服务费的给付时，还可按照厚生劳动大臣所规定的基准，向实施欺诈等违法行为的被保险人收取所受领给付 2 倍以下的金额。

2. 在前款所规定的情形下，针对访问看护、访问康复、日间康复、短期入所疗养护理、定期巡回·随时回应型访问护理看护、护理预防访问看护、护理预防访问康复、护理预防日间康复、护理预防短期入所疗养护理等服务，对治疗必要程度进行诊断的医生，从事其他居家服务或者与此相当的服务、区域密集型服务或者与此相当的服务、机构服务、护理预防服务或者与此相当的服务的医生或牙科医生，在向市町村提交的诊断书上作虚假记载，致使保险给付得以提供时，市町村可请求该医生或牙科医生与获得保险给付的主体，对应当承担的该款中的收取金缴纳义务承担连带责任。

3. 第41条第1款所规定的指定居家服务事业者、第42条之2第1款所规定的指定区域密集型服务事业者、第46条第1款所规定的指定居家护理帮助事业者、护理保险机构、第53条第1款所规定的指定护理预防服务事业者、第54条之2第1款所规定的指定区域密集型护理预防服务事业者、第58条第1款所规定的指定护理预防帮助事业者（本款以下简称"指定居家服务事业者等主体"），因欺诈或其他违法行为接受第41条第6款、第42条之2第6款、第46条第4款、第48条第4款、第51条之3第4款、第53条第4款、第54条之2第6款、第58条第4款或者第61条之3第4款所规定的给付时，市町村除可要求该指定居家服务事业者等返还给付价额外，还可向其收取所应当返还数额40%的价额。

第23条（文件的提交等）

在因提供保险给付而存在必要时，市町村可命令以下主体提交、出示文件或者其他物件，要求职员进行质问或核查：获得保险给付的主体，承担与保险给付相关的居家服务等服务［居家服务（包括与此相当的服务）、区域密集型服务（包括与此相当的服务）、居家护理帮助（包括与此相当的服务）、机构服务、护理预防服务（包括与此相当的服务）、区域密集型护理预防服务（包括与此相当的服务）、护理预防帮助（包括与此相当的服务）。以下亦同］的主体，提供与保险给付相关的第45条第1款所规定的住宅改建服务的主体，曾经具有此类身份的主体（第24条之2第1款第1项中简称"接受核查等对象"）。

第24条（账簿文件的出示等）

1. 在因提供护理给付等服务（居家护理住宅改建费的给付、护理预防住宅改建费的给付除外。下一款及第208条中亦同）而存在必要之时，厚生劳动大臣或都道府县知事可命令提供或使用居家服务等服务的主体，提供有关居家服务等服务的报告、居家服务等服务的记录、账簿文件以及其他物件，要求职员进行质问。

2. 在必要之时，厚生劳动大臣或都道府县知事可命令接受护理给付等服务的被保险人等主体，提供与护理给付等服务相关的居家服务等服务

(以下简称"护理给付等对象服务")内容的报告,要求职员进行质问。

3. 在根据前 2 款规定进行质问之时,职员应携带身份证明,此外,在关系人提出请求之时,应出示身份证明。

4. 第 1 款及第 2 款所规定的权限,不能被解释为用于犯罪搜查目的。

第 24 条之 2(指定市町村事务受托法人)

1. 在符合厚生劳动省令所规定的要件时,若为了妥当实施该事务而存在必要,市町村可将下列事项的一部分委托至都道府县知事指定的法人(本条以下简称"指定市町村事务受托法人")实施。

(1)第 23 条所规定的事务(有关接受核查等对象的选择除外)。

(2)与第 27 条第 2 款[包括第 28 条第 4 款、第 29 条第 2 款、第 30 条第 2 款、第 31 条第 2 款及第 32 条第 2 款(包含第 33 条第 4 款、第 33 条之 2 第 2 款、第 33 条之 3 第 2 款、第 34 条第 2 款中准用的情形)中准用的情形]所规定调查相关的事务。

(3)厚生劳动省令所规定的其他事务。

2. 指定市町村事务受托法人在开展前款第 2 项所规定的事务时,可要求护理帮助专业人员、厚生劳动省令所规定的其他主体开展与该委托相关的调查。

3. 指定市町村事务受托法人的管理人员、职员(包括前款所规定的护理帮助专业人员以及厚生劳动省令所规定的其他主体。下一款亦同)、曾经担任过这些职务的主体,在没有正当理由之时,不得泄露所知晓的有关该委托事务的秘密。

4. 在刑法(1907 年法律第 45 号)及其他罚则的适用问题上,指定市町村事务受托法人的管理人员、职员在从事委托事务之时,视为根据法令从事公务的职员。

5. 在根据第 1 款的规定对该款第 1 项及第 3 项所规定的事务进行委托时,市町村应按照厚生劳动省令的规定,对委托的事实予以公示。

6. 除前面各款所作规定外,对于同指定市町村事务受托法人相关的必要事项,应由政令进行规定。

第 24 条之 3(指定都道府县事务受托法人)

1. 为妥当实施下列事务而存在必要时,都道府县可将下列事务的部分,委托至都道府县知事指定的符合厚生劳动省令所规定要件的法人(以下简称"指定都道府县事务受托法人")实施。

（1）第 24 条第 1 款及第 2 款所规定的事务（与根据这些规定而作出命令及质问对象选择相关的事务、该命令本身除外）。

（2）厚生劳动省令所规定的其他事务。

2. 在没有正当理由的情况下，指定都道府县事务受托法人的管理人员、职员以及曾经担任此种职务的主体，不得泄露所知晓的与委托事务相关的秘密。

3. 在刑法及其他罚则的适用问题上，指定都道府县事务受托法人的管理人员、职员，在从事该委托事务时，视为根据法令从事公务的职员。

4. 在根据第 1 款的规定对事务进行委托后，都道府县应按照厚生劳动省令的规定，对委托的事实予以公示。

5. 在根据第 1 款的规定接受委托而实施该条第 1 款及第 2 款所规定的质问时，准用第 24 条第 3 款的规定。

6. 除前面各款所作规定外，有关指定都道府县事务受托法人的必要事项，由政令进行规定。

第 25 条（受领权的保护）

受领保险给付的权利，不得让渡、用于提供担保或者对其进行扣押。

第 26 条（税收及其他课征的禁止）

不得以所受领的保险给付为标准，收取税收、进行其他课征。

第二节　认定

第 27 条（需要护理的认定）

1. 准备接受需要护理认定的被保险人，应按照厚生劳动省令的规定，向市町村提交附有被保险人证明的申请书，以提出申请。此时，该被保险人可按照厚生劳动省令的规定，要求第 46 条第 1 款所规定的指定居家护理帮助事业者、区域密集型护理老人福祉机构、由厚生劳动省令所规定的护理保险机构、第 115 条之 46 第 1 款所规定的区域综合帮助中心，代为办理与该申请相关的手续。

2. 在市町村收到前款规定的申请时，可要求职员与该申请相关的被保险人展开面谈，对其身心状况、所处环境以及厚生劳动省令所规定的其他事项进行调查。此时，若被保险人在其他偏远地区拥有居所，可将此项调查委托由其他市町村实施。

3. 市町村在收到第 1 款规定的申请时，针对导致被保险人身体或精神残疾的疾病以及负伤状况，可征求与该申请相关的被保险人的主治医生的意见。不过，当被保险人没有主治医生、征求意见存在其他困难之时，市町村可要求被保险人接受指定医生、作为职员的医生对其进行诊断。

4. 市町村应将第 2 款所规定调查（根据第 24 条之 2 第 1 款第 2 项的规定进行委托时，包括有关该委托的调查）的结果、前款规定的主治医生的意见、指定医生或者作为职员的医生的诊断结果、厚生劳动省令所规定的其他事项，向认定审查会作出通知，针对与第 1 款规定的申请相关的被保险人，应根据下列被保险人的区分情形，要求对下列各项所规定事项进行审查及判定。

（1）第一号被保险人，是否处于需要护理的状态、属于哪一类需要护理的状态。

（2）第二号被保险人，是否处于需要护理的状态、属于哪一类需要护理的状态，是否因特定疾病导致出现身体或精神残疾，进而致使其处于需要护理的状态。

5. 根据前款的规定要求进行审查及判定时，认定审查会应按照厚生劳动大臣所规定的基准，对该款各项所规定的事项进行审查及判定，并将结果向市町村作出通知。在必要之时，认定审查会可就下列事项向市町村陈述意见。

（1）与为减轻被保险人的需要护理状态或防止需要护理状态恶化所必要的疗养相关的事项。

（2）为了合理且有效地使用第 41 条第 1 款所规定的指定居家服务、第 42 条之 2 第 1 款所规定的指定区域密集型服务、第 48 条第 1 款所规定的指定机构服务，被保险人应注意的事项。

6. 在进行前款前段所规定的审查及判定而存在必要之时，认定审查会可听取被保险人、其家庭成员、第 3 款所规定的主治医生以及其他关系人的意见。

7. 按照认定审查会根据第 5 款前段规定所得出的审查及判定结果，在市町村作出需要护理的认定时，应将作出的需要护理的认定结果通知被保险人。此时，市町村应将下列事项记载于被保险人证明之上，并将其返还至被保险人。

（1）被保险人符合的需要护理状态的区分情形。

（2）认定审查会对第 5 款第 2 项所规定事项的意见。

8. 需要护理的认定，溯及申请之日发生效力。

9. 基于认定审查会根据第 5 款前段规定所作出的审查及判定结果，当市町村认定被保险人不符合需要护理状态之时，应附带相关理由，向提出第 1 款所规定申请的被保险人作出通知，并向被保险人返还被保险人证明。

10. 若提出第 1 款所规定申请的被保险人，无正当理由拒绝第 2 款所规定的调查（根据第 24 条之 2 第 1 款第 2 项进行委托时，包括与该委托相关的调查）、第 3 款但书所规定的诊断命令时，市町村可驳回其提出的第 1 款所规定的申请。

11. 应自收到第 1 款所规定申请之日起 30 日以内，对第 1 款所规定的申请进行处理。不过，因存在对提出申请的被保险人身心状况进行调查而需要一定时间等特别事由时，自收到申请之日起 30 日以内，可向被保险人告知为了对该申请进行处理的必要期间（下一款简称"预期处理期间"）及理由，并延长处理期间。

12. 具有下列情形之一时，应视为市町村已驳回被保险人的申请：自提出第 1 款所规定的申请之日起 30 日以内仍未作出处理，未作出前款但书所规定的通知，至预期处理期间经过之日仍未对该申请作出处理。

第 28 条（需要护理认定的更新）

1. 在厚生劳动省令所规定的期间（本条以下简称"有效期间"）内，只要仍符合需要护理状态的区分情形，需要护理认定就具有效力。

2. 如果能够预见到在需要护理认定的有效期间届满后，获得需要护理认定的被保险人仍将处于需要护理状态，获得需要护理认定的被保险人可根据厚生劳动省令的规定，请求市町村对需要护理认定进行更新（以下简称"需要护理认定的更新"）。

3. 对于可提出前款所规定申请的被保险人而言，若其因为灾害或者其他无法抗拒的事由，在需要护理认定的有效期间届满前无法提出申请，可在有关事由消失后 1 个月以内，提出需要护理认定的更新申请。

4. 前条（第 8 款除外）规定准用于前 2 款所规定的申请、与该申请相关的需要护理认定的更新。此时，该条规定中必要的文字变更，由政令进行规定。

5. 市町村可将前款中所准用的前条第 2 款所规定的调查，委托至第 46 条第 1 款所规定的指定居家护理帮助事业者、区域密集型护理老人福祉机构、护理保险机构、厚生劳动省令所规定的其他事业者或机构（本条以下简称"指定居家护理帮助事业者等"）、厚生劳动省令所规定的护理帮助专业人员实施。

6. 根据前款规定接受委托的指定居家护理帮助事业者等主体，可要求护理帮助专业人员、厚生劳动省令所规定的其他主体，开展与该委托相关的调查。

7. 根据第5款规定接受委托的指定居家护理帮助事业者等主体（为法人时则为其管理人员。下一款亦同）、其职员（包括前款规定的护理帮助专业人员、厚生劳动省令所规定的其他主体。下一款亦同）、护理帮助专业人员、曾经担任过这些职务的主体，在没有正当理由的情况下，不得泄露所知道的与该委托业务有关的个人秘密。

8. 在刑法及其他罚则的适用问题上，根据第5款规定接受委托的指定居家护理帮助事业者等主体、其职员、护理帮助专业人员、从事该委托业务的主体，视为按照法令从事公务的职员。

9. 与第3款所规定申请有关的需要护理认定的更新，溯及需要护理认定有效期间届满之日的次日发生效力。

10. 第1款规定准用于需要护理认定的更新。此时，该款中"在厚生劳动省令所规定的期间"变更为"自厚生劳动省令所规定有效期间届满之日的次日起算的期间"。

第29条（需要护理状态区分变更的认定）

1. 被认定为需要护理的被保险人，当需要护理的状态符合其他区分情形时，可根据厚生劳动省令的规定，向市町村提出需要护理状态区分变更认定的申请。

2. 第27条及前条第5—8款的规定，准用于前款所规定的申请、与该申请相关的需要护理状态区分变更的认定。此时，这些规定中必要的文字变更，由政令进行规定。

第30条

1. 当需要护理的必要程度降低，导致需要护理状态的区分情形发生变更时，市町村可作出对需要护理状态区分进行变更的认定。此时，市町村应按照厚生劳动省令的规定，要求被保险人提交被保险人证明，记载与该变更认定相关的的需要护理状态区分、下一款所准用的第27条第5款后段规定的认定审查会的意见（仅限于与该款第2项所规定事项相关的意见）之后，将被保险人证明返还至被保险人。

2. 第 27 条第 2—6 款、第 7 款前段、第 28 条第 5—8 款的规定，准用于前款所规定的对需要护理状态区分变更的认定。此时，这些规定中必要的文字变更，由政令进行规定。

第 31 条（需要护理认定的取消）

1. 当获得需要护理认定的被保险人符合下列各项所规定的情形之一时，市町村可取消需要护理的认定。此时，市町村应按照厚生劳动省令的规定，要求被保险人提交被保险人证明，在将第 27 条第 7 款各项所记载的事项涂销后返还至被保险人。

（1）不满足需要护理的主体的条件。

（2）在没有正当理由的情况下，对前条第 2 款或下一款中准用的第 27 条第 2 款所规定的调查（根据第 24 条之 2 第 1 款第 2 项、前条第 2 款、下一款中所准用的第 28 条第 5 款规定进行委托时，与该委托相关的调查亦包括在内）未作出回应、不遵从按照前条第 2 款或下一款中所准用的第 27 条第 3 款但书规定所提出的诊断命令。

2. 第 27 条第 2—4 款、第 5 款前段、第 6 款及第 7 款前段、第 28 条第 5—8 款的规定，准用于前款第 1 项所规定的需要护理认定的取消。此时，这些规定中必要的文字变更，由政令进行规定。

第 32 条（需要帮助的认定）

1. 准备获得需要帮助认定的被保险人，应根据厚生劳动省令的规定，在申请书中附上被保险人证明并向市町村提出申请。此时，该被保险人可根据厚生劳动省令的规定，要求以下主体代为办理与该申请相关的手续：第 46 条第 1 款所规定的指定居家护理帮助事业者、区域密集型护理老人福祉机构、由厚生劳动省令所规定的护理保险机构、第 115 条之 46 第 1 款所规定的区域综合帮助中心。

2. 第 27 条第 2 款及第 3 款的规定，准用于与前款所规定申请相关的调查、与该款中申请相关的被保险人主治医生的意见、对被保险人的诊断命令。

3. 市町村应就以下事项向认定审查会作出通知：前款中准用的第 27 条第 2 款所规定的调查（依据第 24 条之 2 第 1 款第 2 项进行委托时，包括与该委托相关的调查）结果、前款中所准用的第 27 条第 3 款所规定的主治医生的意见、指定医生、作为职员的医生出具的诊断结果、厚生劳动省令所规定的其他事项,针对与第 1 款所规定申请相关的被保险人,市町村应根据下列各项列举的被保险人的区分情形,要求就各项所规定的事项进行审查及判定。

(1) 第一号被保险人,是否处于需要帮助的状态、属于哪一类需要帮助的状态。

(2) 第二号被保险人,是否处于需要帮助的状态、属于哪一类需要帮助的状态,是否因特定疾病导致出现身体或精神残疾,进而致使其处于需要帮助的状态。

4. 在依据前款规定进行审查及判定时,认定审查会应按照厚生劳动大臣所规定的基准,对该款各项所规定的事项进行审查及判定,并将结果向市町村作出通知。此时,认定审查会在认为必要之时,可就下列事项向市町村陈述意见。

(1) 为减轻该被保险人的需要帮助状态或者防止需要帮助状态恶化,而与疗养、家庭事务帮助相关的必要事项。

(2) 为合理且有效使用以下服务,被保险人必须注意的事项:第 53 条第 1 款所规定的指定护理预防服务、第 54 条之 2 第 1 款所规定的指定区域密集型护理预防服务、特定护理预防·日常生活帮助综合事业。

5. 第 27 条第 6 款的规定,准用于前款前段所规定的审查及判定。

6. 基于根据第 4 款前段的规定认定审查会所通知的审查及判定结果,市町村作出需要帮助的认定时,应将需要帮助的认定向被保险人作出通知。此时,市町村应将下列事项记载于被保险人证明后返还至被保险人。

(1) 所符合的需要帮助状态的区分情形。

(2) 认定审查会就第 4 款第 2 项所列举事项的意见。

7. 需要帮助的认定,溯及申请之日发生效力。

8. 基于根据第 4 款前段的规定认定审查会所作出的审查及判定结果,判定不符合需要帮助的主体条件时,应附带理由通知被保险人,并向被保险人返还被保险人证明。

9. 第 27 条第 10—12 款的规定,准用于第 1 款所规定的申请及对申请的处理。

第 33 条(需要帮助认定的更新)

1. 在厚生劳动省令所规定的期间(以下简称"有效期间")内,只要仍符合需要帮助状态的区分情形,需要帮助的认定就具有效力。

2. 如果能够预见到在认定有效期间届满后，获得需要帮助认定的被保险人仍将处于需要帮助的状态，获得需要帮助认定的被保险人可按照厚生劳动省令的规定，向市町村提出需要帮助认定的更新申请。

3. 对于能够提出前款所规定申请的被保险人，若因灾害或者其他无法抗拒的事由，在需要帮助认定有效期间届满前无法提出该款中的申请时，可自相应事由消失之日起1个月以内，提出需要帮助认定的更新申请。

4. 前条（第7款除外）、第28条第5—8款的规定，准用于前2款的申请以及与该申请相关的需要帮助认定的更新。此时，这些规定中文字的必要变更，由政令进行规定。

5. 与第3款中申请相关的需要帮助认定的更新，溯及需要帮助认定有效期间届满之日的次日发生效力。

6. 第1款规定准用于需要帮助认定的更新。此时，该款中"厚生劳动省令所规定的期间"，变更为"自厚生劳动省令所规定的有效期间届满之日次日起算的期间"。

第33条之2（需要帮助状态区分变更的认定）

1. 获得需要帮助认定的被保险人，需要帮助的状态符合其他需要帮助状态区分情形时，可按照厚生劳动省令的规定，向市町村提出需要帮助状态区分变更认定的申请。

2. 第28条第5—8款、第32条的规定准用于前款所规定的申请、与申请相关的需要帮助状态区分变更的认定。此时，这些规定中必要的文字变更，应由政令进行规定。

第33条之3

1. 在获得需要帮助认定的被保险人需要帮助的必要性程度降低，以至于符合其他的需要帮助状态区分情形时，市町村可作出对需要帮助状态区分进行变更的认定。此时，市町村应按照厚生劳动省令的规定，要求被保险人提交被保险人证明，在将与该变更认定相关的需要帮助状态区分情形、下一款中所准用的第32条第4款后段规定的认定审查会意见（限于与该款第2项所列举事项相关的意见），记载于被保险人证明后，将其返还至被保险人。

2. 第28条第5—8款、第32条第2—5款、第6款前段的规定，准用于前款所规定的需要帮助状态区分变更的认定。此时，这些规定中必要的文字变更，应由政令进行规定。

第 34 条（需要帮助认定的取消）

1. 获得需要帮助认定的被保险人，在符合下列各项所规定的情形之一时，市町村可取消需要帮助的认定。此时，市町村应按照厚生劳动省令的规定，要求被保险人提交被保险人证明，涂销所记载的第 32 条第 6 款各项列举的事项后，并将其返还至被保险人。

（1）不符合需要帮助的主体所满足的条件。

（2）无正当理由，对根据前条第 2 款、下一款所准用的第 32 条第 2 款中准用的第 27 条第 2 款开展的调查（根据第 24 条之 2 第 1 款第 2 项、前条第 2 款、下一款所准用的第 28 条第 5 款的规定进行委托时，包括与委托相关的调查）未作出回应，对根据下一款所准用的第 32 条第 2 款的规定，准用的第 27 条第 3 款但书规定的诊断命令不予遵从。

2. 第 28 条第 5—8 款、第 32 条第 2 款、第 3 款、第 4 款前段、第 5 款及第 6 款前段的规定，准用于前款第 1 项所规定的需要帮助认定的取消。此时，这些规定中必要的文字变更，应由政令进行规定。

第 35 条（需要护理认定等程序的特例）

1. 认定审查会在根据第 27 条第 4 款（包括第 28 条第 4 款中准用的情形）的规定，认定被保险人不符合需要护理的主体所满足的条件时，若被保险人符合需要帮助的主体所满足的条件，无论第 27 条第 5 款（包括第 28 条第 4 款中准用的情形）作何规定，可将这一认定结果向市町村作出通知。

2. 市町村在收到前款所规定的通知时，若被保险人已经提出第 32 条第 1 款规定的申请，并根据该条第 3 款的规定请求认定审查会进行审查及判定，视为市町村已收到该条第 4 款所规定的认定审查会的通知，并可作出需要帮助的认定。此时，市町村除需向被保险人通知需要帮助认定的结果外，还应在被保险人证明上记载该条第 6 款各项所列举的事项后，将被保险人证明返还至被保险人。

3. 当认定审查会根据第 32 条第 3 款（包含第 33 条第 4 款中准用的情形）的规定，对被保险人进行审查及判定时，若被保险人符合需要护理的主体所满足的条件，无论第 32 条第 4 款（包含第 33 条第 4 款中准用的情形）作何规定，可将认定结果向市町村作出通知。

4. 市町村在收到前款所规定的通知时，若被保险人已经提出第 27 条第 1 款所规定的申请，且市町村按照该条第 4 款的规定要求认定审查会进行审查及判定，视为市町村已经收到根据该条第 5 款的规定由认定审查会作出的通知，并可作出需要护理的认定。此时，市町村除应当将认定结果向被保险人作出通知外，还应将该条第 7 款各项所列举的事项记载于被保险人证明后，将其返还至被保险人。

5. 认定审查会在根据第 31 条第 2 款中所准用的第 27 条第 4 款的规定，对被保险人进行审查及判定时，若认定被保险人不符合需要护理的主体所满足的条件，但符合需要帮助的主体条件时，无论第 31 条第 2 款中所准用的第 27 条第 5 款作何规定，可将认定结果向市町村作出通知。

6. 市町村在收到前款所规定的通知时，若被保险人已经提出第 32 条第 1 款所规定的申请，且市町村根据该条第 3 款的规定要求认定审查会进行审查及判定时，视为市町村已经收到根据该条第 4 款的规定由认定审查会作出的通知，并可作出需要帮助的认定。此时，市町村应按照厚生劳动省令的规定，要求被保险人提交被保险人证明，并将该条第 6 款各项所列举的事项记载于被保险人证明后，返还至被保险人。

第 36 条（住所移转后需要护理的认定及需要帮助的认定）

其他市町村认定为需要护理的主体、需要帮助的主体，成为本市町村所提供护理保险的被保险人时，在该被保险人取得其资格之日起 14 日以内，在附上其他市町村作出的需要护理认定或需要帮助认定的书面证明的同时，向本市町村提出需要护理认定或需要帮助认定的申请，无论第 27 条第 4 款及第 7 款前段、第 32 条第 3 款及第 6 款前段作何规定，市町村可在不经由认定审查会的审查及判定的情况下，按照书面记载事项作出需要护理的认定或需要帮助的认定。

第 37 条（护理给付等对象服务种类的指定）

1. 在进行需要护理认定、需要护理认定的更新、第 29 条第 2 款中所准用的第 27 条第 7 款或第 30 条第 1 款所规定的需要护理状态区分变更的认定、需要帮助的认定、需要帮助认定的更新、第 33 条之 2 第 2 款中所准用的第 32 条第 6 款或第 33 条之 3 第 1 款所规定的需要帮助状态区分变更的认定（本款以下简称"认定"）时，基于认定审查会针对第 27 条第 5 款第 1 项（包括第 28 条第 4 款、第 29 条第 2 款以及第 30 条第 2 款中准用的情形）、第 32 条第 4 款第 1 项（包括第 33 条第 4 款、第 33 条之 2 第 2 款、第 33 条之 3 第 2 款中准用的情形）中所列举事项的意见，市町村能够向与认定相关的被保险人指定可获得的下列种类的服务：与居家护理服务费或特殊居家护理服务费相关的居家服务、与区域密集型护理服务费或特殊区域密集型护理服务费相关的区域密集型服务、与机构护理服务费或特殊机构护理服务费相关的机构服务、与护理预防服务费或特殊护理预防服务费相关的护理预防服务、与区域密集型护理预防服务费或特殊区域密集型护理预防服务费相关的区域密集型护理预防服务。此时，市町村应将法律规定应记载的事项，连同与指定相关的居家服务、区域密集型服务、机构服务、护理预防服务、区域密集型护理预防服务的种类，在被保险人证明上予以记载。法律规定应记载的事项包括：第 27 条第 7 款后段（包含第 28 条第 4 款及第 29 条第 2 款中准用的情形）、第 30 条第 1 款后段、第 35 条第 4 款后段、第 32 条第 6 款后段（包含第 33 条第 4 款以及第 33 条之 2 第 2 款中准用的情形）、第 33 条之 3 第 1 款后段、第 35 条第 2 款后段、第 6 款后段规定应记载的事项。

2. 接受前款前段所规定指定的被保险人，可就与指定相关的居家服务、区域密集型服务、机构服务、护理预防服务、区域密集型护理预防服务的种类提出变更申请。

3. 在提出前款所规定的申请时，应按照厚生劳动省令的规定附上被保险人证明。

4. 市町村在收到第 2 款所规定的申请时，应按照厚生劳动省令的规定，听取认定审查会的意见，在必要之时，可对与指定相关的居家服务、区域密集型服务、机构服务、护理预防服务、区域密集型护理预防服务的种类进行变更。

5. 针对根据前款的规定提出第 2 款所规定申请的被保险人，市町村按照第 1 款前段的规定，对与指定相关的居家服务、区域密集型服务、机构服务、护理预防服务、区域密集型护理预防服务的种类进行变更时，除应将变更结果向被保险人作出通知外，还应在被保险人证明上记载变更后的居家服务、区域密集型服务、机构服务、护理预防服务、区域密集型护理预防服务的种类后，将其返还至被保险人。

第 38 条（都道府县的帮助等）

1. 市町村在开展第 27—35 条、前条所规定的业务时，都道府县可通过其设立的福祉事务所［指的是社会福祉法（1951 年法律第 45 号）所规定的与福祉事业相关的事务所］、保健所，向市町村就技术问题提供帮助以及其他必要帮助。

2. 对于根据地方自治法第252条之14第1款的规定，接受市町村委托开展审查判定业务（指的是认定审查会根据第27—35条、前条的规定所开展的业务。本条以下亦同）的都道府县而言，为开展该审查判定业务，应设置都道府县护理认定审查会。

3. 第15条及第17条的规定，准用于前款所规定的都道府县护理认定审查会。此时，第15条中的"市町村村长（特别区则为区长。以下亦同）"变更为"都道府县知事"。

4. 若市町村将审查判定业务委托至都道府县实施，在适用第27条（包含第28条第4款、第29条第2款、第30条第2款、第31条第2款及第32条第5款中准用的情形）、第30条、第32条（包含第33条第4款、第33条之2第2款、第33条之3第2款以及第34条第2款中准用的情形）、第33条之3及第35条至前条规定时，这些规定中的"认定审查会"变更为"都道府县护理认定审查会"。

第39条（对厚生劳动省令的委任）

除本节所规定的事项外，与需要护理的认定、需要帮助的认定申请以及其他程序相关的必要事项，由厚生劳动省令进行规定。

第三节 护理给付

第40条（护理给付的种类）

护理给付，包括下列保险给付。

（1）居家护理服务费的给付。

（2）特殊居家护理服务费的给付。

（3）区域密集型护理服务费的给付。

（4）特殊区域密集型护理服务费的给付。

（5）居家护理福祉工具购入费的给付。

（6）居家护理住宅改建费的给付。

（7）居家护理服务计划费的给付。

（8）特殊居家护理服务计划费的给付。

（9）机构护理服务费的给付。

（10）特殊机构护理服务费的给付。

（11）高额护理服务费的给付。

（12）高额医疗总计护理服务费的给付。

（13）特定入所者护理服务费的给付。

（14）特殊特定入所者护理服务费的给付。

第 41 条（居家护理服务费的给付）

1. 当获得需要护理认定的被保险人（以下简称"需要护理的被保险人"）在住宅中接受护理服务（以下简称"需要居家护理的被保险人"），并自都道府县知事所指定的主体处（以下简称"指定居家服务事业者"），获得开展居家服务事业的事业所提供的指定居家服务（以下简称"指定居家服务"）时，对于该需要居家护理的被保险人而言，针对该指定居家服务所需费用（购买特定福祉工具所需费用除外，在日间护理、日间康复、短期入所生活护理、短期入所疗养护理、特定机构居住者生活护理所需费用中，提供饮食所需费用、停留所需费用以及厚生劳动省令所规定的日常生活所需其他费用除外。本条以下亦同），由市町村给付居家护理服务费。不过，该需要居家护理的被保险人，在获得第 37 条第 1 款所规定的指定时，若接受与该指定相关种类以外的居家服务，不在此限。

2. 按照厚生劳动省令的规定，仅限于市町村认为存在必要时，由市町村给付居家护理服务费。

3. 准备获得指定居家服务的需要居家护理的被保险人，应按照厚生劳动省令的规定，向自己所选择的指定居家服务事业者出示被保险人证明，接受指定居家服务。

4. 居家护理服务费的数额，按照下列各项所规定的居家服务区分情形，分别按照下列各项所规定数额予以确定。

（1）对于访问护理、访问入浴护理、访问看护、访问康复、居家疗养管理指导、日间护理、日间康复以及福祉工具出借，考虑到这些居家服务的种类、与居家服务种类相关的指定居家服务内容、开展指定居家服务事业的事业所所在区域等因素，在此基础上计算出指定居家服务所需平均费用（对于日间护理、日间康复所需费用而言，提供饮食所需费用以及厚生劳动省令所规定的日常生活所需其他费用除外）数额，基于指定居家服务所需平均费用数额，并按照厚生劳动大臣所规定的基准，计算出费用数额，相当于所计算出费用数额（此项数额超过该指定居家服务实际所需费用时，为该指定居家服务实际所需费用数额）的 90% 的数额。

（2）对于短期入所生活护理、短期入所疗养护理、特定机构居住者生活护理，考虑到这些居家服务的种类、需要护理状态的区分情形、开展指定居家服务事业的事业所所在区域等因素，在此基础上计算出该指定居家服务所需平均费用（提供饮食所需费用、停留所需费用以及由厚生劳动省令所规定的日常生活所需其他费用除外）数额，基于指定居家服务所需平均费用数额，并按照厚生劳动大臣所规定的基准，计算出费用数额，相当于所计算出费用数额（此项数额超过该指定居家服务实际所需费用数额时，为该指定居家服务实际所需费用数额）的90%的数额。

5. 厚生劳动大臣在准备制定前款各项中的基准时，应事先听取社会保障审议会的意见。

6. 需要居家护理的被保险人，自指定居家服务事业者处接受指定居家服务（仅限于以下情形：当该需要居家护理的被保险人接受第46条第4款规定的指定居家护理帮助，而提前向市町村提出申报时，该指定居家服务为该指定居家护理帮助的对象、厚生劳动省令所规定的其他情形）时，对于需要居家护理的被保险人应向指定居家服务事业者所应支付的指定居家服务所需费用，在市町村应向需要居家护理的被保险人所应支付的居家护理服务费范围内，市町村可代需要居家护理的被保险人，向指定居家服务事业者支付。

7. 依据前款规定进行支付时，视为已经向需要居家护理的被保险人给付居家护理服务费。

8. 指定居家服务事业者在受领提供的指定居家服务以及其他服务所需费用时，应按照厚生劳动省令的规定，向支付费用的需要居家护理的被保险人交付收据。

9. 在指定居家服务事业者请求市町村给付居家护理服务费时，市町村应参照第4款各项中厚生劳动大臣所规定的基准、第74条第2款所规定的与指定居家服务事业设备及运营相关的基准（仅限于与指定居家服务的处理相关的部分），进行审查的基础之上，支付居家护理服务费。

10. 市町村可将与前款规定的审查及支付相关的事务委托至联合会实施。

11. 接受前款所规定委托的联合会，在得到进行委托的市町村的同意后，可按照厚生劳动省令的规定，将该委托事务的一部分委托至符合厚生劳动省令所规定要件的不以营利为目的的法人实施。

12. 除前面各款所作规定外，与居家护理服务费给付、指定居家服务事业者对居家护理服务费请求相关的必要事项，由厚生劳动省令进行规定。

第 42 条（特殊居家护理服务费的给付）

1. 在下列情形下，市町村应向需要居家护理的被保险人给付特殊居家护理服务费。

（1）需要护理的认定发生效力之日以前，需要居家护理的被保险人因紧急或者其他无法抗拒的事由，接受指定居家服务而存在必要之时。

（2）需要居家护理的被保险人有必要接受指定居家服务以外的居家服务或与此相当的服务（事业所所提供的服务除应满足下列条件外：与指定居家服务事业相关的第 74 条第 1 款中都道府县条例所规定的基准、该款中都道府县条例所规定的人员数量、与该条第 2 款所规定的指定居家服务事业的设备及运营相关的基准，还应满足都道府县条例所规定的条件。下一项及下一款中简称"基准居家服务"）。

（3）因处于境外或位于其他区域致使提供指定居家服务、基准居家服务存在困难之时，对于在满足厚生劳动大臣所规定基准的地区，拥有住所的需要居家护理的被保险人而言，接受指定居家服务、基准居家服务以外的居家服务或与此相当的服务而存在必要之时。

（4）政令所规定的其他情形。

2. 都道府县在制定前款第 2 项所规定的条例之时，应遵循厚生劳动省令就第 1—3 项所列举事项规定的基准，以厚生劳动省令就第 4 项所列举事项所规定的基准为标准，并参考厚生劳动省令就其他事项所规定的基准。

（1）与基准居家服务的从业者相关的基准、从业者的人员数量。

（2）与基准居家服务事业相关的居室的地面面积。

（3）与基准居家服务事业运营相关，为确保需要护理的主体能够便利地使用服务、恰当地处理、确保其安全、保守其秘密，而由厚生劳动省令所规定的事项。

（4）与基准居家护理服务事业相关的使用人员数量。

3. 在确定特殊居家护理服务费的数额时，应按照前条第 4 款各项中厚生劳动大臣对居家服务或者与此相当的服务所规定的基准，计算出费用数额［此项数额超过该居家服务或者与此相当的服务实际所需费用（特定福祉工具购买所需费用除外，针对日间护理、日间康复、短期入所生活护理、短期入所疗养护理、特定机构居住者生活护理以及与此相当的服务所需费用，应排除提供饮食所需费用、停留所需费用以及厚生劳动省令所规定的日常生活所需其他费用）数额之时，应以该居家服务或者与之相当的服务实际所需费用数额为准]，以计算出费用数额的90%为基准，由市町村予以确定。

4. 因特殊居家护理服务费的给付而存在必要时，针对承担与给付相关的居家服务或者与此相当的服务的主体（本款以下简称"承担居家服务等的主体"），市町村村长可命令其提交或出示报告、账簿文件，要求其出席，命令职员对关系人进行质问，进入承担居家服务等的主体的事业所，对设备、账簿文件及其他物件进行检查。

5. 第24条第3款的规定准用于前款所规定的质问及调查，该条第4款的规定准用于前款所规定的权限。

第42条之2（区域密集型护理服务费的给付）

1. 市町村［在与作为住所地特殊适用被保险人的需要护理的被保险人（以下简称"住所地特殊适用需要护理的被保险人"）相关的特定区域密集型服务的情形下，包括机构所在地市町村］村长指定特定主体（以下简称"指定区域密集型服务事业者"），为需要护理的被保险人提供开展区域密集型服务的事业所所提供的区域密集型服务（以下简称"指定区域密集型服务"）时，对于指定区域密集型服务所需费用（对于区域密集型日间护理、认知症回应型日间护理、小规模多机能型居家护理、认知症回应型共同生活护理、区域密集型特定机构居住者生活护理、区域密集型护理老人福祉机构入所者生活护理所需费用，应当排除提供饮食所需费用、居住所需费用、厚生劳动省令所规定的日常生活所需其他费用。本条以下亦同），应由市町村向需要护理的被保险人，给付区域密集型护理服务费。不过，该需要护理的被保险人，接受第37条第1款规定的指定的场合下，若获得的是与指定相关种类以外的区域密集型服务，则不受本条规定限制。

2. 在确定区域密集型护理服务费用数额时，应根据下列各项所列举的区域密集型服务区分情形，分别按照各项所规定的数额予以确定。

（1）对于定期巡回·随时回应型访问护理看护、复合型服务而言，应考虑到这些区域密集型服务的种类、与区域密集型服务的种类相关的指定区域密集型服务的内容、需要护理状态的区分情形、指定区域密集型服务事业所所在区域等因素，计算出指定区域密集型服务所需平均费用 [对于复合型服务（仅限于厚生劳动省令所规定的复合型服务。下一条第2款亦同）所需费用而言，排除提供饮食所需费用、住宿所需费用以及厚生劳动省令所规定的日常生活所需其他费用] 数额，在此基础上，按照厚生劳动大臣所规定的基准，计算出费用数额，相当于所计算出费用数额（此项数额超过该指定区域密集型服务实际所需费用数额时，则为该指定区域密集型服务实际所需费用数额）的90%的数额。

（2）对于夜间回应型访问护理、区域密集型日间护理、认知症回应型日间护理而言，应考虑到这些区域密集型服务的种类、与指定区域密集型服务种类相关的指定区域密集型服务的内容、指定区域密集型服务事业所所在区域等因素，计算出指定区域密集型服务所需平均费用（针对区域密集型日间护理及认知症回应型日间护理所需费用而言，排除提供饮食所需费用以及厚生劳动省令所规定的日常生活所需其他费用）数额，在此基础上，按照厚生劳动大臣所规定的基准，计算出费用数额，相当于所计算出费用数额（此项数额超过该指定区域密集型服务实际所需费用数额时，为该指定区域密集型服务实际所需费用数额）的90%的数额。

（3）对于小规模多机能型居家护理、认知症回应型共同生活护理、区域密集型特定机构居住者生活护理、区域密集型护理老人福祉机构入所者生活护理而言，应考虑到这些区域密集型服务的种类、需要护理状态的区分情形、开展与区域密集型服务种类相关的指定区域密集型服务事业的事业所所在区域等因素，计算出指定区域密集型服务所需平均费用（提供饮食所需费用、居住所需费用以及厚生劳动省令所规定的日常生活所需其他费用除外）数额，在此基础上，按照厚生劳动大臣所规定基准，计算出费用数额，相当于所计算出费用数额（此项数额超过该指定区域密集型服务实际所需费用数额时，则为该指定区域密集型服务实际所需费用数额）的90%的数额。

3. 厚生劳动大臣在准备制定前款各项所规定的基准时，应事先听取社会保障审议会的意见。

4. 无论第2款各项作何规定，考虑到区域密集型服务的种类及其他情况后，在根据厚生劳动大臣规定基准所计算出的数额范围内，市町村 [如果机构所在市町村村长，根据第1款主文的规定对区域密集型服务事业者进行指定，若住所地特殊适用需要护理的被保险人，自指定的主体处接受指定区域密集型服务，在确定与住所地特殊适用需要护理的被保险人相关的区域密集型护理服务费（限于与特定区域密集型服务相关的服务费）数额时，为机构所在地的市町村］所确定的数额，可作为市町村中区域密集型护理服务费的数额，以代替该款各项所规定的区域密集型护理服务费数额。

5. 市町村在准备确定前款所规定的区域密集型护理服务费数额时，应事先反映市町村所提供护理保险的被保险人及其他关系人的意见，并采取必要措施以使得具备专业知识及经验的主体能够充分发挥自身才能。

6. 需要护理的被保险人自指定区域密集型服务事业者处，接受指定区域密集型服务时（仅限于以下情形：根据第46条第4款规定，该需要护理的被保险人接受指定居家护理帮助，而事先向市町村提出申报时，该指定区域密集型服务构成该指定居家护理帮助对象的情形、厚生劳动省令所规定的其他情形），对于需要护理的被保险人应当向指定区域密集型服务事业者所支付的区域密集型服务所需费用，在市町村应向需要护理的被保险人所支付的区域密集型护理服务费额度范围内，市町村可代需要护理的被保险人，向指定区域密集型服务事业者支付区域密集型服务所需费用。

7. 提出前款所规定的给付时，视为已向需要护理的被保险人给付区域密集型护理服务费。

8. 当指定区域密集型服务事业者请求市町村支付区域密集型护理服务费时，市町村应参照第2款各项中厚生劳动省大臣所规定基准、根据第4款的规定由市町村［如果机构所在市町村村长，根据第1款主文规定对区域密集型服务事业者进行指定，若住所地特殊适用需要护理的被保险人自指定的主体处接受指定区域密集型服务，对与住所地特殊适用需要护理的被保险人相关的区域密集型护理服务费（仅限于与特定区域密集型服务相关的部分）提出请求时，为机构所在市町村］所确定数额、根据第78条之4第2款或第5款的规定由市町村［如果机构所在市町村村长，根据第1款主文规定对区域密集型服务事业者进行指定，若住所地特殊适用需要护理的被保险人自指定的主体处接受指定区域密集型服务，对与住所地特殊适用需要护理的被保险人相关的区域密集型护理服务费（仅限于与特定区域密集型服务相关的部分）提出请求时，为机构所在市町村］

所制定的与指定区域密集型服务事业设施及运营相关的基准（仅限于与指定区域密集型服务的处理相关的部分），进行审查之后，再予以支付。

9. 第 41 条第 2 款、第 3 款、第 10 款及第 11 款的规定，准用于区域密集型护理服务费的给付，该条第 8 款规定准用于指定区域密集型服务事业者。此时，这些规定中必要的文字变更，应由政令进行规定。

10. 除前面各款所作规定外，有关区域密集型护理服务费的给付、指定区域密集型服务事业者对区域密集型护理服务费请求的必要事项，由厚生劳动省令进行规定。

第 42 条之 3（特殊区域密集型护理服务费的给付）

1. 在下列情形下，市町村应向需要护理的被保险人给付特殊区域密集型护理服务费。

（1）在需要护理的认定发生效力之日以前，需要护理的被保险人因紧急原因或其他无法抗拒的事由，接受指定区域密集型服务而存在必要之时。

（2）因处于境外或位于其他区域致使提供指定区域密集型服务（区域密集型护理老人福祉机构入所者生活护理除外。本项以下亦同）存在困难之时，对于在满足厚生劳动大臣所规定基准的地区，拥有住所的需要护理的被保险人而言，接受指定区域密集型服务以外的区域密集型服务（区域密集型护理老人福祉机构入所者生活护理除外）或与此相当的服务而存在必要之时。

（3）政令所规定的其他情形。

2. 对于区域密集型服务或者与此相当的服务而言，按照前条第 2 款各项中厚生劳动大臣所确定基准计算出费用数额［此项数额超出该区域密集型服务或者与此相当的服务实际所需费用（对于区域密集型日间护理、认知症回应型日间护理、小规模多机能型居家护理、认知症回应型共同生活护理、区域密集型特定机构居住者生活护理、区域密集型护理老人福祉机构入所者生活护理、复合型服务以及与此相当的服务所需费用而言，排除提供饮食所需费用、居住所需费用以及厚生劳动省令所规定的日常生活所需其他费用）数额之时，则为区域密集型服务或者与此相当的服务实际所需费用数额］，以相当于计算出费用数额的 90% 或按照该条第 4 款的规定市町村［如果机构所在市町村村长，根据该条第 1 款主文规定对区域密集型服务事业者进行指定，若住所地特殊适用需要护理的被保险人、厚生劳动省令所规定的其他主体自指定的主体处接受指定区域密集型服务，对与住所地特殊适用需要护理的被保险人、厚生劳动省令所规定其他主体相关的特殊区域密集型护理服务费（仅限于与特定区域密集型服务相关的部分）提出请求时，为机构所在市町村］所确定数额为基准，由市町村确定特殊区域密集型护理服务费数额。

3. 因特殊区域密集型护理服务费的给付而存在必要之时，市町村村长可命令负责、曾经负责与该给付相关的区域密集型服务或与此相当的服务的主体（本款以下简称"区域密集型服务等的负责人"）提交或者出示报告、账簿文件，要求其出席，命令职员对关系人进行质问，进入区域密集型服务等的负责人与该给付相关的事业所，对设备、账簿文件及其他物件进行检查。

4. 第24条第3款的规定，准用于根据前款规定进行的质问及检查，该条第4款的规定准用于前款规定中的权限。

第43条（与居家护理服务费等相关的给付限额）

1. 在厚生劳动省令所规定期间内，按照居家服务等的区分情形［对于居家服务（包括与此相当的服务。本条以下亦同）以及区域密集型服务（包括与此相当的服务，排除区域密集型护理老人福祉机构入所者生活护理。本条以下亦同）而言，指的是应考虑到各服务类型的相互替代性基础上，由厚生劳动大臣所确定的两种以上服务所构成的服务区分情形。以下亦同］，以月为单位，若需要居家护理的被保险人获得与某一居家服务等区分情形相关的居家服务，计算出需要居家护理被保险人的居家护理服务费数额、特殊居家护理服务费数额，若需要居家护理的被保险人获得区域密集型服务，计算出区域密集型护理服务费数额、特殊区域密集型护理服务费数额，在此基础上计算出这些数额的总额，此项总额不得超过以居家护理服务费等区分给付基准限额为基础，按照厚生劳动省令规定所计算出数额的90%。

2. 厚生劳动大臣确定前款中居家护理服务费等区分给付基准限额时，应考虑到以下因素：居家服务等的区分情形；按照前款规定，在厚生劳动省令所确定期间内，与该居家服务等区分情形相关的居家服务，与区域密集型服务的需要护理状态区分对应的标准使用形态；按照第41条第4款各项以及第42条之2第2款各项，厚生劳动大臣确定的与居家服务、区域密集型服务相关的基准。

3. 无论前款作何规定，市町村可按照条例的规定，以超过第 1 款中居家护理服务费等区分给付基准限额的数额，作为市町村中居家护理服务费等区分给付基准限额，以代替第 1 款中居家护理服务费等区分给付基准限额。

4. 对于居家服务及区域密集型服务种类（仅限于厚生劳动大臣所确定的居家服务等区分情形中所包含的服务。下一款亦同）而言，应以月为单位，在厚生劳动省令所规定期间内，若需要居家护理的被保险人获得某类居家服务，计算出因获得这一给付所产生的居家护理服务费数额、特殊居家护理服务费数额的总额，若需要居家护理的被保险人获得某类区域密集型服务，计算出因获得这一给付所产生的区域密集型护理服务费数额、特殊区域密集型护理服务费数额的总额，针对这些总额，市町村可作出以下规定：不得超过以居家护理服务费等种类给付基准限额为基础，相当于按照厚生劳动省令的规定所计算出数额的 90%。

5. 在与包括居家服务、区域密集型服务的居家服务等服务区分情形相关的第 1 款中的居家护理服务费等区分给付基准限额（市町村根据第 3 款的规定制定条例时，为采取该条例中措施时的数额）的范围之内，按照居家服务以及区域密集型服务的种类，由市町村通过条例对前款所规定的居家护理服务费等种类给付基准限额进行确定，同时应考虑以下因素：在前款所规定的厚生劳动省令确定的期间内，居家服务以及区域密集型服务的需要护理状态区分情形所对应的标准使用形态、第 41 条第 4 款各项以及第 42 条之 2 第 2 款各项中厚生劳动大臣所确定的与居家服务以及区域密集型服务相关的基准。

6. 无论第 41 条第 4 款各项、第 42 条第 3 款、第 42 条之 2 第 2 款各项或第 4 款、前条第 2 款作何规定，因给付居家护理服务费、特殊居家护理服务费、区域密集型护理服务费、特殊区域密集型护理服务费，导致第 1 款所规定的总额超过该款所规定的 90% 的数额时，或者第 4 款所规定的总额超过该款所规定的 90% 的数额时，该居家护理服务费、特殊居家护理服务费、区域密集型护理服务费、特殊区域密集型护理服务费的数额应根据政令的规定进行计算。

第 44 条（居家护理福祉工具购入费的给付）

1. 需要居家护理的被保险人，在开展与指定相关的居家服务事业的事业所中，自与特定福祉工具销售相关的指定居家服务事业者处购买特定福祉工具时，市町村应当向需要居家护理的被保险人，给付居家护理福祉工具购入费。

2. 仅在按照厚生劳动省令的规定，市町村认为存在必要时，才应给付居家护理福祉工具购入费。

3. 居家护理福祉工具购入费的数额，相当于购入特定福祉工具实际所需费用数额的90%。

4. 需要居家护理的被保险人，以月为单位，在厚生劳动省令所规定期间内，因购入特定福祉工具而给付的居家护理福祉工具购入费的总额，不得超过以居家护理福祉工具购入费支付基准限额为基础，按照厚生劳动省令的规定所计算出数额的90%。

5. 对于前款中居家护理福祉工具购入费支付基准限额，应考虑到按照该款中厚生劳动省令所规定期间内特定福祉工具购买通常所需费用，由厚生劳动大臣对数额予以确定。

6. 无论前款作何规定，市町村可按照条例的规定，将超过第4款中居家护理福祉工具购入费给付基准限额的部分，作为市町村中居家护理福祉工具购入费给付基准限额，以代替第4款中居家护理福祉工具购入费给付基准限额。

7. 在给付居家护理福祉工具购入费时，若第4款中所规定的总额超出该款中所规定的90%的数额，无论第3款作何规定，居家护理福祉工具购入费的数额应按照政令规定所计算出的数额予以确定。

第45条（居家护理住宅改建费的给付）

1. 需要居家护理的被保险人，在安装扶手或者对厚生劳动大臣所规定种类的住宅进行其他改建时（以下简称"住宅改建"），市町村应向需要居家护理的被保险人给付居家护理住宅改建费。

2. 仅在按照厚生劳动省令的规定，市町村认为存在必要之时，才应给付居家护理住宅改建费。

3. 居家护理住宅改建费的数额，相当于住宅改建实际所需费用数额的90%。

4. 因需要居家护理的被保险人所实施的某类住宅改建，而给付的居家护理住宅改建费的总额，不得超过以居家护理住宅改建费给付基准限额为基础，按照厚生劳动省令规定所计算出数额的90%。

5. 对于前款中的居家护理住宅改建费给付基准限额，应考虑到住宅改建的种类、通常所需费用，由厚生劳动大臣予以确定。

6. 无论前款作何规定，市町村可按照条例的规定，以超过第 4 款中居家护理住宅改建费给付基准限额的数额，作为市町村中居家护理住宅改建费给付基准限额，以代替第 4 款中居家护理住宅改建费给付基准限额。

7. 在给付居家护理住宅改建费时，若第 4 款所规定的总额超过该款所规定的 90% 的数额，无论第 3 款作何规定，应按照政令的规定计算居家护理住宅改建费数额。

8. 在因给付居家护理住宅改建费而存在必要之时，市町村可命令实施与给付有关的住宅改建的主体（本款以下简称"实施住宅改建的主体"），提交或出示报告、账簿文件，要求其出席，命令职员对关系人进行质问，进入与实施住宅改建主体与给付相关的事业所，对账簿文件及其他物件进行检查。

9. 第 24 条第 3 款的规定，准用于根据前款规定所进行的质问及检查，该条第 4 款的规定准用于前款所规定的权限。

第 46 条 （居家护理服务计划费的给付）

1. 当需要居家护理的被保险人自市町村村长或其他市町村村长指定的主体处（以下简称"指定居家护理帮助事业者"），接受开展与指定相关的居家护理帮助事业的事业所所提供的居家护理帮助（以下简称"指定居家护理帮助"）时，针对指定居家护理帮助所需费用，应由市町村向需要居家护理的被保险人给付居家护理服务计划费。

2. 在考虑到开展指定居家护理帮助事业的事业所所在区域等因素后，计算出指定居家护理帮助所需平均费用数额，在此基础上，按照厚生劳动大臣所确定基准，计算出费用数额，以计算出的费用数额（此项数额超过指定居家护理帮助实际所需费用数额时，则为指定居家护理帮助实际所需费用数额），确定居家护理服务计划费的数额。

3. 在准备确定前款所规定的基准时，厚生劳动大臣应事先听取社会保障审议会的意见。

4. 需要居家护理的被保险人，自指定居家护理帮助事业者处接受指定居家护理帮助（限于该需要居家护理的被保险人按照厚生劳动省令的规定，在接受该指定居家护理帮助时提前向市町村申报的情形）时，针对需要居家护理的被保险人向指定居家护理帮助事业者所应当给付的指定居家护理帮助所需费用，市町村在向需要居家护理的被保险人应当给付的居家护理服务计划费范围内，可代需要居家护理的被保险人，向指定居家护理帮助事业者提出给付。

5. 若已经根据前款规定提出给付，视为已向需要居家护理的被保险人给付居家护理服务计划费。

6. 在指定居家护理帮助事业者请求市町村给付居家护理服务计划费时，市町村应参照第 2 款中厚生劳动大臣所确定基准、第 81 条第 2 款所规定的与指定居家护理帮助事业运营相关的基准（限于与指定居家护理帮助的处理相关的部分），进行审查之后，由市町村提出给付。

7. 第 41 条第 2 款、第 3 款、第 10 款、第 11 款的规定，准用于居家护理服务计划费的给付，该条第 8 款的规定准用于指定居家护理帮助事业者。此时，这些规定中必要的文字变更，由政令进行规定。

8. 除前面各款所作规定外，与居家护理服务计划费的给付、指定居家护理帮助事业者对居家护理服务计划费请求相关的必要事项，由厚生劳动省令进行规定。

第 47 条（特殊居家护理服务计划费的给付）

1. 在下列情形下，市町村应向需要居家护理的被保险人，给付特殊居家护理服务计划费。

（1）需要居家护理的被保险人接受指定居家护理帮助以外的居家护理帮助或与此相当的服务（事业所提供服务时除应满足下列条件外：与指定居家护理帮助事业相关的第 81 条第 1 款中的市町村条例所确定的人员数量、该条第 2 款所规定的与指定居家护理帮助事业运营相关的基准，还应满足市町村条例所确定的条件。下一项及下一款中简称"基准居家护理帮助"）而存在必要之时。

（2）因处于境外或位于其他区域致使提供指定居家护理帮助、基准居家护理帮助存在困难之时，在满足厚生劳动大臣所规定基准的地区，拥有住所的需要居家护理的被保险人，接受指定居家护理帮助以及基准居家护理帮助以外的居家护理帮助或与此相当的服务而存在必要之时。

（3）由政令所规定的其他情形。

2. 市町村在制定前款第 1 项中的条例时，针对下列事项，应遵循厚生劳动省令所确定的基准，针对其他事项，应参考厚生劳动省令所确定的基准。

（1）与从事基准居家护理帮助的从业者相关的基准、从业者的人员数量。

（2）与基准居家护理帮助事业运营相关，为确保需要护理的主体能够便利地使用、恰当地处理、确保其安全、保守其秘密而由厚生劳动省令所规定的事项。

3. 按照前条第 2 款中厚生劳动大臣针对居家护理帮助或与此相当的服务所确定的基准，计算出费用数额（此项数额超过该居家护理帮助或与此相当的服务实际所需费用数额时，则为居家护理帮助或者与此相当的服务实际所需费用），市町村应以所计算出的费用数额为基准，确定特殊居家护理服务计划费的数额。

4. 因特殊居家护理服务计划费的给付而存在必要之时，市町村村长可命令负责、曾经负责与给付相关的居家护理帮助或与此相当的服务的主体（本款以下简称"居家护理帮助等的负责人等"），提交或出示报告或者账簿文件，要求其出席，命令职员对关系人进行质问，进入居家护理帮助等的负责人等与给付相关的事业所，对账簿文件及其他物件进行检查。

5. 第 24 条第 3 款的规定，准用于根据前款规定进行的质问及检查，该条第 4 款的规定准用于前款所规定的权限。

第 48 条（机构护理服务费的给付）

1. 需要护理的被保险人接受下列机构服务（以下简称"指定机构服务等"）时，针对需要护理的被保险人就指定机构服务等所需费用（提供饮食所需费用、居住所需费用以及厚生劳动省令所规定的日常生活中所需其他费用除外。本条以下亦同），由市町村支付机构护理服务费。不过，该需要护理的被保险人接受第 37 条第 1 款所规定的指定时，针对与指定相关服务种类以外的机构服务，不适用上述规定。

（1）由都道府县知事所指定的护理老人福祉机构（以下简称"指定护理老人福祉机构"）提供的护理福祉机构服务（以下简称"指定护理福祉机构服务"）。

（2）护理保健机构服务。

（3）护理医疗院服务。

2. 根据机构服务的种类，考虑到需要护理状态的区分情形、提供与机构服务种类相关的指定机构服务等的护理保险机构所在区域等因素，计算出指定机构服务等所需平均费用（提供饮食所需费用、居住所需费用以及厚生劳动省令所规定的日常生活所需其他费用除外）数额，按照厚生劳动大臣所规定基准，计算出费用数额，以相当于计算出费用数额（此项数额超过该指定机构服务等实际所需费用数额时，为该指定机构服务等实际所需费用数额）的90%的数额，确定机构护理服务费数额。

3. 在准备确定前款所规定的基准时，厚生劳动大臣应提前听取社会保障审议会的意见。

4. 需要护理的被保险人自护理保险机构处接受指定机构服务等时，对于需要护理的被保险人应向护理保险机构所支付的指定机构服务等所需费用而言，在市町村应向需要护理的被保险人所支付的机构护理服务费范围内，市町村可代需要护理的被保险人向护理保险机构支付。

5. 根据前款的规定进行支付时，视为已向需要护理的被保险人支付机构护理服务费。

6. 当护理保险机构请求市町村支付机构护理服务费时，市町村应参照第2款中厚生劳动大臣所确定的基准、第88条第2款所规定的与指定护理老人福祉机构设备及运营相关的基准（限于与指定护理福祉机构服务的处理相关的部分）、第97条第3款所规定的与护理老人福祉机构设备及运营相关的基准（限于与护理保健机构服务处理相关的部分）、第111条第3款所规定的与护理医疗院设备及运营相关的基准（限于与护理医疗院服务的处理相关的部分），进行审查后予以支付。

7. 第41条第2款、第3款、第10款及第11款的规定，准用于机构护理服务费的给付，该条第8款的规定准用于护理保险机构。此时，这些规定中必要的文字变更，由政令进行规定。

8. 除前面各款所作规定外，与机构护理服务费的给付、护理保险机构的机构护理服务费请求相关的必要事项，由厚生劳动省令进行规定。

第49条（特殊机构护理服务费的给付）

1. 在下列情形下，市町村应向需要护理的被保险人给付特殊机构护理服务费。

（1）在需要护理的认定发生效力之日以前，需要护理的被保险人因紧急或者其他无法抗拒的事由，接受指定机构服务而存在必要之时。

（2）政令所规定的其他情形。

2. 按照前条第2款中厚生劳动大臣所规定基准，以相当于就机构服务所计算出费用数额［此项数额超过该机构服务实际所需费用（提供饮食所需费用、居住所需费用以及厚生劳动省令所规定的日常生活所需其他费用除外）时，以该机构服务所需实际费用为准]的 90% 作为基准，由市町村对特殊机构护理服务费的数额予以确定。

3. 因特殊机构护理服务费的给付而存在必要之时，市町村村长可命令负责、曾经负责与给付相关的机构服务的主体（本款以下简称"机构服务的负责人等"）提交报告或账簿文件，要求其出席，命令职员对关系人进行质问，进入机构服务的负责人等与给付相关的机构，对设备、账簿文件以及其他物件进行检查。

4. 第 24 条第 3 款的规定准用于前款中的质问及检查，该条第 4 款的规定准用于前款所规定的权限。

第 49 条之 2（与拥有一定收入的第一号被保险人相关的居家护理服务费等的数额）

1. 根据政令的规定，所计算出的作为第一号被保险人的需要护理的被保险人（下一款所规定的需要护理的被保险人除外）收入额处于政令所规定数额以上时，需要护理的被保险人在接受下列护理给付进而适用各项的规定时，这些规定中的"90%"变更为"80%"。

（1）获得居家护理服务费的给付时，为第 41 条第 4 款第 1 项及第 2 项、第 42 条第 1 款、第 4 款及第 6 款。

（2）获得特殊居家护理服务费的给付时，为第 42 条第 3 款、第 43 条第 1 款、第 4 款及第 6 款。

（3）获得区域密集型护理服务费的给付时，为第 42 条之 2 第 2 款的各项、第 43 条第 1 款、第 4 款及第 6 款。

（4）获得特殊区域密集型护理服务费的给付时，为第 42 条之 3 第 2 款、第 43 条第 1 款、第 4 款及第 6 款。

（5）获得机构护理服务费的给付时，为第 48 条第 2 款。

（6）获得特殊机构护理服务费的给付时，为前条第 2 款。

（7）获得居家护理福祉工具购入费的给付时，为第 44 条第 3 款、第 4 款及第 7 款。

（8）获得居家护理住宅改建费的给付时，为第 45 条第 3 款、第 4 款及第 7 款。

2. 根据政令的规定，所计算出的作为第一号被保险人的需要护理的被保险人收入额处于前款中政令所规定数额以上时，若需要护理的被保险人接受该款各项所规定的护理给付，若适用该款各项的规定，这些规定中的"90%"变更为"70%"。

第 50 条（居家护理服务费等的数额的特例）

1. 因灾害或者厚生劳动省令所规定的其他特殊原因，导致市町村承担居家服务（包括与此相当的服务。本条以下亦同）、区域密集型服务（包括与此相当的服务。本条以下亦同）、机构服务、住宅改建所需必要费用存在困难之时，若需要护理的被保险人接受前条第 1 款各项中所列举的护理给付并适用该款各项的规定（根据该条的规定，对文字进行必要变更后适用的情形除外），这些规定中的"90%"变更为"由市町村所确定的超过 90%、100% 以下的比例"。

2. 因灾害或者厚生劳动省令所规定的其他特殊原因，导致市町村承担居家服务、区域密集型服务、机构服务、住宅改建所需必要费用存在困难之时，若需要护理的被保险人接受前条第 1 款各项所规定的护理给付并适用各项的规定（限于根据该条规定，对文字进行必要变更后适用的情形），根据该款的规定条文文字变更后规定中的"80%"，变更为"由市町村所确定的超过 80%、100% 以下的比例"。

3. 因灾害或者厚生劳动省令所规定的其他特殊原因，导致市町村承担居家服务、区域密集型服务、机构服务、住宅改建所需必要费用存在困难之时，若需要护理的被保险人接受前条第 1 款各项所规定的护理给付并适用各项的规定（限于根据该条第 2 款的规定，对文字进行必要变更后适用的情形），根据该条第 2 款的规定条文文字变更后规定中的"70%"，变更为"由市町村所确定的超过 70%、100% 以下的比例"。

第 51 条（高额护理服务费的给付）

1. 针对需要护理的被保险人所接受的居家服务（包括与此相当的服务）、区域密集型服务（包括与此相当的服务）、机构服务所需费用的总额，自根据政令的规定所计算出的数额中，扣除以该费用支付的居家护理服务费、特殊居家护理服务费、区域密集型护理服务费、特殊区域密集型护理服务费、机构护理服务费以及特殊机构护理服务费的总额后，所得到的数额（下一条第 1 款中简称"护理服务使用者负担额"）过高时，市町村应向该需要护理的被保险人支付高额护理服务费。

2. 除前款之规定外，考虑到在居家服务、区域密集型服务、机构服务所需必要费用对家庭经济负担所产生的影响后，有关高额护理服务费的给付要件、给付数额、高额护理服务费给付的其他必要事项，由政令进行规定。

第51条之2（高额医疗总计护理服务费的给付）

1. 下列数额的总额过高时，市町村应向需要护理的被保险人，给付高额医疗总计护理服务费：需要护理的被保险人的护理服务使用者负担额（在给付前条第1款中的高额护理服务费时，为扣除相当于该给付的额度后的数额），健康保险法第115条第1款中与需要护理的被保险人相关的部分负担金等的数额（在给付该款的高额疗养费时，为扣除相当于该给付的额度后的数额），政令所规定的与医疗保险相关法律或与高龄者医疗确保相关法律（1982年法律第80号）中相当的数额。

2. 前条第2款的规定准用于高额医疗总计护理服务费的给付。

第51条之3（特定入所者护理服务费的给付）

1. 考虑到需要护理的被保险人收入、资产状况，在厚生劳动省令所规定的需要护理的被保险人中，当需要护理的被保险人接受下列所列举的指定机构服务等、指定区域密集型服务、指定居家服务（本条以下及下一条第1款简称"特定护理服务"）时，对于需要护理的被保险人（本条以下及下一条第1款中简称"特定入所者"）而言，就提供特定护理服务的护理保险机构、指定区域密集型服务事业者、指定居家服务事业者（本条以下简称"特定护理保险机构等"）提供饮食所需费用、居住或停留服务（以下简称"居住等"）所需费用，市町村应给付特定入所者护理服务费。不过，特定入所者获得第37条第1款所规定的指定时，若需要护理的被保险人接受与指定相关种类以外的特定服务，则不在此限。

（1）指定护理福祉机构服务。

（2）护理保健机构服务。

（3）护理医疗院服务。

（4）区域密集型护理老人福祉机构入所者生活护理。

（5）短期入所生活护理。

（6）短期入所疗养护理。

2. 特定入所者护理服务费数额，为第1项及第2项所规定数额的总额。

（1）考虑到特定护理保险机构等之中提供饮食所需平均费用数额，自厚生劳动大臣确定的费用数额（此项数额超过该提供饮食实际所需费用数额时，则为提供饮食实际所需费用数额。本条以下及下一条第2款简称"食物费基准费用额")中，扣除考虑到家庭平均食物费用状况、特定入所者收入状况、其他情况后，由厚生劳动大臣所确定的数额（本条以下及下一条第2款简称"食物费负担限额"），得到扣除后所得数额。

（2）考虑到特定护理保险机构等之中居住等所需平均费用数额、机构状况、其他情况，自厚生劳动大臣所确定费用数额（此项数额超出该居住等实际所需费用数额时，则为居住等实际所需费用数额。本条以下及下一条第2款简称"居住费基准费用额"）中，扣除考虑到特定入所者的收入状况、其他情况后，由厚生劳动大臣所确定的数额（本条以下及下一条第2款简称"居住费负担限额"），得到扣除后所得数额。

3. 厚生劳动大臣在确定食物费基准费用额、食物费负担限额、居住费基准费用额、居住费负担限额后，若特定护理保险机构等之中提供饮食所需费用、居住等所需费用以及其他情况发生重大变化时，应立即对数额进行调整。

4. 特定入所者自特定护理保险机构等获得特定护理服务时，就特定入所者应向特定护理保险机构等支付的因提供饮食等所需费用、居住等所需费用，在市町村应向特定入所者给付的特定入所者护理服务费的范围内，市町村可代特定入所者向特定护理保险机构等提出给付。

5. 根据前款规定提出给付时，视为对特定入所者已给付特定入所者护理服务费。

6. 无论第1款作何规定，在特定入所者向特定护理保险机构等，就提供饮食所需费用、居住等所需费用所支付的数额，超出食物费基准费用额、居住费基准费用额（根据前款的规定，视为已向特定入所者给付特定入所者护理服务费时，则为食物费负担限额或居住费负担限额）时，市町村不应给付特定入所者护理服务费。

7. 市町村自特定护理保险机构等，收到特定入所者护理服务费的给付请求时，应参照第1款、第2款及前款规定，进行审查之后提出给付。

8. 第41条第3款、第10款、第11款的规定，准用于特定入所者护理服务费的给付，该条第8款的规定准用于特定护理保险机构等。此时，这些规定中文字的必要变更，由政令进行规定。

9. 除前面各款所作规定外，与特定入所者护理服务费的给付、特定护理保险机构等之中特定入所者护理服务费请求相关的必要事项，由厚生劳动省令进行规定。

第 51 条之 4 (特殊特定入所者护理服务费的给付)

1. 在下列情形下,市町村应向特定入所者给付特殊特定入所者护理服务费。

(1) 在需要护理的认定发生效力之日前,特定入所者因紧急或者其他无法抗拒的事由,接受特定护理服务而存在必要之时。

(2) 政令所规定的其他情形。

2. 针对饮食提供所需费用,应自食物费基准费用额中,扣除食物费负担限额,针对居住所需费用,应自居住费基准费用额中,扣除居住费负担限额,以扣除后数额的总额为基准,由市町村确定特殊特定入所者护理服务费的数额。

第四节 预防给付

第 52 条 (预防给付的种类)

预防给付包括下列保险给付。

(1) 护理预防服务费的给付。

(2) 特殊护理预防服务费的给付。

(3) 区域密集型护理预防服务费的给付。

(4) 特殊区域密集型护理预防服务费的给付。

(5) 护理预防福祉工具购入费的给付。

(6) 护理预防住宅改建费的给付。

(7) 护理预防服务计划费的给付。

(8) 特殊护理预防服务计划费的给付。

(9) 高额护理预防服务费的给付。

(9) 之 (2) 高额医疗总计护理预防服务费的给付。

(10) 特定入所者护理预防服务费的给付。

(11) 特殊特定入所者护理预防服务费的给付。

第 53 条 (护理预防服务费的给付)

1. 获得需要帮助认定的被保险人,在住宅中接受帮助 (以下简称"需要居家帮助的被保险人"),并自都道府县知事指定的主体 (以下简称"指定护理预防服务事业者") 处,接受开展与指定相关的护理预防服务事业的事业所所提供的护理预防服务 (以下简称"指定护理预防服务") 时 (仅限于以下情形:根据第 58 条第 4 款规定,需要居家帮助的被保险人接受该条第 1 款所规定的指定护理预防帮助，并提前向市町村提出申报时，该指定护理预防服务为该指定护理预防帮助的对象、厚生劳动省令所规定的其他情形），对于指定护理预防服务所需费用（特定护理预防福祉工具购入所需费用除外，针对护理预防日间康复、护理预防短期入所生活护理、护理预防短期入所疗养护理、护理预防特定机构居住者生活护理所需费用而言，排除提供饮食所需费用、停留所需费用、厚生劳动省令所规定的日常生活所需其他费用。本条以下亦同），应由市町村向需要居家帮助的被保险人给付护理预防服务费。不过，需要居家帮助的被保险人获得第 37 条第 1 款所规定的指定时，若其接受与指定相关种类以外的护理预防服务，则不在此限。

2. 护理预防服务费数额，应根据下列各项中护理预防服务的区分情形，按照各项所规定的数额分别予以确定。

（1）针对护理预防访问入浴护理、护理预防访问看护、护理预防访问康复、护理预防居家疗养管理指导、护理预防日间康复、护理预防福祉工具出借，按照这些护理预防服务的种类，考虑到与护理预防服务种类相关的指定护理预防服务的内容、开展指定护理预防服务事业的事业所所在区域等因素，计算出指定护理预防服务所需平均费用（对于护理预防日间康复所需费用，排除提供饮食所需费用、厚生劳动省令所规定的日常生活所需其他费用）数额，以此为基础，按照厚生劳动大臣所确定的基准，计算出费用数额（此项数额超过指定护理预防服务实际所需费用数额时，为指定护理预防服务实际所需费用数额），相当于所计算出费用数额的 90% 的数额。

（2）针对护理预防短期入所生活护理、护理预防短期入所疗养护理、护理预防特定机构居住者生活护理，按照这些护理预防服务的种类，考虑到需要帮助状态的区分情形、开展指定护理预防服务事业的事业所所在区域等因素，计算出指定护理预防服务所需平均费用（提供饮食所需费用、停留所需费用、厚生劳动省令所规定的日常生活所需其他费用除外）数额，以此为基础，按照厚生劳动大臣所确定的基准，计算出费用数额（此项数额超出指定护理预防服务实际所需费用数额时，为该指定护理预防服务实际所需费用数额），相当于所计算出费用数额的 90% 的数额。

3. 厚生劳动大臣在准备确定前款各项中的基准时，应事先听取社会保障审议会的意见。

4. 需要居家帮助的被保险人，自指定护理预防服务事业者处，接受指定护理预防服务时，针对需要居家帮助的被保险人应向指定护理预防服务事业者所支付的费用，在市町村应向需要居家帮助的被保险人支付的护理预防服务费范围内，市町村可代需要居家帮助的被保险人向指定护理预防服务事业者支付。

5. 根据前款规定进行支付时，视为已向需要居家帮助的被保险人给付护理预防服务费。

6. 指定护理预防服务事业者请求市町村给付护理预防服务费时，市町村应参照第 2 款各项中厚生劳动大臣所确定基准，按照第 115 条之 4 第 2 款所规定的与指定护理预防服务相关的为起到护理预防效果的帮助方法基准、与指定护理预防服务事业设备及运营相关基准（限于与指定护理预防服务的处理相关的部分），进行审查之后，提出给付。

7. 第 41 条第 2 款、第 3 款、第 10 款、第 11 款的规定，准用于护理预防服务费的给付，该条第 8 款准用于指定护理预防服务事业者。此时，这些规定中必要的文字变更，由政令进行规定。

8. 除前面各款所作规定外，与护理预防服务费的给付、指定护理预防服务事业者的护理预防服务费请求有关的必要事项，由厚生劳动省令进行规定。

第 54 条（特殊护理预防服务费的给付）

1. 在下列情形下，市町村应向需要居家帮助的被保险人给付特殊护理预防服务费。

（1）在需要帮助的认定发生效力之日前，需要居家帮助的被保险人因紧急情况或者其他无法抗拒的事由，接受指定护理预防服务而存在必要之时。

（2）需要居家帮助的被保险人因接受指定护理预防服务以外的护理预防服务或者与此相当的服务（事业所提供服务时除应满足下列条件外：按照第 115 条之 4 第 1 款，都道府县条例所确定的与指定护理预防服务事业相关的基准、该款中都道府县条例所确定的人员数量，与能够起到涉及该条第 2 款中护理预防服务的护理预防效果的帮助方法相关的基准、与指定护理预防服务事业设备及运营相关的基准，还应满足都道府县条例所确定的条件。下一项及下一款简称"基准护理预防服务"）而存在必要之时。

（3）因处于境外或位于其他区域，而确保提供指定护理预防服务、基准护理预防服务存在明显困难之时，对于在满足厚生劳动大臣所规定基准的地区，拥有住所的需要居家帮助的被保险人而言，接受指定护理预防服务及基准护理预防服务以外的护理预防服务或与此相当的服务，而存在必要之时。

（4）政令所规定的其他情形。

2. 都道府县在制定前款第 2 项中的条例时，应遵照厚生劳动省令针对第 1—3 项所列举事项确定的基准，将厚生劳动省令针对第 4 项所列举事项确定的基准作为标准，针对其他事项，应参考厚生劳动省令所确定的基准。

（1）与基准护理预防服务从业者相关的基准、从业者的人员数量。

（2）与基准护理预防服务事业相关的居室的地面面积。

（3）与基准护理预防服务事业运营相关，为确保需要帮助者能够便利地使用服务、恰当地处理、确保其安全、保守其秘密，而由厚生劳动省令所规定的事项。

（4）与基准护理预防服务事业相关的使用人员数量。

3. 针对护理预防服务或与此相当的服务，按照前条第 2 款各项中厚生劳动大臣所确定基准，计算出费用数额［此项数额超出该护理预防服务或与此相当的服务实际所需费用（特殊护理预防福祉工具购入所需费用除外，针对护理预防日间康复、护理预防短期入所生活护理、护理预防短期入所疗养护理、护理预防特定机构居住者生活护理以及与此相当的服务所需费用，排除饮食提供所需费用、停留所需费用、厚生劳动省令所规定的日常生活所需其他费用）数额时，为护理预防服务或与此相当的服务实际所需费用数额］，由市町村按照相当于所计算出费用数额的 90% 的数额为基准，确定特殊护理预防服务费的数额。

4. 因特殊护理预防服务费的给付而存在必要时，市町村村长可命令负责、曾经负责与给付相关的护理预防服务或与此相当的服务的主体(本款以下简称"护理预防服务等的负责人等")，提交、出示报告或账簿文件，要求其出席，命令职员对关系人进行质问，进入护理预防服务等的负责人等与给付相关的事业所，对设备、账簿文件及其他物件进行检查。

5. 第 24 条第 3 款的规定，准用于根据前款规定所进行的质问及检查，该条第 4 款规定准用于前款规定中的权限。

第 54 条之 2（区域密集型护理预防服务费的给付）

1. 需要居家帮助的被保险人，自市町村［若需要居家帮助的被保险人为住所地特殊适用被保险人（以下简称"住所地特殊适用需要居家帮助的被保险人"），且为与需要居家帮助的被保险人相关的特定区域密集型护理预防服务时，包括该机构所在市町村］村长指定的主体（以下简称"指定区域密集型护理预防服务事业者"）处，接受开展与指定相关的区域密集型护理预防服务事业的事业所所提供的区域密集型护理预防服务（以下简称"指定区域密集型护理预防服务"）时（根据第 58 条第 4 款的规定，需要居家帮助的被保险人接受该条第 1 款所规定的指定护理预防帮助而事先向市町村申请时，限于该指定区域密集型护理预防服务为该指定护理预防帮助的对象、厚生劳动省令所规定的其他情形），针对指定区域密集型护理预防服务所需费用（提供饮食所需费用、厚生劳动省令所规定的日常生活所需其他费用除外。本条以下亦同），应由市町村向需要居家帮助的被保险人进行支付。不过，若需要居家帮助的被保险人获得第 37 条第 1 款中的指定，接受与指定相关的种类以外的区域密集型护理预防服务时，不在此限。

2. 区域密集型护理预防服务费的数额，应依据下列各项所列举的区域密集型护理预防服务的区分情形，分别按照各项所规定数额予以确定。

（1）对于护理预防认知症回应型日间护理，考虑到与护理预防认知症回应型日间护理相关的指定区域密集型护理预防服务的内容、开展指定区域密集型护理预防服务事业的事业所所在区域等因素，计算出指定区域密集型护理预防服务所需平均费用（提供饮食所需费用、厚生劳动省令所规定的日常生活所需其他费用除外）数额，在此基础上，按照厚生劳动大臣所确定基准，计算出费用数额（此项数额超过该指定区域密集型护理预防服务实际所需费用数额时，则为指定区域密集型护理预防服务实际所需费用数额），相当于所计算出费用数额的 90% 的数额。

（2）对于护理预防小规模多机能型居家护理、护理预防认知症回应型共同生活护理，根据这些区域密集型护理预防服务的种类，考虑到需要帮助状态的区分情形、开展与区域密集型护理预防服务的种类相关的指定区域密集型护理预防服务事业的事业所所在区域等因素，计算出指定区域密集型护理预防服务所需平均费用（提供饮食所需费用、厚生劳动省令所规定的日常生活所需其他费用除外）数额，在此基础上，按照厚生劳动大臣所确定基准，计算出费用数额（此项数额超过该指定区域密集型护理预防服务实际所需费用数额时，为该指定区域密集型护理预防服务实际所需费用数额），相当于所计算出费用数额的90%的数额。

3. 厚生劳动大臣在准备确定前款各项中的基准时，应事先听取社会保障审议会的意见。

4. 无论第2款各项作何规定，考虑到区域密集型护理预防服务种类及其他情况后，按照厚生劳动大臣所确定基准，计算出数额，在计算出的数额范围内，市町村［机构所在市町村村长根据第1款主文，对区域密集型护理预防服务事业者进行指定，住所地特殊适用需要居家护理的被保险人自指定的主体处获得指定区域密集型护理预防服务时，若为区域密集型护理预防服务费（仅限与特定区域密集型护理预防服务相关的部分）的数额，为机构所在市町村］可将所确定的数额，作为市町村中区域密集型护理预防服务费的数额，以代替该款各项中所规定的区域密集型护理预防服务费数额。

5. 市町村在准备确定前款所规定的市町村中区域密集型护理预防服务费数额时，应提前听取市町村所提供护理保险的被保险人以及其他关系人的意见，并采取必要措施，以促使拥有专业知识及经验的主体发挥其才能。

6. 需要居家帮助的被保险人，自指定区域密集型护理预防服务事业者处，接受指定区域密集型护理预防服务时，针对需要居家帮助的被保险人应向指定区域密集型护理预防服务事业者支付的指定区域密集型护理预防服务所需费用，在市町村应向需要居家帮助的被保险人支付的区域密集型护理预防服务费范围内，市町村可代需要居家帮助的被保险人，向指定区域密集型护理预防服务事业者提出给付。

7. 根据前款规定提出给付时，视为已向需要居家帮助的被保险人给付区域密集型护理预防服务费。

8. 指定区域密集型护理预防服务事业者请求市町村给付区域密集型护理预防服务费时，市町村应参考以下因素：根据第2款各项中厚生劳动大臣所确定的基准，或者根据第4款的规定由市町村［机构所在市町村村长根据第1款中的主文，指定区域密集型护理预防服务事业者，住所地特殊适用需要居家帮助的被保险人自指定的主体处获得指定区域密集型护理预防服务，机构所在市町村村长自指定区域密集型护理预防服务事业者处收到区域密集型护理预防服务费（仅限于与特定区域密集型护理预防服务相关的部分）的请求时，为机构所在市町村］所确定的数额，按照第 115 条之 14 第 2 款、第 5 款规定，参照市町村［机构所在市町村村长根据第 1 款中的主文，指定区域密集型护理预防服务事业者，住所地特殊适用需要居家帮助的被保险人自指定的主体处获得指定区域密集型护理预防服务，机构所在市町村自指定区域密集型护理预防服务事业者处收到区域密集型护理预防服务费（仅限于与特定区域密集型护理预防服务相关的部分）的请求时，为机构所在市町村］所确定的与能够起到涉及指定区域密集型护理预防服务的护理预防作用的帮助方法相关的基准、与指定区域密集型护理预防服务事业设备及运营相关基准（仅限于与指定区域密集型护理预防服务的处理相关的基准），进行审查之后，予以支付。

9. 第 41 条第 2 款、第 3 款、第 10 款以及第 11 款的规定，准用于区域密集型护理预防服务费的给付，该条第 8 款的规定准用于指定区域密集型护理预防服务事业者。此时，这些规定中必要的文字变更，由政令进行规定。

10. 除前面各款所作规定外，与区域密集型护理预防服务费的给付、指定区域密集型护理预防服务事业者对区域密集型护理预防服务费请求相关的必要事项，由厚生劳动省令进行规定。

第 54 条之 3（特殊区域密集型护理预防服务费的给付）

1. 在下列情形下，市町村应向需要居家帮助的被保险人给付特殊区域密集型护理预防服务费。

（1）在需要帮助的认定发生效力之日前，需要居家帮助的被保险人因紧急原因或者其他无法抗拒的事由，接受指定区域密集型护理预防服务，而存在必要之时。

（2）因处于境外或位于其他区域，导致提供指定区域密集型护理预防服务存在困难之时，对于在满足厚生劳动大臣所规定基准的地区，拥有住所的需要居家帮助的被保险人而言，接受指定区域密集型护理预防服务以外的区域密集型护理预防服务或者与此相当的服务，而存在必要之时。

（3）政令所规定的其他情形。

2. 针对区域密集型护理预防服务或与此相当的服务，按照前条第 2 款各项中厚生劳动大臣所确定基准，计算出费用数额［此项数额超出该区域密集型护理预防服务或与此相当的服务实际所需费用（提供饮食所需费用、厚生劳动省令规定的日常生活所需其他费用除外）数额时，为该区域密集型护理预防服务或与此相当的服务实际所需费用数额］。按照该条第4款的规定由市町村［机构所在市町村村长根据该条第1款中主文的规定，指定区域密集型护理预防服务事业者，住所地特殊适用需要居家帮助的被被保险人、厚生劳动省令所规定的其他主体自指定的主体处接受指定区域密集型护理预防服务时，对于特殊区域密集型护理预防服务费（仅限于与特定区域密集型护理预防服务相关的部分）而言，为机构所在市町村］确定数额。以相当于所计算出费用数额的90%的数额或市町村所确定的数额为基准，由市町村确定特殊区域密集型护理预防服务费的数额。

3. 因特殊区域密集型护理预防服务费的给付而存在必要时，市町村村长可命令负责、曾经负责与给付相关的区域密集型护理预防服务或与此相当服务的主体（本款以下简称"区域密集型护理预防服务等的负责人等"），提交、出示报告或账簿文件，要求其出席，命令职员对关系人进行质问，进入区域密集型护理预防服务等的负责人等与给付相关的事业所，对设备、账簿文件及其他物件进行检查。

4. 第24条第3款的规定，准用于根据前款规定所进行的质问及检查，该条第4款规定准用于前款规定的权限。

第55条（与护理预防服务费等相关的给付限额）

1. 按照护理预防服务等的区分情形［针对护理预防服务（包括与此相当的服务。本条以下亦同）、区域密集型护理预防服务（包括与此相当的服务。本条以下亦同），考虑到每种服务的相互替代性，指的是由厚生劳动大臣所规定的2种以上服务所构成的服务区分情形。本条以下亦同］，以月为单位，在厚生劳动省令所确定的期间内，需要居家帮助的被保险人，接受与某一类护理预防服务等区分情形相关的护理预防服务时应支付的护理预防服务费数额、特殊护理预防服务费数额，同接受区域密集型护理预防服务时应支付的区域密集型护理预防服务费的数额、特殊区域密集型护理预防服务费数额的总额，不得超过以护理预防服务费等区分给付基准限额为基准，按照厚生劳动省令的规定所计算出数额的90%。

2. 厚生劳动大臣在确定前款规定的护理预防服务费等区分给付基准限额时，应考虑到以下因素：护理预防服务等的区分情形，按照该款的规定，在厚生劳动省令所确定期间内，与护理预防服务等的区分情形相关的护理预防服务、区域密集型护理预防服务的需要帮助状态区分情形所对应的标准使用形态，按照第53条第2款各项、第54条之2第2款各项的规定，厚生劳动大臣所确定的与护理预防服务以及区域密集型护理预防服务相关的基准。

3. 无论前款作何规定，市町村可按照条例的规定，以超过第1款中护理预防服务费等区分给付基准限额的金额，作为市町村中护理预防服务费等区分给付基准限额，以代替第1款中护理预防服务费等区分给付基准限额。

4. 按照护理预防服务、区域密集型护理预防服务的种类（仅限于由厚生劳动大臣所规定的包括在护理预防服务等区分情形中的部分。下一款亦同），以月为单位，在厚生劳动省令所规定期间内，需要居家帮助的被保险人，接受某一类护理预防服务而应给付的护理预防服务费数额、特殊护理预防服务费数额的总额，接受某一类区域密集型护理预防服务而应给付的区域密集型护理预防服务费的数额、特殊区域密集型护理预防服务费数额的总额，不得超过以护理预防服务费等种类给付基准限额为基础，按照厚生劳动省令的规定所计算出数额的90%。

5. 依据护理预防服务、区域密集型护理预防服务的种类，考虑到在前款所规定的厚生劳动省令所确定期间内，护理预防服务、区域密集型护理预防服务中需要帮助状态区分情形所对应的标准使用形态，按照第53条第2款各项以及第54条之2第2款各项的规定，厚生劳动大臣所确定的与护理预防服务以及区域密集型护理预防服务相关的基准，在与包含护理预防服务、区域密集型护理预防服务的护理预防服务等的区分情形相关的第1款中的护理预防服务费等区分给付基准限额（针对基于第3款规定制定条例的市町村而言，为采取该条例中的措施时的数额）范围内，由市町村通过条例确定前款所规定的护理预防服务费等种类给付基准限额。

6. 因给付护理预防服务费、特殊护理预防服务费、区域密集型护理预防服务费、特殊区域密集型护理预防服务费，致使第1款所规定的总额超过该款所规定的相当于90%的数额时，或第4款所规定的总额超过该款所规定的相当于90%的数额时，无论第53条第2款各项、第54条第3款、第54条之2第2款各项或第4款、前条第2款作何规定，该护理预防服务费、特殊护理预防服务费、区域密集型护理预防服务费、特殊区域密集型护理预防服务费的数额，应根据政令的规定计算得出。

第 56 条（护理预防福祉工具购入费的给付）

1. 需要居家帮助的被保险人，自与特定护理预防福祉工具销售相关的指定护理预防服务事业者处，在开展与指定相关的护理预防服务事业的事业所中，购入特定护理预防福祉工具时，应由市町村向需要居家护理的被保险人，给付护理预防福祉工具购入费。

2. 仅在按照厚生劳动省令的规定，市町村认为存在必要之时，才应给付护理预防福祉工具购入费。

3. 护理预防福祉工具购入费的数额，应按照相当于购入特定护理预防福祉工具实际所需费用的 90%，予以确定。

4. 每月在厚生劳动省令所规定期间内，需要居家帮助的被保险人因购买特定护理预防福祉工具，而应给付的护理预防福祉工具购入费的总额，不得超过以护理预防福祉工具购入费给付基准限额为基础，相当于按照厚生劳动省令的规定所计算出费用的 90%。

5. 前款中的护理预防福祉工具购入费给付基准限额，应考虑到该款中厚生劳动省令所规定期间内特定护理预防福祉工具购入通常所需费用，由厚生劳动大臣予以确定。

6. 无论前款作何规定，市町村应按照条例的规定，以超过第 4 款中护理预防福祉工具购入费给付基准限额的数额，作为市町村中护理预防福祉工具购入费给付基准限额，以代替第 4 款中护理预防福祉工具购入费给付基准限额。

7. 无论第 3 款作何规定，因给付护理预防福祉工具购入费，导致第 4 款所规定的总额超过该款所规定的相当于 90% 的数额时，应按照政令的规定，计算护理预防福祉工具购入费的数额。

第 57 条（护理预防住宅改建费的给付）

1. 当需要居家帮助的被保险人对住宅进行改建时，市町村应向需要居家帮助的被保险人给付护理预防住宅改建费。

2. 仅在按照厚生劳动省令的规定，市町村认为存在必要之时，才应给付护理预防住宅改建费。

3. 护理预防住宅改建费数额相当于住宅改建实际所需费用数额的 90%。

4. 需要居家帮助的被保险人，因开展某类住宅改建所给付的护理预防住宅改建费总额，不得超过以护理预防住宅改建费给付基准限额为基础，相当于按照厚生劳动省令所计算出数额的 90%。

5. 前款规定的护理预防住宅改建费给付基准限额，应按照住宅改建的种类，考虑到通常所需费用，由厚生劳动大臣予以确定。

6. 无论前款作何规定，市町村可按照条例规定，就超过第 4 款中护理预防住宅改建费给付基准限额的数额，作为市町村中护理预防住宅改建费给付基准限额，以代替第 4 款中护理预防住宅改建费给付基准限额。

7. 无论第 3 款作何规定，因给付护理预防住宅改建费，导致第 4 款中所规定的总额超过该款所规定的相当于 90% 的数额时，应按照政令的规定计算护理预防住宅改建费。

8. 因护理预防住宅改建费的给付而存在必要之时，市町村村长可命令开展与给付相关的住宅改建的主体（本款以下简称"开展住宅改建的主体等"），提交或出示报告或账簿文件，要求其出席，命令职员对关系人进行质问，进入开展住宅改建的主体等与给付相关的事业所，对账簿文件或其他物件进行检查。

9. 第 24 条第 3 款的规定，准用于根据前款规定开展的质问及检查，该条第 4 款的规定准用于前款所规定的权限。

第 58 条（护理预防服务计划费的给付）

1. 需要居家帮助的被保险人，自市町村（为与住所地特殊适用需要居家帮助的被保险人相关的护理预防帮助时，为机构所在市町村）村长指定的主体处（以下简称"指定护理预防帮助事业者"），接受开展与指定相关的护理预防帮助事业的事业所所提供的护理预防帮助（以下简称"指定护理预防帮助"）时，针对指定护理预防帮助所需费用，市町村应向需要居家帮助的被保险人给付护理预防服务计划费。

2. 在按照厚生劳动大臣所确定基准计算护理预防服务计划费数额（此项数额超过该指定护理预防帮助实际所需费用数额时，为该指定护理预防帮助实际所需费用数额）时，应考虑到根据开展指定护理预防帮助事业的事业所所在区域等，所计算出的指定护理预防帮助所需平均费用数额。

3. 厚生劳动大臣在准备确定前款所规定的基准时，应提前听取社会保障审议会的意见。

4. 需要居家帮助的被保险人，自指定护理预防帮助事业者处，接受指定护理预防帮助（仅限于以下情形：按照厚生劳动省令的规定，需要居家帮助的被保险人在接受指定护理预防帮助时，提前向市町村提出申报的情形）时，针对需要居家帮助的被保险人应向指定护理预防帮助事业者支付的指定护理预防帮助所需费用，在市町村应向需要居家帮助的被保险人给付的护理预防服务计划费范围内，市町村可代需要居家帮助的被保险人，向指定护理预防帮助事业者支付。

5. 根据前款的规定提出给付时，视为已向需要居家帮助的被保险人给付护理预防服务计划费。

6. 当指定护理预防帮助事业者请求市町村给付护理预防服务计划费时，市町村应参照第 2 款中厚生劳动大臣所确定的基准，按照第 115 条之 24 第 2 款中与能够起到涉及指定护理预防帮助的护理预防作用的帮助方法相关的基准、与指定护理预防帮助事业运营相关的基准（仅限于与指定护理预防帮助的处理相关的部分），进行审查之后，予以支付。

7. 第 41 条第 2 款、第 3 款、第 10 款及第 11 款的规定，准用于护理预防服务计划费的给付，该条第 8 款的规定准用于指定护理预防帮助事业者。此时，这些规定中必要的文字变更，由政令进行规定。

8. 除前面各款所作规定外，与护理预防服务计划费的给付、指定护理预防帮助事业者的护理预防服务计划费请求相关的必要事项，由厚生劳动省令进行规定。

第 59 条（特殊护理预防服务计划费的给付）

1. 在下列情形下，市町村应向需要居家帮助的被保险人，给付特殊护理预防服务计划费。

（1）需要居家帮助的被保险人因接受指定护理预防帮助以外的护理预防帮助或与此相当的服务（事业所所提供的服务除应满足下列条件外：在第 115 条之 24 第 1 款所规定的与指定护理预防帮助事业相关的由市町村条例所确定的基准、该款所规定的由市町村条例确定的人员数量、该条第 2 款所规定的与能够起到涉及指定护理预防帮助的护理预防作用的帮助方法相关的基准、与指定护理预防帮助事业运营相关的基准，还应满足该市町村条例所确定的条件。下一项及下一款简称"基准护理预防帮助"），而存在必要之时。

（2）因处于境外或位于其他区域，导致提供指定护理预防帮助以及基准护理预防帮助存在困难之时，对于在满足厚生劳动大臣所规定基准的地区，拥有住所的需要居家帮助的被保险人，接受指定护理预防帮助及基准护理预防帮助以外的护理预防帮助或与此相当的服务，而存在必要之时。

（3）政令所规定的其他情形。

2. 市町村在制定前款第1项所规定的条例时，针对下列事项，应遵循厚生劳动省令所确定的基准，针对其他事项，应参照厚生劳动省令所确定基准。

（1）与基准护理预防帮助的从业者相关的基准、从业者的人员数量。

（2）与基准护理预防帮助事业运营相关，为了使用服务的需要帮助者能够便利地使用服务、恰当地处理、确保其安全、保守其秘密，而由厚生劳动省令所规定的事项。

3. 对于护理预防帮助或与此相当的服务，按照前条第2款中厚生劳动大臣所确定基准，计算出费用数额（此项数额超过该护理预防帮助或与此相当的服务实际所需费用数额时，为护理预防帮助或与此相当的服务实际所需费用数额），以计算出的费用数额为基准，由市町村确定特殊护理预防服务计划费数额。

4. 因特殊护理预防服务计划费的给付而存在必要之时，市町村村长可命令负责、曾经负责与给付相关的护理预防帮助或与此相当服务的主体（本款以下简称"护理预防帮助等的负责人等"），提交、出示报告或账簿文件，要求其出席，命令职员对关系人进行质问，进入护理预防帮助等的负责人等与给付相关的事业所，对账簿文件或其他物件进行检查。

5. 第24条第3款的规定，准用于根据前款规定进行的质问及检查，该条第4款的规定准用于前款规定的权限。

第59条之2（与拥有一定收入的需要居家护理的被保险人相关的护理预防服务费等的数额）

1. 按照政令的规定，计算出作为第一号被保险人的需要居家帮助的被保险人所得收入额，此项收入额处于政令所规定数额以上时，若需要居家帮助的被保险人（下一款所规定的需要居家帮助的被保险人除外）接受下列各项中所列举的预防给付，并适用各项中的规定，这些规定中的"90%"变更为"80%"。

（1）接受护理预防服务费的给付时，为第53条第2款第1项、第2项以及第55条第1款、第4款、第6款。

（2）接受特殊护理预防服务费的给付时，为第 54 条第 3 款、第 55 条第 1 款、第 4 款、第 6 款。

（3）接受区域密集型护理预防服务费的给付时，为第 54 条之 2 第 2 款第 1 项、第 2 项、第 55 条第 1 款、第 4 款、第 6 款。

（4）接受特殊区域密集型护理预防服务费的给付时，为第 54 条之 3 第 2 款、第 55 条第 1 款、第 4 款、第 6 款。

（5）接受护理预防福祉工具购入费的给付时，为第 56 条第 3 款、第 4 款、第 7 款。

（6）接受护理预防住宅改建费的给付时，为第 57 条第 3 款、第 4 款、第 7 款。

2. 根据政令的规定，所计算出的作为第一号被保险人的需要居家帮助的被保险人的收入额处于前款政令所规定数额以上时，若需要居家帮助的被保险人在接受该款各项所规定的预防给付，并适用该款各项的规定，这些规定中的"90%"变更为"70%"。

第 60 条（护理预防服务费等数额的特例）

1. 因灾害或厚生劳动省令所规定的其他特殊事由，导致市町村难以负担护理预防服务（包括与此相当的服务。本条以下亦同）、区域密集型护理预防服务（包括与此相当的服务。本条以下亦同）或住宅改建所需必要费用时，若需要居家帮助的被保险人接受前条第 1 款各项所列举的预防给付进而适用各项的规定（根据该条规定，对条文文字进行必要变更后适用的情形除外），这些规定中的"90%"变更为"市町村在超过 90%、100%以下范围内所确定的比例"。

2. 因灾害或厚生劳动省令所规定的其他特殊事由，导致市町村难以负担护理预防服务、区域密集型护理预防服务或住宅改建所需必要费用时，若需要居家帮助的被保险人接受前条第 1 款各项所列举的护理给付进而适用各项规定（仅限于根据该条规定对条文文字进行必要变更后适用的情形），根据该条的规定对条文进行变更后予以适用的规定中的"80%"，变更为"市町村在超过 80%、100%以下范围内所确定的比例"。

3. 因灾害或厚生劳动省令所规定的其他特殊事由，导致市町村难以负担护理预防服务、区域密集型护理预防服务、住宅改建所需必要费用时，若需要居家帮助的被保险人获得前条第 1 款各项所列举的预防给付进而适用各项的规定（限于根据该条第 2 款的规定对条文文字进行必要变更后适用的情形），根据该条第 2 款的规定对条文进行变更后予以适用的规定中的"70%"变更为"市町村在超过 70%、100%以下范围内所确定的比例"。

第 61 条（高额护理预防服务费的给付）

1. 根据政令规定，计算出需要居家帮助的被保险人在接受护理预防服务（包括与此相当的服务）、区域密集型护理预防服务（包括与此相当的服务）所需费用的总额，自所计算出的总额中扣除支付的护理预防服务费、特殊护理预防服务费、区域密集型护理预防服务费、特殊区域密集型护理预防服务费的总额，扣除后所得数额（下一条第 1 款简称"护理预防服务使用者负担额"）显著过高时，市町村应向需要居家帮助的被保险人给付高额护理预防服务费。

2. 除前款所作规定外，与高额护理预防服务费的给付要件、给付额以及高额护理预防服务费给付相关的必要事项，应在考虑到护理预防服务、区域密集型护理预防服务所需必要费用对家庭经济状况所产生影响的基础上，由政令进行规定。

第 61 条之 2（高额医疗总计护理预防服务费的给付）

1. 当需要居家帮助的被保险人的护理预防服务使用者负担额（在给付前条第 1 款所规定的高额护理预防服务费时，为扣除相当于该给付额后的数额）、与需要居家帮助的被保险人有关的健康保险法第 115 条第 1 款所规定的部分负担金等的数额（在给付该款所规定的高额疗养费时，为扣除相当于该给付额后的数额）、由政令所规定的与医疗保险相关法律或与高龄者医疗确保相关法律中的其他数额的总额显著过高时，市町村应向需要居家帮助的被保险人，给付高额医疗总计护理预防服务费。

2. 前条第 2 款的规定准用于高额医疗总计护理预防服务费的给付。

第 61 条之 3（特定入所者护理预防服务费的给付）

1. 考虑到需要居家帮助的被保险人收入、资产状况后，在厚生劳动省令所规定的需要居家帮助的被保险人中，当需要居家帮助的被保险人接受下列指定护理预防服务（本条以下及下一条第 1 款简称"特定护理预防服务"）时，针对开展特定护理预防服务的指定护理预防服务事业者（本条以下简称"特定护理预防服务事业者"）因提供饮食、停留服务所需费用，市町村应向需要居家帮助的被保险人（本条以下及下一条第 1 款简称"特定入所者"）给付特定入所者护理预防服务费。不过，特定入所者获得第 37 条第 1 款所规定的指定时，若接受与指定相关种类以外的特定护理预防服务，则不在此限。

（1）护理预防短期入所生活护理。

（2）护理预防短期入所疗养护理。

2. 特定入所者护理预防服务费的数额，为第 1 项及第 2 项所规定数额的总额。

（1）考虑到特定护理预防服务事业者提供饮食所需平均费用数额后，由厚生劳动大臣确定费用数额（此项数额超过提供饮食实际所需费用数额时，为提供饮食实际所需费用数额。本条以下及下一条第 2 款简称"食物费基准费用额"），基于家庭平均饮食状况、特定入所者的收入及其他情况，由厚生劳动大臣确定数额（本条以下及下一款简称"食物费负担限额"），自食物费基准费用额中扣除食物费负担限额后所得数额。

（2）考虑到在特定护理预防服务事业者处停留所需平均费用数额、事业所状况及其他情况后，由厚生劳动大臣确定费用数额（此项数额超过停留实际所需费用数额时，为停留实际所需费用数额。本条以下及下一条第 2 款简称"停留费基准费用额"），基于特定入所者的收入所得及其他情况，由厚生劳动大臣确定数额（本条以下及下一款简称"停留费负担限额"），自停留费基准费用额中扣除停留费负担限额后所得数额。

3. 在确定食物费基准费用额、食物费负担限额、停留费基准费用额、停留费负担限额后，若特定护理预防服务事业者因提供饮食所需费用、停留所需费用及其他情况发生显著变更，厚生劳动大臣应毫不迟延地重新确定数额。

4. 特定入所者自特定护理预防服务事业者处接受特定护理预防服务时，针对特定入所者应向特定护理预防服务事业者所应给付的提供饮食所需费用及停留所需费用，在市町村应向特定入所者给付的特定入所者护理预防服务费范围内，市町村可代特定入所者向特定护理预防服务事业者提出给付。

5. 在根据前款规定进行支付时，视为已向特定入所者给付特定入所者护理预防服务费。

6. 无论第 1 款作何规定，针对提供饮食所需费用及停留所需费用，特定入所者已向特定护理预防服务事业者给付的费用数额，超出食物费基准费用额、停留费基准费用额（根据前款规定，被视为已经给付特定入所者护理预防服务费的特定入所者，为食物费负担限额和停留费负担限额）时，市町村不应给付特定入所者护理预防服务费。

7. 特定护理预防服务事业者向市町村提出给付特定入所者护理预防服务费的请求时，市町村应参照第1款、第2款及前款的规定进行审查后，提出给付。

8. 第41条第3款、第10款、第11款的规定，准用于特定入所者护理预防服务费的给付，该条第8款的规定准用于特定护理预防服务事业者。此时，这些规定中必要的文字变更，由政令进行规定。

9. 除前面各款所作规定外，与特定入所者护理预防服务费给付、特定护理预防服务事业者的特定入所者护理预防服务费请求相关的必要事项，由厚生劳动省令进行规定。

第61条之4（特殊特定入所者护理预防服务费的给付）

1. 在下列情形下，市町村应向特定入所者给付特殊特定入所者护理预防服务费。

（1）在需要帮助的认定发生效力之日前，特定入所者因紧急或其他无法抗拒的事由接受特定护理预防服务，而存在必要之时。

（2）政令所规定的其他情形。

2. 针对提供饮食所需费用，自食物费基准费用额中，扣除食物费负担限额，针对停留所需费用，自停留费基准费用额中，扣除停留费负担限额，以扣除后的两项数额的总额为基准，由市町村确定特殊特定入所者护理预防服务费数额。

第五节 市町村特别给付

第62条

除前两节所规定的保险给付外，市町村还可按照条例的规定，向需要护理的被保险人或需要居家帮助的被保险人（以下简称"需要护理的被保险人等"），提供市町村特别给付。

第六节 保险给付的限制等

第63条（保险给付的限制）

被拘禁在刑事场所、劳役场所或其他类似场所时，在此期间内不得提供相关的护理给付等。

第 64 条

被保险人因故意犯罪、重大过失行为或无正当理由使用护理给付等对象服务，对与居家护理住宅改建费或护理预防住宅改建费相关的住宅改建实施指示不予遵从，导致被保险人自身陷入需要护理等状态、发生其他给付事由、使需要护理等状态恶化时，市町村无须提供此类给付事由导致的全部或部分护理给付等服务。

第 65 条

在无正当理由的情况下，接受护理给付等服务的主体，对根据第 23 条的规定提出的请求（根据第 24 条之 2 第 1 款第 1 项的规定进行委托时，包括与该委托相关的请求）不作出回应或拒绝答复时，市町村无须提供全部或部分护理给付等服务。

第 66 条（与保险费滞纳人相关的给付方法的变更）

1. 针对迟延缴纳保险费的作为第一号被保险人的需要护理的被保险人等主体［根据原子弹爆炸受害人救护法（1994 年法律第 117 号），能够获得一般疾病医疗费的给付或厚生劳动省令所规定其他医疗给付的主体除外］，在保险费的缴纳期限至厚生劳动省令所确定的期间经过后，若被保险人仍未缴纳保险费，除因灾害或者政令所规定的其他特殊事由导致无法缴纳外，市町村应按照厚生劳动省令的规定，要求需要护理的被保险人等主体提交被保险人证明，并在被保险人证明之上记载（本条以下及下一条第 3 款简称"给付方法变更的记载"）不予适用下列条款的规定：第 41 条第 6 款、第 42 条之 2 第 6 款、第 46 条第 4 款、第 48 条第 4 款、第 51 条之 3 第 4 款、第 53 条第 4 款、第 54 条之 2 第 6 款、第 58 条第 4 款、第 61 条之 3 第 4 款。

2. 在前款所规定的厚生劳动省令所确定的期间尚未经过时，除符合该款中政令规定的特殊情形外，市町村也可要求该款所规定的需要护理的被保险人等主体提交被保险人证明，并在被保险人证明上作出给付方法变更的记载。

3. 根据前两款的规定，获得给付方法变更的记载的需要护理的被保险人等主体，若完全缴纳滞纳的保险费、滞纳额显著减少、发生灾害或政令规定的其他特殊事由时，市町村应涂销给付方法变更的记载。

4. 根据第 1 款或第 2 款的规定，需要护理的被保险人等主体获得给付方法变更的记载后，在给付方法变更记载的期间内，对与其所接受的指定居家服务、指定区域密集型服务、指定居家护理帮助、指定机构服务等服务、指定护理预防服务、指定区域密集型护理预防服务、指定护理预防帮助相关的居家护理服务费的给付、区域密集型护理服务费的给付、居家护理服务计划费的给付、机构护理服务费的给付、特定入所者护理服务费的给付、护理预防服务费的给付、区域密集型护理预防服务费的给付、护理预防服务计划费的给付、特定入所者护理预防服务费的给付，不适用下列规定：第41条第6款、第42条之2第6款、第46条第4款、第48条第4款、第51条之3第4款、第53条第4款、第54条之2第6款、第58条第4款、第61条之3第4款。

第67条（暂停提供保险给付）

1. 若作为第一号被保险人的需要护理的被保险人等主体迟延缴纳保险费，在保险费的缴纳期限至厚生劳动省令所规定的期间经过后，仍未缴纳保险费时，除因灾害或政令所规定的其他特殊事由，导致迟延缴纳保险费外，市町村应按照厚生劳动省令的规定，中止提供全部或部分保险给付。

2. 若作为第一号被保险人的需要护理的被保险人等主体迟延缴纳保险费，即便前款中厚生劳动省令所确定的期间尚未经过，市町村亦可按照厚生劳动省令的规定，中止提供全部或部分保险给付。

3. 根据前条第1款或第2款的规定，对于获得给付方法变更记载的需要护理的被保险人等主体而言，在根据前2款的规定中止提供全部或部分保险给付时，若仍未缴纳已到期的保险费，市町村可按照厚生劳动省令的规定，提前对需要护理的被保险人等主体发出通知，自与中止相关的保险给付数额中，扣除需要护理的被保险人等主体迟延缴纳的保险费数额。

第68条（根据医疗保险相关法律的规定，对未缴纳保险费等的主体中止提供保险给付）

1. 对于作为第二号被保险人的需要护理的被保险人等主体，若按照医疗保险相关法律的规定，在保险费［包括根据地方税法（1950年法律第226号）的规定，应缴纳的国民健康保险税］缴纳期限经过后仍未缴纳保险费、定期金（本款以下及下一款简称"未缴纳的医疗保险费等"）时，除因灾害或政令所规定的其他特殊事由，导致未能缴纳医疗保险费等费用外，市町村可按照厚生劳动省令的规定，要求需要护理的被保险人等主体提交被保险人证明，并在被保险人证明上作出不适用下列规定的记载：第 41 条第 6 款、第 42 条之 2 第 6 款、第 46 条第 4 款、第 48 条第 4 款、第 51 条之 3 第 4 款、第 53 条第 4 款、第 54 条之 2 第 6 款、第 58 条第 4 款、第 61 条之 3 第 4 款，同时，还可在被保险人证明上作出停止提出全部或部分保险给付的记载（本条以下简称"停止保险给付的记载"）。

2. 根据前款的规定，对需要护理的被保险人等主体作出停止保险给付的记载时，若需要护理的被保险人等主体已经完全缴纳医疗保险费等费用、未缴纳的医疗保险费等费用显著减少、发生灾害或政令所规定的其他特殊事由，市町村应当涂销停止保险给付的记载。

3. 第 66 条第 4 款的规定，准用于根据第 1 款规定，获得停止保险给付的记载的需要护理的被保险人等主体。

4. 针对按照第 1 款的规定，获得停止保险给付的记载的需要护理的被保险人等主体，市町村应中止提供全部或部分保险给付。

5. 因对需要护理的被保险人等主体作出停止保险给付的记载而存在必要时，针对需要护理的被保险人等主体所选择加入的医疗保险人［当需要护理的被保险人等主体为全国健康保险协会所管理的健康保险的被保险人（健康保险法第 3 条第 4 款所规定的任意继续被保险人除外）或其被抚养人、船员保险的被保险人（船员保险法第 2 条第 2 款所规定的疾病任意继续被保险人除外）或其被抚养人时，为厚生劳动大臣；按照国民健康保险法的规定，需要护理的被保险人等主体为由都道府县与都道府县内市町村一同提供的国民健康保险（以下简称"国民健康保险"）的被保险人之时，为市町村。本条以下亦同］，市町村可按照厚生劳动省令的规定，按照涉及需要护理的被保险人等主体的医疗保险相关法律的规定，要求需要护理的被保险人等主体所选择加入的医疗保险人，针对所收取的保险费（包括根据地方税法的规定所收取的国民健康保险税）、定期金的缴纳状况、厚生劳动省令所规定的其他事项，提供相关信息。

第 69 条（收取保险费的权利消灭时保险给付的特例）

1. 在作出需要护理的认定、需要护理认定的更新、第 29 条第 2 款中准用的第 27 条第 7 款或第 30 条第 1 款所规定的需要护理状态区分变更的认定、需要帮助的认定、需要帮助认定的更新、第 33 条之 2 第 2 款中准用的第 32 条第 6 款或第 33 条之 3 第 1 款所规定的需要帮助状态区分变更的认定（本款以下简称"认定"）时，对于认定涉及的作为第一号被保险人的需要护理的被保险人等主体而言，在保险费收取权消灭的期间（指的是针对收取保险费的权利因时效经过而消灭的期间，按照政令的规定所计算出的期间。本款以下亦同）内，市町村应根据厚生劳动省令的规定，在需要护理的被保险人等主体的被保险人证明上作出如下记载：与认定相关的第27条第7款后段（包括第28条第4款、第29条第2款中准用的情形）、第30条第1款后段、第35条第4款后段、第32条第6款后段（包括第33条第4款、第33条之2第2款中准用的情形）、第33条之3第1款后段、第35条第2款后段或第6款后段所规定的记载，减少护理给付等服务（居家护理服务计划费的给付、特殊居家护理服务计划费的给付、护理预防服务计划费的给付、特殊护理预防服务计划费的给付、高额护理服务费的给付、高额医疗总计护理服务费的给付、高额护理预防服务费的给付、高额医疗总计护理预防服务费的给付、特定入所者护理服务费的给付、特殊特定入所者护理服务费的给付、特定入所者护理预防服务费的给付、特殊特定入所者护理预防服务费的给付除外）的数额，不予给付高额护理服务费、高额医疗总计护理服务费、高额护理预防服务费、高额医疗总计护理预防服务费、特定入所者护理服务费、特殊特定入所者护理服务费、特定入所者护理预防服务费、特殊特定入所者护理预防服务费，采取这些措施的期间（指的是市町村根据政令的规定，所确定的与保险费收取权消灭期间所对应的期间。本条以下简称"给付数额减少期间"。所作记载简称"给付数额减少等的记载"）。不过，当该需要护理的被保险人，因灾害或政令所规定的其他特殊事由导致其无法给付时，则不在此限。

2. 根据前款规定，获得给付数额减少等的记载的需要护理的被保险人等主体，若存在该款但书中政令所规定的特殊事由，或给付数额减少期间经过时，市町村应删除给付数额减少等的记载。

3. 按照第1款的规定，获得给付数额减少等的记载的需要护理的被保险人等主体，自获得记载之日所属月份的次月第1日起至给付数额减少期间经过为止，针对所使用的居家服务（包括与此相当的服务。本条以下亦同）、区域密集型服务（包括与此相当的服务。本条以下亦同）、机构服务、护理预防服务（包括与此相当的服务。本条以下亦同）、区域密集型护理预防服务（包括与此相当的服务。本条以下亦同）以及与住宅改建相关的下列各项中所列举的护理给付等服务，在适用各项中的规定（按照第49条之2或者第59条之2的规定，对条文文字进行变更后适用的情形除外）时，这些规定中的"90%"变更为"70%"。

（1）获得居家护理服务费的给付时，为第41条第4款第1项及第2项、第43条第1款、第4款及第6款。

（2）获得特殊居家护理服务费的给付时，为第42条第3款、第43条第1款、第4款及第6款。

（3）获得区域密集型护理服务费的给付时，为第42条之2第2款各项、第43条第1款、第4款及第6款。

（4）获得特殊区域密集型护理服务费的给付时，为第42条之3第2款、第43条第1款、第4款及第6款。

（5）获得机构护理服务费的给付时，为第48条第2款。

（6）获得特殊机构护理服务费的给付时，为第49条第2款。

（7）获得护理预防服务费的给付时，为第53条第2款第1项、第2项、第55条第1款、第4款及第6款。

（8）获得特殊护理预防服务费的给付时，为第54条第3款、第55条第1款、第4款及第6款。

（9）获得区域密集型护理预防服务费的给付时，为第54条之2第2款第1项、第2项、第55条第1款、第4款及第6款。

（10）获得特殊区域密集型护理预防服务费的给付时，为第54条之3第2款、第55条第1款、第4款及第6款。

（11）获得居家护理福祉工具购入费的给付时，为第44条第3款、第4款及第7款。

（12）获得护理预防福祉工具购入费的给付时，为第56条第3款、第4款及第7款。

（13）获得居家护理住宅改建费的给付时，为第45条第3款、第4款及第7款。

（14）获得护理预防住宅改建费的给付时，为第57条第3款、第4款及第7款。

4. 根据第1款的规定，获得给付数额减少等的记载的需要护理的被保险人等主体，自获得记载之日所属月份的次月的第1日起至给付数额减少期间经过为止，针对所使用的居家服务、区域密集型服务、机构服务、护理预防服务、区域密集型护理预防服务、与住宅改建相关的前款各项中所列举的护理给付等服务，在适用前款各项中的规定时（限于根据第 49 条之 2 第 1 款、第 59 条之 2 第 1 款的规定，对条文文字进行变更后适用的情形），若根据第 49 条之 2 第 1 款或第 59 条之 2 第 1 款的规定，对条文文字进行变更，变更后所适用规定中的"80%"变更为"70%"。

5. 根据第 1 款的规定，获得给付数额减少等的记载的需要护理的被保险人等主体，自获得记载之日所属月份的次月第 1 日起至给付数额减少期间经过为止，针对所使用的居家服务、区域密集型服务、机构服务、护理预防服务、区域密集型护理预防服务、与住宅改建相关的第 3 款各项所列举的护理给付等服务，在适用第 3 款各项中的规定时（限于根据第 49 条之 2 第 2 款、第 59 条之 2 第 2 款的规定，对条文文字进行变更后适用的情形），若根据第 49 条之 2 第 2 款或第 59 条之 2 第 2 款的规定，对条文文字进行变更，变更后所适用规定中的"70%"变更为"60%"。

6. 根据第 1 款的规定，获得给付数额减少等的记载的需要护理的被保险人等主体，自获得记载之日所属月份的次月第 1 日起至给付数额减少期间经过为止，针对所接受的居家服务、区域密集型服务、机构服务、护理预防服务、区域密集型护理预防服务所需费用，不适用第 51 条第 1 款、第 51 条之 2 第 1 款、第 51 条之 3 第 1 款、第 51 条之 4 第 1 款、第 61 条第 1 款、第 61 条之 2 第 1 款、第 61 条之 3 第 1 款以及第 61 条之 4 第 1 款的规定。

第五章　护理帮助专业人员、事业者及机构

第一节　护理帮助专业人员

第一小节　登记等

第 69 条之 2（护理帮助专业人员的登记）

1. 厚生劳动省令所规定的拥有实务经验的主体，若通过都道府县知事根据厚生劳动省令的规定所举办的测试（以下简称"护理帮助专业人

员实务研修培训测试"），而且，已经修完都道府县知事根据厚生劳动省令的规定所开设的研修（以下简称"护理帮助专业人员实务研修"）课程，可以根据厚生劳动省令的规定，请求都道府县知事进行登记。不过，符合下列各项情形之一的主体除外。

（1）厚生劳动省令所规定的因身心残疾而无法妥当从事护理帮助专业人员业务的主体。

（2）被判处禁锢以上的刑罚，刑罚执行已经终止或不再继续执行刑罚。

（3）根据本法、其他与国民保健医疗或福祉相关的法律，被判处罚金刑，刑罚执行已经终止或不再继续执行刑罚。

（4）提出登记申请的前5年以内，曾实施与居家服务等服务相关的违法或者不当行为。

（5）根据第69条之38第3款的规定，受到禁止处分，在禁止期间内，根据第69条之6第1项的规定已涂销登记，但禁止期间尚未届满。

（6）根据第69条之39的规定，受到登记涂销的处分，自受到处分之日起尚未经过5年。

（7）根据第69条之39的规定，按照与涂销登记处分相关的行政程序法（1993年法律第88号）第15条的规定作出通知，自作出通知之日起至作出处分之日或决定不作出处分之日的期间内，申请涂销登记的主体（存在正当理由申请涂销登记的主体除外），自涂销登记之日起尚未经过5年。

2. 在根据前款规定进行登记时，都道府县知事应在护理帮助专业人员资格登记簿中，记载姓名、出生年月日、住所、厚生劳动省令所规定的其他事项、登记号码、登记年月日。

第69条之3（登记的移转）

根据前条第1款已获得登记的主体，若在进行登记的都道府县知事所管辖范围以外的都道府县中，从事或准备从事指定居家护理帮助事业者、厚生劳动省令所规定的其他事业者或机构开展的业务时，事业者的事业所或者管辖机构所在地的都道府县知事，可通过实施登记的都道府县知事，申请登记的移转。不过，根据第69条之38第3款的规定，该主体受到禁止的处分时，在禁止期间未届满时，不在此限。

第69条之4（登记事项变更的申报）

获得第69条之2第1款中登记的主体，在与登记相关的姓名、厚生劳动省令所规定的其他事项发生变更时，应毫不迟延地向都道府县知事进行申报。

第 69 条之 5（对死亡等的申报）

获得第 69 条之 2 第 1 款中登记的主体，在符合下列各项所规定的情形之一时，下列各项所规定的主体应当自符合各项所规定情形之日（在第 1 项所规定的场合下，为自知道事实之日）起的 30 日以内，将相关事项向进行登记的都道府县知事、对各项中所规定主体的住所地拥有管辖权的都道府县知事进行申报。

（1）已登记的主体死亡时，为其继承人。

（2）符合第 69 条之 2 第 1 款第 1 项所规定情形时，为本人、其法定代理人、共同居住的亲属。

（3）符合第 69 条之 2 第 1 款第 2 项或第 3 项所规定情形时，为本人。

第 69 条之 6（基于申请等涂销登记）

在符合下列各项情形之一时，都道府县知事应涂销第 69 条之 2 第 1 款所规定的登记。

（1）本人提出涂销登记的申请。

（2）根据前条规定提出申报之时。

（3）虽不存在根据前条规定所提出的申报，但满足该条各项所规定的情形之一。

（4）根据第 69 条之 31 的规定撤销通过测试的决定。

第 69 条之 7（护理帮助专业人员证的交付等）

1. 根据第 69 条之 2 第 1 款获得登记的主体，可向都道府县知事申请交付护理帮助专业人员证。

2. 准备获得护理帮助专业人员证的主体，必须接受都道府县知事根据厚生劳动省令规定所进行的培训。但是，自获得第 69 条之 2 第 1 款中的登记之日起至厚生劳动省令所规定期间以内，准备获得护理帮助专业人员证的主体除外。

3. 护理帮助专业人员证（根据第 5 款的规定，所交付的护理帮助专业人员证除外）的有效期间为 5 年。

4. 在交付护理帮助专业人员证之后，根据第 69 条之 3 的规定移转登记之时，该护理帮助专业人员证失去效力。

5. 针对前款所规定的情形，在申请移转登记的同时，若提出交付护理帮助专业人员证的申请，受理申请的都道府县知事所交付的护理帮助专业人员证的有效期间，需涵盖该款中护理帮助专业人员证有效期间经过之前的期间。

6. 第69条之2第1款所规定的登记被涂销之时，或护理帮助专业人员证失去效力时，护理帮助专业人员应毫不迟延地将护理帮助专业人员证返还至颁发护理帮助专业人员证的都道府县知事。

7. 根据第69条之38第3款的规定，护理帮助专业人员受到禁止处分时，必须毫不迟延地将护理帮助专业人员证提交至都道府县知事。

8. 根据前款的规定，接受护理帮助专业人员证的都道府县知事，在该款所规定的禁止期间届满时，若提交者提出返还的请求，都道府县知事应立即返还护理帮助专业人员证。

第69条之8（护理帮助专业人员证有效期间的更新）

1. 护理帮助专业人员证的有效期间可根据申请而予以更新。

2. 准备更新护理帮助专业人员证有效期间的主体，应参加都道府县知事根据厚生劳动省令的规定所开展的研修课程（以下简称"更新研修"）。不过，若某一主体正在从事护理帮助专业人员的业务，而且已经修完都道府县知事根据厚生劳动省令的规定所指定的相当于更新研修课程的研修课程，则不在此限。

3. 前条第3款的规定准用于更新后的护理帮助专业人员证的有效期间。

第69条之9（护理帮助专业人员证的出示）

在开展相关业务时，若关系人提出请求，护理帮助专业人员应当出示护理帮助专业人员证。

第69条之10（对厚生劳动省令的委任）

除本小节所作规定外，与第69条之2第1款的登记、登记的移转及护理帮助专业人员证相关的必要事项，由厚生劳动省令进行规定。

第二小节　登记试题制作机关的登记、指定测试实施机关及指定研修实施机关的指定等

第69条之11（登记试题制作机关的登记）

1. 都道府县知事，可要求获得厚生劳动大臣登记的法人（以下简称"登记试题制作机关"），实施与制作护理帮助专业人员实务研修培训测试试题，设定合格基准相关的事务（以下简称"试题制作事务"）。

2. 前款的登记，应根据准备实施试题制作事务的主体的申请进行。

3. 都道府县知事，在根据第 1 款的规定要求登记试题制作机关实施试题制作事务时，不得开展试题制作事务。

第 69 条之 12（资格欠缺条件）

符合下列各项情形之一的法人，不可获得前条第 1 款的登记。

（1）根据本法的规定被判处刑罚，自刑罚执行终止或者不再执行刑罚之日起尚未经过 2 年。

（2）根据第 69 条之 24 第 1 款或第 2 款的规定，登记被撤销，自撤销之日起尚未经过 2 年。

（3）其管理人员之一符合第 1 项所规定的情形。

第 69 条之 13（登记的基准）

根据第 69 条之 11 第 2 款的规定申请登记时，若满足下列所有要件，厚生劳动大臣应根据该条第 1 款进行登记。此时，与登记相关的必要程序，由厚生劳动省令作出规定。

（1）针对附表上栏所列的科目，由该表下栏中的测试委员制作试题、设定合格基准。

（2）为了确保测试的可信度，已采取以下措施。

第一，设置与试题制作事务相关的专业管理者。

第二，为确保与试题制作事务的管理（包括与保守测试秘密、测试合格基准相关的事务）相关文书的制作、厚生劳动省令所规定其他试题制作事务的可信度，已经采取相关措施。

第三，已设置按照第二中文书所作记载负责管理试题制作事务的专业部门。

（3）并未处于资不抵债的状态。

第 69 条之 14（登记的公示等）

1. 厚生劳动大臣在办理第 69 条之 11 第 1 款的登记后，应公示获得登记的主体的名称、主要事务所所在地以及登记日期。

2. 登记试题制作机关，在准备变更名称以及主要事务所的所在地时，应在准备变更之日 2 周前，向厚生劳动大臣、根据第 69 条之 11 第 1 款的规定要求登记试题制作机关实施试题制作事务的都道府县知事（以下简称"委任都道府县知事"），进行申报。

3. 厚生劳动大臣收到前款的申报时，应将变更的事项进行公示。

第 69 条之 15（管理人员的选任及解任）

登记试题制作机关在选任或者解任管理人员后，应毫不迟延地向厚生劳动大臣进行申报。

第 69 条之 16（测试委员的选任及解任）

登记试题制作机关，在选任或解任第 69 条之 13 第 1 项的测试委员后，应毫不迟延地向厚生劳动大臣进行申报。

第 69 条之 17（秘密保守义务等）

1. 登记试题制作机关的管理人员、职员（包含第 69 条之 13 第 1 项中的测试委员。下一款亦同）、曾担任此种职务的主体，不得泄露与试题制作事务相关的秘密。

2. 从事试题制作事务的登记试题制作机关的管理人员或职员，在刑法以及其他罚则的适用问题上，视为根据法令从事公务的职员。

第 69 条之 18（试题制作事务规范）

1. 登记试题制作机关，在开始试题制作事务之前，针对厚生劳动省令所规定的与实施试题制作事务相关的事项，应制定试题制作事务规范，并获得厚生劳动大臣的认可。准备对试题制作事务规范进行变更时，亦同。

2. 根据前款的规定获得认可的试题制作事务规范，若在试题制作事务的实施问题上存在不合理之处，厚生劳动大臣可命令登记试题制作机关对此进行变更。

第 69 条之 19（财务诸表等的设置及阅览等）

1. 登记试题制作机关，在每个事业年度经过后的 3 个月以内，应制作该事业年度的财产目录、资产负债表、损益计算书、收支计算书、事业报告书［在以电磁形式（指的是通过电子形式、磁性介质、其他无法通过知觉所察知的方式所作的记录，以供电子计算机用于信息处理。本条以下亦同）制作的场合下，包括电磁记录。下一款及第 211 条之 2 简称"财务诸表等"］，并在登记试题制作机关的事务所保存 5 年。

2. 准备接受护理帮助专业人员实务研修培训测试的主体、其他利害关系人，在登记试题制作机关的业务时间内，可随时提出下列请求。不过，在提出第 2 项及第 4 项的请求时，应支付登记试题制作机关所规定的费用。

（1）财务诸表等文件为书面形式时，请求阅览及誊写书面文件中的内容。

（2）请求交付前项中的书面誊本或抄本。

（3）财务诸表等文件为电磁记录形式时，请求阅览及誊写按照厚生劳动省令规定方法所表现出的该电磁记录中记载的事项。

（4）请求按照厚生劳动省令所规定的电磁方法，提供前项电磁记录中所记载的内容，或请求交付记载相关内容的书面文件。

第 69 条之 20（账簿的设置等）

登记试题制作机关，应按照厚生劳动省令的规定，将厚生劳动省令所规定的与试题制作事务相关的事项，记载于账簿，并予以保存。

第 69 条之 21（调整命令）

登记试题制作机关不符合第 69 条之 13 各项中所规定的要件之一时，厚生劳动大臣可命令登记试题制作机关采取必要措施，以使得其符合相关要件。

第 69 条之 22（报告及检查）

1. 当为确保试题制作事务的顺利实施而存在必要时，厚生劳动大臣可命令登记试题制作机关，提交与试题制作事务状况相关的必要报告，要求职员对关系人进行质问，进入登记试题制作机关的事务所，对其账簿文件或其他物件进行检查。

2. 当为确保试题制作事务的顺利实施而存在必要时，委任都道府县知事可命令登记试题制作机关，提交与试题制作事务状况相关的必要报告，要求职员对关系人进行质问，进入登记试题制作机关的事务所，对账簿文件或其他物件进行检查。

3. 第 24 条第 3 款的规定，准用于前 2 款所规定的质问或检查，该条第 4 款的规定准用于前 2 款所规定的权限。

第 69 条之 23（试题制作事务的中止或废止）

1. 在未获得厚生劳动大臣的许可时，登记试题制作机关不得中止、废止全部或部分试题制作事务。

2. 厚生劳动大臣在准备授予前款所规定的许可时，应听取关系委任都道府县知事的意见。

3. 厚生劳动大臣在授予第 1 款所规定的许可后，在通知关系委任都道府县知事的同时，还应进行公示。

第 69 条之 24（登记的撤销等）

1. 当登记试题制作机关符合第 69 条之 12 第 1 项或第 3 项所规定的情

形时，厚生劳动大臣应撤销对登记试题制作机关的登记。

2. 当登记试题制作机关满足下列各项所规定的情形之一时，厚生劳动大臣可撤销对登记试题制作机关的登记，或命令登记试题制作机关，在指定期限内停止全部或部分试题制作事务。

（1）以违法手段获得第69条之11第1款的登记。

（2）违反第69条之14第2款、第69条之15、第69条之16、第69条之19第1款、第69条之20或前条第1款的规定。

（3）无正当理由拒绝第69条之19第2款各项规定的请求。

（4）未按照获得第69条之18第1款中认可的试题制作事务规范，实施试题制作事务。

（5）违反第69条之18第2款、第69条之21中的命令。

3. 厚生劳动大臣根据前2款的规定撤销登记时，或根据前款的规定命令停止全部或部分试题制作事务时，应通知关系委任都道府县知事，并进行公示。

第69条之25（委任都道府县知事实施试题制作事务）

1. 根据第69条之23第1款的规定，登记试题制作机关中止全部或部分试题制作事务时，厚生劳动大臣根据前条第2款的规定，命令登记试题制作机关停止全部或部分试题制作事务时，因天灾或其他事由，导致登记试题制作机关难以实施全部或部分试题制作事务时，若厚生劳动大臣认为存在必要，无论第69条之11第3款作何规定，委任都道府县知事应实施全部或部分试题制作事务。

2. 根据前款的规定，委任都道府县知事实施试题制作事务之时，或委任都道府县知事根据该款的规定实施试题制作事务的事由消失时，厚生劳动大臣应当毫不迟延地通知委任都道府县知事。

第69条之26（与试题制作事务相关的手续费）

根据地方自治法第227条的规定，委任都道府县知事收取与试题制作事务相关的手续费时，针对根据第69条之11第1款的规定，准备接受护理帮助专业人员实务研修培训测试的主体，委任都道府县知事可根据条例的规定，要求其向登记试题制作机关缴纳手续费，以作为登记试题制作机关的收入。

第69条之27（指定测试实施机关的指定）

1. 都道府县知事可要求其指定的主体（以下简称"指定测试实施机

关"),开展与护理帮助专业人员实务研修培训测试的实施相关的事务(试题制作事务除外。以下简称"测试事务")。

2. 前条的规定,准用于所应收取的与指定测试实施机关实施的测试事务相关的手续费。

第 69 条之 28（秘密保守义务等）

1. 指定测试实施机关（当该机关为法人时,为其管理人员。下一款亦同）、其职员、曾担任此种职务的主体,不得泄露与测试事务相关的秘密。

2. 从事测试事务的指定测试实施机关或其职员,在刑法及其他罚则的适用问题上,视为根据法令从事公务的职员。

第 69 条之 29（监督命令等）

为了确保测试事务的顺利实施而存在必要时,都道府县知事可向指定测试实施机关提出必要命令,以对测试事务进行监督。

第 69 条之 30（报告及检查）

1. 为了确保测试事务的顺利实施而存在必要时,都道府县知事可命令指定测试实施机关,针对测试事务状况提交必要的报告,要求职员对关系人进行质问,进入指定测试实施机关的事务所,对设备、账簿文件以及其他物件进行检查。

2. 第 24 条第 3 款的规定,准用于前款所规定的质问及检查,该条第 4 款的规定准用于前款所规定的权限。

第 69 条之 31（合格决定的撤销等）

1. 对于以违法手段或准备以违法手段参加护理帮助专业人员实务研修培训测试的主体,都道府县知事可撤销作出的合格决定,或者禁止其参加护理帮助专业人员实务研修培训测试。

2. 指定测试实施机关,可行使前款所规定的作出指定的都道府县知事的职权。

第 69 条之 32（对政令的委任）

除第 69 条之 27 至前条所作规定外,与指定测试实施机关有关的必要事项,由政令进行规定。

第 69 条之 33（指定研修实施机关的指定等）

1. 都道府县知事,可要求其所指定的主体（以下简称"指定研修实施机关"）,实施与护理帮助专业人员实务研修及更新研修的实施相关的事务（以下简称"研修事务"）。

2. 第 69 条之 27 第 2 款、第 69 条之 29、第 69 条之 30 的规定，准用于指定研修实施机关。此时，这些规定中的"指定测试实施机关"变更为"指定研修实施机关"，"测试事务"变更为"研修事务"。

3. 除前 2 款所作规定外，与指定研修实施机关相关的必要事项，由政令进行规定。

第三小节　义务等

第 69 条之 34（护理帮助专业人员的义务）

1. 护理帮助专业人员，应尊重需要护理者等主体的人格，站在需要护理者等主体的立场，向需要护理者等主体提供的居家服务、区域密集型服务、机构服务、护理预防服务、区域密集型护理预防服务、特定护理预防·日常生活帮助综合事业，不应偏向于特定的种类、特定的事业者或机构，此外，还应公正且诚实地开展业务。

2. 护理帮助专业人员，应按照厚生劳动省令所确定的基准，开展护理帮助专业人员的业务。

3. 为了帮助需要护理者等主体独立地开展日常生活，护理帮助专业人员应努力获取相关专业知识，提升业务水准及其他资质。

第 69 条之 35（资质借用的禁止等）

护理帮助专业人员，不得违法使用护理帮助专业人员证，或允许他人以其名义开展护理帮助人员业务。

第 69 条之 36（禁止失信行为）

护理帮助专业人员，不得从事有害于护理帮助专业人员信用的行为。

第 69 条之 37（秘密保守义务）

不存在正当理由时，护理帮助专业人员不得泄露与业务相关的秘密。即便丧失护理帮助专业人员的身份后，亦同。

第 69 条之 38（报告等）

1. 为了确保护理帮助专业人员业务的顺利实施而存在必要时，都道府县知事可要求获得登记的护理帮助专业人员、在都道府县区域内开展相关业务的护理帮助专业人员，针对所开展业务提交必要报告。

2. 获得登记的护理帮助专业人员、在都道府县区域内开展业务的护理帮助专业人员，在违反第 69 条之 34 第 1 款或第 2 款的规定时，获得登记的护理帮助专业人员未得到护理帮助专业人员证（本款以下简称"未得到护理帮助专业人员证的主体") 而作为护理帮助专业人员开展业务时, 都道府县知事可向该护理帮助专业人员、未得到护理帮助专业人员证的主体作出必要的指示, 或命令其参加都道府县知事指定的研修课程。

3. 获得登记的护理帮助专业人员、在都道府县区域内开展业务的护理帮助专业人员, 未遵守前款所规定的指示或命令时, 都道府县知事可在 1 年以内的期间内, 禁止护理帮助专业人员开展其从事的业务。

4. 对于获得其他都道府县知事登记的护理帮助专业人员, 都道府县知事作出前 2 款所规定的处分时, 都道府县知事应毫不迟延地通知其他都道府县知事。

第 69 条之 39 (登记的涂销)

1. 获得登记的护理帮助专业人员, 符合下列各项情形之一时, 都道府县知事应当涂销登记。

(1) 符合第 69 条之 2 第 1 款第 1—3 项所规定的情形之一。

(2) 以违法手段获得第 69 条之 2 第 1 款的登记。

(3) 以违法手段获得护理帮助专业人员证。

(4) 违反前条第 3 款所规定的业务禁止处分。

2. 获得登记的护理帮助专业人员符合下列各项情形之一时, 都道府县知事应当涂销登记。

(1) 违反第 69 条之 34 第 1 款、第 2 款、第 69 条之 35 至第 69 条之 37 的规定。

(2) 根据前条第 1 款的规定, 被要求提交报告, 但未提交报告或提交虚假报告。

(3) 违反前条第 2 款规定的指示或命令且情节严重。

3. 获得第 69 条之 2 第 1 款中登记的主体, 在未获得护理帮助专业人员证时, 若符合下列各项情形之一, 进行登记的都道府县知事, 应涂销登记。

(1) 符合第 69 条之 2 第 1 款第 1—3 项所规定的情形之一。

(2) 以违法手段获得第 69 条之 2 第 1 款的登记。

(3) 作为护理帮助专业人员开展业务且情节特别严重。

第二节 指定居家服务事业者

第 70 条 (指定居家服务事业者的指定)

1. 按照厚生劳动省令的规定, 根据开展居家服务事业的主体的申请,按照居家服务的种类、开展与居家服务种类相关的居家服务事业的事业所（本节以下简称"事业所"），作出第 41 条第 1 款主文中的指定。

2. 当提出前款所规定的申请时，若符合下列各项情形［提出与由医院等主体开展的居家疗养管理指导、医院或诊所开展的访问看护、访问康复、日间康复、短期入所疗养护理相关的指定申请时，第 6 项之（2）、第 6 项之（3）、第 10 项之（2）、第 12 项除外］之一，都道府县知事不得作出第 41 条第 1 款主文中的指定。

（1）申请人并非都道府县条例所规定的主体。

（2）与申请相关的事业所的从业者知识、技能、人员，不满足第 74 条第 1 款中都道府县条例所确定的基准、该款中都道府县条例所确定的人员数量。

（3）申请人未按照第 74 条第 2 款所规定的与指定居家服务事业设备及运营相关的基准，开展居家服务事业。

（4）申请人被判处禁锢以上的刑罚，刑罚执行已经终止或不再继续执行刑罚。

（5）按照本法、其他与国民保健医疗或福祉相关的法律及政令的规定，申请人被判处罚金刑，刑罚执行已经终止或不再继续执行刑罚。

（5）之（2）根据与劳动相关法律或政令的规定，申请人被判处罚金刑，刑罚执行已经终止或不再继续执行刑罚。

（5）之（3）根据与社会保险相关法律、与劳动保险的保险费收取等相关法律（1969 年法律第 84 号）的规定，对于申请人应当缴纳的保险费、负担金、定期金［包含地方税法规定的国民健康保险税。本项以下、第 78 条之 2 第 4 款第 5 项之（3）、第 79 条第 2 款第 4 项之（3）、第 94 条第 3 款第 5 项之（3）、第 107 条第 3 款第 7 项、第 115 条之 2 第 2 款第 5 项之（3）、第 115 条之 12 第 2 款第 5 项之（3）、第 115 条之 22 第 4 款第 4 项之（3）、第 203 条第 2 款中简称"保险费等"］，至提出申请之日的前 1 日，申请人因迟延缴纳保险费等受到处分，并且，自受到处分之日起，申请人无正当理由继续迟延缴纳受到处分之日以后缴纳期限已经到期的全部保险费等［限于：受到处分的主体，根据规定保险费等的缴纳义务的法律，承担缴纳义务的保险费等。第 78 条之 2 第 4 款第 5 项之（3）、第 79 条第 2 款第 4 项之（3）、第 94 条第 3 款第 5 项之（3）、第 107 第 3 款第 7 项、第 115 条之 2 第 2 款第 5 项之（3）、第 115 条之 12 第 2 款第 5

项之（3）、第 115 条之 22 第 2 款第 4 项之（3）亦同]，迟延缴纳保险费等的期限达到 3 个月以上。

（6）根据第 77 条第 1 款或第 115 条之 35 第 6 款的规定，撤销对申请人（与特定机构居住者生活护理相关的指定申请人除外）的指定（与特定机构居住者生活护理相关的指定除外），申请人为自撤销之日起尚未经过 5 年的主体 [指定被撤销的主体为法人时，根据与撤销处分相关的行政程序法第 15 条的规定作出通知，在通知作出之日前 60 日以内，自指定被撤销之日起尚未经过 5 年的法人的管理人员（指的是执行业务的社员、董事、执行人员或类似人员，无论其为咨询人员、顾问或其他任何拥有不同名称的主体，包含可执行法人业务的社员、董事、执行人员或拥有同等权力的主体。第五节及第 203 条第 2 款亦同）、管理事业所的主体、政令所规定的其他人员（以下简称"管理人员等"）等主体也包括在内。指定被撤销的主体为非法人的事业所时，在通知作出之日前 60 日以内，自指定被撤销之日起尚未经过 5 年的该事业所的管理者等主体也包括在内]。不过，指定居家服务事业者的指定被撤销时，为防止指定被撤销的处分事由发生，考虑到指定居家服务事业者所采取的业务管理体制完善措施状况、指定居家服务事业者所应承担的责任程度，指定的撤销不符合本项主文中所规定的指定的撤销，并满足厚生劳动省令所规定情形的除外。

（6）之（2）根据第 77 条第 1 款或者第 115 条之 35 第 6 款的规定，撤销对申请人（限于与特定机构居住者生活护理相关的指定申请人）的指定（限于与特定机构居住者生活护理相关的指定），申请人为自撤销之日起尚未经过 5 年的主体（指定被撤销的主体为法人时，根据与撤销处分相关的行政程序法第 15 条的规定作出通知，在通知作出之日前 60 日以内，自撤销之日起尚未经过 5 年的法人的管理人员等主体也包括在内。指定被撤销的主体为非法人的事业所时，在通知作出之日前 60 日以内，自撤销之日起尚未经过 5 年的该事业所的管理者等主体也包括在内）。不过，指定居家服务事业者的指定被撤销时，为防止指定被撤销的处分事由发生，考虑到指定居家服务事业者所采取的业务管理体制完善措施状况、指定居家服务事业者所应承担的责任程度，指定的撤销不符合本项主文中所规定的指定的撤销，并满足厚生劳动省令所规定情形的除外。

（6）之（3）针对与申请人存在密切关系的主体 [指的是在下列主体中，由厚生劳动省令所规定的与申请人存在密切关系的法人：厚生劳动省令所规定的，通过拥有申请人（限于法人。本项以下亦同）的股份、其他事由，对申请人的事业进行实质性的支配，或对申请人事业产生重要影响的主体（以下简称"申请人的母公司等"）；厚生劳动省令所规定的申请人的母公司等通过拥有股份、其他事由，对事业进行实质性的支配、对事业产生重要影响的主体；厚生劳动省令所规定的申请人通过拥有股份、其他事由，对事业进行实质性支配、对事业产生重要影响的主体。本章以下亦同］，根据第 77 条第 1 款或第 115 条之 35 第 6 款的规定，撤销指定，自撤销之日起尚未经过 5 年。不过，指定居家服务事业者的指定被撤销时，为防止指定被撤销的处分事由发生，考虑到指定居家服务事业者所采取的业务管理体制完善措施状况、指定居家服务事业者所应承担的责任程度，指定的撤销不符合本项主文中所规定的指定的撤销，并满足厚生劳动省令所规定情形的除外。

（7）根据第 77 条第 1 款、第 115 条之 35 第 6 款的规定，对申请人作出撤销指定的处分，按照与撤销处分相关的行政程序法第 15 条的规定作出通知，自作出通知之日起至作出处分之日或决定不作出处分之日的期间内，按照第 75 条第 2 款的规定，申请人为提出事业废止申报的主体（对废止事业存在充分理由的除外），自提出申报之日起尚未经过 5 年。

（7）之（2）根据第 76 条第 1 款的规定开展检查，自开展检查之日起至听证决定预定日（基于该检查结果，按照第 77 条第 1 款的规定，决定是否召开与指定被撤销的处分相关的听证，根据厚生劳动省令的规定，都道府县知事自对该申请人开展检查之日起 10 日内，就具体听证日期作出通知，此时指的是该特定日期）的期间内，申请人为按照第 75 条第 2 款提出事业废止申报的主体（对废止事业存在充分理由的除外），自提出申报之日起尚未经过 5 年。

（8）在第 7 项所规定的期间内，按照第 75 条第 2 款的规定，提出事业废止的申报之时，在该项所规定的通知日前 60 日以内，申请人为与申报相关的法人（对废止事业存在充分理由的除外）的管理人员等主体、与申报相关的作为非法人的事业所（对废止事业存在充分理由的除外）的管理者等主体，自提出申报之日起尚未经过 5 年。

（9）在指定申请的前 5 年以内，申请人曾实施与居家服务等服务相关的违法或不正当行为。

（10）申请人（与特定机构居住者生活护理相关的指定申请人除

外）为法人之时，其管理人员等主体符合第 4—6 项、第 7 项至前项所规定的情形之一。

（10）之（2）申请人（限于与特定机构居住者生活护理相关的指定申请人）为法人之时，其管理人员等主体符合第 4 项至第 5 项之（3）、第 6 项之（2）、第 7—9 项所规定的情形之一。

（11）申请人（与特定机构居住者生活护理相关的指定申请人除外）为非法人的事业所时，其管理者符合第 4—6 项、第 7—9 项所规定的情形之一。

（12）申请人（限于与特定机构居住者生活护理相关的指定申请人）为非法人的事业所时，其管理者符合第 4 项至第 5 项之（3）、第 6 项之（2）、第 7—9 项所规定的情形之一。

3. 都道府县在制定前款第 1 项中的条例时，应遵循厚生劳动省令所确定的基准。

4. 针对护理专用型特定机构居住者生活护理（对于入住护理专用型特定机构的需要护理者而言，指的是所提供的特定机构居住者生活护理。以下亦同），当存在第 1 款的申请之时，在包含与申请相关的事业所所在地的区域（指的是根据第 118 条第 2 款第 1 项的规定，由都道府县所确定的区域）内，护理专用型特定机构居住者生活护理的使用人员数量、区域密集型特定机构居住者生活护理的使用人员数量的总数，达到下列总数时：按照该条第 1 款的规定，在都道府县所制定的都道府县护理保险事业帮助计划中，所确定的区域内护理专用型特定机构居住者生活护理的必要使用人员数量、区域密集型特定机构居住者生活护理的必要使用人员数量的总数，都道府县知事可不作出第 41 条第 1 款主文所规定的指定。或者因与申请相关的事业者的指定超过后一总数时，存在其他障碍对都道府县护理保险事业帮助计划的达成产生影响时，都道府县知事可不作出第 41 条第 1 款主文所规定的指定。

5. 针对混合型特定机构居住者生活护理（针对入住护理专用型特定机构以外的特定机构的需要护理者而言，指的是所提供的特定机构居住者生活护理。以下亦同），当存在第 1 款的申请之时，在包括与申请相关的事业所的所在地的区域（指的是根据第 118 条第 2 款第 1 项的规定，由都道府县所确定的区域）内，混合型特定机构居住者生活护理的推定使用人员数量（指的是根据厚生劳动省令的规定所计算出的人员数量）的总数，达到下列总数时：按照该条第 1 款的规定，在都道府县所制定的都道府县护理保险事业帮助计划中，所确定的区域内混合型特定机构居住者生活护理的必要使用人员数量的总数，都道府县知事可不作出第 41 条第 1 款主文所规定的指定。或者因与申请相关的事业者的指定超过后一总数时，存在其他障碍对都道府县护理保险事业帮助计划的达成产生影响时，都道府县知事可不作出第 41 条第 1 款主文所规定的指定。

6. 在准备作出第 41 条第 1 款主文所规定的指定（限于与特定机构居住者生活护理、厚生劳动省令所规定的其他居住服务相关的指定）时，都道府县知事应就厚生劳动省令所规定的事项向关系市町村村长作出通知，并指定期间，为调整第 117 条第 1 款所规定的关系市町村的市町村护理保险事业计划，听取关系市町村村长的意见。

7. 都道府县知事准备作出第 41 条第 1 款主文所规定的指定（与前款中厚生劳动省令所规定的居家服务相关的指定除外。下一款亦同）时，关系市町村村长可根据厚生劳动省令的规定，要求都道府县知事提前发出作出指定的通知。此时，都道府县知事应当回应关系市町村村长的请求。

8. 在收到根据前款规定作出的通知时，关系市町村村长可按照厚生劳动省令的规定，就第 41 条第 1 款主文所规定的指定，为调整第 117 条第 1 款所规定的关系市町村的市町村护理保险事业计划，向都道府县知事提出申请，以听取意见。

9. 考虑到第 6 款或前款的意见，作出第 41 条第 1 款主文所规定的指定时，为确保事业的顺利运营，都道府县知事可附加必要的条件。

10. 获得第 42 条之 2 第 1 款主文所规定的指定，开展定期巡回·随时回应型访问护理看护等（指的是作为认知症回应型共同生活护理、区域密集型特定机构居住者生活护理、区域密集型护理老人福祉机构入所者生活护理以外的区域密集型服务，同时为定期巡回·随时回应型访问护理看护、小规模多机能型居家护理、厚生劳动省令所规定的其他护理服务。本条以下亦同）事业的主体，实施与指定相关事业的事业所（本款以下简称"定期巡回·随时回应型访问护理看护等事业所"）位于市町村区域、厚生劳动省令所规定的其他区域，并符合下列各项所规定的情形之一时，针对与访问护理、日间护理、厚生劳动省令所规定的其他居家服务（限于市町村区域内的事业所提供的服务）相关的第 41

条第 1 款主文所规定的指定，按照厚生劳动省令的规定，在市町村所制定的市町村护理保险事业计划（指的是第 117 条第 1 款所规定的市町村护理保险事业计划。本款以下亦同）中，于所确定的市町村或者包含定期巡回·随时回应型访问护理看护等事业所所在地的区域（指的是根据第 117 条第 2 款第 1 项的规定，由市町村所确定的区域。本款以下简称"日常生活区域"）中，为确保定期巡回·随时回应型访问护理看护等的预测量，市町村村长可要求都道府县知事进行必要的协商。此时，都道府县知事应当回应其请求。

（1）市町村或日常生活区域中居家服务（仅限于根据本规定进行协商的情形。本项以下及下一款亦同）种类的数量，已经达到市町村所确定的市町村护理保险事业计划中市町村区域内或日常生活区域内居家服务种类的预测量，或因与第 1 款的申请相关的事业者的指定超过预测量。

（2）存在对市町村护理保险事业计划的达成可能产生障碍的其他情形。

11. 根据前款规定进行协商，基于协商的结果，针对请求协商的市町村村长所管辖区域内事业所所提供的居家服务，当存在第 1 款的申请之时，都道府县知事可遵从厚生劳动省令所规定的基准，在未作出第 41 条第 1 款主文规定的指定，或者作出该款主文规定的指定时，为确保定期巡回·随时回应型访问护理看护等事业的顺利运营，附加必要的条件。

第 70 条之 2（指定的更新）

1. 第 41 条第 1 款主文的指定，应每 6 年作一次更新，否则，将因期间的经过而失去效力。

2. 收到前款所规定的更新申请时，至该款的期间（本条以下简称"指定有效期间"）届满之日，尚未对申请进行处理时，之前的指定在指定有效期间届满后至作出处理的期间内，仍具有效力。

3. 在前款所规定的场合下，对指定进行更新之时，指定的有效期间，自之前的指定有效期间届满之日的次日开始起算。

4. 前条的规定准用于第 1 款的指定更新。

第 70 条之 3（指定的变更）

1. 接受第 41 条第 1 款主文规定的指定，开展特定机构居住者生活护理事业的主体，准备增加与该款主文所规定指定相关的特定机构居住者生活护理的使用人员数量时，可按照厚生劳动省令的规定，提前申请对该款主文中特定机构居住者生活护理相关指定的变更。

2. 自第70条第4—6款的规定，准用于前款指定变更的申请。此时，该条第4款及第5款中的"不作出第41条第1款主文所规定的指定"，变更为"拒绝第41条第1款主文所规定指定的变更"。

第71条（指定居家服务事业者的特例）

1. 对于医院等主体，根据健康保险法第63条第3款第1项的规定，作出保险医疗机关或者保险药店的指定（包含根据该法第69条的规定，视为存在该项的指定的情形）时，针对医院等主体的开设者，视为作出与医院等主体所提供的居家服务（如果为医院或诊所，限于居家疗养管理指导、厚生劳动省令所确定种类的其他居家服务，如果为药店，则限于居家疗养管理指导）相关的第41条第1款主文所规定的指定。不过，医院等主体的开设者按照厚生劳动省令的规定提出特别申请时，或在作出指定前，根据第77条第1款、第115条之35第6款的规定，撤销第41条第1款主文的指定时，不在此限。

2. 对于与第41条第1款主文所规定的指定相关的医院等主体而言，根据健康保险法第80条，撤销对保险医疗机关或保险药店的指定时，按照前款的规定视为作出的第41条第1款主文中指定居家服务事业者的指定，失去效力。

第72条

1. 针对护理老人保健机构或护理医疗院，当获得第94条第1款或第107条第1款的许可时，对于护理老人保健机构或护理医疗院的开设者而言，将视为作出第41条第1款主文所规定的与护理老人保健机构、护理医疗院所提供居家服务（限于与短期入所疗养护理、厚生劳动省令所规定的其他居家服务种类相关的服务）相关的指定。不过，护理老人保健机构、护理医疗院的开设者，按照厚生劳动省令的规定，提出特别申请时，不在此限。

2. 针对与第41条第1款主文所规定指定相关的护理老人保健机构或护理医疗院，根据第94条之2第1款、第108条第1款的规定，许可失效时，或按照第104条第1款、第114条之6第1款、第115条之35第6款的规定，撤销许可时，根据前款的规定，视为作出的第41条第1款主文中指定居家服务事业者的指定失效。

第 72 条之 2（共生型居家服务事业者的特例）

1. 针对开展访问护理、日间护理、厚生劳动省令所规定的其他居家服务的事业所，接受以下指定的主体提出与事业所相关的第 70 条第 1 款（包括第 70 条之 2 第 4 款中准用的情形）的申请之时：儿童福祉法（1947 年法律第 164 号）第 21 条之 5 之 3 第 1 款的指定［限于按照事业所所提供的居家服务种类，作为厚生劳动省令所规定种类的由该法第 6 条之 2 之 2 第 1 款所规定的残疾儿童日间帮助（以下简称"残疾儿童日间帮助"）的指定］，综合帮助残疾人日常生活以及社会生活的法律（2005 年法律第 123 号。以下简称"残疾人综合帮助法"）第 29 条第 1 款的指定残疾福祉服务事业者的指定［限于按照事业所所提供的居家服务种类，作为厚生劳动省令所规定种类的由残疾人综合帮助法第 5 条第 1 款所规定的残疾福祉服务（以下简称"残疾福祉服务"）的指定］，若符合下列各项情形之一，在适用第 70 条第 2 款时（包括第 70 条之 2 第 4 款中准用的情形。本款以下亦同），第 70 条第 2 款第 2 项中的"第 74 条第 1 款中"变更为"与从事第 72 条之 2 第 1 款第 1 项中的指定居家服务的事业者相关的"，"该款"变更为"该项"，该款第 3 项中的"第 74 条第 2 款"变更为"第 72 条之 2 第 1 款第 2 项"。不过，申请人在按照厚生劳动省令的规定提出特别申请时，不在此限。

（1）与申请相关的事业所的从业者的知识、技能、人员，满足由都道府县条例所确定的与从事指定居家服务的从业者相关的基准、都道府县条例所确定的人员数量。

（2）申请人按照都道府县条例所确定的与指定居家服务事业设备、运营相关的基准，对居家服务事业开展运营。

2. 都道府县在制定前款各项中的条例时，针对第 1—3 项所列举的事项，应遵循厚生劳动省令所确定的基准，针对第 4 项所列举的事项，应将厚生劳动省令所确定的基准作为标准，针对其他事项，参考由厚生劳动省令所确定的基准。

（1）与从事指定居家服务的从业者相关的基准、从业者的人员数量。

（2）与指定居家服务事业相关的居室的地面面积。

（3）与指定居家服务事业运营相关，为了需要护理者能够便利地使用服务、进行恰当的处理、确保其安全、保守其秘密，由厚生劳动省令所规定的事项。

(4) 与指定居家服务事业相关的使用人员数量。

3. 厚生劳动大臣，在准备制定前款中厚生劳动省令所确定的基准（限于与指定居家服务的处理相关的部分）时，应事先听取社会保障议会的意见。

4. 在第 1 款所规定场合下，该款中所规定的主体接受第 41 条第 1 款主文所规定的指定时，不适用第 74 条第 2—4 款的规定，在适用下表中第一列规定时，这些规定中的第二列，分别变更为下表中第三列的文字。

第 41 条第 9 款	第 74 条第 2 款	第 72 条之 2 第 1 款第 2 项
第 73 条第 1 款	下一条第 2 款	前条第 1 款第 2 项
第 74 条第 1 款	按照都道府县条例所确定的基准，配备都道府县条例所规定数量的指定居家服务从业者	按照第 72 条之 2 第 1 款第 1 项中，都道府县条例所确定的与从事指定居家服务的从业者相关的基准，配备该项中都道府县条例所规定数量的指定居家服务从业者
第 76 条之 2 第 1 款第 2 项	第 74 条第 1 款	第 72 条之 2 第 1 款第 1 项中与从事指定居家服务的从业者相关的
	该款	该项
第 76 条之 2 第 1 款第 3 项	第 74 条第 2 款	第 72 条之 2 第 1 款第 2 项
第 77 条第 1 款第 3 项	第 74 条第 1 款中	第 72 条之 2 第 1 款第 1 项中与从事指定居家服务的从业者相关的
	该款	该项
第 77 条第 1 款第 4 项	第 74 条第 2 款	第 72 条之 2 第 1 款第 2 项

5. 第 1 款所规定的主体，若为接受与该项申请相关的第 41 条第 1 款主文所规定的指定的主体，针对儿童福祉法第 21 条之 5 之 3 第 1 款所规定的指定日间帮助事业（限于在与指定相关的事业所中所开展的事业），根据该法第 21 条之 5 之 20 第 4 款的规定，提出对事业予以废止或中止的申报时，或针对残疾人综合帮助法第 29 条第 1 款所规定的指定残疾福祉服务事业（限于在与指定相关的事业所中开展的事业），根据残疾人综合帮助法第 46 条第 2 款的规定，提出对事业予以废止或中止的申报时，对于与指定相关的指定居家服务事业，视为根据第 75 条第 2 款的规定，提出对事业予以废止或中止的申报。

第 73 条（指定居家服务事业基准）

1. 指定居家服务事业者，应按照下一条第 2 款所规定的与指定居家服务事业设备、运营相关的基准，根据需要护理者的身心状况等因素，提供适宜的指定居家服务，与此同时，还应致力于对自己所提供的指定居家服务的品质展开评价，站在接受指定居家服务的主体的立场，采取其他措施，以提供服务。

2. 准备接受指定居家服务的被保险人，向指定居家服务事业者出示被保险人证明后，指定居家服务事业者应在被保险人证明之上记载下列事项：第 27 条第 7 款第 2 项（包括第 28 条第 4 款、第 29 条第 2 款中准用的情形）、第 32 条第 6 款第 2 项（包括第 33 条第 4 款、第 33 条之 2 第 2 款中准用的情形）所规定的意见、第 30 条第 1 款后段或第 33 条之 3 第 1 款后段所规定的意见（以下简称"认定审查会意见"），并在考虑到认定审查会意见的基础上，致力于为被保险人提供指定居家服务。

第 74 条

1. 对于与指定相关的每个事务所，指定居家服务事业者应按照都道府县条例所确定的基准，配备都道府县条例所规定数量的指定居家服务从业者。

2. 除前款之规定外，与指定居家服务事业的设备及运营相关的基准，应由都道府县条例进行规定。

3. 都道府县在制定前 2 款的条例之时，针对第 1—3 项所列举的事项，应遵循厚生劳动省令所确定的基准，针对第 4 项所列举的事项，应将厚生劳动省令所确定的基准作为标准，针对其他事项，应参考厚生劳动省令所确定的基准。

（1）与从事指定居家服务的从业者相关的基准、从业者的人员数量。

（2）与指定居家服务事业相关的居室、疗养室以及病房的占地面积。

（3）与指定居家服务事业运营相关，为了需要护理者能够便利地使用服务、恰当地处理、确保其安全、保守其秘密，由厚生劳动省令所规定的事项。

（4）与指定居家服务事业相关的使用人员数量。

4. 厚生劳动大臣，在准备制定前款所规定的厚生劳动省令所确定的基准（限于与指定居家服务的处理相关的部分）时，应事先听取社会保障审议会的意见。

5. 根据下一条第 2 款的规定提出废止或中止事业的申报时，作为在提出申报之日的前 1 月以内接受指定居家服务的主体，即使在事业的废止或中止日以后，若希望继续提供与指定居家服务相当的服务，指定居家服务事业者应继续提供必要的居家服务等服务，并在指定居家护理帮助事业者、其他的指定居家服务事业者及其关系人之间进行联系、沟通，并提供其他便利。

6. 指定居家服务事业者，在尊重需要护理者人格的同时，应遵守本法或基于本法的命令，并为了需要护理者的利益忠实履行职务。

第 75 条（变更的申报等）

1. 当与指定相关的事业所的名称、所在地以及厚生劳动省令所规定的其他事项发生变更时，或再次开展中止的指定居家服务事业时，指定居家服务事业者应按照厚生劳动省令的规定，在 10 日以内向都道府县知事进行申报。

2. 在准备废止或者中止指定居家服务事业时，指定居家服务事业者应按照厚生劳动省令的规定，在废止或中止之日的 1 个月前向都道府县知事进行申报。

第 75 条之 2（都道府县知事等进行的联系及沟通、提供的帮助）

1. 为了指定居家服务事业者能够根据第 74 条第 5 款顺利地提供便利而存在必要之时，都道府县知事或市町村村长可在指定居家服务事业者、指定居家护理帮助事业者、其他的指定居家服务事业者、其他关系人之间进行联系、沟通，并向指定居家服务事业者、关系人提供建议及其他帮助。

2. 对于同一指定居家服务事业者，2 个以上的都道府县知事根据前款规定进行联系、沟通或提供帮助时，为了指定居家服务事业者能够根据第 74 条第 5 款顺利地提供便利而存在必要之时，厚生劳动大臣可在都道府县知事之间进行联系、沟通，从超越都道府县区域的更广视角出发，提供相关建议及其他帮助。

第 76 条（报告等）

1. 因居家护理服务费的给付而存在必要时，都道府县知事或市町村村长可命令指定居家服务事业者、作为指定居家服务事业者的主体、作为与指定相关的事业所的从业者的主体（本款以下简称"指定居家服务事业者等主体"），提交或出示报告、账簿文件，要求指定居家服务事业者、与指定相关的事业所的从业者、作为指定居家服务事业者的主体等出席，命令职员对关系人进行质问，进入与指定居家服务事业者的指定相关的事业所、事务所、与指定居家服务事业存在关联的其他场所，对设备、账簿文件或其他物件进行检查。

2. 第 24 条第 3 款的规定，准用于前款所规定的质问或检查，该条第 4 款的规定准用于前款所规定的权限。

第 76 条之 2（劝告、命令等）

1. 指定居家服务事业者符合下列各项情形时，都道府县知事可劝告指定居家服务事业者，在指定期限内，分别采取下列各项规定的措施。

（1）对根据第 70 条第 9 款或第 11 款的规定，在作出指定之时附加的条件未予以遵循，劝告其应当遵循相应的条件。

（2）与指定相关的事业所的从业者的知识、技能、人员数量，在不满足第 74 条第 1 款都道府县条例所确定的基准、该款中都道府县条例所确定的人员数量时，要求其满足都道府县条例所确定的基准、都道府县条例所确定的人员数量。

（3）若未按照第 74 条第 2 款中与指定居家服务事业设备及运营相关的基准，开展指定居家服务事业的运营，要求其按照与指定居家服务事业设备及运营相关的基准，开展指定居家服务事业的运营。

（4）未能以合理方式提供第 74 条第 5 款所规定的便利之时，要求其以合理方式提供便利。

2. 在根据前款的规定进行劝告时，若接受劝告的指定居家服务事业者，在该款所规定的期限内未能遵守劝告的内容，都道府县知事可将劝告内容予以公布。

3. 接受第 1 款所规定劝告的指定居家服务事业者，若不存在正当理由而未采取与劝告相关的措施，都道府县知事可命令指定居家服务事业者在指定期限内，采取与劝告相关的措施。

4. 都道府县知事根据前款规定作出命令之时，应当对相关内容予以公示。

5. 提供与保险给付相关的指定居家服务的指定居家服务事业者，符合第 1 款各项所规定的情形之一时，应向与指定相关的事业所所在地的都道府县知事作出通知。

第 77 条（指定的撤销等）

1. 在符合下列各项情形之一时，针对第 41 条第 1 款主文所规定的与指定居家服务事业者相关的指定，都道府县知事可在指定期限内停止指定的全部或部分效力。

（1）指定居家服务事业者，符合第70条第2款第4项至第5项之（2）、第10项［符合第5项之（3）所规定情形的主体除外］、第10项之（2）［符合第5项之（3）所规定情形的主体除外］、第11项（符合第5项之3所规定情形的主体除外）、第12项（符合第5项之3所规定情形的主体除外）所规定情形之一。

（2）根据第70条第9款或第11款的规定作出指定，指定居家服务事业者违反指定所附加的条件。

（3）对于指定居家服务事业者而言，与指定相关的事业所的从业者的知识、技能、人员，未能满足第74条第1款中都道府县条例确定的基准、该款中都道府县条例所规定的人员数量。

（4）指定居家服务事业者，未按照第74条第2款所规定的与指定居家服务事业设备及运营相关的基准，对指定居家服务事业开展运营。

（5）指定居家服务事业者违反第74条第6款所规定的义务。

（6）在提出居家护理服务费的请求时，曾实施违法行为。

（7）按照第76条第1款的规定，命令指定居家服务事业者提交或出示报告、账簿文件时，指定居家服务事业者未遵从命令，或提交虚假报告。

（8）指定居家服务事业者或与指定相关的事业所的从业者，按照第76条第1款的规定被要求出席却未出席，对按照该款的规定进行的质问未予以回答或作出虚假回答，拒绝、妨碍或逃避该款所规定的检查。不过，在与指定相关的事业所的从业者实施此类行为后，为防止此类行为的发生，指定居家服务事业者已经尽到充分的注意及监督义务的除外。

（9）指定居家服务事业者，通过违法手段获得第41条第1款主文中的指定。

（10）除前面各项所规定的情形外，指定居家服务事业者违反本法或与国民保健医疗及福祉相关的法律、政令、有关法律中的命令及处分。

（11）除前面各项所规定的情形外，指定居家服务事业者曾实施与居家服务等相关的违法或明显不当行为。

（12）若指定居家服务事业者为法人，在准备撤销指定、停止指定的全部或部分效力时，其管理人员等在前 5 年以内，曾实施与居家服务相关的违法或明显不当行为。

（13）若指定居家服务事业者为非法人的事业所，在准备撤销指定、停止指定的全部或部分效力时，其管理者在前 5 年以内，曾实施与居家服务等相关的违法或明显不当行为。

2. 提供与保险给付相关的指定居家服务的指定居家服务事业者，符合前款各项所规定的情形之一时，市町村应向与指定相关的事业所所在地的都道府县知事作出通知。

第 78 条（公示）

在符合下列情形时，都道府县知事应当对指定居家服务事业者的名称或姓名、与指定相关的事业所的所在地、厚生劳动省令所规定的其他事项进行公示。

（1）作出第 41 条第 1 款主文所规定的指定。

（2）根据第 75 条第 2 款的规定，提出事业废止的申报。

（3）根据前条第 1 款或第 115 条之 35 第 6 款的规定，撤销第 41 条第 1 款主文所规定的指定，或停止指定的全部或部分效力。

第三节　指定区域密集型服务事业者

第 78 条之 2（指定区域密集型服务事业者的指定）

1. 按照厚生劳动省令的规定，根据开展区域密集型服务事业的主体（开展区域密集型护理老人福祉机构入所者生活护理事业时，在老人福祉法第 20 条之 5 所规定的特别养护老人之家中，指的是入住的人员数量为 29 人以下，并满足市町村条例所规定数量的开设者）的申请，按照与区域密集型服务的种类、开展与区域密集型服务种类相关的区域密集型服务事业的事业所（第 78 条之 13 第 1 款、第 78 条之 14 第 1 款除外，本节以下简称"事业所"），作出第 42 条之 2 第 1 款主文中的指定，针对作出该指定的市町村村长所管辖的市町村所提供护理保险的被保险人（如果是与特定区域密集型服务相关的指定，包括入住市町村区域内的住所地特殊对象机构的住所地特殊适用需要护理被保险人），在给付区域密集型护理服务费、特殊区域密集型护理服务费问题上，第 42 条之 2 第 1 款主文所规定的指定有效。

2. 在准备作出第 42 条之 2 第 1 款主文所规定的指定时，市町村村长应提前向都道府县知事进行申报。

3. 针对区域密集型特定机构居住者生活护理，自市町村村长收到前款所规定的申报时，在包含与申请相关的事业所所在地的区域（指的是根据第 118 条第 2 款第 1 项的规定，由都道府县所确定的区域）中，护理专用型特定机构居住者生活护理的使用人员数量、区域密集型特定机构居住者生活护理的使用人员数量的总数，达到下列总数时：按照该条第 1 款的规定，在都道府县所制定的都道府县护理保险事业帮助计划中，所确定的区域内护理专用型特定机构居住者生活护理的必要使用人员数量、区域密集型特定机构居住者生活护理的必要使用人员数量的总数，都道府县知事可对市町村村长提出必要的建议或劝告。或者因与申请相关的事业者的指定而超过后一总数时，存在其他障碍对都道府县护理保险事业帮助计划的达成产生影响时，都道府县知事可对市町村村长提出必要的建议或劝告。

4. 当市町村村长收到第 1 款的申请时，若符合下列情形 [若为与医院或诊所所提供的复合型服务（限于厚生劳动省令所规定的服务。第 6 款亦同）相关的指定申请，第 6 项之（2）、第 6 项之（3）、第 10 项及第 12 项除外] 之一，不得作出第 42 条之 2 第 1 款主文所规定的指定。

（1）申请人并非市町村条例所规定的主体。

（2）与申请相关的事业所的从业者的知识、技能以及人员数量，不满足第 78 条之 4 第 1 款中市町村条例所规定的基准、该款中市町村条例所规定的人员数量、与该条第 5 款所规定的指定区域密集型服务的从业者相关的基准。

（3）申请人未按照第 78 条之 4 第 2 款、第 5 款所规定的与指定区域密集型服务事业设备、运营相关的基准，开展区域密集型服务事业的运营。

（4）与申请相关的事业所位于市町村区域外时，未能得到所在地市町村村长（本条以下简称"所在地市町村村长"）的同意。

（4）之（2）申请人被判处禁锢以上的刑罚，刑罚执行已经终止或不再继续执行刑罚。

（5）按照本法、其他与国民保健医疗或福祉相关的法律及政令的规定，申请人被判处罚金刑，刑罚执行已经终止或不再继续执行刑罚。

（5）之（2）按照与劳动相关法律或政令的规定，申请人被判处罚金刑，刑罚执行已经终止或不再继续执行刑罚。

（5）之（3）至提出申请之日的前1日，按照规定保险费等缴纳义务的法律，申请人受到滞纳处分，而且，自受到处分之日起，无正当理由在3个月以上的期间内继续迟延缴纳全部已到期的保险费。

（6）按照第78条之10（第2—5项的规定除外）的规定，对申请人（与认知症回应型共同生活护理、区域密集型特定机构居住者生活护理、区域密集型护理老人福祉机构入所者生活护理相关的指定申请人除外）的指定（与认知症回应型共同生活护理、区域密集型特定机构居住者生活护理、区域密集型护理老人福祉机构入所者生活护理相关的指定除外）予以撤销，申请人为自撤销之日起尚未经过5年的主体（指定被撤销的主体为法人时，按照与撤销处分相关的行政程序法第15条的规定作出通知，在通知作出之日的前60日以内，自撤销之日起尚未经过5年的法人的管理人员等主体也包括在内，指定被撤销的主体为非法人的事业所之时，在通知作出之日的前60日以内，自撤销之日起尚未满5年的事业所的管理者等主体也包括在内）。不过，在撤销指定区域密集型服务事业者的指定时，为防止指定被撤销的处分事由的发生，考虑到指定区域密集型服务事业者所采取的业务管理体制完善措施状况、指定区域密集型服务事业者所应承担的责任程度，指定的撤销不符合本项主文所规定的指定的撤销，并满足厚生劳动省令规定情形的除外。

（6）之（2）按照第78条之10（第2—5项除外）的规定，对申请人（限于与认知症回应型共同生活护理、区域密集型特定机构居住者生活护理、区域密集型护理老人福祉机构入所者生活护理相关的指定申请人）的指定（限于与认知症回应型共同生活护理、区域密集型特定机构居住者生活护理、区域密集型护理老人福祉机构入所者生活护理相关的指定）予以撤销，申请人为自撤销之日起尚未经过5年的主体（指定被撤销的主体为法人时，按照与撤销处分相关的行政程序法第15条的规定作出通知，在通知作出之日的前60日以内，自撤销之日起尚未经过5年的法人的管理人员等主体也包括在内，指定被撤销的主体为非法人的事业所时，在通知作出之日的前60日以内，自撤销之日起尚未经过5年的事业所的管理者等主体也包括在内）。不过，在撤销指定区域密集型服务事业者指定时，为防止指定被撤销的处分事由的发生，考虑到指定区域密集型服务事业者所采取的业务管理体制完善措施状况、指定区域密集型服务事业者所应承担的责任程度，指定的撤销不符合本项主文所规定的指定的撤销，并满足厚生劳动省令规定情形的除外。

（6）之（3）按照第78条之10（第2—5项除外）的规定，对与申请人存在密切关系的主体（同与区域密集型护理老人福祉机构入所者生活护理相关的指定申请人存在密切关系的主体除外）的指定予以撤销，与申请人存在密切关系的主体为自撤销之日起尚未经过5年的主体。不过，在撤销指定区域密集型服务事业者的指定时，为防止指定被撤销的处分事由的发生，考虑到指定区域密集型服务事业者所采取的业务管理体制完善措施状况、指定区域密集型服务事业者所应承担的责任程度，指定的撤销不符合本项主文所规定的指定的撤销，并满足厚生劳动省令规定情形的除外。

（7）按照第78条之10（第2—5项除外）的规定，对指定予以撤销，按照与指定被撤销的处分相关的行政程序法第15条作出通知，自作出通知之日起，至作出处分之日或决定不作出处分之日的期间内，申请人为按照第78条之5第2款的规定提出事业废止申报的主体（对事业的废止存在充分理由的主体除外）、拒绝按照第78条之8的规定作出的指定的主体（对拒绝指定存在充分理由的除外），自提出申报或拒绝指定之日起尚未经过5年。

（7）之（2）在前项所规定的期间内，按照第78条之5第2款的规定，提出事业废止的申报，或按照第78条之8的规定拒绝指定时，在根据该项作出通知之日的前60以内，申请人为与申报相关的法人（对事业的废止存在充分理由的法人除外）的管理人员等主体、与申报相关的非法人的事业所（对事业的废止存在充分理由的事业所除外）的管理者等主体、与指定的拒绝相关的法人（对指定的拒绝存在充分理由的法人除外）的管理人员等主体、与指定的拒绝相关的非法人的事业所（对指定的拒绝存在充分理由的事业所除外）的管理者等主体，自提出申报或拒绝指定之日起尚未经过5年。

（8）在指定申请的前5年以内，申请人曾实施与居家服务等相关的违法或明显不正当行为。

（9）申请人（与认知症回应型共同生活护理、区域密集型特定机构居住者生活护理、区域密集型护理老人福祉机构入所者生活护理相关的指定申请人除外）为法人，其管理人员等符合第 4 项之（2）至第 6 项、前 3 项所规定的情形之一。

（10）申请人（限于与认知症回应型共同生活护理、区域密集型特定机构居住者生活护理、区域密集型护理老人福祉机构入所者生活护理相关的指定申请人）为法人，其管理人员等符合第 4 项之（2）至第 5 项之（3）、第 6 项之（2）或第 7 项至第 8 项所规定的情形之一。

（11）申请人（与认知症回应型共同生活护理、区域密集型特定机构居住者生活护理、区域密集型护理老人福祉机构入所者生活护理相关的指定申请人除外）为非法人的事业所，其管理者符合第 4 项之（2）至第 6 项、第 7—8 项所规定的情形之一。

（12）申请人（限于与认知症回应型共同生活护理、区域密集型特定机构居住者生活护理、区域密集型护理老人福祉机构入所者生活护理相关的指定申请人）为非法人的事业所，其管理者符合第 4 项之（2）至第 5 项之（3）、第 6 项之（2）或第 7—8 项所规定的情形之一。

5. 市町村在制定前款第 1 项的条例之时，应当遵循厚生劳动省令所确定的基准。

6. 市町村村长收到第 1 款的申请之时，若符合下列各项［对于与医院或诊所所提供的复合型服务相关指定的申请，第 1 项之（2）、第 1 项之（3）、第 3 项之（2）、第 3 项之（4）至第 5 项除外］情形之一，市町村村长可不作出第 42 条之 2 第 1 款主文所规定的指定。

（1）按照第 78 条之 10 第 2 项至第 5 项的规定，对申请人（与认知症回应型共同生活护理、区域密集型特定机构居住者生活护理、区域密集型护理老人福祉机构入所者生活护理相关的指定申请人除外）的指定（与认知症回应型共同生活护理、区域密集型特定机构居住者生活护理、区域密集型护理老人福祉机构入所者生活护理相关的指定除外）予以撤销，申请人为自撤销之日起尚未经过 5 年的主体（指定被撤销的主体为法人时，根据与指定被撤销的处分相关的行政程序法第 15 条的规定作出通知，在通知作出之日的前 60 日以内，自撤销之日起尚未经过 5 年的法人的管理人员等主体也包括在内，指定被撤销的主体为非法人的事业所时，在通知作出之日的前 60 日以内，自撤销之日起尚未经过 5 年的事业所的管理者等主体也包括在内）。

（1）之（2）按照第 78 条之 10 第 2—5 项的规定，对申请人（限于与认知症回应型共同生活护理、区域密集型特定机构居住者生活护理、区域密集型护理老人福祉机构入所者生活护理相关的指定申请人）的指定（限于与认知症回应型共同生活护理、区域密集型特定机构居住者生活护理、区域密集型护理老人福祉机构入所者生活护理相关的指定）予以撤销，申请人为自撤销之日起尚未经过 5 年的主体（指定被撤销的主体为法人时，按照与指定被撤销的处分相关的行政程序法第 15 条的规定作出通知，在通知作出之日的前 60 日以内，自撤销之日起尚未经过 5 年的法人的管理人员等主体也包括在内，指定被撤销的主体为非法人的事业所时，在通知作出之日的前 60 日以内，自撤销之日起尚未经过 5 年的事业所的管理者等主体也包括在内）。

（1）之（3）按照第 78 条之 10 第 2 项至第 5 项的规定，同申请人存在密切关系的主体（同与区域密集型护理老人福祉机构入所者生活护理相关指定的申请人存在密切关系的主体除外）的指定被撤销，自撤销之日起尚未经过 5 年。

（2）按照第 78 条之 10 第 2—5 项的规定，对与申请人存在密切关系的主体的指定予以撤销，按照与指定被撤销的处分相关的行政程序法第 15 条的规定作出通知，自作出通知之日起至作出处分之日或决定不作出处分之日的期间内，申请人为按照第 78 条之 5 第 2 款的规定提出事业废止申报的主体（对事业废止存在充分理由的除外）、按照第 78 条之 8 的规定拒绝指定的主体（对拒绝指定存在充分理由的除外），自提出申报或拒绝指定之日起尚未经过 5 年。

（2）之（2）按照第 78 条之 7 第 1 款的规定开展检查，自开展检查之日起至听证决定预定日（基于检查结果，按照第 78 条之 10 的规定，决定是否召开与指定被撤销的处分相关的听证，根据厚生劳动省令的规定，市町村村长自对申请人开展检查之日起 10 日以内，就具体听证日期作出通知，此时指的是该特定日期）的期间内，申请人为按照第 78 条之 5 第 2 款的规定提出事业废止申报的主体（对事业的废止存在充分理由的除外）、按照第 78 条之 8 的规定拒绝指定的主体（对拒绝指定存在充分理由的除外），自提出申报或拒绝指定之日起尚未经过 5 年。

（2）之（3）在第 2 项所规定的期间内，按照第 78 条之 5 第 2 款的规定，提出事业废止的申报，按照第 78 条之 8 的规定拒绝指定时，在该项所规定的通知之日前 60 日以内，申请人为与申报相关的法人（对事业的废止存在充分理由的除外）的管理人员等主体、与该申报相关的非法人的事业所（对事业的废止存在充分理由的除外）的管理者等主体、与拒绝指定相关的法人（对拒绝指定存在充分理由的除外）的管理人员等主体、与拒绝指定相关的非法人事业所（对拒绝指定存在充分理由的除外）的管理者等主体，自提出申报或拒绝指定之日起尚未经过 5 年。

（3）申请人（与认知症回应型共同生活护理、区域密集型特定机构居住者生活护理、区域密集型护理老人福祉机构入所者生活护理相关的指定申请人除外）为法人，其管理人员等主体符合第 1 项或前 3 项所规定的情形之一。

（3）之（2）申请人（限于与认知症回应型共同生活护理、区域密集型特定机构居住者生活护理、区域密集型护理老人福祉机构入所者生活护理相关的指定申请人）为法人，其管理人员等主体符合第 1 项之（2）、第 2 项至第 2 项之（3）所规定的情形之一。

（3）之（3）申请人（与认知症回应型共同生活护理、区域密集型特定场所居住者生活护理、区域密集型护理老人福祉机构入所者生活护理相关的指定申请人除外）为非法人的事业所，其管理者符合第 1 项、自第 2 项至第 2 项之（3）规定的情形之一。

（3）之（4）申请人（限于与认知症回应型共同生活护理、区域密集型特定机构居住者生活护理、区域密集型护理老人福祉机构入所者生活护理相关的指定申请人）为非法人的事业所，其管理者符合第 1 项之（2）、第 2 项至第 2 项之（3）所规定的情形之一。

（4）针对认知症回应型共同生活护理、区域密集型特定机构居住者生活护理、区域密集型护理老人福祉机构入所者生活护理，当提出第 1 款所规定的申请之时，在市町村、包含与申请相关的事业所所在地的区域（指的是按照第 117 条第 2 款第 1 项的规定，由市町村所确定的区域。本项以下及下一项第一简称"日常生活区域"）内，区域密集型服务的使用人员数量的总数，达到按照该条第 1 款的规定，市町村所制定的市町村护理保险事业计划，所确定的市町村或日常生活区域中的区域密集型服务的必要使用人员数量的总数时，或因与申请相关的事业者的指定超过后一总数时，或存在其他障碍以至于对市町村护理保险事业计划的达成可能产生影响。

（5）针对区域密集型日间护理、厚生劳动省令所规定的其他区域密集型服务，当提出第1款的申请时，获得第42条之2第1款主文所规定的指定，开展定期巡回·随时回应型访问护理看护等（指的是作为认知症回应型共同生活护理、区域密集型特定机构居住者生活护理、区域密集型护理老人福祉机构入所者生活护理以外的区域密集型服务，且同时为定期巡回·随时回应型访问护理看护、小规模多机能型居家护理以及厚生劳动省令所规定的其他服务）事业的主体，开展与指定相关事业的事业所（在第一中简称"定期巡回·随时回应型访问护理看护等事业所"）位于市町村区域内，或符合厚生劳动省令所规定的其他情形，并且，市町村村长符合下列情形之一。

第一，在市町村、包含定期巡回·随时回应型访问护理看护等事业所的所在地的日常生活区域内，区域密集型服务（限于区域密集型日间护理、厚生劳动省令所规定的其他服务。本段以下亦同）种类的数量，已经达到按照第117条第1款的规定，在市町村所制定的市町村护理保险事业计划中，所确定的市町村或日常生活区域内的区域密集型服务种类的预估量，或因与申请相关的事业者的指定超过预估量。

第二，按照第117条第1款的规定，市町村制订市町村护理保险事业计划，存在其他障碍以至于可能对市町村护理保险事业计划的达成产生影响。

7. 市町村村长在准备作出第42条之2第1款主文所规定的指定时，或按照前款第4项、第5项的规定决定不作出该条第1款主文所规定的指定时，为了反映市町村所提供护理保险的被保险人以及其他关系人的意见，应当努力采取必要措施。

8. 在作出第42条之2第1款主文所规定的指定时，为了确保事业的顺利运营，市町村村长可附加必要的条件。

9. 按照收到第1款申请的市町村村长（本条以下简称"受理申请的市町村村长"）与所在地市町村村长之间的协议，针对无须要求第4款第4项所规定的同意，取得所在地市町村村长的同意后，该项的规定并不适用。

10. 根据前款的规定，第4款第4项的规定并不适用时，针对与第1款的申请相关的事业所（限于所在地市町村村长管辖区域内的事业所），若符合下列各项情形，在下列各项分别所规定的时间，视为申请人获得受理申请的市町村村长按照第42条之2第1款主文所作出的指定。

（1）所在地市町村村长作出第42条之2第1款主文所规定的指定时，自指定之时。

（2）所在地市町村村长已经按照第42条之2第1款主文的规定作出指定时，受理申请的市町村村长，自开展与事业所相关的区域密集型服务事业的主体处，收到第1款的申请之时。

11. 按照第78条之10的规定，撤销所在地市町村村长按照第42条之2第1款主文所作出的指定，撤销指定或停止指定的效力，按照第78条之12中准用的第70条之2第1款、第78条之15第1款或者第3款（包括该条第5款中准用的情形）的规定，第42条之2第1款主文所规定的指定失效，对按照前款的规定，视为已获得受理申请的市町村村长按照第42条之2第1款主文所作出的指定的效力并不产生影响。

第78条之2之2（共生型区域密集型服务事业者的特例）

1. 针对与区域密集型日间护理、厚生劳动省令所规定的其他区域密集型服务相关的事业所，自获得儿童福祉法第21条之5之3第1款的指定（限于对应于事业所所提供的区域密集型服务的种类，与厚生劳动省令所确定种类的残疾儿童日间帮助相关的指定）、残疾人综合帮助法第29条第1款所规定的指定残疾福祉服务事业者的指定（限于对应于事业所所提供的区域密集型服务的种类，与厚生劳动省令所确定种类的残疾福祉服务相关的指定）的主体处，收到与事业所相关的前条第1款（包含第78条之12中所准用的第70条之2第4款中准用的情形）的申请时，若符合下列各项情形之一，对于前条第4款（包含第78条之12中所准用的第70条之2第4款中所准用的情形）规定的适用，前条第4款第2项中的"第78条之4第1款中"变更为"与从事下条第1款第1项中的指定区域密集型服务的从业者相关的"，"该款"变更为"该项"，"人员数量、与该条第5款所规定的指定区域密集型服务的从业者相关的基准"变更为"人员数量"，该款第3项中的"第78条之4第2款、第5款"变更为"下一条第1款第2项"。不过，若申请人按照厚生劳动省令的规定提出特别申请，不在此限。

（1）与申请相关的事业所的从业者的知识、技能、人员，满足市町村条例所规定的与从事指定区域密集型服务的从业者相关的基准、人员数量。

（2）申请人按照市町村条例所确定的与指定区域密集型服务事业设备、运营相关的基准，开展区域密集型服务事业。

2. 市町村在制定前款各项所规定的条例时，就第1—4项所列举的事项，应当按照厚生劳动省令所确定的基准，就第5项所列举的事项，应将厚生劳动省令所确定的基准作为标准，就其他事项，应当参考厚生劳动省令所确定的基准。

（1）与从事指定区域密集型服务的从业者相关的基准、从业者的人员数量。

（2）与指定区域密集型服务事业相关的居室的地面面积。

（3）与小规模多机能型居家护理、认知症回应型日间护理事业相关的使用人员数量。

（4）与指定区域密集型服务事业运营相关，为了保障需要护理者对服务的便利使用、妥当地处理、确保其安全、保守其秘密，由厚生劳动省令所规定的事项。

（5）与指定区域密集型服务事业（第3项所规定的事业除外）相关的使用人员数量。

3. 在准备制定前款中厚生劳动省令所确定的基准（限于与指定区域密集型服务的处理相关的部分）时，厚生劳动大臣应事先听取社会保障审议会的意见。

4. 在第1款所规定的情形中，该款所规定的主体在获得第42条之2第1款主文所规定的与该款申请相关的指定时，不适用第78条之4第2—6款的规定，在适用下表第一列的规定时，第二列所列举的这些规定中的文字，分别变更为下表第三列的文字。

第42条之2第8款	第78条之4第2款或第5款	第78条之2之2第1款第2项
第78条之3第1款	下一条第2款或第5款	前条第1款第2项
第78条之4第1款	应按照市町村条例所确定的基准、市町村条例所确定的人员数量	应按照第78条之2之2第1款第1项中市町村条例所确定的与从事指定区域密集型服务的从业者相关的基准、该项中市町村条例所确定的人员数量

续表

第78条之9第1款第2项	第78条之4第1款中	与从事第78条之2之2第1款第1项所规定的指定区域密集型服务的从业者相关的
	该款	该项
	人员数量、与从事该条第5款所规定的指定区域密集型服务的从业者相关的基准	人员数量
	人员数量、与从事指定区域密集型服务的从业者相关的基准	人员数量
第78条之9第1款第3项	第78条之4第2款、第5款	第78条之2之2第1款第2项
第78条之10第4项	第78条之4第1款中	与从事第78条之2之2第1款第1项所规定的指定区域密集型服务的从业者相关的
	该款	该项
	人员数量、与从事该条第5款所规定的指定区域密集型服务的从业者相关的基准	人员数量
第78条之10第5项	第78条之4第2款或第5款	第78条之2之2第1款第2项

5. 第1款所规定的主体，在获得第42条之2第1款主文所规定的与第1款中申请相关的指定时，若准备废止或中止儿童福祉法第21条之5之3第1款所规定的指定日间帮助事业（限于在与指定相关的事业所中开展的事业）、残疾人综合帮助法第29条第1款所规定的指定残疾福祉服务事业，应按照厚生劳动省令的规定，在废止或中止之日的1个月前，向作出指定的市町村村长提出申报。当提出申报时，针对与指定相关的指定区域密集型服务事业，视为按照第78条之5第2款的规定提出事业废止或中止的申报。

第78条之3（指定区域密集型服务事业基准）

1. 指定区域密集型服务事业者，应按照下一条第2款或第5款所规定的与指定区域密集型服务事业设备、运营相关的基准，根据需要护理者的身心状况等，提供适宜的指定区域密集型服务，与此同时，还应对所提供的指定区域密集型服务的品质进行评价，并采取其他措施，基于获得指定区域密集型服务的主体的立场，致力于提供相关服务。

2. 准备获得指定区域密集型服务的被保险人，应向指定区域密集型服务事业者出示被保险人证明，被保险人证明之上记载认定审查会的意见后，指定区域密集型服务事业者应在考虑到认定审查会意见的基础上，致力于向被保险人提供指定区域密集型服务。

第 78 条之 4

1. 在与指定相关的事业所中，指定区域密集型服务事业者，应按照市町村条例所确定的基准、市町村条例所确定的人员数量，配备从事指定区域密集型服务的从业者。

2. 除前款所作规定外，针对与指定区域密集型服务事业设备、运营相关的基准，应由市町村条例予以确定。

3. 市町村在制定前 2 款所规定的条例时，针对第 1—4 项所列举的事项，应遵从厚生劳动省令所确定的基准，针对第 5 项所列举的事项，应将厚生劳动省令所确定的基准作为标准，针对其他事项，应参考厚生劳动省令所确定的基准。

（1）与从事指定区域密集型服务的从业者相关的基准、从业者的人员数量。

（2）与指定区域密集型服务事业相关的居室的地面面积。

（3）与小规模多机能型居家护理、认知症回应型日间护理事业相关的使用人员数量。

（4）与指定区域密集型服务事业运营相关，为了保障使用服务或入住的需要护理者对服务的便利使用、妥当地处理、确保其安全、保守其秘密，由厚生劳动省令所规定的事项。

（5）与指定区域密集型服务事业（第 3 项所规定的事业除外）相关的使用人员数量。

4. 厚生劳动大臣在准备制定前款所规定的厚生劳动省令所确定的基准（限于与指定区域密集型服务的处理相关的部分）时，应提前听取社会保障审议会的意见。

5. 无论第 3 款作何规定，针对该款第 1—4 项所列举的事项，市町村可在厚生劳动省令所确定的范围内，制定与市町村中从事指定区域密集型服务的从业者相关的基准、与指定区域密集型服务事业设备及运营相关的基准。

6. 在准备制定前款所规定的与市町村中从事指定区域密集型服务的从业者相关的基准、与指定区域密集型服务事业设备及运营相关的基准时，为提前反映市町村所提供护理保险的被保险人、其他关系人的意见，并为了发挥拥有专业知识的主体的才能，市町村应采取必要措施。

7. 根据下一条第 2 款的规定，指定区域密集型服务事业者提出事业废止或中止的申报时，或按照第 78 条之 8 的规定拒绝指定时，作为提出申报之日的前 1 个月以内获得指定区域密集型服务（区域密集型护理老人福祉机构入所者生活护理除外）的主体、该条所规定的预告期间开始之日的前 1 日获得区域密集型护理老人福祉机构入所者生活护理的主体，即使在事业废止日、中止日、拒绝指定日以后，若仍希望继续提供与指定区域密集型服务相当的服务，为能够继续提供必要的居家服务等服务，指定区域密集型服务事业者应在指定居家护理帮助事业者、其他的指定区域密集型服务事业者、其他的关系人之间进行联系、沟通，并提供其他便利。

8. 指定区域密集型服务事业者，应尊重需要护理者的人格，遵守本法及基于本法的命令，为需要护理者的利益忠实履行职务。

第 78 条之 5（变更的申报等）

1. 在与指定相关的事业所的名称、所在地、厚生劳动省令所规定的其他事项发生变更时，再次开展中止的指定区域密集型服务（区域密集型护理老人福祉机构入所者生活护理除外）事业时，指定区域密集型服务事业者应按照厚生劳动省令的规定，在 10 日以内向市町村村长进行申报。

2. 在准备废止或中止指定区域密集型服务（区域密集型护理老人福祉机构入所者生活护理除外）事业时，指定区域密集型服务事业者应按照厚生劳动省令的规定，在废止日或中止日的 1 个月前，向市町村村长进行申报。

第 78 条之 6（市町村村长等进行的联系及沟通、提供的帮助）

1. 为了指定区域密集型服务事业者根据第 78 条之 4 第 7 款，顺利地提供便利而存在必要之时，市町村村长可在指定区域密集型服务事业者、指定居家护理帮助事业者、其他的指定区域密集型服务事业者、其他关系人之间进行联系、沟通，向指定区域密集型服务事业者、关系人提供建议或其他帮助。

2. 针对同一指定区域密集型服务事业者，2 个以上的市町村村长根据前款的规定，进行联系、沟通或提供帮助时，若为了指定区域密集型服务事业者根据第 78 条之 4 第 7 款，顺利地提供便利而存在必要，都道府县知事可在市町村村长之间进行联系、沟通，从超越市町村区域的更广视角，向指定区域密集型服务事业者提供建议以及其他帮助。

3. 针对同一指定区域密集型服务事业者，2 个以上的都道府县知事根据前款的规定，进行联系、沟通或提供帮助时，若为了指定区域密集型服务事业者根据第 78 条之 4 第 7 款，顺利地提供便利而存在必要，厚生劳动大臣可在都道府县知事之间进行联系、沟通，从超越都道府县区域的更广视角，向指定区域密集型服务事业者提供建议以及其他帮助。

第 78 条之 7（报告等）

1. 在因区域密集型护理服务费的给付而存在必要之时，市町村村长可命令指定区域密集型服务事业者、作为指定区域密集型服务事业者的主体、作为与指定相关的事业所的从业者的主体（本款以下简称"指定区域密集型服务事业者等主体"），提交、出示报告或账簿文件，要求指定区域密集型服务事业者、与指定相关的事业所的从业者、作为指定区域密集型服务事业者的主体出席，命令职员对关系人进行质问，进入与指定区域密集型事业者的指定相关的事业所、事务所、与指定区域密集型服务事业相关的其他场所，对设备、账簿文件以及其他物件进行检查。

2. 第 24 条第 3 款的规定准用于根据前款的规定进行的质问或检查，该条第 4 款的规定准用于前款所规定的权限。

第 78 条之 8（拒绝指定）

获得第 42 条之 2 第 1 款主文的指定，开展区域密集型护理老人福祉机构入所者生活护理事业的主体，应确定 1 个月以上的预告期间，在该期间内拒绝指定。

第 78 条之 9（劝告、命令等）

1. 若指定区域密集型服务事业者符合下列各项所规定的情形，市町村村长可劝告指定区域密集型服务事业者，在指定期限内采取下列各项所规定的措施。

（1）根据第 78 条之 2 第 8 款的规定作出指定时，对所附加的条件不予以遵循，要求其遵循所附加条件。

（2）与指定相关的事业所的从业者知识、技能、人员，不满足第 78 条之 4 第 1 款中市町村条例所确定的基准、该款中市町村条例所确定的人员数量、该条第 5 款所规定的与从事指定区域密集型服务的从业者相关的基准之时,要求其采取措施,以符合市町村条例所确定的基准、市町村条例所规定的人员数量、与从事指定区域密集型服务的从业者相关的基准。

(3) 未能按照第 78 条之 4 第 2 款、第 5 款所规定的与指定区域密集型服务事业设备、运营相关的基准,运营指定区域密集型服务事业之时,要求其按照与指定区域密集型服务事业设备及运营相关的基准,开展指定区域密集型服务事业的运营。

(4) 未以合理方式提供第 78 条之 4 第 7 款所规定的便利时,要求其采取合理方式以提供便利。

2. 在根据前款的规定进行劝告的场合下,若受到劝告的指定区域密集型服务事业者,在该款所规定的期限内未遵守劝告,市町村村长可将劝告的内容予以公布。

3. 根据第 1 款的规定,受到劝告的指定区域密集型服务事业者,无正当理由而未采取与劝告相关的措施时,市町村村长可命令指定区域密集型服务事业者,在指定期限内采取与劝告相关的措施。

4. 在作出前款所规定的命令之时,市町村村长应将命令的内容予以公示。

第 78 条之 10(指定的撤销等)

在符合下列各项所规定的情形之一时,市町村村长可撤销第 42 条之 2 第 1 款主文所规定的与指定区域密集型服务事业者相关的指定,或在指定期限内停止指定的全部或部分效力。

(1) 指定区域密集型服务事业者符合第 78 条之 2 第 4 款第 4 项之(2) 至第 5 项之 (2)、第 9 项 [符合第 5 项之 (3) 的主体除外]、第 10 项 [符合第 5 项之 (3) 的主体除外]、第 11 项 [符合第 5 项之 (3) 的主体除外]、第 12 项 [符合第 5 项之 (3) 的主体除外] 所规定的情形之一。

(2) 指定区域密集型服务事业者,符合第 78 条之 2 第 6 款第 3 项至第 3 项之 (4) 所规定的情形之一。

(3) 指定区域密集型服务事业者,违反根据第 78 条之 2 第 8 款的规定作出指定时所附的条件。

(4) 针对与指定相关的事业所的从业者知识、技能、人员,指定区域密集型服务事业者不满足第 78 条之 4 第 1 款中市町村条例所确定的基准、该款中市町村条例所确定的人员数量、与从事该条第 5 款所规定的指定区域密集型服务的从业者相关的基准。

（5）指定区域密集型服务事业者，未能按照第 78 条之 4 第 2 款或第 5 款所规定的与指定区域密集型服务事业设备及运营相关的基准，开展指定区域密集型服务事业的运营。

（6）指定区域密集型服务事业者违反第 78 条之 4 第 8 款所规定的义务。

（7）按照第 28 条第 5 款（包含第 29 条第 2 款、第 30 条第 2 款、第 31 条第 2 款、第 33 条第 4 款、第 33 条之 2 第 2 款、第 33 条之 3 第 2 款、第 34 条第 2 款中准用的情形。第 84 条、第 92 条、第 104 条、第 114 条之六中亦同）的规定，指定区域密集型服务事业者（限于开展区域密集型护理老人福祉机构入所者生活护理的事业者）接受调查委托时，就调查结果作出虚假报告。

（8）提出区域密集型护理服务费的请求时，曾实施违法行为。

（9）根据第 78 条之 7 第 1 款的规定，命令指定区域密集型服务事业者提交、出示报告或账簿文件时，指定区域密集型服务事业者未遵循这一命令，或者作出虚假报告。

（10）指定区域密集型服务事业者、与指定相关的事业所的从业者，按照第 78 条之 7 第 1 款的规定被要求出席而未出席，对该款所规定的质问不予回答、作出虚假回答，拒绝、妨碍或逃避该款所规定的检查。不过，与指定相关的事业所的从业者在实施此类行为时，为了防止此类行为的发生，指定区域密集型服务事业者已经尽到充分注意及监督义务的除外。

（11）指定区域密集型服务事业者，通过违法手段获得第 42 条之 2 第 1 款主文所规定的指定。

（12）除前面各项所规定的情形外，指定区域密集型服务事业者，违反本法、其他与国民保健医疗或福祉相关的法律及政令、根据这些法律所作出的命令和处分。

（13）收到老人福祉法第 29 条第 18 款所规定的与指定区域密集型服务事业者相关的通知。

（14）除前面各项所规定的情形外，指定区域密集型服务事业者曾实施与居家服务等相关的违法或明显不正当行为。

（15）若指定区域密集型服务事业者为法人，在准备撤销指定、停止指定的全部或部分效力之时，其管理人员等在前5年以内曾实施与居家服务等相关的违法或明显不正当行为。

（16）若指定区域密集型服务事业者为非法人的事业所，在准备撤销指定、停止指定的全部或部分效力之时，其管理者在前5年以内曾实施与居家服务等相关的违法或明显不正当行为。

第78条之11（公示）

在下列情形下，市町村村长应毫不迟延地将指定区域密集型服务事业者的名称、与指定相关的事业所的所在地、厚生劳动省令所规定的其他事项，向都道府县知事进行申报，与此同时，还应对相关事项予以公示。

（1）作出第42条之2第1款主文所规定的指定。

（2）根据第78条之5第2款的规定提出事业废止的申报。

（3）根据第78条之8的规定，拒绝第42条之2第1款主文所规定的指定。

（4）根据前条的规定，撤销第42条之2第1款主文所规定的指定，停止指定的全部或部分效力。

第78条之12（准用）

第70条之2、第71条以及第72条的规定，准用于第42条之2第1款主文所规定的指定。此时，第70条之2第4款中的"前条"变更为"第78条之2"，此外，这些规定中其他文字的必要变更，由政令进行规定。

第78条之13（公募指定）

1. 为了确保以下区域内定期巡回・随时回应型访问护理看护等（指的是作为认知症回应型共同生活护理、区域密集型特定机构居住者生活护理、区域密集型护理老人福祉机构入所者生活护理以外的区域密集型服务，同时构成定期巡回・随时回应型访问护理看护、小规模多机能型居家护理、厚生劳动省令所规定的其他服务。本款以下亦同）服务的预测量、品质，从而存在必要之时，在所确定的期间（以下简称"市町村村长指定期间"）内，在为了确保预测量而适合通过公募作出第42条之2第1款主文所规定的指定的规定区域内（以下简称"市町村村长指定区域"），对位于市町村村长指定区域内的事业所［限于开展在定期巡回・随时回应型访问护理看护等服务之中，由市町村村长所确定事业（以下简称"市町村村长指定定期巡回・随时回应型访问护理看护等"）的事业所（以下简称"市町村村长指定区域·服务事业所"）］，作出该款主文所规定的指定时，应通过公募进行。以下区域包括：根据第117条第1款，市町村制订市町村护理保险事业计划，该市町村护理保险事业计划所规定的该市町村，或者按照该条第2款第1项，由市町村所确定的区域。

2. 在市町村村长指定期间内，对于第42条之2第1款主文所规定的与市町村村长指定区域·服务事业所相关的指定，不适用第78条之2的规定。

3. 至市町村村长指定期间开始之日的前1日，若提出第78条之2第1款所规定的与市町村村长指定区域·服务事业所相关的指定申请，市町村村长指定期间开始之时，如果尚未决定是否作出指定，无论前款作何规定，市町村村长应就申请作出处理。

4. 前款的规定，准用于市町村村长扩张市町村村长指定区域之时、追加市町村村长指定定期巡回·随时回应型访问护理看护等服务的场合。此时，这些规定中必要的文字变更，由政令进行规定。

第78条之14

1. 根据前条第1款的规定，作出的第42条之2第1款主文所规定的指定，构成公募指定。根据厚生劳动省令的规定，按照所开展市町村村长指定定期巡回·随时回应型访问护理看护等服务的种类、开展与市町村村长指定定期巡回·随时回应型访问护理看护等服务种类相关的市町村村长指定定期巡回·随时回应型访问护理等事业的事业所，对于作出公募指定的市町村村长所管辖市町村提供的护理保险的被保险人（对于与特定区域密集型服务相关的公募指定，包括入住位于市町村区域内住所地特殊对象机构的住所地特殊适用需要护理被保险人）而言，针对区域密集型护理服务费、特殊区域密集型护理服务费的给付，公募指定仍具有效力。

2. 当市町村村长准备作出公募指定时，应按照厚生劳动省令所确定的基准，通过公正方法自申请人中进行选择，在此基础上决定指定区域密集型服务事业者。

3. 第78条之2第2款、第4款［第4项、第6项之（2）、第10项以及第12项除外］、第5款、第6款［第1项之（2）、第3项之（2）、第3项之（4）至第5项除外］、第7款及第8款的规定，准用于公募指定。此时，这些规定中必要的文字变更，由政令进行规定。

第78条之15（公募指定的有效期间等）

1. 无论第78条之12中所准用的第70条之2作何规定，自指定之日起在不超过 6 年的范围内，市町村村长所确定的期间经过后，公募指定失去效力。

2. 在市町村村长指定期间开始之时，对于第 42 条之 2 第 1 款主文所规定的与市町村村长指定区域·服务事业所相关的具有效力的指定（公募指定除外）、根据第 78 条之 13 第 3 款的规定所作出的第 42 条之 2 第 1 款主文中的指定（下一款简称"指定期间开始时有效指定"），第 78 条之 12 中所准用的第 70 条之 2 的规定并不适用。

3. 在符合下列各项所规定的区分情形时，若指定期间开始时有效指定经过下列各项所确定的期间，指定期间开始时有效指定失去效力。

（1）针对下一项所列举的指定开始期间开始时有效指定以外的指定期间开始时有效指定，在指定期间开始时有效指定作出之日，或者之前的第 78 条之 12 中所准用的第 70 条之 2 第 1 款中的期间（在该项中简称"之前的指定有效期间"）届满之日的次日中，自两项日期中较近之日起，已经经过 6 年。

（2）针对获得指定期间开始时有效指定的指定区域密集型服务事业者，在获得与市町村村长指定区域·服务事业所相关的公募指定时的指定期间开始时有效指定，在指定期间开始时有效指定作出之日，或者之前的指定有效期间届满之日的次日中，自两项日期中较近之日起，至公募指定作出之日的前 1 日的期间，指定期间开始时有效指定已经经过此项期间。

4. 至市町村村长指定期间开始日的前 1 日，针对第 78 条之 12 中所准用的第 70 条之 2 第 1 款所规定的与市町村村长指定区域·服务事业所相关的指定更新申请，在市町村村长指定期间开始之时，市町村村长尚未就指定是否更新作出决定时，无论第 2 款作何规定，市町村村长应就该申请作出处理。

5. 前 3 款的规定，准用于市町村村长扩张市町村村长指定区域、追加市町村村长指定定期巡回·随时回应型访问护理看护等场合之下。此时，这些规定中文字的必要变更，由政令进行规定。

第 78 条之 16（市町村村长指定期间等的公示）

1. 市町村村长在准备确定市町村村长指定期间、市町村村长指定区域、市町村村长指定定期巡回·随时回应型访问护理看护等事项时，应提前将相关事项、与市町村村长指定区域及市町村村长指定定期巡回·随时回应型访问护理看护等相关的效力产生之日，予以公示。

2. 前款的规定，准用于市町村村长指定期间、市町村村长指定区域、市町村村长指定定期巡回·随时回应型访问护理看护等的变更。

第 78 条之 17（与公募指定相关的条文变更）

在适用与公募指定相关的第 78 条之 2 第 4 款、第 6 款、第 11 款、第 78 条之 5 第 2 款、第 78 条之 9 至第 78 条之 11 的规定时，该款中的"区域密集型护理老人福祉机构入所者生活护理除外"变更为"限于与公募指定相关的市町村村长指定定期巡回·随时回应型访问护理看护等"，"在废止日或中止之日的 1 个月前"变更为"由市町村村长所确定的在废止日或中止之日的 1 个月以前的日期"。此外，这些规定中其他文字的必要变更，由政令进行规定。

第四节　指定居家护理帮助事业者

第 79 条（指定居家护理帮助事业者的指定）

1. 对于第 46 条第 1 款的指定，应按照厚生劳动省令的规定，根据开展居家护理帮助事业的主体的申请，以开展居家护理帮助事业的事业所（本节以下简称"事业所"）为单位进行。

2. 在收到前款所规定的申请时，若符合下列各项情形之一，市町村村长不得作出第 46 条第 1 款所规定的指定。

（1）申请人并非市町村条例所确定的主体。

（2）与申请相关的事业所的护理帮助专业人员，未达到第 81 条第 1 款中市町村条例所确定的人员数量。

（3）申请人未按照第 81 条第 2 款所规定的与指定居家护理帮助事业运营相关的基准，开展居家护理帮助事业的运营。

（3）之（2）申请人被判处禁锢以上的刑罚，刑罚执行已经终止或不再继续执行刑罚。

（4）按照本法、其他与国民保健医疗或福祉相关的法律及政令的规定，申请人被判处罚金刑，刑罚执行已经终止或不再继续执行刑罚。

（4）之（2）按照与劳动相关法律及政令的规定，申请人被判处罚金刑，刑罚执行已经终止或不再继续执行刑罚。

（4）之（3）至提出申请之日的前 1 日，按照规定保险费等缴纳义务的法律，申请人因迟延缴纳保险费等受到滞纳处分，自受到处分之日起无正当理由在 3 个月以上期间，继续迟延缴纳已经到期的全部保险费等。

（5）按照第 84 条第 1 款或第 115 条之 35 第 6 款的规定，对申请人的指定予以撤销，申请人为自撤销之日起尚未经过 5 年的主体（指定被撤销的主体为法人之时，按照与撤销处分相关的行政程序法第 15 条的规定作出通知，在通知作出之日的前 60 日以内，自撤销之日起尚未经过 5 年的法人的管理人员等主体也包括在内。指定被撤销的主体为非法人的事业所之时，按照与撤销处分相关的行政程序法第 15 条的规定作出通知，在通知作出之日的前 60 日以内，自撤销之日起尚未经过 5 年的事业所的管理者等主体也包括在内）。不过，指定居家护理帮助事业者的指定被撤销时，为防止指定被撤销的处分事由发生，考虑到指定居家护理帮助事业者所采取的业务管理体制完善措施状况、指定居家护理帮助事业者所应承担的责任程度，指定的撤销不符合本项主文中所规定的指定的撤销，并满足厚生劳动省令所规定情形的除外。

（5）之（2）按照第 84 条第 1 款或第 115 条之 35 第 6 款的规定，同申请人存在密切关系的主体的指定被撤销，自撤销之日起尚未经过 5 年。不过，指定居家护理帮助事业者的指定被撤销时，为防止指定被撤销的处分事由发生，考虑到指定居家护理帮助事业者所采取的业务管理体制完善措施状况、指定居家护理帮助事业者所应承担的责任程度，指定的撤销不符合本项主文中所规定的指定的撤销，并满足厚生劳动省令所规定情形的除外。

（6）按照与第 84 条第 1 款、第 115 条之 35 第 6 款所规定的撤销指定处分相关的行政程序法第 15 条的规定作出通知，自作出通知之日起至作出处分之日或决定不作出处分之日的期间内，申请人为按照第 82 条第 2 款的规定提出事业废止申报的主体（对事业废止存在充分理由的主体除外），自提出申报之日起尚未经过 5 年。

（6）之（2）自按照第 83 条第 1 款的规定实施检查之日起至听证决定预定日（基于检查结果，按照第 84 条第 1 款的规定，决定是否召开与指定被撤销的处分相关的听证，根据厚生劳动省令的规定，都道府县知事自对申请人开展检查之日起 10 日以内，就具体听证日期作出通知，此时指的是该特定日期）的期间内，申请人为按照第 82 条第 2 款的规定提出事业废止申报的主体（对事业废止存在充分理由的主体除外），自提出申报之日起尚未经过 5 年。

（6）之（3）在第6项所规定期间内，按照第82条第2款的规定提出事业废止的申报之时，在该项的通知日前60日以内，申请人为与申报相关的法人（对事业废止存在充分理由的法人除外）的管理人员等主体、与申报相关的作为非法人的事业所（对事业废止存在充分理由的事业所除外）的管理者等主体，自提出申报之日起尚未经过5年。

（7）在指定申请的前5年以内，申请人曾实施与居家服务等相关的违法或明显不正当行为。

（8）申请人为法人，其管理人员等符合第3项之（2）至第5项、第6项至前项所规定的情形之一。

（9）申请人为非法人的事业所，其管理者符合第3项之（2）至第5项、第6—7项所规定的情形之一。

3. 市町村在制定前款第1项所规定的条例时，应当遵循厚生劳动省令所确定的基准。

第79条之2（指定的更新）

1. 第46条第1款的指定，应每6年作出更新，否则，将会因期间的经过而失去效力。

2. 在收到前款所规定的更新申请时，至该款所规定期间（本条以下简称"指定有效期间"）届满之日，尚未对申请作出处理时，在指定有效期间届满之后至作出处理的期间内，之前的指定仍然具有效力。

3. 在前款所规定的场合下，指定更新作出之时，指定的有效期间自之前的指定有效期间届满之日的次日起算。

4. 前条的规定，准用于第1款的指定更新。

第80条（指定居家护理帮助事业的基准）

1. 指定居家护理帮助事业者应依据下一条第2款所规定的与指定居家护理帮助事业运营相关的基准，按照需要护理者的身心状况，提供适宜的指定居家护理帮助，与此同时，还应对所提供的指定居家护理帮助品质进行评价，并采取其他必要措施，基于接受指定居家护理帮助的主体的立场，致力于提供指定居家护理帮助。

2. 若准备获得指定居家护理帮助的被保险人向指定居家护理帮助事业者出示被保险人证明，在被保险人证明之上记载认定审查会意见后，指定居家护理帮助事业者应考虑到认定审查会意见，致力于向被保险人提供指定居家护理帮助。

第 81 条

1. 指定居家护理帮助事业者，应以与指定相关的事业所为单位，配备满足市町村条例所确定人员数量的护理帮助专业人员。

2. 除前款所作规定外，对于与指定居家护理帮助事业运营相关的基准，由市町村条例进行规定。

3. 市町村在制定前 2 款所规定的条例时，对于以下事项，应遵循厚生劳动省令所确定的基准，对于其他事项，应参考厚生劳动省令所确定的基准。

（1）与从事指定居家护理帮助的从业者相关的基准、从业者的人员数量。

（2）与指定居家护理帮助事业运营相关，为确保需要护理的主体能够便利地使用服务、妥当地处理、确保其安全、保守其秘密，而由厚生劳动省令所规定的事项。

4. 厚生劳动大臣，在准备制定前款所规定的厚生劳动省令所确定的基准（限于与指定居家护理帮助的处理相关的部分）时，应事先听取社会保障审议会的意见。

5. 指定居家护理帮助事业者，在提出下一条第 2 款所规定的事业废止或中止的申报时，作为在提出申报之日的前 1 月以内接受指定居家护理帮助的主体，即使在事业的废止或中止日以后，若希望继续提供与指定居家护理帮助相当的服务，为继续提供必要的居家服务等服务，指定居家护理帮助事业者应在其他的指定居家护理帮助事业者、其他关系人之间进行联系、沟通，提供其他便利。

6. 指定居家护理帮助事业者应尊重需要护理者的人格，遵守本法及基于本法的命令，为了需要护理者的利益忠实履行职务。

第 82 条（变更的申报等）

1. 若与指定相关的事业所的名称、所在地、厚生劳动省令所规定的其他事项发生变更时，或再次开展中止的指定居家护理帮助事业时，指定居家护理帮助事业者应按照厚生劳动省令的规定，在 10 日以内向市町村村长进行申报。

2. 指定居家护理帮助事业者准备废止或中止指定居家护理帮助事业时，应按照厚生劳动省令的规定，在废止或者中止日的 1 个月前，向市町村村长进行申报。

第 82 条之 2（市町村村长等进行的联系及沟通、提供的帮助）

1. 为了指定居家护理帮助事业者顺利提供第 81 条第 5 款所规定的便利而存在必要之时，市町村村长可在指定居家护理帮助事业者、其他的指定居家护理帮助事业者、其他关系人之间进行联系、沟通，向指定居家护理帮助事业者、关系人提供建议以及其他帮助。

2. 针对同一指定居家护理帮助事业者，2 个以上的市町村村长根据前款的规定进行联系、沟通、提供帮助时，若为了指定居家护理帮助事业者顺利地提供第 81 条第 5 款所规定的便利而存在必要，都道府县知事可在市町村村长之间进行联系、沟通，从超越市町村区域的视角，向指定居家护理帮助事业者提供建议以及其他帮助。

3. 针对同一指定居家护理帮助事业者，2 个以上的都道府县知事根据前款的规定进行联系、沟通、提供帮助时，若为了指定居家护理帮助事业者顺利地提供第 81 条第 5 款所规定的便利而存在必要，厚生劳动大臣可在都道府县知事之间进行联系、沟通，从超越都道府县区域的视角，向指定居家护理帮助事业者提供建议以及其他帮助。

第 83 条（报告等）

1. 在必要之时，市町村村长可命令指定居家护理帮助事业者、作为指定居家护理帮助事业者的主体、与指定相关的事业所的从业者（本款以下简称"作为指定居家护理帮助事业者的主体等"），提交、出示报告或账簿文件，要求指定居家护理帮助事业者、与指定相关的事业所的从业者、作为指定居家护理帮助事业者的主体等出席，命令职员对关系人进行质问，进入与指定居家护理帮助事业者的指定相关的事业所、事务所、与指定居家护理帮助事业相关的其他场所，对账簿文件及其他物件展开检查。

2. 第 24 条第 3 款的规定，准用于前款所规定的质问或检查，该条第 4 款的规定，准用于前款所规定的权限。

第 83 条之 2（劝告、命令等）

1. 指定居家护理帮助事业者在符合下列各项所规定的情形时，市町村村长可劝告指定居家护理帮助事业者在指定期限内，采取各项所规定的措施。

（1）与指定相关的事业所的护理帮助专业人员，未达到第 81 条第 1 款所规定的市町村条例所确定的人员数量时，要求指定居家护理帮助事业者配备达到市町村条例所确定人员数量的护理帮助专业人员。

（2）未按照第 81 条第 2 款所规定的与指定居家护理帮助事业运营相关的基准，开展指定居家护理帮助事业的运营时，要求其按照与指定居家护理帮助事业运营相关的基准，开展指定居家护理帮助事业的运营。

（3）未以合理方式按照第 81 条第 5 款规定提供便利时，要求其以合理方式按照规定提供便利。

2. 若市町村村长作出前款所规定的劝告，当受到劝告的指定居家护理帮助事业者在该款所规定期限内未采取劝告中的措施时，可将劝告内容予以公布。

3. 受到第 1 款所规定劝告的指定居家护理帮助事业者，无正当理由而未采取与劝告相关的措施时，市町村村长可要求指定居家护理帮助事业者在指定期限内，采取与劝告相关的措施。

4. 市町村村长在作出前款所规定的命令时，应将命令予以公示。

5. 开展与保险给付相关的指定居家护理帮助的指定居家护理帮助事业者（限于其他的市町村村长作出第 46 条第 1 款所规定的指定时），在符合第 1 款各项所规定的情形之一时，市町村村长应向其他的市町村村长作出通知。

第 84 条（指定的撤销等）

1. 在符合下列各项情形之一时，市町村村长可撤销第 46 条第 1 款中与指定居家护理帮助事业者相关的指定，或在指定期限内停止指定的全部或部分效力。

（1）指定居家护理帮助事业者，符合第 79 条第 2 款第 3 项之（2）至第 4 项之（2）、第 8 项［符合该款第 4 项之（3）的主体除外］、第 9 项［符合该款第 4 项之（3）的主体除外］所规定的情形之一。

（2）与指定相关的事业所的护理帮助专业人员，未达到第 81 条第 1 款中市町村条例所确定的人员数量。

（3）指定居家护理帮助事业者，未按照第 81 条第 2 款所规定的与指定居家护理帮助事业运营相关的基准，开展指定居家护理帮助事业的运营。

（4）指定居家护理帮助事业者违反第 81 条第 6 款所规定的义务。

（5）按照第 28 条第 5 款的规定接受调查委托时，针对调查结果作出虚假报告。

（6）在提出居家护理服务计划费的请求时，曾实施违法行为。

（7）按照第83条第1款的规定，指定居家护理帮助事业者被命令提交、出示报告或账簿文件，指定居家护理帮助事业者并未遵从命令，或作出虚假报告。

（8）按照第83条第1款的规定，指定居家护理帮助事业者、与指定相关的事业所的从业者被要求出席时，未遵从命令出席，对该款所规定的质问不予回答、作出虚假回答，抗拒、妨碍或逃避该款所规定的检查。不过，在与指定相关的事业所的从业者实施此类行为后，为防止此类行为的发生，指定居家服务事业者已经尽到充分注意及监督义务的除外。

（9）指定居家护理帮助事业者，曾通过违法手段获得第46条第1款的指定。

（10）除前面各项所规定的情形外，指定居家护理帮助事业者违反本法、其他与国民保健医疗或福祉相关的法律及政令的规定、基于这些法律的命令及处分。

（11）除前面各项所规定的情形外，指定居家护理帮助事业者曾实施与居家服务等相关的违法或者明显不正当行为。

（12）在准备撤销指定、停止指定的全部或部分效力时，指定居家护理帮助事业者的管理人员等，在前5年以内曾实施与居家服务等相关的违法或者明显不正当行为。

2. 开展与保险给付相关的指定居家护理帮助的指定居家护理帮助事业者（限于获得其他市町村村长作出的第46条第1款的指定的主体）、按照第28条第5款的规定开展委托调查的指定居家护理帮助事业者（限于获得其他市町村村长作出的第46条第1款的指定的主体），在符合前款各项所规定的情形之一时，市町村村长应向其他的市町村村长作出通知。

第85条（公示）

在下列场合下，市町村村长应将指定居家护理帮助事业者的名称、与指定相关的事业所的所在地、厚生劳动省令所规定的其他事项予以公示。

（1）作出第46条第1款所规定的指定。

（2）按照第82条第2款的规定提出事业废止的申报。

（3）根据前条第1款、第115条之35第6款的规定，撤销第46条第1款所规定的指定，停止指定的全部或部分效力。

第五节 护理保险机构

第一小节 指定护理老人福祉机构

第 86 条（指定护理老人福祉机构的指定）

1. 应按照厚生劳动省令的规定，根据在老人福祉法第 20 条之 5 所规定的特别养护老人之家中，入住人员数量在 30 人以上且达到都道府县条例所确定数量的特别养护老人之家开设者的申请，作出第 48 条第 1 款第 1 项所规定的指定。

2. 当都道府县知事收到前款的申请时，若特别养护老人之家符合下列各项情形之一，都道府县知事不得作出第 48 条第 1 款第 1 项的指定。

（1）未配备第 88 条第 1 款所规定的人员。

（2）未按照第 88 条第 2 款所规定的与指定护理老人福祉机构设备及运营相关的基准，开展护理老人福祉机构的运营。

（3）按照本法、其他与国民保健医疗或福祉相关的法律及政令的规定，特别养护老人之家的开设者被判处罚金刑，刑罚执行已经终止或不再继续执行刑罚。

（3）之（2）按照与劳动相关法律及政令的规定，特别养护老人之家的开设者被判处罚金刑，刑罚执行已经终止或不再继续执行刑罚。

（3）之（3）按照健康保险法、地方公务员等互助组合法、厚生年金保险法、与劳动保险的保险费收取等相关法律的规定，特别养护老人之家的开设者至提出前款中的申请之日的前 1 日，因迟延缴纳保险费、负担金或定期金，受到基于这些法律规定的滞纳处分，自受到处分之日起无正当理由连续 3 个月以上，继续迟延缴纳受到处分之日以来已经到期的全部保险费、负担金、定期金（限于根据规定保险费、负担金、定期金缴纳义务的法律，受到处分的主体负有缴纳义务的保险费、负担金、定期金）。

（4）根据第 92 条第 1 款、第 115 条之 35 第 6 款的规定，对特别养护老人之家的开设者的指定予以撤销，特别养护老人之家的开设者为自撤销之日起尚未经过 5 年的主体。不过，指定护理老人福祉机构的指定被撤销时，为防止指定被撤销的处分事由发生，考虑到指定护理老人福祉机构的开设者所采取的业务管理体制完善措施状况、指定护理老人福祉机构的开设者所应承担的责任程度，指定的撤销不符合本项主文中所规定的指定的撤销，并满足厚生劳动省令所规定情形的除外。

(5) 按照第 92 条第 1 款、第 115 条之 35 第 6 款，对指定予以撤销，根据与指定被撤销处分相关的行政程序法第 15 条的规定作出通知，自作出通知之日起至作出处分之日或决定不作出处分之日的期间内，特别养护老人之家的开设者为根据第 91 条的规定拒绝指定的主体（对拒绝指定存在充分理由的除外），自拒绝指定之日起尚未经过 5 年。

(5) 之 (2) 按照第 90 条第 1 款开展检查，自开展检查之日起至听证决定预定日（基于检查结果，按照第 92 条第 1 款的规定，决定是否召开与指定被撤销的处分相关的听证，根据厚生劳动省令的规定，都道府县知事自对特别养护老人之家的开设者开展检查之日起 10 日以内，就具体听证日期作出通知，此时指的是该特定日期）的期间内，特别养护老人之家的开设者为按照第 91 条的规定拒绝指定的主体（对拒绝指定存在充分理由的除外），自拒绝指定之日起尚未经过 5 年。

(6) 特别养护老人之家的开设者，在指定申请的前 5 年以内，曾实施与居家服务等相关的违法或明显不正当行为。

(7) 特别养护老人之家开设者的管理人员、负责人符合下列情形之一。

第一，被判处禁锢以上的刑罚，刑罚执行已经终止或不再继续执行刑罚。

第二，符合第 3 项、第 3 项之 (2) 或者前项所规定的情形。

第三，按照本法、国民健康保险法、国民年金法的规定，至提出申请之日的前 1 日，因迟延缴纳保险费（包括地方税法所规定的国民健康保险税。以下简称"保险费等"），受到滞纳处分，自受到处分之日起无正当理由连续 3 个月以上，继续迟延缴纳受到处分之日以来已经到期的全部保险费（限于根据规定保险费等缴纳义务的法律，受到处分的主体负有缴纳义务的保险费等）。

第四，按照第 92 条第 1 款、第 115 条之 35 第 6 款，特别养护老人之家的指定被撤销，根据与撤销处分相关的行政程序法第 15 条的规定作出通知，自通知作出之日的前 60 日以内，特别养护老人之家开设者的管理人员、负责人为自撤销之日起尚未经过 5 年的主体（指定护理老人福祉机构的指定被撤销时，为防止指定被撤销的处分事由发生，考虑到指定护理老人福祉机构的开设者所采取的业务管理体制完善措施状况、指定护理老人福祉机构的开设者所应承担的责任程度，指定的撤销不符合本项中所规定的指定的撤销，并满足厚生劳动省令所规定情形的除外）。

第五，第 5 项所规定的期间内，在拒绝第 91 条所规定的指定的特别养护老人之家（对指定的拒绝存在充分理由的特别养护老人之家除外）中，在该项所规定的通知之日前 60 日以内，特别养护老人之家开设者的管理人员、负责人为自拒绝指定之日起尚未经过 5 年的主体。

3. 都道府县知事在准备作出第 48 条第 1 款第 1 项中的指定之时，应就厚生劳动省令所规定的事项向关系市町村村长作出通知，并指定期限，从调整第 117 条第 1 款所规定的关系市町村的市町村护理保险事业计划出发，征求关系市町村村长的意见。

第 86 条之 2（指定的更新）

1. 第 48 条第 1 款第 1 项的指定，应每 6 年作出一次更新，否则，在 6 年的期间经过之后，将会失去效力。

2. 收到前款的更新申请时，至该款期间（本条以下简称"指定的有效期间"）届满之日，针对申请的处理尚未作出之时，在指定有效期间届满之后至作出处理的期间内，之前的指定仍然有效。

3. 在前款所规定的场合之下，指定更新作出之时，指定的有效期间自之前的指定有效期间届满之日的次日起算。

4. 前条的规定，准用于第 1 款所规定的指定更新。

第 87 条（指定护理老人福祉机构的基准）

1. 指定护理老人福祉机构的开设者，应按照下一条第 2 款所规定的与指定护理老人福祉机构设备及运营相关的基准，根据需要护理者的身心状况等，提供适宜的指定护理福祉机构服务，与此同时，还应对自身所提供的指定护理福祉机构服务品质进行评价，并采取其他措施，基于需要接受指定护理福祉机构服务的主体的立场，致力于提供相关服务。

2. 准备接受指定护理福祉机构服务的被保险人向指定护理老人福祉机构的开设者出示被保险人证明，被保险人证明之上记载认定审查会的意见后，指定护理老人福祉机构的开设者应在考虑到认定审查会意见的基础上，致力于为被保险人提供指定护理福祉机构服务。

第 88 条

1. 指定护理老人福祉机构，应配备都道府县条例所确定数量的护理帮助专业人员、从事指定护理福祉机构服务的其他从业者。

2. 除前款所作规定外，与指定护理老人福祉机构设备及运营相关的基准,由都道府县条例进行规定。

3. 都道府县在制定前2款所规定的条例时,就下列事项,应当遵从厚生劳动省令所确定的基准,针对其他事项,应参考厚生劳动省令所确定的基准。

(1) 从事指定护理福祉机构服务的从业者及人员数量。

(2) 与指定护理老人福祉机构相关的居室的地面面积。

(3) 与指定护理老人福祉机构运营相关,为确保需要护理的主体能够便利地使用、恰当地处理、确保其安全、保守其秘密,而由厚生劳动省令所规定的事项。

4. 厚生劳动大臣在准备制定前款所规定的厚生劳动省令确定的基准(限于与指定护理福祉机构服务的处理相关的部分)时,应提前听取社会保障审议会的意见。

5. 在拒绝第91条所规定的指定时,作为在该条所规定预告期间开始之日的前1日接受指定护理福祉机构服务的主体,即使在拒绝指定之日以后,若希望继续提供与指定护理福祉机构服务相当的服务,为继续提供必要的居家服务等服务,指定护理老人福祉机构的开设者应在其他的指定护理老人福祉机构的开设者、其他关系人之间进行联系、沟通,并提供其他便利。

6. 指定护理老人福祉机构的开设者,应尊重需要护理者的人格,遵守本法及基于本法的命令,为了需要护理者的利益忠实履行职务。

第89条(变更的申报)

指定护理老人福祉机构的开设者的住所、厚生劳动省令所规定的其他事项发生变更时,指定护理老人福祉机构的开设者应按照厚生劳动省令的规定,在10日以内向都道府县知事进行申报。

第89条之2(都道府县知事等进行的联系及沟通、提供的帮助)

1. 为了指定护理老人福祉机构的开设者顺利地提供第88条第5款所规定的便利而存在必要之时,都道府县知事、市町村村长,可在指定护理老人福祉机构的开设者、其他指定护理老人福祉机构的开设者、其他关系人之间进行联系、沟通,对指定护理老人福祉机构的开设者及其关系人提供建议及其他帮助。

2. 针对同一指定护理老人福祉机构的开设者,若2个以上的都道府县知事根据前款的规定提供沟通或帮助,为了指定护理老人福祉机构的开设者顺利地提供第 88 条第 5 款所规定的便利而存在必要之时，厚生劳动大臣可在都道府县知事之间进行联系、沟通，从超越都道府县区域的更广视角，向指定护理老人福祉机构的开设者，提供建议及其他帮助。

第 90 条（报告等）

1. 都道府县知事、市町村村长认为存在必要之时，可命令指定护理老人福祉机构、指定护理老人福祉机构的开设者或其负责人、其他作为从业者的主体（本款以下简称"作为开设者的主体等"）提交或出示报告、账簿文件，要求指定护理老人福祉机构的开设者或其负责人、其他从业者、作为开设者的主体等出席，命令职员对关系人进行质问，进入指定护理老人福祉机构、指定护理老人福祉机构开设者的事务所、与指定护理老人福祉机构运营相关的其他场所，对设备、账簿文件及其他物件进行检查。

2. 第 24 条第 3 款的规定，准用于前款所规定的质问及检查，该条第 4 款的规定，准用于前款所规定的权限。

第 91 条（拒绝指定）

指定护理老人福祉机构，可在 1 个月以上的预告期间内，提出拒绝指定。

第 91 条之 2（劝告、命令等）

1. 指定护理老人福祉机构在符合下列各项所规定的情形时，都道府县知事可劝告指定护理老人福祉机构的开设者，在指定期限内采取下列各项所规定的措施。

（1）从事指定护理福祉机构服务的从业者人员数量，未达到第 88 条第 1 款中都道府县条例所确定的人员数量时，要求其配备达到都道府县条例所确定人员数量的从业者。

（2）未按照第 88 条第 2 款所规定的与指定护理老人福祉机构设备及运营相关的基准，开展指定护理老人福祉机构的运营时，要求其按照与指定护理老人福祉机构设备及运营相关的基准，开展指定护理老人福祉机构的运营。

（3）未以合理方式按照第 88 条第 5 款的规定提供便利时，要求其以合理方式提供相关便利。

2. 都道府县知事在作出前款所规定的劝告时，若受到劝告的指定护理老人福祉机构的开设者，未在该款所规定的期限内采取劝告中的措施，都道府县知事可将劝告内容予以公布。

3. 受到第 1 款所规定劝告的指定护理老人福祉机构的开设者，无正当理由未采取劝告中的措施时，都道府县知事可命令指定护理老人福祉机构的开设者，在指定期限内采取劝告中的措施。

4. 都道府县知事在作出前款所规定的命令时，应将命令内容予以公示。

5. 提供与保险给付相关的指定护理福祉机构服务的指定护理老人福祉机构，在符合第 1 款各项所规定的情形之一时，市町村应向指定护理老人福祉机构所在地的都道府县知事作出通知。

第 92 条（指定的撤销等）

1. 在符合下列各项情形之一时，都道府县知事可撤销第 48 条第 1 款第 1 项所规定的与指定护理老人福祉机构相关的指定，或在指定期限内停止指定的全部或部分效力。

（1）指定护理老人福祉机构符合第 86 条第 2 款第 3 项、第 3 项之（2）、第 7 项（符合第三所规定情形的主体除外）所规定的情形之一。

（2）从事指定护理老人福祉机构所开展指定护理福祉机构服务的从业者数量，未达到第 88 条第 1 款所规定的都道府县条例所确定的人员数量。

（3）指定护理老人福祉机构，未按照第 88 条第 2 款所规定的与指定护理老人福祉机构设备及运营相关的基准，开展指定护理老人福祉机构的运营。

（4）指定护理老人福祉机构的开设者，违反第 88 条第 6 款所规定的义务。

（5）根据第 28 条第 5 款的规定接受调查委托时，对调查结果作出虚假报告。

（6）在提出机构护理服务费的请求时，曾实施违法行为。

（7）根据第 90 条第 1 款的规定，指定护理老人福祉机构被命令提交或出示报告、账簿文件时，未遵从命令，或作出虚假报告。

（8）指定护理老人福祉机构的开设者、负责人、从业人员，按照第 90 条第 1 款的规定被要求出席但未出席，对根据该款的规定进行的质问未予回答，作出虚假回答，拒绝、妨碍、逃避该款所规定的检查。不过，指定护理老人福祉机构的从业者实施此类行为时，为了防止此类行为的发生,指定护理老人福祉机构的开设者、负责人已经尽到充分的注意及监督义务的除外。

(9) 指定护理老人福祉机构的开设者,曾通过违法手段获得第 48 条第 1 款第 1 项所规定的指定。

(10) 除前面各项所作规定外,指定护理老人福祉机构的开设者,违反本法、其他与国民保健医疗或福祉相关的法律、政令、基于这些法律所作出的命令及处分。

(11) 除前面各项所作规定外,指定护理老人福祉机构的开设者,曾实施与居家服务等相关的违法或者明显不正当行为。

(12) 在准备撤销指定、停止指定的全部或部分效力之时,指定护理老人福祉机构开设者的管理人员或负责人,在前 5 年以内曾实施与居家服务等相关的违法或者明显不正当行为。

2. 与保险给付相关的指定护理福祉机构服务、根据第 28 条第 5 款的规定开展委托调查的指定护理老人福祉机构,在符合前款各项情形之一时,市町村应向指定护理老人福祉机构所在地的都道府县知事作出通知。

第 93 条(公示)

在下列情形下,都道府县知事应对指定护理老人福祉机构开设者的名称、指定护理老人福祉机构的所在地、厚生劳动省令所规定的其他事项予以公示。

(1) 作出第 48 条第 1 款第 1 项所规定的指定。

(2) 按照第 91 条的规定,拒绝第 48 条第 1 款第 1 项的指定。

(3) 按照前条第 1 款、第 115 条之 35 第 6 款的规定,撤销第 48 条第 1 款第 1 项的指定、停止指定的全部或部分效力。

第二小节 护理老人保健机构

第 94 条(开设许可)

1. 准备开设护理老人保健机构的主体,应按照厚生劳动省令的规定,获得都道府县知事的许可。

2. 开设护理老人保健机构的主体,在准备变更护理老人保健机构的入住人员数量、厚生劳动省令所规定的其他事项时,应按照前款的规定,获得都道府县知事的许可。

3. 都道府县知事在收到前 2 款所规定的许可申请时,若符合下列各项(属于前款所规定的申请时,为第 2 项和第 3 项)情形之一,不得授予前 2 款所规定的许可。

（1）准备开设护理老人保健机构的主体，并非地方公共团体、医疗法人、社会福祉法人以及厚生劳动大臣所规定的其他主体。

（2）护理老人保健机构未配备第 97 条第 1 款所规定的疗养室、诊察室、机能训练室、都道府县条例所规定的设施、该条第 2 款中厚生劳动省令及都道府县条例所规定的人员。

（3）未按照第 97 条第 3 款所规定的与护理老人保健机构设备、运营相关的基准，开展护理老人保健机构的运营。

（4）申请人被判处禁锢以上的刑罚，刑罚执行已经终止或不再继续执行刑罚。

（5）按照本法、其他与国民保健医疗或福祉相关法律及政令的规定，申请人被判处罚金刑，刑罚执行已经终止或不再继续执行刑罚。

（5）之（2）按照与劳动相关法律及政令的规定，申请人被判处罚金刑，刑罚执行已经终止或不再继续执行刑罚。

（5）之（3）至提出申请之日的前 1 日，申请人因迟延缴纳保险费，按照规定保险费等缴纳义务的法律受到滞纳处分，自受到处分之日起无正当理由连续 3 个月以上，继续迟延缴纳受到处分之日以后已经到期的全部保险费。

（6）按照第 104 条第 1 款、第 115 条之 35 第 6 款的规定，对申请人的许可予以撤销，申请人为自撤销之日起尚未经过 5 年的主体（许可被撤销的主体为法人之时，根据与撤销处分相关的行政程序法第 15 条的规定作出通知，在通知作出之日的前 60 日以内，自撤销之日起尚未经过 5 年的法人的管理人员、作为开设护理老人保健机构的管理者的主体，也包含在内。许可被撤销的主体为第 1 项中厚生劳动大臣所规定的并非法人的主体时，在通知作出之日的前 60 日以内，自撤销之日起尚未经过 5 年的作为开设护理老人保健机构的管理者也包括在内）。不过，护理老人保健机构的许可被撤销时，为防止许可被撤销的处分事由发生，考虑到护理老人保健机构的开设者所采取的业务管理体制完善措施状况、护理老人保健机构的开设者所应承担的责任程度，许可的撤销不符合本项主文中所规定的许可的撤销，并满足厚生劳动省令所规定情形的除外。

（7）按照第 104 条第 1 款、第 115 条之 35 第 6 款，作出将许可予以撤销的处分，根据与撤销处分相关的行政程序法第 15 条的规定作出通知，自作出通知之日起，至作出处分或者决定不作出处分之日的期间内，申请人根据第 99 条第 2 款的规定提出废止申报（对废止存在充分理由的除外），自提出申报之日起尚未经过 5 年。

（7）之（2）根据第 100 条第 1 款的规定开展检查，自开展检查之日起至听证决定预定日（基于检查结果，按照第 104 条第 1 款的规定，决定是否召开与许可被撤销的处分相关的听证，根据厚生劳动省令的规定，都道府县知事自对申请人开展检查之日起 10 日以内，就具体听证日期作出通知，此时指的是该特定日期）的期间内，按照第 99 条第 2 款的规定，申请人提出废止的申报（对废止存在充分理由的除外），自提出申报之日起尚未经过 5 年。

（8）在第 7 项所规定的期间内，按照第 99 条第 2 款的规定提出废止申报之时，在该项所规定的通知日前 60 日以内，申请人为与申报相关的法人（对废止存在充分理由的法人除外）的管理人员、所开设护理老人保健机构的管理者、第 1 项中厚生劳动大臣所确定非法人主体（对废止存在充分理由的除外）所开设护理老人保健机构的管理者，自提出申报之日起尚未经过 5 年。

（9）在提出许可申请的前 5 年以内，申请人曾实施与居家服务等相关的违法或者明显不正当行为。

（10）申请人为法人，其管理人员等符合第 4 项至前项所规定的情形之一。

（11）申请人为第 1 项中厚生劳动大臣所确定的非法人主体，且为管理事业所的主体，或符合第 4—9 项所规定情形之一的政令所确定的其他使用人。

4. 对以营利为目的而准备开设护理老人保健机构的主体，都道府县知事可不授予第 1 款所规定的许可。

5. 都道府县知事在收到第 1 款或第 2 款中的许可（限于与入住人员数量增加相关的事项。本款以下及下一款亦同）申请时，在包含与申请相关的机构所在地的区域中（指的是根据第 118 条第 2 款第 1 项，由都道府县所确定的区域），护理老人保健机构的入住人员总数，已经达到根据该条第 1 款规定由都道府县所制定的都道府县护理保险事业帮助计划，所确定的区域内护理老人保健机构的必要入住人员总数时，或因与申请相关的机构的开设或者入住人员的增加而超过必要入住人员总数时，存在其他障碍对都道府县护理保险事业帮助计划的实现造成影响时，可不授予第 1 款或第 2 款的许可。

6. 都道府县知事在准备作出第 1 款或第 2 款的许可时，应向关系市町村村长就厚生劳动省令所规定的事项作出通知，并指定期间，从为了调整第 117 条第 1 款所规定的关系市町村的市町村护理保险事业计划的视角，向关系市町村村长征求意见。

第 94 条之 2（许可的更新）

1. 前条第 1 款的许可，应每 6 年作出一次更新，否则，在期间经过之后，将会失去效力。

2. 在收到前款所规定更新的申请时，在该款的期间（本条以下简称"许可的有效期间"）届满之日，若对申请的处理尚未作出，在许可的有效期间届满之后至作出处理的期间内，之前的许可仍然有效。

3. 在前款所规定的场合下，作出许可的更新之时，许可的有效期间，自之前许可的有效期间届满之日的次日开始起算。

4. 前条规定准用于第 1 款中许可的更新。

第 95 条（护理老人保健机构的管理）

1. 护理老人保健机构的开设者，应要求获得都道府县知事承认的医生管理护理老人保健机构。

2. 无论前款作何规定，护理老人保健机构的开设者，可要求获得都道府县知事承认的并非医生的主体，管理护理老人保健机构。

第 96 条（护理老人保健机构的基准）

1. 护理老人保健机构的开设者，应遵循下一条第 3 款所规定的与护理老人保健机构设备及运营相关的基准，按照需要护理者的身心状况等，提供适宜的护理保健机构服务，与此同时，还应对自己所提供的护理保健机构服务品质展开评价，采取其他措施，基于接受护理保健机构服务的主体的立场，致力于提供相关服务。

2. 准备获得护理保健机构服务的被保险人向护理老人保健机构的开设者出示被保险人证明，被保险人证明之上记载认定审查会意见后，护理老人保健机构的开设者应考虑到认定审查会意见，致力于为被保险人提供护理保健机构服务。

第 97 条

1. 护理老人保健机构，除应按照厚生劳动省令的规定，配备疗养室、诊察室、机能训练室外，还应配备都道府县条例所规定的设施。

2. 护理老人保健机构，除应配备厚生劳动省令所规定数量的医生及护士外，还应配备都道府县条例所确定数量的护理帮助专业人员、从事护理以及其他业务的从业者。

3. 除前2款所作规定外，与护理老人保健机构设备及运营相关的基准，由都道府县条例进行规定。

4. 都道府县在制定前3款所规定的条例时，对于下列事项，应遵照厚生劳动省令所确定的基准，针对其他事项，应参考厚生劳动省令所确定的基准。

（1）护理帮助专业人员、从事护理及其他业务的从业者及其人员数量。

（2）与护理老人保健机构运营相关，为确保入住的需要护理者能够便利地使用服务、恰当地处理、确保其安全、保守其秘密，而由厚生劳动省令所规定的事项。

5. 厚生劳动大臣，在准备制定前款所规定的应由厚生劳动省令所确定的基准（限于与护理保健机构服务的处理相关的部分）时，应事先听取社会保障审议会的意见。

6. 根据第99条第2款的规定提出废止或中止的申报时，作为在提出申报之日的前1日接受护理保健机构服务的主体，即使在事业的废止或中止日以后，若希望继续提供与护理保健机构服务相当的服务，为继续提供必要的居家服务等服务，护理老人保健机构的开设者应在其他的护理老人保健机构的开设者、其他关系人之间进行联系、沟通，提供其他便利。

7. 护理老人保健机构的开设者，应尊重需要护理者的人格，遵守本法及基于本法的命令，为了需要护理者的利益忠实履行职务。

第98条（宣传限制）

1. 除下列事项外，任何人均不得以文件或其他方法，将与护理老人保健机构相关的事项进行宣传。

（1）表示护理老人保健机构的名称、电话号码以及所在场所的事项。

（2）在护理老人保健机构工作的医生、护士的姓名。

（3）除前2款所列举事项外，由厚生劳动大臣所确定的其他事项。

（4）获得都道府县知事许可的其他事项。

2. 就前款第3项所列举事项的宣传方法，厚生劳动大臣应按照厚生劳动省令的规定，作出必要的规定。

第 99 条（变更的申报等）

1. 除了与根据第 94 条第 2 款作出的许可相关的事项，当护理老人保健机构开设者的住所、厚生劳动省令所规定的其他事项发生变更时，再次开设中止的护理老人保健机构时，护理老人保健机构的开设者应按照厚生劳动省令的规定，在 10 日以内向都道府县知事进行申报。

2. 护理老人保健机构的开设者，在准备废止或者中止护理老人保健机构时，应按照厚生劳动省令的规定，在废止或中止日的 1 个月前，向都道府县知事进行申报。

第 99 条之 2（都道府县知事等进行的联系及沟通、提供的帮助）

1. 为了护理老人保健机构的开设者顺利地提供第 97 条第 6 款所规定的便利而存在必要之时，都道府县知事或市町村村长，可在护理老人保健机构的开设者、其他护理老人保健机构的开设者、其他的关系人之间进行联系、沟通，向护理老人保健机构的开设者及其关系人提供建议或其他帮助。

2. 对于同一护理老人保健机构的开设者，若 2 个以上的都道府县知事根据前款的规定，进行联系及沟通、提供帮助，为了护理老人保健机构的开设者顺利地提供第 97 条第 6 款所规定的便利而存在必要之时，厚生劳动大臣可在都道府县知事之间进行联系、沟通，从超越都道府县区域的更广视角，向护理老人保健机构的开设者提供建议及其他帮助。

第 100 条（报告等）

1. 都道府县知事或市町村村长认为存在必要之时，可命令护理老人保健机构的开设者、护理老人保健机构的管理者、医生及其他从业者（以下简称"护理老人保健机构的开设者等"）提交或出示报告、诊疗记录、其他账簿文件，要求护理老人保健机构的开设者等出席，命令职员对护理老人保健机构的开设者等进行质问，进入护理老人保健机构、护理老人保健机构开设者的事务所、与护理老人保健机构运营相关的其他场所，对设备、诊疗记录、账簿文件以及其他物件进行检查。

2. 第 24 条第 3 款的规定，准用于前款所规定的质问及进入相应场所开展的检查，该条第 4 款的规定准用于前款所规定的权限。

3. 根据第 1 款的规定，命令护理老人保健机构的开设者等提交或出示报告，要求其出席，命令职员对护理老人保健机构的开设者等进行质问，进入护理老人保健机构开展检查的市町村村长，有必要根据下一条、第 102 条第 1 款、第 103 条第 3 款、第 104 条第 1 款的规定对护理老人保健机构作出处分时，应当附上理由，并将处分的事实向都道府县知事作出通知。

第 101 条（设备的使用限制等）

护理老人保健机构未配备第 97 条第 1 款所规定的疗养室、诊察室、机能训练室、都道府县条例所规定的设施时，不满足该条第 3 款所规定的与护理老人保健机构设备及运营相关的基准（限于与设备相关的部分）时，都道府县知事可指定期限，限制护理老人保健机构的开设者对护理老人保健机构的全部或部分使用，禁止护理老人保健机构的开设者使用护理老人保健机构，命令开设者在指定期限内修缮、改建。

第 102 条（变更命令）

1. 护理老人保健机构的管理者被认为不适合作为护理老人保健机构的管理者时，都道府县知事可命令护理老人保健机构的开设者，在指定期限内变更护理老人保健机构的管理者。

2. 为了确保入住护理老人保健机构的主体的生命安全、身体安全而存在必要时，针对前款所规定的属于都道府县知事权限的事务，厚生劳动大臣可指示都道府县知事实施该款所规定的事务。

第 103 条（业务运营的劝告、命令等）

1. 护理老人保健机构在符合下列情形时，都道府县知事可劝告护理老人保健机构的开设者在指定期限内，采取下列各项所规定的措施。

（1）从事业务的从业者人员数量未达到第 97 条第 2 款中厚生劳动省令或都道府县条例所规定的人员数量时，要求护理老人保健机构配备达到厚生劳动省令或都道府县条例所规定人员数量的从业者。

（2）不满足第 97 条第 3 款所规定的与护理老人保健机构设备及运营相关的基准（限于与运营相关的部分）时，要求护理老人保健机构满足与护理老人保健机构设备及运营相关的基准。

（3）未以合理方式提供第 97 条第 6 款所规定的便利时，要求护理老人保健机构以合理方式提供相关便利。

2. 都道府县知事在作出前款所规定的劝告时，受到劝告的护理老人保健机构的开设者，未在该款所规定的期限内采取劝告中的措施时，都道府县知事可将劝告内容予以公布。

3. 受到第 1 款所规定劝告的护理老人保健机构的开设者，若无正当理由而未采取劝告中的措施，都道府县知事可命令其在指定期间内采取劝告中的措施，或命令护理老人保健机构的开设者在指定期间内停止业务。

4. 都道府县知事在作出前款所规定的命令时，应将命令的内容予以公示。

5. 提供与保险给付相关的护理保健机构服务的护理老人保健机构，在满足第 1 款各项所规定的情形之一时，市町村应向护理老人保健机构所在地的都道府县知事作出通知。

第 104 条（许可的撤销等）

1. 在符合下列各项所规定的情形之一时，都道府县知事可撤销第 94 条第 1 款所规定的与护理老人保健机构相关的许可，或在指定期间内停止许可的全部或部分效力。

（1）护理老人保健机构的开设者，在获得第 94 条第 1 款所规定的许可后，无正当理由 6 个月以上未开展业务。

（2）护理老人保健机构，符合第 94 条第 3 款第 4 项至第 5 项之（2）、第 10 项［符合第 5 项之（3）的主体除外］、第 11 项［符合第 5 项之（3）的主体除外］所规定的情形之一。

（3）护理老人保健机构的开设者，违反第 97 条第 7 款所规定的义务。

（4）护理老人保健机构的开设者曾实施犯罪行为、与医疗相关的违法行为。

（5）根据第 28 条第 5 款的规定接受调查委托时，针对调查结果作出虚假报告。

（6）在提出机构护理服务费的请求时，曾实施违法行为。

（7）根据第 100 条第 1 款，护理老人保健机构的开设者等被命令提交或出示报告、诊疗记录、其他账簿文件，但并未遵从命令，或作出虚假报告。

（8）根据第 100 条第 1 款的规定，护理老人保健机构的开设者等被要求出席但并未出席，对该款所规定的质问不予回答或作出虚假回答，拒绝、妨碍、逃避该款所规定的检查。不过，护理老人保健机构的从业者实施此类行为后，为防止此类行为的发生，护理老人保健机构的开设者或管理者已经尽到充分注意及监督义务的除外。

（9）除前面各项所作规定外，护理老人保健机构的开设者，违反本法、其他与国民保健医疗或福祉相关的法律及政令、基于这些法律的命令或处分。

（10）除前面各项所作规定外，护理老人保健机构的开设者曾实施与居家服务等相关的违法或者明显不正当行为。

（11）若护理老人保健机构的开设者为法人，在准备撤销许可、停止许可的全部或部分效力时，其管理人员、护理老人保健机构的管理者，在前5年以内曾实施与居家服务等相关的违法或明显不正当行为。

（12）若护理老人保健机构的开设者为第94条第3款第1项中厚生劳动大臣所确定的非法人主体，在撤销许可、停止许可的全部或部分效力时，其管理者在前5年以内曾实施与居家服务等相关的违法或明显不正当行为。

2. 对于根据第28条第5款的规定所委托的调查、提供与保险给付相关的护理保健机构服务的护理老人保健机构，在符合前款各项所规定的情形之一时，市町村应向护理老人保健机构所在地的都道府县知事作出通知。

3. 为确保入住护理老人保健机构的主体的生命安全、身体安全而存在必要之时，针对第1款所规定的属于都道府县知事权限的事务，厚生劳动大臣可指示都道府县知事实施该款的事务。

第104条之2（公示）

在下列情形下，都道府县知事应将护理老人保健机构开设者的名称及姓名、该护理老人保健机构的所在地、厚生劳动省令所规定的其他事项予以公示。

（1）作出第94条第1款所规定的许可。

（2）提出第99条第2款所规定的废止申报。

（3）根据前条第1款、第115条之35第6款的规定，撤销第94条第1款的许可，停止许可的全部或部分效力。

第105条（医疗法的准用）

医疗法（1948年法律第205号）第9条第2款的规定准用于护理老人保健机构的开设者，该法第15条第1款及第3款的规定，准用于护理老人保健机构的管理者，该法第30条的规定，准用于第101条、第102条第1款、第103条第3款、第104条第1款所规定的处分。此时，这些规定中必要的文字变更，由政令进行规定。

第 106 条（同医疗法的关系等）

护理老人保健机构并非医疗法中所指的医院及诊所。不过，在该法、基于该法的命令以外的法令规定（健康保险法、国民健康保险法、法令中政令所作其他规定除外）中的医院、诊所，包含护理老人保健机构（通过政令对法令中的事项进行规定时，政令所作的规定除外）。

第三小节　护理医疗院

第 107 条（开设许可）

1. 准备开设护理医疗院的主体，应按照厚生劳动省令的规定，获得都道府县知事的许可。

2. 开设护理医疗院的主体，在准备变更护理医疗院的入住人员数量、厚生劳动省令所规定的其他事项时，适用前款的规定。

3. 在提出前 2 款所规定的许可申请时，若符合下列各项（提出前款的申请时，为第 2 项或第 3 项）所规定情形之一，都道府县知事不得作出前 2 款所规定的许可。

（1）准备开设护理医疗院的主体，并非地方公共团体、医疗法人、社会福祉法人、厚生劳动大臣所规定的其他主体。

（2）护理医疗院并未配备第 111 条第 1 款所规定的疗养室、诊察室、处置室、机能训练室、都道府县条例所规定的设施、该条第 2 款中厚生劳动省令及都道府县条例所规定的人员。

（3）未按照第 111 条第 3 款所规定的与护理医疗院设备及运营相关的基准开展护理医疗院的运营。

（4）申请人被判处禁锢以上的刑罚，刑罚执行已经终止或不再继续执行刑罚。

（5）按照本法、其他与国民保健医疗或福祉相关的法律及政令的规定，申请人被判处罚金刑，刑罚执行已经终止或不再继续执行刑罚。

（6）按照与劳动相关法律及政令的规定，申请人被判处罚金刑，刑罚执行已经终止或不再继续执行刑罚。

（7）至提出申请之日的前 1 日，按照规定保险费等缴纳义务的法律，申请人因迟延缴纳保险费等受到滞纳处分，而且，自受到处分之日起，无正当理由在 3 个月以上的期间内，继续迟延缴纳受到处分之日以后已经到期的全部保险费等。

(8) 按照第 114 条之 6 第 1 款、第 115 条之 35 第 6 款的规定，对申请人的许可予以撤销，申请人为自撤销之日起尚未经过 5 年的主体（许可被撤销的主体为法人时，按照与撤销处分相关的行政程序法第 15 条的规定作出通知，在通知作出之日的前 60 日以内，自撤销之日起尚未经过 5 年的法人的管理人员、作为所开设的护理医疗院的管理者的主体也包括在内，许可被撤销的主体为第 1 项中厚生劳动大臣所规定的非法人事业所时，在通知作出之日的前 60 日以内，自撤销之日起尚未经过 5 年的作为所开设的护理医疗院的管理者的主体也包括在内）。不过，护理医疗院的许可被撤销时，为防止许可被撤销的处分事由的发生，考虑到护理医疗院的开设者所采取的业务管理体制完善措施状况、护理医疗院的开设者所应承担的责任程度，许可的撤销不符合本项主文中所规定的许可的撤销，并满足厚生劳动省令规定情形的除外。

(9) 按照第 114 条之 6 第 1 款、第 115 条之 35 第 6 款的规定，作出撤销许可的处分，依据与撤销处分相关的行政程序法第 15 条的规定作出通知，自通知作出之日起，至作出处分或者决定不作出处分之日的期间内，申请人根据第 113 条第 2 款的规定提出废止申报（对废止存在充分理由的除外），自提出申报之日起尚未经过 5 年。

(10) 按照第 114 条之 2 第 1 款的规定开展检查，自开展检查之日起至听证决定预定日（基于检查结果，按照第 114 条之 6 第 1 款的规定，决定是否召开与许可被撤销的处分相关的听证，根据厚生劳动省令的规定，都道府县知事自对申请人开展检查之日起 10 日以内，就具体听证日期作出通知，此时指的是该特定日期）的期间内，申请人按照第 113 条第 2 款的规定提出废止申报（对废止存在充分理由的除外），自提出申报之日起尚未经过 5 年。

(11) 在第 9 项所规定期间内，按照第 113 条第 2 款的规定提出废止申报时，申请人为该项所规定的通知日前 60 日以内与申报相关的法人（对废止存在充分理由的法人除外）的管理人员、所开设的护理医疗院的管理者、与申报相关的第 1 项中厚生劳动大臣所确定的非法人主体（对废止存在充分理由的除外）所开设护理医疗院的管理者，自提出申报之日起尚未经过 5 年。

(12) 申请人在提出许可申请的前 5 年以内，曾实施与居家服务等相关的违法或明显不正当行为。

(13) 申请人为法人，其管理人员等符合第 4 项至前项所规定的情形之一。

(14) 申请人为管理第 1 项中厚生劳动大臣所规定非法人主体的事业所的主体、政令所规定的其他使用人，并符合第 4—12 项所规定的情形之一。

4. 对于准备以营利为目的开设护理医疗院的主体，都道府县知事不得作出第 1 款的许可。

5. 当都道府县知事收到第 1 款或第 2 款所规定的许可（限于与入住人员数量增加相关的许可。本款以下及下一款亦同）申请时，在包含与申请相关的机构所在地的区域（指的是根据第 118 条第 2 款第 1 项的规定由都道府县所确定的区域）内，护理医疗院入住人员的总数，已经达到按照该条第 1 款的规定，在都道府县所制定的都道府县护理保险事业帮助计划中，所确定的区域内护理医疗院的必要入住人员总数时，因与申请相关的机构的开设或入住人员数量的增加超过必要入住人员总数时，存在其他障碍可能影响都道府县护理保险事业帮助计划的达成时，都道府县知事可不作出第 1 款或第 2 款所规定的许可。

6. 都道府县知事在准备作出第 1 款或第 2 款所规定的许可时，应就厚生劳动省令所规定的事项向关系市町村村长作出通知，并指定期限，从调整第 117 条第 1 款所规定的关系市町村的市町村护理保险事业计划出发，向关系市町村村长征求意见。

第 108 条（许可的更新）

1. 前条第 1 款的许可，应每 6 年作出一次更新，否则，在 6 年经过之后，将会失去效力。

2. 在收到前款所规定的更新申请时，至该款所规定的期间（本条以下简称"许可的有效期间"）届满之日，针对申请尚未作出处理之时，之前的许可，在许可有效期间届满后至作出处理的期间内，仍然具有效力。

3. 在前款所规定的场合下，作出许可的更新之时，许可的有效期间自之前的许可有效期间届满之日的次日起算。

4. 前条的规定，准用于第 1 款所规定的许可更新。

第 109 条（护理医疗院的管理）

1. 护理医疗院的开设者，应要求已经获得都道府县知事承认的医生管理护理医疗院。

2. 无论前款作何规定，护理医疗院的开设者，在获得都道府县知事的承认后，可要求医生以外的主体管理护理医疗院。

第 110 条（护理医疗院的基准）

1. 护理医疗院的开设者，应遵循下一条第 3 款所规定的与护理医疗院设备及运营相关的基准，按照需要护理者的身心状况等，提供适宜的护理医疗院服务，与此同时，还应对所提供的护理医疗院服务的品质进行评价，并采取其他措施，基于接受护理医疗院服务的主体的立场，致力于提供相关服务。

2. 准备获得护理医疗院服务的被保险人向护理医疗院的开设者出示被保险人证明时，被保险人证明之上记载认定审查会意见后，护理医疗院的开设者应考虑到认定审查会意见，致力于为被保险人提供护理医疗院服务。

第 111 条

1. 护理医疗院，除应按照厚生劳动省令的规定配备疗养室、诊察室、处置室、机能训练室外，还应配备都道府县条例所规定的设施。

2. 护理医疗院，除应配备厚生劳动省令所规定数量的医生及护士外，还应配备都道府县条例所规定数量的护理帮助专业人员、从事护理及其他业务的从业者。

3. 除前 2 款所作规定之外，与护理医疗院设备及运营相关的基准，由都道府县条例进行规定。

4. 都道府县在制定前 3 款所规定的条例时，针对下列事项，应遵循厚生劳动省令所确定的基准，针对其他事项，应参考厚生劳动省令所规定的基准。

（1）护理帮助专业人员、从事护理及其他业务的从业者及人员数量。

（2）与护理医疗院运营相关，为确保入住的需要护理者能够便利地使用服务、恰当地处理、确保其安全、保守其秘密，而由厚生劳动省令所规定的事项。

5. 厚生劳动大臣在准备制定前款所规定的厚生劳动省令所确定的基准（限于与护理医疗院服务的处理相关的部分）时，应事先听取社会保障审议会的意见。

6. 在提出第 113 条第 2 款所规定的废止或中止申报时，作为在提出申报之日的前1日内接受护理医疗院服务的主体，即使在废止或中止日以后，若希望继续提供与护理医疗院服务相当的服务，为继续提供必要的居家服务等服务，护理医疗院的开设者应在其他的护理医疗院开设者、其他关系人之间进行联系、沟通，提供其他便利。

7. 护理医疗院的开设者，应尊重需要护理者的人格，遵守本法及基于本法的命令，为了需要护理者的利益忠实地履行职务。

第112条（宣传限制）

1. 除下列事项外，任何人不得以文件或其他任何方法，宣传与护理医疗院相关的事项。

（1）表示护理医疗院的名称、电话号码、所在场所的事项。

（2）在护理医疗院工作的医生及护士的姓名。

（3）除前2款所列举事项外，由厚生劳动大臣所确定的事项。

（4）需获得都道府县知事许可的其他事项。

2. 厚生劳动大臣，可就前款第3项所列举事项的宣传方法，按照厚生劳动省令的规定，作出必要的规定。

第113条（变更的申报等）

1. 除与第107条第2款所规定许可相关的事项外，护理医疗院开设者的住所、厚生劳动省令所确定的其他事项发生变更，或再次开设已经中止的护理医疗院之时，护理医疗院的开设者应按照厚生劳动省令的规定，在10日以内向都道府县知事进行申报。

2. 护理医疗院的开设者，在准备废止或者中止护理医疗院之时，应按照厚生劳动省令的规定，在废止或者中止日的1个月前，向都道府县知事进行申报。

第114条（都道府县知事等进行的联系及沟通、提供的帮助）

1. 为了护理医疗院的开设者能够顺利地提供第111条第6款所规定的便利而存在必要之时，都道府县知事或市町村村长，可在护理医疗院的开设者、其他护理医疗院的开设者、其他的关系人之间进行联系、沟通，向护理医疗院的开设者及其关系人提供建议或其他帮助。

2. 针对同一个护理医疗院的开设者，2个以上的都道府县知事根据前款的规定进行联系、沟通、提供帮助时，若为了护理医疗院的开设者顺利地提供第111条第6款所规定的便利而存在必要之时，厚生劳动大臣可在都道府县知事之间进行联系、沟通，从超越都道府县区域的更广视角，向护理医疗院的开设者提供建议及其他帮助。

第 114 条之 2（报告等）

1. 都道府县知事或市町村村长认为存在必要之时，可命令护理医疗院的开设者、护理医疗院的管理者、医生及其他从业者（以下简称"护理医疗院的开设者等"）提交或出示报告、诊疗记录、其他账簿文件，要求护理医疗院的开设者等出席，命令职员对护理医疗院的开设者等进行质问，进入护理医疗院、护理医疗院开设者的事务所、与护理医疗院运营存在关系的其他场所，对设备、诊疗记录、账簿文件、其他物件进行检查。

2. 第 24 条第 3 款的规定，准用于前款所规定的质问及检查，该条第 4 款的规定，准用于前款所规定的权限。

3. 根据第 1 款的规定，命令护理医疗院的开设者等提交或出示报告，要求其出席，命令职员对护理医疗院的开设者等进行质问，进入护理医疗院进行检查时，若市町村村长认为存在必要根据下一条、第 114 条之 4 第 1 款、第 114 条之 5 第 3 款、第 114 条之 6 第 1 款的规定，对护理医疗院作出处分，应附上理由，通知都道府县知事。

第 114 条之 3（设备的使用限制等）

若护理医疗院未配备第 111 条第 1 款所规定的疗养室、诊察室、处置室、机能训练室、都道府县条例所规定的设施，不满足该条第 3 款所规定的与护理医疗院设备及运营相关的基准（限于与设备相关的部分），都道府县知事可在指定期限内，限制或禁止护理医疗院的开设者对全部或部分设施的使用，命令其在指定期限内进行修缮或改建。

第 114 条之 4（变更命令）

1. 护理医疗院的管理者被认定不适宜作为护理医疗院的管理者之时，都道府县知事可命令护理医疗院的开设者，在指定期限内变更护理医疗院的管理者。

2. 针对前款所规定的属于都道府县知事权限的事务，在为了确保入住护理医疗院的主体的生命安全、身体安全而存在必要之时，厚生劳动大臣可指示都道府县知事实施该款所规定的事务。

第 114 条之 5（业务运营的劝告、命令等）

1. 护理医疗院在符合下列各项所规定的情形时，都道府县知事可劝告护理医疗院的开设者，在指定期限内采取下列各项所规定的措施。

（1）从事业务的从业者人员数量未达到第 111 条第 2 款中厚生劳动省令或都道府县条例所确定的人员数量时，要求护理医疗院的开设者配备达到厚生劳动省令或都道府县条例所确定人员数量的从业者。

（2）不满足第 111 条第 3 款所规定的与护理医疗院设备及运营相关的基准（限于与运营相关的部分）时，要求其遵循与护理医疗院设备及运营相关的基准。

（3）未以合理方式提供第 111 条第 6 款所规定的便利时，要求其以合理方式提供该条所规定的便利。

2. 在作出前款所规定的劝告时，受到劝告的护理医疗院的开设者，在该款所规定的期限内未采取劝告中的措施时，都道府县知事可将劝告的内容予以公布。

3. 受到第 1 款所规定劝告的护理医疗院的开设者，无正当理由未采取劝告中的措施时，都道府县知事可命令护理医疗院的开设者，在指定期限内采取劝告中的措施，或命令其在指定期限内停止业务。

4. 都道府县知事，在作出前款所规定的命令时，应将命令的内容予以公示。

5. 提供与保险给付相关的护理医疗院服务的护理医疗院，在符合第 1 款各项所规定的情形之一时，市町村应向护理医疗院所在地的都道府县知事作出通知。

第 114 条之 6（许可的撤销等）

1. 在符合下列各项情形之一时，都道府县知事可撤销第 107 条第 1 款所规定的与护理医疗院相关的许可（本条以下简称"许可"），或在指定期限内停止许可的全部或部分效力。

（1）护理医疗院的开设者在获得许可后，无正当理由 6 个月以上未开展业务。

（2）护理医疗院符合第 107 条第 3 款第 4—6 项、第 13 项（符合第 7 项所规定情形的主体除外）、第 14 项（符合第 7 项所规定情形的主体除外）所规定情形之一。

（3）护理医疗院的开设者被认定违反第 111 条第 7 款所规定的义务。

（4）护理医疗院的开设者曾实施犯罪活动或与医疗相关的违法行为。

（5）根据第 28 条第 5 款的规定接受调查委托时，针对调查结果作出虚假报告。

（6）提出与机构护理服务费相关的请求时，曾实施违法行为。

（7）按照第114条之2第1款的规定，护理医疗院的开设者等被命令提交或出示报告、诊疗记录、其他账簿文件，但并未遵守命令，或作出虚假报告。

（8）按照第114条之2第1款的规定，护理医疗院的开设者等被要求出席但并未出席，对于该款所规定的质问并未回答或作出虚假回答，拒绝、妨碍或逃避该款所规定的检查。不过，护理医疗院的开设者、管理者已尽到充分注意及监督义务的除外。

（9）除前面各项所规定情形外，护理医疗院的开设者，违反本法、其他与国民保健医疗或福祉相关的法律、政令、基于这些法律的命令及处分。

（10）除前面各项所作规定外，护理医疗院的开设者曾实施与居家服务等相关的违法或者明显不正当行为。

（11）若护理医疗院的开设者为法人，在准备撤销许可、停止许可的全部或部分效力之时，其管理人员或护理医疗院的管理者在前5年以内曾实施与居家服务等相关的违法或明显不正当行为。

（12）若护理医疗院的开设者为第107条第3款第1项中厚生劳动大臣所规定的非法人主体，在准备撤销许可或者停止许可的全部或部分效力时，其管理者在前5年以内曾实施与居家服务等相关的违法或明显不正当行为。

2. 根据第28条第5款的规定，开展委托调查的护理医疗院、提供与保险给付相关的护理医疗院服务的护理医疗院，在符合前款各项所规定情形之一时，市町村应向护理医疗院所在地的都道府县知事作出通知。

3. 针对第1款所规定的属于都道府县知事权限的事务，为了确保入住护理医疗院的主体的生命安全、身体安全而存在必要之时，厚生劳动大臣可指示都道府县知事实施该款所规定的事务。

第114条之7（公示）

在下列情形下，都道府县知事应当将护理医疗院开设者的名称或姓名、护理医疗院的所在地、厚生劳动省令所规定的其他事项予以公示。

（1）作出第107条第1款所规定的许可。

（2）提出第113条第2款所规定的废止申报。

（3）根据前条第 1 款、第 115 条之 35 第 6 款的规定，撤销第 107 条第 1 款所规定的许可，停止许可的全部或部分效力。

第 114 条之 8（医疗法的准用）

医疗法第 9 条第 2 款的规定，准用于护理医疗院的开设者，该法第 15 条第 1 款及第 3 款的规定，准用于护理医疗院的管理者，该法第 30 条的规定，准用于第 114 条之 3、第 114 条之 4 第 1 款、第 114 条之 5 第 3 款、第 114 条之 6 第 1 款所规定的处分。此时，这些规定中必要的文字变更，由政令进行规定。

第 115 条（与医疗法的关系等）

1. 护理医疗院，并非医疗法中的医院或诊所。不过，在该法以及基于该法命令以外的法令规定（健康保险法、国民健康保险法、法令中政令所作其他规定除外）中，医院或诊所，包含护理医疗院（通过政令对法令中的事项进行规定时，政令所作的规定除外）。

2. 无论医疗法第 3 条第 1 款作何规定，护理医疗院的开设者可以在该护理医疗院的名称中，使用护理医疗院的字样。

第六节　指定护理预防服务事业者

第 115 条之 2（指定护理预防服务事业者的指定）

1. 应按照厚生劳动省令的规定，根据从事护理预防服务事业的主体的申请，按照护理预防服务的种类、从事与护理预防服务种类相关的护理预防服务事业的事业所（本节以下简称"事业所"），作出第 53 条第 1 款主文所规定的指定。

2. 都道府县知事在收到前款所规定的申请时，若符合下列各项［若指定申请涉及医院等开展的护理预防居家疗养管理指导、医院或诊所开展的护理预防访问看护、护理预防访问康复、护理预防日间康复、护理预防短期入所疗养护理，第 6 项之（2）、第 6 项之（3）、第 10 项之（2）、第 12 项除外］情形之一，都道府县知事不得作出第 53 条第 1 款主文所规定的指定。

（1）申请人并非都道府县条例所规定的主体。

（2）与申请相关事业所的从业者知识、技能、人员，不满足第 115 条之 4 第 1 款中都道府县条例所规定的基准、该款中都道府县条例所规定的人员数量。

（3）申请人未按照第 115 条之 4 第 2 款所规定的与能够起到涉及指定护理预防服务的护理预防作用的帮助方法相关的基准、与指定护理预防服务事业设备及运营相关的基准，开展护理预防服务事业运营。

（4）申请人被判处禁锢以上的刑罚，刑罚执行已经终止或不再继续执行刑罚。

（5）根据本法、其他与国民保健医疗或福祉相关法律及政令的规定，申请人被判处罚金刑，刑罚执行已经终止或不再继续执行刑罚。

（5）之（2）按照与劳动相关法律及政令的规定，申请人被判处罚金刑，刑罚执行已经终止或不再继续执行刑罚。

（5）之（3）至提出申请之日的前 1 日，按照规定保险费等缴纳义务的法律，申请人因迟延缴纳保险费等受到滞纳处分，而且，自受到处分之日起，无正当理由在 3 个月以上的期间内，继续迟延缴纳受到处分之日以后已经到期的全部保险费等。

（6）按照第 115 条之 9 第 1 款、第 115 条之 35 第 6 款的规定，对申请人（与护理预防特定机构居住者生活护理相关的指定申请人除外）的指定（与护理预防特定机构居住者生活护理相关的指定除外）予以撤销，申请人为自撤销之日起尚未经过 5 年的主体（指定被撤销的主体为法人时，按照与撤销处分相关的行政程序法第 15 条的规定作出通知，在通知作出之日的前 60 日以内，自撤销之日起尚未满 5 年的法人的管理人员等主体也包括在内，指定被撤销的主体为非法人的事业所之时，在通知作出之日的前 60 日以内，自撤销之日起尚未满 5 年的事业所的管理者等主体也包括在内）。不过，在撤销指定护理预防服务事业者的指定时，为防止指定被撤销的处分事由发生，考虑到指定护理预防服务事业者所采取的业务管理体制完善措施状况、指定护理预防服务事业者所应承担的责任程度，指定的撤销不符合本项主文中所规定的指定的撤销，并满足厚生劳动省令规定情形的除外。

（6）之（2）按照第 115 条之 9 第 1 款、第 115 条之 35 第 6 款的规定，对申请人（限于与护理预防特定机构居住者生活护理相关的指定申请人）的指定（限于与护理预防特定机构居住者生活护理相关的指定）予以撤销，申请人为自撤销之日起尚未经过 5 年的主体（指定被撤销的主体为法人时，按照与撤销处分相关的行政程序法第 15 条的规定作出通知，在通知作出之日的前 60 日以内，自撤销之日起尚未满 5 年的法人的管理人员等主体也包括在内,指定被撤销的主体为非法人的事业所之时,在通知作出之日的前60日以内,自撤销之日起尚未满5年的事业所的管理者等主体也包括在内)。不过,在撤销指定护理预防服务事业者的指定时,为防止指定被撤销的处分事由发生,考虑到指定护理预防服务事业者所采取的业务管理体制完善措施状况、指定护理预防服务事业者所应承担的责任程度,指定的撤销不符合本项主文中所规定的指定的撤销,并满足厚生劳动省令规定情形的除外。

(6)之(3) 按照第115条之9第1款、第115条之35第6款的规定,对与申请人存在密切关系的主体的指定予以撤销,自撤销之日起尚未经过5年。不过,在撤销指定护理预防服务事业者的指定时,为防止指定被撤销的处分事由发生,考虑到指定护理预防服务事业者所采取的业务管理体制完善措施状况、指定护理预防服务事业者所应承担的责任程度,指定的撤销不符合本项主文所规定的指定的撤销,并满足厚生劳动省令规定情形的除外。

(7) 按照第115条之9第1款、第115条之35第6款的规定,作出撤销指定的处分,按照与撤销处分相关的行政程序法第15条的规定作出通知,自通知作出之日起,至作出处分之日或决定不作出处分之日的期间内,申请人根据第115条之5第2款提出事业废止的申报(对事业废止存在充分理由的除外),自提出申报之日起尚未经过5年。

(7)之(2) 按照第115条之7第1款的规定开展检查,自开展检查之日起,至听证决定预定日(基于检查结果,按照第115条之9条第1款的规定,决定是否召开与指定被撤销的处分相关的听证,根据厚生劳动省令的规定,都道府县知事自对申请人开展检查之日起10日以内,就具体听证日期作出通知,此时指的是该特定日期)的期间内,申请人根据第115条之5第2款提出事业废止的申报(对事业废止存在充分理由的除外),自提出申报之日起尚未经过5年。

(8) 在第7项所规定期间内,根据第115条之5第2款提出事业废止的申报,在该项的通知日前60日以内,申请人为与申报相关的法人(对事业废止存在充分理由的法人除外)的管理人员等主体、与申报相关的非法人事业所(对事业废止存在充分理由的事业所除外)的管理者等主体,自提出申报之日起尚未经过5年。

(9) 在指定申请的前5年以内,申请人曾实施与居家服务等相关的违法或明显不正当行为。

（10）申请人（与护理预防特定机构居住者生活护理相关的指定申请人除外）为法人，其管理人员等符合第4—6项、第7项至前项所规定的情形之一。

（10）之（2）申请人（限于与护理预防特定机构居住者生活护理相关的指定申请人）为法人，其管理人员等符合第4项至第5项之（3）、第6项之（2）、第7—9项所规定的情形之一。

（11）申请人（与护理预防特定机构居住者生活护理相关的指定申请人除外）为非法人的事业所，其管理者符合第4—6项、第7—9项所规定的情形之一。

（12）申请人（限于与护理预防特定机构居住者生活护理相关的指定申请人）为非法人的事业所，其管理者符合第4项至第5项之（3）、第6项之（2）、第7—9项所规定的情形之一。

3. 都道府县在制定前款第1项所规定的条例时，应遵照厚生劳动省令所确定的基准。

4. 都道府县知事准备作出第53条第1款主文所规定的指定时，关系市町村村长可按照厚生劳动省令的规定，请求都道府县知事提前向其作出通知。此时，都道府县知事应当回应关系市町村村长的请求。

5. 关系市町村村长在收到前款所规定的通知时，可按照厚生劳动省令的规定，针对第53条第1款主文所规定的指定，为调整第117条第1款所规定的关系市町村的市町村护理保险事业计划，向都道府县知事提出意见。

6. 都道府县知事在考虑前款所规定意见的基础上，作出第53条第1款主文所规定的指定时，为确保事业的顺利运营，可附加必要条件。

第115条之2之2（共生型护理预防服务事业者的特例）

1. 自接受儿童福祉法第21条之5之3第1款所规定指定（限于与按照事业所所提供的护理预防服务种类，由厚生劳动省令所确定种类的残疾儿童日间帮助相关的指定）、残疾人综合帮助法第29条第1款所规定的指定残疾福祉服务事业者指定（限于与按照事业所所提供的护理预防服务种类，由厚生劳动省令所确定种类的残疾福祉服务相关的指定）的主体处，收到前条第1款（包含第115条之11中准用的第70条之2第4款中准用的情形）所规定的与事业所相关的申请时，若符合下列各项所规定的情形之一，对于与护理预防短期入所生活护理相关的事业所、厚生劳动省令所规定的护理预防服务相关的其他事业所，针对前条第 2 款（包含第 115 条之 11 中准用的第 70 条之 2 第 4 款中准用的情形）的适用问题，前条第 2 款第 2 项中的"第 115 条之 4 第 1 款中"变更为"与从事下一条第 1 款第 1 项的指定护理预防服务的从业者相关的"，"该款"变更为"该项"，该款第 3 项中的"第 115 条之 4 第 2 款"变更为"下一条第 1 款第 2 项"。不过，申请人按照厚生劳动省令的规定，提出特别申请之时，则不在此限。

（1）与申请相关的事业所的从业者知识、技能、人员，满足都道府县条例所确定的与从事指定护理预防服务的从业者相关的基准、都道府县条例所确定的人员数量。

（2）申请人按照都道府县条例所规定的与能够起到涉及指定护理预防服务的护理预防作用的帮助方法相关的基准、与指定护理预防服务事业设备及运营相关的基准，开展护理预防服务事业的运营。

2. 都道府县在制定前款各项所规定的条例时，就第 1—3 项所规定的事项，应遵从厚生劳动省令所确定的基准，就第 4 项所规定的事项，应将厚生劳动省令所确定的基准作为标准，就其他事项，应参考厚生劳动省令所确定的基准。

（1）与从事指定护理预防服务的从业者相关的基准、从业者的人员数量。

（2）与指定护理预防服务事业相关的居室的地面面积。

（3）与指定护理预防服务事业运营相关，为确保需要帮助者能够便利地使用服务、恰当地处理、确保其安全、保守其秘密，而由厚生劳动省令所规定的事项。

（4）与指定护理预防服务事业相关的使用人员数量。

3. 厚生劳动大臣在准备制定前款所规定的厚生劳动省令所确定的基准（限于与指定护理预防服务的处理相关的部分）时，应提前听取社会保障审议会的意见。

4. 在第 1 款所规定的场合下，第 1 款所规定的主体在获得与第 1 款中申请相关的第 53 条第 1 款主文所规定的指定时，不适用第 115 条之 4 第 2—4 款的规定，在适用下表中第一列的规定时，应当将这些规定中下表第二列所列举的文字，分别变更为该表第三列的文字。

第 53 条第 6 款	第 115 条之 4 第 2 款	第 115 条之 2 之 2 第 1 款第 2 项
第 115 条之 3 第 1 款	下一条第 2 款	前条第 1 款第 2 项
第 115 条之 4 第 1 款	指定护理预防服务事业者应遵照都道府县条例所确定的基准，配备都道府县条例所规定数量的从事指定护理预防服务的从业者	指定护理预防服务事业者应遵照第 115 条之 2 之 2 第 1 款第 1 项中都道府县条例所确定的与从事指定护理预防服务的从业者相关的基准，配备该项中都道府县条例所规定数量的从事指定护理预防服务的从业者
第 115 条之 8 第 1 款第 2 项	第 115 条之 4 第 1 款中	与从事第 115 条之 2 之 2 第 1 款第 1 项中指定护理预防服务的从业者相关的
	该款	该项
第 115 条之 8 第 1 款第 3 项	第 115 条之 4 第 2 款	第 115 条之 2 之 2 第 1 款第 2 项
第 115 条之 9 第 1 款第 3 项	第 115 条之 4 第 1 款中	与从事第 115 条之 2 之 2 第 1 款第 1 项中指定护理预防服务的从业者相关的
	该款	该项
第 115 条之 9 第 1 款第 4 项	第 115 条之 4 第 2 款	第 115 条之 2 之 2 第 1 款第 2 项

5. 针对儿童福祉法第 21 条之 5 之 3 第 1 款所规定的指定日间帮助事业（限于在与指定相关的事业所中开展的事业），自作为第 1 款所规定的主体，且作为接受第 53 条第 1 款主文所规定的与该款中申请相关指定的主体处，收到根据儿童福祉法第 21 条之 5 之 20 第 4 款的规定提出的事业废止或中止申报时，针对残疾人综合帮助法第 29 条第 1 款所规定的指定残疾福祉服务事业（限于在与指定相关的事业所中所开展的事业），自作为第 1 款所规定的主体，且作为接受第 53 条第 1 款主文所规定的与该款中申请相关指定的主体处，收到根据残疾人综合帮助法第 46 条第 2 款的规定提出的事业废止或中止申报时，就与指定相关的指定护理预防服务事业，视为已经收到第 115 条之 5 第 2 款所规定的事业废止或中止申报。

第 115 条之 3（指定护理预防服务事业基准）

1. 指定护理预防服务事业者，应遵照下一条第 2 款所规定的与能够起到涉及指定护理预防服务的护理预防作用的帮助方法相关的基准、与指定护理预防服务事业设备及运营相关的基准，按照需要护理者的身心状况等，提供适宜的指定护理预防服务，与此同时，还应对所提供指定护理预防服务的品质进行评价，并采取其他措施，基于接受指定护理预防服务的主体的立场，致力于提供相关服务。

2. 准备获得指定护理预防服务的被保险人，应向指定护理预防服务事业者出示被保险人证明，被保险人证明之上记载认定审查会意见后，指定护理预防服务事业者应在考虑认定审查会意见的基础之上，致力于为被保险人提供指定护理预防服务。

第 115 条之 4

1. 针对与指定相关的事业所，指定护理预防服务事业者应遵照都道府县条例所确定的基准，配备都道府县条例所规定数量的从事指定护理预防服务的从业者。

2. 除前款所作规定外，与能够起到涉及指定护理预防服务的护理预防作用的帮助方法相关的基准、与指定护理预防服务事业设备及运营相关的基准，应由都道府县条例进行规定。

3. 都道府县在制定前 2 款所规定的条例时，针对第 1—3 项所列举的事项，应遵照厚生劳动省令所确定的基准，针对第 4 项所列举的事项，应以厚生劳动省令所确定的基准为标准，针对其他事项，应参考厚生劳动省令所确定的基准。

（1）与从事指定护理预防服务的从业者相关的基准、从业者的人员数量。

（2）与指定护理预防服务事业相关的居室、疗养室、病房的地面面积。

（3）与指定护理预防服务事业运营相关，为确保需要帮助者能够便利地使用服务、恰当地处理、确保其安全、保守其秘密，而由厚生劳动省令所规定的事项。

（4）指定护理预防服务事业的使用人员数量。

4. 厚生劳动大臣在准备制定前款所规定的厚生劳动省令所确定的基准（限于与指定护理预防服务的处理相关的部分）时，应提前听取社会保障审议会的意见。

5. 在提出下一条第 2 款所规定的事业废止或中止的申报时，作为在提出申报之日的前 1 月以内接受指定护理预防服务的主体，即使在事业的废止或中止日以后，若希望继续提供与指定护理预防服务相当的服务，为了继续提供必要的居家服务等服务，指定护理预防服务事业者应在指定护理预防帮助事业者、其他的指定护理预防服务事业者、其他关系人之间进行联系、沟通，并提供其他便利。

6. 指定护理预防服务事业者，应尊重需要帮助者的人格，遵守本法及基于本法的命令，为了需要帮助者的利益忠实地履行职务。

第 115 条之 5（变更的申报等）

1. 在与指定相关的事业所的名称、所在地、厚生劳动省令所规定的其他事项发生变更时，再次开展已经中止的指定护理预防服务事业时，指定护理预防服务事业者应按照厚生劳动省令的规定，在 10 日以内向都道府县知事进行申报。

2. 指定护理预防服务事业者，在准备废止或中止指定护理预防服务事业时，应按照厚生劳动省令的规定，在废止或中止日的 1 个月前，向都道府县知事进行申报。

第 115 条之 6（都道府县知事等进行的联系及沟通、提供的帮助）

1. 为了指定护理预防服务事业者能够顺利地提供第 115 条之 4 第 5 款所规定的便利而存在必要之时，都道府县知事或市町村村长，可在指定护理预防服务事业者、指定护理预防帮助事业者、其他的指定护理预防服务事业者、其他的关系人之间进行联系、沟通，向指定护理预防服务事业者及其关系人提供建议及其他帮助。

2. 针对同一个指定护理预防服务事业者，若 2 个以上的都道府县知事根据前款的规定进行联系、沟通、提供帮助，为了指定护理预防服务事业者能够顺利地提供第 115 条之 4 第 5 款所规定的便利而存在必要时，厚生劳动大臣可在都道府县知事之间进行联系、沟通，从超越都道府县区域的更广视角，向指定护理预防服务事业者提供建议及其他帮助。

第 115 条之 7（报告等）

1. 因护理预防服务费的给付而存在必要之时，都道府县知事、市町村村长可命令指定护理预防服务事业者、作为指定护理预防服务事业者的主体、作为与指定相关事业所的从业者的主体（本款以下简称"作为指定护理预防服务事业者的主体等"），提交或出示报告、账簿文件，要求指定护理预防服务事业者、与指定相关的事业所的从业者、作为指定护理预防服务事业者的主体等出席，命令职员对关系人进行质问，进入与指定护理预防服务事业者的指定相关的事业所、事务所、与指定护理预防服务事业相关的其他场所，对设备、账簿文件及其他物件进行检查。

2. 第 24 条第 3 款的规定，准用于前款所规定的质问和检查，该条第

4款的规定准用于前款所规定的权限。

第115条之8（劝告、命令等）

1. 指定护理预防服务事业者在符合下列各项所规定的情形时，都道府县知事可劝告指定护理预防服务事业者，在指定期限内采取下列各项所规定的措施。

（1）根据第115条之2第6款的规定作出指定时，若未遵循指定所附加的条件，劝告其遵守该条件。

（2）与指定相关的事业所的从业者知识、技能、人员，不满足第115条之4第1款中都道府县条例所确定的基准、该款中都道府县条例所确定的人员数量时，劝告其遵循都道府县条例所确定的基准，配备都道府县条例所确定人员数量的从业者。

（3）未遵照第115条之4第2款所规定的与能够起到涉及指定护理预防服务的护理预防作用的帮助方法相关的基准、与指定护理预防服务事业设备及运营相关的基准，开展指定护理预防服务事业的运营时，劝告其遵照与能够起到涉及指定护理预防服务的护理预防作用的帮助方法相关的基准、与指定护理预防服务事业设备及运营相关的基准，开展指定护理预防服务事业的运营。

（4）未以合理方式提供第115条之4第5款所规定的便利时，劝告其以合理方式提供该条所规定的便利。

2. 在根据前款的规定进行劝告的场合下，若受到劝告的指定护理预防服务事业者，在该款所规定的期限内未采取劝告中的措施，都道府县知事可将劝告的内容予以公布。

3. 受到第1款所规定劝告的指定护理预防服务事业者，无正当理由而未采取劝告中的措施时，都道府县知事可命令指定护理预防服务事业者，在指定期限内采取劝告中的措施。

4. 都道府县知事作出前款所规定的命令时，应将命令的内容予以公示。

5. 提供与保险给付相关的指定护理预防服务的指定护理预防服务事业者，在符合第1款各项所规定的情形之一时，市町村应向与指定相关的事业所所在地的都道府县知事作出通知。

第115条之9（指定的撤销等）

1. 在符合下列各项所规定的情形之一时，都道府县知事可撤销第53

条第 1 款主文所规定的与指定护理预防服务事业者相关的指定，或在指定期限内停止指定的全部或部分效力。

（1）指定护理预防服务事业者，符合第 115 条之 2 第 2 款第 4 项至第 5 项之（2）、第 10 项［符合第 5 项之（3）所规定情形的主体除外］、第 10 项之（2）［符合第 5 项之（3）所规定情形的主体除外］、第 11 项［符合第 5 项之（3）所规定情形的主体除外］、第 12 项［符合第 5 项之（3）所规定情形的主体除外］所规定情形之一。

（2）根据第 115 条之 2 第 6 款的规定作出指定时，指定护理预防服务事业者违反指定所附加的条件。

（3）与指定相关的事业所的从业者知识、技能、人员，不满足第 115 条之 4 第 1 款中都道府县条例所确定的基准、该款中都道府县条例所确定的人员数量。

（4）指定护理预防服务事业者，未遵照第 115 条之 4 第 2 款所规定的与能够起到涉及指定护理预防服务的护理预防作用的帮助方法相关的基准、与指定护理预防服务事业设备及运营相关的基准，开展护理预防服务事业的运营。

（5）指定护理预防服务事业者违反第 115 条之 4 第 6 款所规定的义务。

（6）曾实施与护理预防服务费请求相关的违法行为。

（7）按照第 115 条之 7 第 1 款的规定，命令指定护理预防服务事业者提交或出示报告、账簿文件时，指定护理预防服务事业者未遵照命令，或作出虚假报告。

（8）按照第 115 条之 7 第 1 款的规定，指定护理预防服务事业者、与指定相关的事业所的从业者被要求出席但并未出席，对该款所规定的质问不予回答或作出虚假回答，拒绝、妨碍或逃避该款所规定的检查。不过，在与指定相关的事业所的从业者实施此类行为后，为防止此类行为的发生，指定居家服务事业者已经尽到充分注意及监督义务的除外。

（9）指定护理预防服务事业者，通过违法手段获得第 53 条第 1 款主文所规定的指定。

（10）除前面各项所作规定外，指定护理预防服务事业者，违反本法、其他与国民保健医疗或福祉相关的法律及政令的规定、基于这些法律的命令或处分。

（11）除前面各项所作规定外，指定护理预防服务事业者曾实施与居家服务等相关的违法或明显不正当行为。

（12）若指定护理预防服务事业者为法人，在准备撤销指定、停止指定的全部或部分效力时，其管理人员等在前5年以内曾实施与居家服务等相关的违法或明显不正当行为。

（13）若指定护理预防服务事业者为非法人的事业所，在准备撤销指定、停止指定的全部或部分效力时，其管理者在前5年以内曾实施与居家服务等相关的违法或明显不正当行为。

2. 提供与保险给付相关的指定护理预防服务的指定护理预防服务事业者，在符合前款各项所规定的情形之一时，市町村应向与指定相关的事业所所在地的都道府县知事作出通知。

第115条之10（公示）

在下列情形下，都道府县知事应将指定护理预防服务事业者的名称或姓名、与指定相关的事业所所在地、厚生劳动省令所规定的其他事项予以公示。

（1）作出第53条第1款主文所规定的指定。

（2）收到根据第115条之5第2款的规定提出的事业废止的申报。

（3）根据前条第1款、第115条之35第6款的规定，撤销第53条第1款主文所规定的指定，停止指定的全部或部分效力。

第115条之11（准用）

第70条之2、第71条、第72条的规定，准用于第53条第1款主文所规定的指定。此时，第70条之2第4款中的"前条"变更为"第115条之2"。此外，其他文字的必要变更，由政令进行规定。

第七节　指定区域密集型护理预防服务事业者

第115条之12（指定区域密集型护理预防服务事业者的指定）

1. 应根据厚生劳动省令的规定，根据开展区域密集型护理预防服务事业的主体的申请，按照区域密集型护理预防服务的种类、开展与区域密集型护理预防服务种类相关的区域密集型护理预防服务事业的事业所（本节以下简称"事业所"），作出第54条之2第1款主文所规定的指定。针对作出指定的市町村村长所管辖市町村提供的护理保险的被保险人（在作出与特定区域密集型护理预防服务相关的指定时，包含入住位于市町村区域内的住所地特殊对象机构的住所地特殊适用需要居家帮助的被保险人），就区域密集型护理预防服务费、特殊区域密集型护理预防服务费的给付，仍然具有效力。

2. 市町村村长在收到前款所规定的申请时，若符合下列各项所规定的情形之一，不得作出第54条之2第1款主文所规定的指定。

（1）申请人并非市町村条例所规定的主体。

（2）与申请相关的事业所的从业者知识、技能、人员，不满足第115条之14第1款中市町村条例所确定的基准、该款中市町村条例所确定的人员数量、该条第5款所规定的与从事指定区域密集型护理预防服务的从业者相关的基准。

（3）申请人未按照第115条之14第2款、第5款所规定的与能够起到涉及指定区域密集型护理预防服务的护理预防作用的帮助方法相关的基准，与指定区域密集型护理预防服务事业设备及运营相关的基准，开展区域密集型护理预防服务事业的运营。

（4）与申请相关的事业所位于市町村区域外，未得到所在地市町村村长的同意。

（4）之（2）申请人被判处禁锢以上的刑罚，刑罚执行已经终止或不再继续执行刑罚。

（5）按照本法、其他与国民保健医疗或福祉相关的法律及政令的规定，申请人被判处罚金刑，刑罚执行已经终止或不再继续执行刑罚。

（5）之（2）按照与劳动相关法律及政令的规定，申请人被判处罚金刑，刑罚执行已经终止或不再继续执行刑罚。

（5）之（3）至提出申请之日的前1日，根据规定保险费等缴纳义务的法律，申请人因迟延缴纳保险费等受到滞纳处分，自受到处分之日起，申请人无正当理由在3个月以上的期间内，继续迟延缴纳受到处分之日以后已经到期的全部保险费等。

（6）根据第115条之19（第2—5项的规定除外）的规定，对申请人（与护理预防认知症回应型共同生活护理相关的指定申请人除外）的指定予以撤销，申请人为自撤销之日起尚未经过5年的主体（指定被撤销的主体为法人时，按照与撤销处分相关的行政程序法第15条的规定作出通知，在通知作出之日的前60以日内，自撤销之日起尚未满5年的法人的管理人员等主体也包括在内，指定被撤销的主体为非法人的事业所之时，在通知作出之日的前 60 日以内，自撤销之日起尚未满 5 年的事业所的管理者等主体也包括在内）。不过，在撤销指定区域密集型护理预防服务事业者的指定时，为防止指定被撤销的处分事由发生，考虑到指定区域密集型护理预防服务事业者所采取的业务管理体制完善措施状况、指定区域密集型护理预防服务事业者所应承担的责任程度，指定的撤销不符合本项主文中所规定的指定的撤销，并满足厚生劳动省令规定情形的除外。

（6）之（2）根据第 115 条之 19（第 2—5 项的规定除外）的规定，对申请人（限于与护理预防认知症回应型共同生活护理相关的指定申请人）的指定（限于与护理预防认知症回应型共同生活护理相关的指定）予以撤销，申请人为自撤销之日起尚未经过 5 年的主体（指定被撤销的主体为法人时，按照与撤销处分相关的行政程序法第 15 条的规定作出通知，在通知作出之日的前 60 日以内，自该撤销之日起尚未经过 5 年的法人的管理人员等主体也包括在内，指定被撤销的主体为非法人的事业所之时，在通知作出之日的前 60 日以内，自撤销之日起尚未经过 5 年的该事业所的管理者等主体也包括在内）。不过，在撤销指定区域密集型护理预防服务事业者的指定时，为防止指定被撤销的处分事由发生，考虑到指定区域密集型护理预防服务事业者所采取的业务管理体制完善措施状况、指定区域密集型护理预防服务事业者所应承担的责任程度，指定的撤销不符合本项主文中所规定的指定的撤销，并满足厚生劳动省令规定情形的除外。

（6）之（3）根据第 115 条之 19（第 2—5 项的规定除外）的规定，对与申请人存在密切关系的主体的指定予以撤销，自撤销之日起尚未经过 5 年。不过，在撤销指定区域密集型服务事业者的指定时，为防止指定被撤销的处分事由的发生，考虑到指定区域密集型护理预防服务事业者所采取的业务管理体制完善措施状况、指定区域密集型护理预防服务事业者所应承担的责任程度，指定的撤销不符合本项主文中所规定的指定的撤销，并满足厚生劳动省令规定情形的除外。

（7）根据第 115 条之 19（第 2—5 项的规定除外）的规定，作出撤销指定的处分，根据与撤销处分相关的行政程序法第 15 条的规定作出通知，自通知作出之日起至作出处分之日或决定不作出处分之日的期间内，申请人根据第 115 条之 15 第 2 款的规定提出事业废止的申报（对事业废止存在充分理由的除外），自提出申报之日起尚未经过 5 年。

（7）之（2）在前项所规定的期间内，根据第 115 条之 15 第 2 款的规定提出事业废止的申报时，在该项所规定的通知之日前 60 日以内，申请人为与申报相关的法人（对事业废止存在充分理由的除外）的管理人员等主体、与申报相关的非法人事业所的管理者等主体（对事业废止存在充分理由的除外），自提出申报之日起尚未经过 5 年。

（8）在指定申请前 5 年以内，申请人曾实施与居家服务等相关的违法或明显不正当行为。

（9）申请人（与护理预防认知症回型共同生活护理相关的指定申请人除外）为法人，其管理人员等符合第 4 项之（2）至第 6 项、前 3 项所规定的情形之一。

（10）申请人（限于与护理预防认知症回应型共同生活护理相关的指定申请人）为法人，其管理人员等符合第 4 项之（2）至第 5 项之（3）、第 6 项之（2）、第 7—8 项所规定的情形之一。

（11）申请人（与护理预防认知症回应型共同生活护理相关的指定申请人除外）为非法人的事业所，其管理者符合第 4 项之（2）至第 6 项、第 7—8 项所规定的情形之一。

（12）申请人（限于与护理预防认知症回应型共同生活护理相关的指定申请人）为非法人的事业所，其管理者符合第 4 项之（2）至第 5 项之（3）、第 6 项之（2）、第 7—8 项所规定的情形之一。

3. 市町村在制定前款第 1 项所规定的条例时，应遵照厚生劳动省令所确定的基准。

4. 市町村村长在收到第 1 款所规定的申请时，若符合下列各项所规定的情形之一，可不作出第 54 条之 2 第 1 款主文所规定的指定。

（1）按照第 115 条之 19 第 2—5 项的规定，对申请人（与护理预防认知症回应型共同生活护理相关的指定申请人除外）的指定（与护理预防认知症回应型共同生活护理相关的指定除外）予以撤销，申请人为自撤销之日起尚未经过 5 年的主体（指定被撤销的主体为法人时，按照与撤销处分相关的行政程序法第 15 条的规定作出通知，在通知作出之日的前 60 日以内，自撤销之日起尚未经过 5 年的法人的管理人员等主体也包括在内，指定被撤销的主体为非法人的事业所之时，在通知作出之日的前 60 日以内，自撤销之日起尚未经过 5 年的事业所的管理者等主体也包括在内）。

(1) 之 (2) 根据第 115 条之 19 第 2—5 项的规定，对申请人（限于与护理预防认知症回应型共同生活护理相关的指定申请人）的指定（限于与护理预防认知症回应型共同生活护理相关的指定）予以撤销，申请人为自撤销之日起尚未经过 5 年的主体（指定被撤销的主体为法人时，按照与撤销处分相关的行政程序法第 15 条的规定作出通知，在通知作出之日的前 60 日以内，自撤销之日起尚未经过 5 年的法人的管理人员等主体也包括在内，指定被撤销的主体为非法人的事业所之时，在通知作出之日的前 60 日以内，自撤销之日起尚未经过 5 年的事业所的管理者等主体也包括在内）。

(1) 之 (3) 根据第 115 条之 19 第 2—5 项的规定，对与申请人存在密切关系的主体的指定予以撤销，自撤销之日起尚未经过 5 年。

(2) 根据第 115 条之 19 第 2—5 项的规定，作出撤销指定的处分，按照与撤销处分相关的行政程序法第 15 条的规定作出通知，自作出通知之日起至作出处分之日或决定不作出处分之日的期间内，申请人按照第 115 条之 15 第 2 款的规定提出事业废止的申报（对事业废止存在充分理由的除外），自提出申报之日起尚未经过 5 年。

(2) 之 (2) 根据第 115 条之 17 第 1 款的规定开展检查，自开展检查之日起至听证决定预定日（基于检查结果，按照第 115 条之 19 的规定，决定是否召开与指定被撤销的处分相关的听证，根据厚生劳动省令的规定，市町村村长自对申请人开展检查之日起 10 日以内，就具体听证日期作出通知，此时指的是该特定日期）的期间内，申请人根据第 115 条之 15 第 2 款的规定提出事业废止的申报（对事业废止存在充分理由的除外），自提出申报之日起尚未经过 5 年。

(2) 之 (3) 在第 2 项所规定的期间内，根据第 115 条之 15 第 2 款的规定提出事业废止的申报时，在该项中的通知之日前 60 日以内，申请人为与申报相关的法人（对事业废止存在充分理由的除外）的管理人员等主体、与申报相关的非法人事业所（对事业废止存在充分理由的除外）的管理者等主体，自提出申报之日起尚未经过 5 年。

(3) 申请人（与护理预防认知症回应型共同生活护理相关的指定申请人除外）为法人，其管理人员等符合第 1 项或前 3 项所规定的情形之一。

(4) 申请人（限于与护理预防认知症回应型共同生活护理相关的指

定申请人）为法人，其管理人员等符合第 1 项之（2）、第 2 项至第 2 项之（3）所规定的情形之一。

（5）申请人（与护理预防认知症回应型共同生活护理相关的指定申请人除外）为非法人的事业所，其管理者符合第 1 项、第 2 项至第 2 项之（3）所规定的情形之一。

（6）申请人（限于与护理预防认知症回应型共同生活护理相关的指定申请人）为非法人的事业所，其管理者符合第 1 项之（2）、第 2 项至第 2 项之（3）所规定的情形之一。

5. 市町村村长在准备作出第 54 条之 2 第 1 款主文所规定的指定时，为提前反映市町村所提供护理保险的被保险人、其他关系人的意见，应努力采取必要措施。

6. 市町村村长在作出第 54 条之 2 第 1 款主文所规定的指定时，为了确保事业能够顺利运营，可附加必要条件。

7. 第 78 条之 2 第 9—11 款的规定，准用于第 54 条之 2 第 1 款主文所规定的指定。此时，这些规定中文字的必要变更，应由政令进行规定。

第 115 条之 12 之 2（共生型区域密集型护理预防服务事业者的特例）

1. 与厚生劳动省令所确定的区域密集型护理预防服务相关的事业所，自接受儿童福祉法第 21 条之 5 之 3 第 1 款中的指定（限于对应于事业所所提供的区域密集型护理预防服务的种类，与厚生劳动省令所确定种类的残疾儿童日间帮助相关的指定）、残疾人综合帮助法第 29 条第 1 款中指定残疾福祉服务事业者的指定（限于对应于事业所所提供的区域密集型护理预防服务的种类，与厚生劳动省令所确定种类的残疾福祉服务相关的指定）的主体处，收到与事业所相关的前条第 1 款（包含第 115 条之 21 中准用的第 70 条之 2 第 4 款中准用的情形）的申请时，若符合下列各项所规定情形之一，针对前条第 2 款（包含第 115 条之 21 中准用的第 70 条之 2 第 4 款中准用的情形。本款以下亦同）的适用，前条第 2 款第 2 项中的"第 115 条之 14 第 1 款中"变更为"下一条第 1 款第 1 项所规定的与从事指定区域密集型护理预防服务的从业者相关的"，"该款"变更为"该项"，"人员数量、该条第 5 款所规定的与从事指定区域密集型护理预防服务的从业者相关的基准"变更为"人员数量"，该款第 3 项中的"第 115 条之 14 第 2 款、第 5 款"变更为"下一条第 1 款第 2 项"。不过，申请人按照厚生劳动省令的规定提出特别申请时，不在此限。

(1) 与申请相关的事业所的从业者知识、技能、人员，满足市町村条例所确定的与从事指定区域密集型护理预防服务的从业者相关的基准、市町村条例所确定的人员数量。

(2) 申请人按照市町村条例所确定的、与能够起到涉及指定区域密集型护理预防服务的护理预防作用的帮助方法相关的基准，与指定区域密集型护理预防服务事业设备及运营相关的基准，开展区域密集型护理预防服务事业的运营。

2. 市町村在制定前款各项所规定的条例时，对于第1—4项所列举的事项，应当遵照厚生劳动省令所规定的基准，针对第5项所列举的事项，应当将厚生劳动省令所确定的基准作为标准，针对其他事项，应当参考厚生劳动省令所确定的基准。

(1) 与从事指定区域密集型护理预防服务的从业者相关的基准、该从业者的人员数量。

(2) 与指定区域密集型护理预防服务事业相关的居室地面面积。

(3) 与护理预防小规模多机能型居家护理、护理预防认知症回应型日间护理事业相关的使用人员数量。

(4) 与指定区域密集型护理预防服务事业运营相关，为确保需要帮助者能够便利地使用服务、恰当地处理、确保其安全、保守其秘密，而由厚生劳动省令所规定的事项。

(5) 与指定区域密集型护理预防服务事业（第3项所规定的事业除外）相关的使用人员数量。

3. 厚生劳动大臣在准备制定前款所规定的厚生劳动省令所确定的基准（限于与指定区域密集型护理预防服务的处理相关的部分）时，应事先听取社会保障审议会的意见。

4. 在第1款所规定的场合下，该款所规定的主体在获得与该款申请相关的第54条之2第1款主文所规定的指定时，第115条之14第2—6款的规定不得适用，在适用下表第一列的规定时，下表第二列中的文字，分别变更为下表第三列的文字。

第54条之2第8款	第115条之14第2款、第5款	第115条之12之2第1款第2项
第115条之13第1款	下一条第2款、第5款	前条第1款第2项

续表

第 115 条之 14 第 1 款	按照市町村条例所确定的基准、市町村条例所确定的人员数量	按照第 115 条之 12 之 2 第 1 款第 1 项中市町村条例所确定的与从事指定区域密集型护理预防服务的从业者相关的基准、该项中市町村条例所确定的人员数量
第 115 条之 18 第 1 款第 2 项	第 115 条之 14 第 1 款中	与从事第 115 条之 12 之 2 第 1 款第 1 项中指定区域密集型护理预防服务的从业者相关的
	该款	该项
	人员数量、与该条第 5 款所规定的从事指定区域密集型护理预防服务的从业者相关的基准	人员数量
	人员数量、与从事指定区域密集型护理预防服务的从业者相关的基准	人员数量
第 115 条之 18 第 1 款第 3 项	第 115 条之 14 第 2 款或第 5 款	第 115 条之 12 之 2 第 1 款第 2 项
第 115 条之 19 第 4 项	第 115 条之 14 第 1 款中	与从事第 115 条之 12 之 2 第 1 款第 1 项中指定区域密集型护理预防服务的从业者相关的
	该款	该项
	人员数量、与该条第 5 款所规定的从事指定区域密集型护理预防服务的从业者相关的基准	人员数量
第 115 条之 19 第 5 项	第 115 条之 14 第 2 款、第 5 款	第 115 条之 12 之 2 第 1 款第 2 项

5. 第 1 款所规定的主体，在接受与该款申请相关的第 54 条之 2 第 1 款主文所规定的指定时，若准备废止或中止儿童福祉法第 21 条之 5 之 3 第 1 款所规定的指定日间帮助事业（限于在与指定相关的事业所中开展的事业）、残疾人综合帮助法第 29 条第 1 款所规定的指定残疾福祉服务事业，应当按照厚生劳动省令的规定，在废止或中止日的 1 个月前，向作出指定的市町村村长进行申报。此时，当提出申报后，针对与指定相关的指定区域密集型护理预防服务事业，视为已根据第 115 条之 15 第 2 款的规定，提出事业废止或中止的申报。

第 115 条之 13（指定区域密集型护理预防服务事业基准）

1. 指定区域密集型护理预防服务事业者，应遵照下一条第 2 款、第 5 款所规定的与能够起到涉及指定区域密集型护理预防服务的护理预防作用的帮助方法相关的基准，与指定区域密集型护理预防服务事业设备及运营相关的基准，按照需要帮助者的身心状况等，提供适宜的指定区域密集型护理预防服务，与此同时，还应对所提供的指定区域密集型护理预防服务的品质进行评价，并采取其他措施，基于接受指定区域密集型护理预防服务的主体的立场，致力于提供相关服务。

2. 准备获得指定区域密集型护理预防服务的被保险人，应向指定区域密集型护理预防服务事业者出示被保险人证明，被保险人证明之上记载认定审查会意见后，指定区域密集型护理预防服务事业者应考虑到认定审查会的意见，致力于为被保险人提供指定区域密集型护理预防服务。

第 115 条之 14

1. 指定区域密集型护理预防服务事业者，应以与指定相关的事业所为单位，按照市町村条例所确定的基准、市町村条例所确定的人员数量，配备从事指定区域密集型护理预防服务的从业者。

2. 除前款所作规定外，与能够起到涉及指定区域密集型护理预防服务的护理预防作用的帮助方法相关的基准，与指定区域密集型护理预防服务事业设备及运营相关的基准，由市町村条例进行规定。

3. 市町村在制定前 2 款所规定的条例时，针对第 1—4 项所列举的事项，应当遵照厚生劳动省令所确定的基准，针对第 5 项所列举的事项，应当将厚生劳动省令所确定的基准作为标准，针对其他事项，应参考厚生劳动省令所确定的基准。

（1）与从事指定区域密集型护理预防服务的从业者相关的基准、从业者的人员数量。

（2）与指定区域密集型护理预防服务事业相关的居室的地面面积。

（3）与护理预防小规模多机能型居家护理、护理预防认知症回应型日间护理事业相关的使用人员数量。

（4）与指定区域密集型护理预防服务事业运营相关，为确保需要帮助者能够便利地使用服务、恰当地处理、确保其安全、保守其秘密，而由厚生劳动省令所规定的事项。

（5）与指定区域密集型护理预防服务事业（第 3 项所规定的事业除外）相关的使用人员数量。

4. 厚生劳动大臣在准备制定前款所规定的厚生劳动省令所确定的基准（限于与指定区域密集型护理预防服务的处理相关的部分）时，应提前听取社会保障审议会的意见。

5. 无论第 3 款作何规定，针对该款第 1—4 项所列举事项，市町村可在厚生劳动省令所确定的范围内，制定与在市町村中从事指定区域密集型护理预防服务的从业者相关的基准，与能够起到涉及指定区域密集型护理预防服务的护理预防作用的帮助方法相关的基准，与指定区域密集型护理预防服务事业设备及运营相关的基准。

6. 市町村在准备制定前款中与在市町村中从事指定区域密集型护理预防服务的从业者相关的基准，与能够起到涉及指定区域密集型护理预防服务的护理预防作用的帮助方法相关的基准，与指定区域密集型护理预防服务事业设备及运营相关的基准时，为了提前反映市町村所提供护理保险的被保险人、其他关系人的意见，使得具有专业知识的主体发挥其才能，应采取必要措施。

7. 指定区域密集型护理预防服务事业者，在提出下一条第 2 款所规定的事业废止或中止申报时，作为在提出申报之日的前 1 月以内接受指定区域密集型护理预防服务的主体，即使在事业的废止或中止日以后，若希望继续提供与指定区域密集型护理预防服务相当的服务，为继续提供必要的居家服务等服务，指定区域密集型护理预防服务事业者应在指定护理预防帮助事业者、其他的指定区域密集型护理预防服务事业者、其他关系人之间进行联系、沟通，并提供其他便利。

8. 指定区域密集型护理预防服务事业者，应尊重需要帮助者的人格，遵守本法及基于本法的命令，为了需要帮助者的利益忠实履行职务。

第 115 条之 15（变更的申报等）

1. 与指定相关的事业所的名称、所在地、厚生劳动省令所规定的其他事项发生变更时，再次开展已经中止的指定区域密集型护理预防服务事业时，指定区域密集型护理预防服务事业者应按照厚生劳动省令的规定，在 10 日以内向市町村村长进行申报。

2. 指定区域密集型护理预防服务事业者，在准备废止或中止指定区域密集型护理预防服务事业时，应当按照厚生劳动省令的规定，在废止或中止之日的 1 个月前，向市町村村长进行申报。

第 115 条之 16（市町村村长等进行的联系及沟通、提供的帮助）

1. 为了指定区域密集型护理预防服务事业者能够顺利地提供第 115 条之 14 第 7 款所规定的便利而存在必要之时，市町村村长可在指定区域密集型护理预防服务事业者、指定护理预防帮助事业者、其他的指定区域密集型护理预防服务事业者、其他的关系人之间进行联系、沟通，向指定区域密集型护理预防服务事业者及其关系人提供建议及其他帮助。

2. 针对同一个指定区域密集型护理预防服务事业者，2个以上的市町村村长根据前款的规定进行联系、沟通、提供帮助时，为了指定区域密集型护理预防服务事业者能够顺利地提供第115条之14第7款所规定的便利而存在必要之时，都道府县知事可在市町村村长之间进行联系、沟通，从超越市町村区域的更广视角，向指定区域密集型护理预防服务事业者提供建议及其他帮助。

3. 针对同一个指定区域密集型护理预防服务事业者，2个以上的都道府县知事根据前款的规定进行联系、沟通、提供帮助时，为了指定区域密集型护理预防服务事业者能够顺利地提供第115条之14第7款所规定的便利而存在必要之时，厚生劳动大臣可在都道府县知事之间进行联系、沟通，从超越都道府县区域的更广视角，向指定区域密集型护理预防服务事业者提供建议及其他帮助。

第115条之17（报告等）

1. 因区域密集型护理预防服务费的给付而存在必要之时，市町村村长可命令指定区域密集型护理预防服务事业者、作为指定区域密集型护理预防服务事业者的主体、作为与指定相关事业所的从业者的主体（本款以下简称"作为指定区域密集型护理预防服务事业者的主体等"），提交或出示报告、账簿文件，要求指定区域密集型护理预防服务事业者、与指定相关的事业所的从业者、作为指定区域密集型护理预防服务事业者的主体等出席，命令职员对关系人进行质问，进入与指定区域密集型护理预防服务事业者的指定相关的事业所、事务所、与指定区域密集型护理预防服务事业相关的其他场所，对设备、账簿文件及其他物件展开检查。

2. 第24条第3款的规定，准用于前款所规定的质问和检查，该条第4款的规定准用于前款所规定的权限。

第115条之18（劝告、命令等）

1. 指定区域密集型护理预防服务事业者在符合下列各项所规定的情形时，市町村村长可劝告指定区域密集型护理预防服务事业者，在指定期限内采取各项所规定的措施。

（1）按照第115条之12第6款的规定作出指定时，未遵守所附加的条件，劝告其遵守该条件。

（2）与指定相关的事业所的从业者知识、技能、人员，不满足第115条之14第1款中市町村条例所确定的基准、该款中市町村条例所确定的人员数量、该条第5款所规定的与从事指定区域密集型护理预防服务的从业者相关的基准时，劝告其采取相应措施，以满足市町村条例所确定的基准、市町村条例所确定的人员数量、与从事指定区域密集型护理预防服务的从业者相关的基准。

（3）未遵照第115条之14第2款或第5款所规定的与能够起到涉及指定区域密集型护理预防服务的护理预防作用的帮助方法相关的基准，与指定区域密集型护理预防服务事业设备及运营相关的基准，以开展指定区域密集型护理预防服务事业的运营时，劝告其遵照与能够起到涉及指定区域密集型护理预防服务的护理预防作用的帮助方法相关的基准，与指定区域密集型护理预防服务事业设备及运营相关的基准，以开展指定区域密集型护理预防服务事业的运营。

（4）未以合理方式提供第115条之14第7款所规定的便利时，劝告其以合理方式提供该款所规定的便利。

2. 市町村村长在作出前款所规定的劝告时，受到劝告的指定区域密集型护理预防服务事业者，在该款所规定期限内未能采取劝告中的措施时，可将劝告内容予以公布。

3. 受到第1款所规定劝告的指定区域密集型护理预防服务事业者，无正当理由而未采取劝告中的措施时，市町村村长可要求指定区域密集型护理预防服务事业者在指定期限内采取劝告中的措施。

4. 市町村村长在作出前款所规定的命令时，应将命令内容予以公示。

第115条之19（指定的撤销等）

在符合下列各项所规定的情形之一时，市町村村长可撤销第54条之2第1款主文所规定的与指定区域密集型护理预防服务事业者相关的指定，或在指定期间内停止指定的全部或部分效力。

（1）指定区域密集型护理预防服务事业者，符合第115条之12第2款第4项之（2）至第5项之（2）、第9项［符合第5项之（3）所规定情形的主体除外］、第10项［符合第5项之（3）所规定情形的主体除外］、第11项［符合第5项之（3）所规定情形的主体除外］、第12项［符合第5项之（3）所规定情形的主体除外］所规定的情形之一。

（2）指定区域密集型护理预防服务事业者，符合第115条之12第4

款第 3—6 项所规定的情形之一。

（3）根据第 115 条之 12 第 6 款的规定作出指定时，指定区域密集型护理预防服务事业者违反所附加的条件。

（4）指定区域密集型护理预防服务事业者与指定相关的事业所的从业者知识、技能、人员，不满足第 115 条之 14 第 1 款中市町村条例所确定的基准、该款中市町村条例所确定的人员数量、该条第 5 款所规定的与从事指定区域密集型护理预防服务的从业者相关的基准。

（5）指定区域密集型护理预防服务事业者，未按照第 115 条之 14 第 2 款、第 5 款所规定的与能够起到涉及指定区域密集型护理预防服务的护理预防作用的帮助方法相关的基准，与指定区域密集型护理预防服务事业设备及运营相关的基准，开展指定区域密集型护理预防服务事业的运营。

（6）指定区域密集型护理预防服务事业者，违反第 115 条之 14 第 8 款所规定的义务。

（7）在提出区域密集型护理预防服务费的请求时，曾实施违法行为。

（8）按照第 115 条之 17 第 1 款的规定，命令指定区域密集型护理预防服务事业者提交或出示报告、账簿文件，但其并未遵循命令，或作出虚假报告。

（9）按照第 115 条之 17 第 1 款的规定，指定区域密集型护理预防服务事业者、与指定相关的事业所的从业者被要求出席，但并未出席，对该款所规定的质问不予回答或作出虚假回答，拒绝、妨碍或逃避该款所规定的检查。不过，在与指定相关的事业所的从业者实施此类行为后，为防止此类行为的发生，指定区域密集型护理预防服务事业者已经尽到充分注意及监督义务的除外。

（10）指定区域密集型护理预防服务事业者，曾通过违法手段获得第 54 条之 2 第 1 款主文所规定的指定。

（11）除前面各项所作规定外，指定区域密集型护理预防服务事业者，违反本法、其他与国民保健医疗或福祉相关的法律、政令的规定、基于这些法律的命令及处分。

（12）除前面各项所作规定外，指定区域密集型护理预防服务事业者，曾实施与居家服务等相关的违法或明显不正当行为。

（13）若指定区域密集型护理预防服务事业者为法人，在准备撤销指定、停止指定的全部或部分效力时，其管理人员等在前 5 年以内曾实施与居家服务等相关的违法或明显不正当行为。

（14）若指定区域密集型护理预防服务事业者为非法人的事业所，在准备撤销指定、停止指定的全部或部分效力时，其管理者在前5年以内曾实施与居家服务等相关的违法或明显不正当行为。

第 115 条之 20（公示）

在下列场合下，市町村村长应毫不迟延地将指定区域密集型护理预防服务事业者的名称、与指定相关的事业所的所在地、厚生劳动省令所规定的其他事项，向都道府县知事进行申报，与此同时，还应将这些信息予以公示。

（1）作出第54条之2第1款主文所规定的指定。

（2）根据第115条之15第2款的规定提出事业废止的申报。

（3）根据前条的规定撤销第54条之2第1款主文所规定的指定，或停止指定的全部或部分效力。

第 115 条之 21（准用）

第70条之2的规定，准用于第54条之2第1款主文所规定的指定。此时，第70条之2第4款中的"前条"变更为"第115条之12"，此外，其他文字的必要变更，由政令进行规定。

第八节　指定护理预防帮助事业者

第 115 条之 22（指定护理预防帮助事业者的指定）

1. 按照厚生劳动省令的规定，根据第115条之46第1款所规定的区域综合帮助中心设置者的申请，按照开展护理预防帮助事业的事业所（本节以下简称"事业所"），针对作出指定的市町村村长所管辖市町村提供护理保险的被保险人（市町村所提供护理保险的住所地特殊适用需要居家帮助的被保险人除外，包含入住位于市町村区域内的住所地特殊对象机构的住所地特殊适用需要居家帮助的被保险人），所提出的护理预防服务计划费、特殊护理预防服务计划费的给付，第58条第1款中的指定仍然具有效力。

2. 市町村村长在收到前款所规定的申请时，若符合下列各项所规定情形之一，则不得作出第58条第1款中的指定。

（1）申请人并非市町村条例所规定的主体。

（2）与申请相关的事业所的从业者知识、技能及人员，不满足第115

条之24第1款所规定的市町村条例所确定的基准、该款所规定的市町村条例所确定的人员数量。

（3）申请人未按照第115条之24第2款中与能够起到涉及指定护理预防帮助的护理预防作用的帮助方法相关的基准，与指定护理预防帮助事业运营相关的基准，开展护理预防帮助事业的运营。

（3）之（2）申请人被判处禁锢以上的刑罚，刑罚执行已经终止或不再继续执行刑罚。

（4）按照本法、其他与国民保健医疗或福祉相关的法律及政令的规定，申请人被判处罚金刑，刑罚执行已经终止或不再继续执行刑罚。

（4）之（2）按照与劳动相关法律及政令的规定，申请人被判处罚金刑，刑罚执行已经终止或不再继续执行刑罚。

（4）之（3）在提出申请之日的前1日，按照规定保险费等缴纳义务的法律，申请人因迟延缴纳保险费等受到滞纳处分，自受到处分之日起，无正当理由在3个月以上的期间内，继续迟延缴纳受到处分之日以后已经到期的全部保险费。

（5）按照第115条之29的规定，对申请人的指定予以撤销，申请人为自撤销之日起尚未经过5年的主体（指定被撤销的主体为法人时，按照与撤销处分相关的行政程序法第15条的规定作出通知，在通知作出之日的前60日以内，自撤销之日起尚未经过5年的法人的管理人员等主体也包括在内，指定被撤销的主体为非法人的事业所之时，在通知作出之日的前60日以内，自撤销之日起尚未经过5年的事业所的管理者等主体也包括在内）。不过，在撤销指定护理预防帮助事业者的指定时，为防止指定被撤销的处分事由发生，考虑到指定护理预防帮助事业者所采取的业务管理体制完善措施状况、指定护理预防帮助事业者所应承担的责任程度，指定的撤销不符合本项主文中所规定的指定的撤销，并满足厚生劳动省令规定情形的除外。

（5）之（2）按照第115条之29的规定，对与申请人存在密切关系的主体的指定予以撤销，自撤销之日起尚未经过5年。不过，在撤销指定护理预防帮助事业者的指定时，为防止指定被撤销的处分事由发生，考虑到指定护理预防帮助事业者所采取的业务管理体制完善措施状况、指定护理预防帮助事业者所应承担的责任程度，指定的撤销不符合本项主文中所规定的指定的撤销，并满足厚生劳动省令规定情形的除外。

(6) 按照第 115 条之 29 的规定，作出撤销指定的处分，根据与撤销处分相关的行政程序法第 15 条的规定作出通知，自作出通知之日起至作出处分之日或决定不作出处分之日的期间内，申请人按照第 115 条之 25 第 2 款的规定提出事业废止的申报（对事业废止存在充分理由的除外），自提出申报之日起尚未经过 5 年。

(6) 之 (2) 根据第 115 条之 27 第 1 款的规定开展检查，自开展检查之日至听证决定预定日（基于检查结果，按照第 115 条之 29 的规定，决定是否召开与指定被撤销的处分相关的听证，根据厚生劳动省令的规定，市町村村长自对申请人开展检查之日起 10 日以内，就具体听证日期作出通知，此时指的是该特定日期）的期间内，申请人（对事业废止存在充分理由的除外）根据第 115 条之 25 第 2 款的规定提出事业废止申报，自提出申报之日起尚未经过 5 年。

(6) 之 (3) 在第 6 项所规定期间内，根据第 115 条之 25 第 2 款的规定提出事业废止的申报时，在该项所规定的通知日前 60 日以内，申请人为与申报相关的法人（对事业废止存在充分理由的除外）的管理人员等主体、与申报相关的非法人事业所（对事业废止存在充分理由的除外）的管理者等主体，自提出申报之日起尚未经过 5 年。

(7) 在指定申请的前 5 年以内，申请人曾实施与居家服务等相关的违法或明显不正当行为。

(8) 申请人为法人时，其管理人员等符合第 3 项之 (2) 至第 5 项、第 6 项至前项所规定的情形之一。

(9) 申请人为非法人的事业所时，其管理者符合第 3 项之 (2) 至第 5 项、第 6—7 项所规定的情形之一。

3. 市町村在制定前款第 1 项所规定的条例时，应遵照厚生劳动省令所确定的基准。

4. 市町村村长在准备作出第 58 条第 1 款所规定的指定时，为了提前反映市町村所提供护理保险的被保险人及其他关系人的意见，应采取必要措施。

第 115 条之 23（指定护理预防帮助事业基准）

1. 指定护理预防帮助事业者，应当遵照下一条第 2 款所规定的与能够起到涉及指定护理预防帮助的护理预防作用的帮助方法相关的基准，与指定护理预防帮助事业运营相关的基准，根据需要帮助者的身心状况等，提供适宜的指定护理预防帮助，与此同时，还应对所提供的指定护理预防帮助的品质进行评价，并采取其他措施，基于接受指定护理预防帮助的主体的立场，致力于提供相关服务。

2. 准备获得指定护理预防帮助的被保险人，应向指定护理预防帮助事业者出示被保险人证明，被保险人证明之上记载认定审查会意见后，指定护理预防帮助事业者应考虑到认定审查会的意见，致力于为被保险人提供指定护理预防帮助。

3. 指定护理预防帮助事业者，可按照厚生劳动省令的规定，将指定护理预防帮助的部分，委托至厚生劳动省令所规定的主体实施。

第 115 条之 24

1. 指定护理预防帮助事业者，应以与指定相关的事业所为单位，按照市町村条例所确定的基准，配备市町村条例所确定数量的从事指定护理预防帮助的从业者。

2. 除前款所作规定外，与能够起到涉及指定护理预防帮助的护理预防作用的帮助方法相关的基准，与指定护理预防帮助事业运营相关的基准，由市町村条例进行规定。

3. 市町村在制定前 2 款所规定的条例时，针对下列事项，应当遵照厚生劳动省令所确定的基准，针对其他事项，应当参考厚生劳动省令所确定的基准。

（1）与从事指定护理预防帮助的从业者相关的基准、从业者的人员数量。

（2）与指定护理预防帮助事业运营相关，为确保需要帮助者能够便利地使用服务、恰当地处理、确保其安全、保守其秘密，而由厚生劳动省令所规定的事项。

4. 厚生劳动大臣在准备制定前款所规定的由厚生劳动省令所确定的基准（限于与指定护理预防帮助的处理相关的部分）时，应事先听取社会保障审议会的意见。

5. 在提出下一条第 2 款所规定的事业废止或中止的申报时，作为在提出申报之日的前 1 月以内接受指定护理预防帮助的主体，即使在事业的废止或中止日以后，若希望继续提供与指定护理预防帮助相当的服务，为继续提供必要的居家服务等服务，指定护理预防帮助事业者应在其他的指定护理预防帮助事业者、其他关系人之间进行联系、沟通，并提供其他便利。

6. 指定护理预防帮助事业者应尊重需要帮助者的人格，遵守本法或基于本法的命令，为需要帮助者的利益忠实地履行职务。

第 115 条之 25（变更的申报等）

1. 在与指定相关的事业所的名称、所在地、厚生劳动省令所规定的其他事项发生变更时，再次开展中止的指定护理预防帮助事业时，指定护理预防帮助事业者应按照厚生劳动省令的规定，在 10 日以内向市町村村长进行申报。

2. 指定护理预防帮助事业者在准备废止或中止指定护理预防帮助事业时，应按照厚生劳动省令的规定，在废止或中止日的 1 个月前，向市町村村长进行申报。

第 115 条之 26（市町村村长等进行的联系及沟通、提供的帮助）

1. 在为了指定护理预防帮助事业者能够顺利地提供第 115 条之 24 第 5 款所规定的便利而存在必要之时，市町村村长可在指定护理预防帮助事业者、其他的指定护理预防帮助事业者、其他的关系人之间进行联系、沟通，向指定护理预防帮助事业者及其关系人提供建议及其他帮助。

2. 针对同一个指定护理预防帮助事业者，2 个以上的市町村村长根据前款的规定进行联系、沟通、提供帮助之时，为了指定护理预防帮助事业者能够顺利地提供第 115 条之 24 第 1 款所规定的便利而存在必要之时，都道府县知事可在市町村村长之间进行联系、沟通，从超越市町村区域的更广视角，向指定护理预防帮助事业者提供建议及其他帮助。

3. 针对同一个指定护理预防帮助事业者，2 个以上的都道府县知事根据前款的规定进行联系、沟通、提供帮助时，为了指定护理预防帮助事业者能够顺利地提供第 115 条之 24 第 5 款所规定的便利而存在必要之时，厚生劳动大臣可在都道府县知事之间进行联系、沟通，从超越都道府县区域的更广视角，向指定护理预防帮助事业者提供建议及其他帮助。

第 115 条之 27（报告等）

1. 市町村村长在认为必要之时，可命令指定护理预防帮助事业者、作为指定护理预防帮助事业者的主体、作为与指定相关事业所的从业者的主体（本款以下简称"作为指定护理预防帮助事业者的主体等"）提交或出示报告、账簿文件，要求指定护理预防帮助事业者、与指定相关的事业所的从业者、作为指定护理预防帮助事业者的主体等出席，命令职员对关系人进行质问，进入与指定护理预防帮助事业者的指定相关的事业所、事务所、与指定护理预防帮助事业存在关联的其他场所，对账簿文件及其他物件进行检查。

2. 第24条第3款的规定，准用于前款所规定的质问和检查，该条第4款的规定准用于前款所规定的权限。

第115条之28（劝告、命令等）

1. 指定护理预防帮助事业者在符合下列各项所规定情形时，市町村村长可劝告指定护理预防帮助事业者，在指定期限内采取各项所规定的措施。

（1）与指定相关的事业所的从业者知识、技能、人员，不满足第115条之24第1款所规定的市町村条例所确定的基准、该款所规定的市町村条例所确定的人员数量时，劝告其采取必要措施以满足市町村条例所确定的基准、市町村条例所确定的人员数量。

（2）未按照第115条之24第2款中与能够起到涉及指定护理预防帮助的护理预防作用的帮助方法相关的基准，与指定护理预防帮助事业运营相关的基准，开展指定护理预防帮助事业的运营时，劝告其按照与能够起到涉及指定护理预防帮助的护理预防作用的帮助方法相关的基准，与指定护理预防帮助事业运营相关的基准，开展指定护理预防帮助事业的运营。

（3）未以合理方式提供第115条之24第5款所规定的便利时，劝告其以合理方式提供第115条之24第5款所规定的便利。

2. 在作出前款所规定的劝告时，若受到劝告的指定护理预防帮助事业者，在该款所规定期限内未采取劝告中的措施，市町村村长可将劝告内容予以公布。

3. 受到第1款所规定劝告的指定护理预防帮助事业者，无正当理由而未采取劝告中的措施时，市町村村长可命令指定护理预防帮助事业者，在指定期限内采取劝告中的措施。

4. 市町村村长在作出前款所规定的命令时，应将命令内容予以公示。

第115条之29（指定的撤销等）

在符合下列各项所规定的情形之一时，市町村村长可撤销第58条第1款所规定的与指定护理预防帮助事业者相关的指定，或在指定期限内停止指定的全部或部分效力。

（1）指定护理预防帮助事业者，符合第115条之22第2款第3项之

(2) 至第 4 项之 (2)、第 8 项 [符合该款第 4 项之 (3) 所规定情形的主体除外]、第 9 项 [符合该款第 4 项之 (3) 所规定情形的主体除外] 所规定情形之一。

(2) 指定护理预防帮助事业者与指定相关的事业所的从业者知识、技能、人员，不满足第 115 条之 24 第 1 款所规定的市町村条例所确定的基准、该款所规定的市町村条例所确定的人员数量。

(3) 指定护理预防帮助事业者，未按照第 115 条之 24 第 2 款中与能够起到涉及指定护理预防帮助的护理预防作用的帮助方法相关的基准，与指定护理预防帮助事业运营相关的基准，开展指定护理预防帮助事业的运营。

(4) 指定护理预防帮助事业者，违反第 115 条之 24 第 6 款所规定的义务。

(5) 在提出护理预防服务计划费的请求时，曾实施违法行为。

(6) 按照第 115 条之 27 第 1 款的规定，命令指定护理预防帮助事业者提交或出示报告、账簿文件，但其并未遵循命令，或作出虚假报告。

(7) 按照第 115 条之 27 第 1 款的规定，命令指定护理预防帮助事业者、与指定相关的事业所的从业者出席，但其并未出席，对该款所规定的质问不予回答或作出虚假回答，拒绝、妨碍或逃避该款所规定的检查。不过，在与指定相关的事业所的从业者实施此类行为后，为防止此类行为的发生，指定护理预防帮助事业者已经尽到充分注意及监督义务的除外。

(8) 指定护理预防帮助事业者，曾通过违法手段获得第 58 条第 1 款所规定的指定。

(9) 除前面各项所作规定外，指定护理预防帮助事业者违反本法、其他与国民保健医疗或福祉相关法律及政令的规定、基于这些法律的命令或处分。

(10) 除前面各项所作规定外，指定护理预防帮助事业者曾实施与居家服务等相关的违法或明显不正当行为。

(11) 在准备撤销指定、停止指定的全部或部分效力时，指定护理预防帮助事业者在前 5 年以内曾实施与居家服务等相关的违法或明显不正当行为。

第 115 条之 30（公示）

在符合下列情形下，市町村村长应将指定护理预防帮助事业者的名称、与指定相关的事业所所在地、厚生劳动省令所规定的其他事项予以公示。

（1）作出第 58 条第 1 款所规定的指定。

（2）根据第 115 条之 25 第 2 款的规定提出事业废止的申报。

（3）根据前条的规定撤销第 58 条第 1 款所规定的指定，停止指定的全部或者部分效力。

第 115 条之 31（准用）

第 70 条之 2 的规定，准用于第 58 条第 1 款所规定的指定。此时，有关文字的必要变更，由政令进行规定。

第九节　业务管理体制的完善

第 115 条之 32（业务管理体制的完善等）

1. 指定居家服务事业者、指定区域密集型服务事业者、指定居家护理帮助事业者、指定护理预防服务事业者、指定区域密集型护理预防服务事业者、指定护理预防帮助事业者、指定护理老人福祉机构、护理老人保健机构、护理医疗院的开设者（以下简称"护理服务事业者"），为了确保第 74 条第 6 款、第 78 条之 4 第 8 款、第 81 条第 6 款、第 88 条第 6 款、第 97 条第 7 款、第 111 条第 7 款、第 115 条之 4 第 6 款、第 115 条之 14 第 8 款、第 115 条之 24 第 6 款所规定的义务能够履行，应当遵照厚生劳动省令所确定的基准，完善业务管理体制。

2. 护理服务事业者，应按照下列各项所列举的区分情形，根据厚生劳动省令的规定，就有关业务管理体制完善事项向各项所规定的主体进行申报。

（1）下一项至第 6 项所列举的护理服务事业者以外的护理服务事业者，应向都道府县知事进行申报。

（2）作为下一项至第 6 项所列举的护理服务事业者以外的护理服务事业者，同时作为与指定相关的事业所、与指定或许可相关的机构（包含与指定或许可相关的居家服务等的种类不同的服务），若位于 2 个以上的都道府县区域，且处于 2 个以下的地方厚生局的管辖区域，应向护理服务事业者主要事务所所在地的都道府县知事进行申报。

（3）作为第 5 项所列举护理服务事业者以外的护理服务事业者，同时为与指定相关的全部事业所、与指定或许可相关的全部机构（包含与指定或许可相关的居家服务等的种类不同的服务），若位于地方自治法第252条之19第1款所规定的某一指定都市（以下简称"指定都市"）区域，应向指定都市市长进行申报。

（4）作为下一项所列举护理服务事业者以外的护理服务事业者，同时为与指定相关的全部事业所、与指定或许可相关的全部机构（包括与指定或许可相关的居家服务等的种类不同的服务），若位于地方自治法第252条之22第1款所规定的某一中核市（以下简称"中核市"）区域，应向中核市市长进行申报。

（5）作为仅仅开展区域密集型服务事业或区域密集型护理预防服务事业的护理服务事业者，同时为与指定相关的全部事业所（包含与指定相关的区域密集型服务或区域密集型护理预防服务的种类不同的服务），若位于某一市町村区域，应向市町村村长进行申报。

（6）若与指定相关的事业所、与指定或许可相关的机构（包含与指定或许可相关的居家服务等的种类不同的服务），为位于3个以上的地方厚生局的管辖区域的护理服务事业者，应向厚生劳动大臣进行申报。

3. 根据前款规定提出申报的护理服务事业者，当申报事项发生变更时，应当按照厚生劳动省令的规定，毫不迟延地向主管申报的厚生劳动大臣、都道府县知事、指定都市市长、中核市市长、市町村村长（本节以下简称"厚生劳动大臣等"）进行申报。

4. 根据第2款的规定提出申报的护理服务事业者，若因该款各项所列举的区分情形发生变更，按照该款的规定向负责申报的厚生劳动大臣等以外的厚生劳动大臣等提出申报时，也应当按照厚生劳动省令的规定，向负责申报的厚生劳动大臣等进行申报。

5. 为了前3款所规定的申报能够顺利展开，厚生劳动大臣等应当开展密切合作。

第115条之33（报告等）

1. 收到前条第2款所规定申报的厚生劳动大臣等，对于提出申报的护理服务事业者（厚生劳动大臣等收到该条第4款所规定申报时，根据该款的规定进行申报的护理服务事业者除外），因该条第1款所规定的业务管理体制完善而存在必要之时，可命令护理服务事业者提交或出示报告、账簿文件，要求护理服务事业者或护理服务事业者的从业者出席，命令职员对关系人进行质问，进入与护理服务事业者的指定相关的事业所、与指定或者许可相关的机构、事务所、与居家服务等的提供存在关联的其他场所，对设备、账簿文件、其他物件进行检查。

2. 厚生劳动大臣、前条第 2 款第 2 项所规定的都道府县知事，在行使前款所规定的权限时，应同负责与护理服务事业者相关的指定或许可的都道府县知事（下一条第 5 款中简称"关系都道府县知事"）、负责与护理服务事业者相关指定的市町村村长（本款以下及下一条第 5 款简称"关系市町村村长"）开展密切合作以行使职权，在行使前条第 2 款第 1 项所规定的都道府县知事所享有的前款中的权限时，应与关系市町村村长开展密切合作以行使职权。

3. 针对与已经作出或者准备作出的指定或许可相关的护理服务事业者，因前条第 1 款所规定的业务管理体制完善而存在必要之时，都道府县知事可要求厚生劳动大臣、该条第 2 款第 2 项所规定的都道府县知事行使第 1 款的权限。针对与已经作出或者准备作出的指定相关的护理服务事业者，因前条第 1 款所规定的业务管理体制完善而存在必要之时，市町村村长可要求厚生劳动大臣、该条第 2 款第 1 项或第 2 项所规定的都道府县知事行使第 1 款所规定的权限。

4. 厚生劳动大臣或道府县知事，应前款所规定的都道府县知事或市町村村长的要求，行使第 1 款所规定权限时，应当按照厚生劳动省令的规定，向要求行使该权限的都道府县知事或市町村村长作出通知。

5. 第 24 条第 3 款的规定准用于第 1 款所规定的质问和检查，该条第 4 款的规定准用于第 1 款所规定的权限。

第 115 条之 34（劝告、命令等）

1. 厚生劳动大臣等在收到第 115 条之 32 第 2 款所规定的申报时，若提出申报的护理服务事业者（厚生劳动大臣等收到该条第 4 款所规定的申报时，提出该款所规定申报的护理服务事业者除外），未能按照该条第 1 款所规定的厚生劳动省令所确定基准完善业务管理体制时，可劝告护理服务事业者在指定期限内，按照厚生劳动省令所确定的基准完善业务管理体制。

2. 受到前款所规定劝告的护理服务事业者，在该款所规定期限内未采取劝告中的措施时，厚生劳动大臣等可将劝告内容予以公布。

3. 受到第 1 款所规定劝告的护理服务事业者，无正当理由未采取劝告中的措施时，厚生劳动大臣等可命令护理服务事业者，在指定期限内采取劝告中的措施。

4. 厚生劳动大臣等，在作出前款所规定的命令时，应将命令的内容予以公示。

5. 护理服务事业者在违反第3款所规定的命令时，按照厚生劳动省令的规定，厚生劳动大臣、第115条之32第2款第2项所规定的都道府县知事，应当将所违反的内容向关系都道府县知事、关系市町村村长作出通知，该款第1项所规定的都道府县知事应将所违反的内容向关系市町村村长作出通知。

第十节　护理服务信息的公布

第115条之35（护理服务信息的报告及公布）

1. 在准备获得指定居家服务事业者、指定区域密集型服务事业者、指定居家护理帮助事业者、指定护理老人福祉机构、指定护理预防服务事业者、指定区域密集型护理预防服务事业者、指定护理预防帮助事业者的指定时，准备获得护理老人保健机构及护理医疗院的许可时，准备提供访问护理、访问入浴护理、厚生劳动省令所规定的其他服务（以下简称"护理服务"）时，以及在厚生劳动省令所规定的其他情形下，护理服务事业者应按照政令的规定，将与所提供护理服务相关的护理服务信息（指的是作为护理服务的内容、与提供护理服务的事业者或机构的运营状况相关的信息，为了确保使用或准备使用护理服务的需要护理者等能够便利地享有使用护理服务的机会，因而存在公布的必要之时，由厚生劳动省令所规定的内容。以下亦同），向管辖提供护理服务的事业所或机构所在地的都道府县知事进行报告。

2. 都道府县知事在收到前款所规定的报告后，应当按照厚生劳动省令的规定，将报告的内容予以公布。

3. 因按照第1款的规定进行报告而存在必要之时，针对护理服务信息中厚生劳动省令所规定的内容，都道府县知事可对提出报告的护理服务事业者展开检查。

4. 护理服务事业者未提出第1款所规定的报告、作出虚假报告、不接受前款所规定的调查、妨碍调查的实施时，都道府县知事可命令护理服务事业者在指定期限内，提交报告，对报告的内容进行更正，接受相关调查。

5. 针对指定区域密集型服务事业者、指定居家护理帮助事业者、指定区域密集型护理预防服务事业者、指定护理预防帮助事业者，都道府县知事作出前款所规定的处分时，应当毫不迟延地将处分的内容，向作出指定区域密集型服务事业者、指定居家护理帮助事业者、指定区域密集型护理预防服务事业者、指定护理预防帮助事业者的指定的市町村村长，进行通知。

6. 指定居家服务事业者、指定护理预防服务事业者、指定护理老人福祉机构、护理老人保健机构、护理医疗院的开设者，未遵照第4款所规定的命令时，都道府县知事可撤销指定居家服务事业者、指定护理预防服务事业者、指定护理老人福祉机构的指定，撤销护理老人保健机构或护理医疗院的许可，还可在指定期限内，停止指定的全部或部分效力。

7. 指定区域密集型服务事业者、指定居家护理帮助事业者、指定区域密集型护理预防服务事业者、指定护理预防帮助事业者，未遵照第4款所规定的命令时，都道府县知事可撤销指定区域密集型服务事业者、指定居家护理帮助事业者、指定区域密集型护理预防服务事业者、指定护理预防帮助事业者的指定，还可在指定期限内停止指定的全部或部分效力，在作出这些处分时，应附上理由，通知作出指定的市町村村长。

第115条之36（指定调查机关的指定）

1. 都道府县知事，可要求指定的主体（以下简称"指定调查机关"）开展与前条第3款所规定的调查实施相关的事务（以下简称"调查事务"）。

2. 应以都道府县区域为单位，根据准备获得指定的主体的申请，由都道府县知事作出前款的指定。

第115条之37（调查员）

1. 指定调查机关在实施调查事务时，应要求调查员遵照厚生劳动省令所规定的方法，实施调查事务。

2. 调查员，应当自具有与调查事务相关的专业知识、技术、具备政令所规定条件的主体中选任。

第115条之38（秘密保守义务等）

1. 指定调查机关（指定调查机关为法人时，包括其管理人员。下一款亦同）、其职员（包含调查员。下一款亦同）、曾经担任此种职务的主体，不得泄露所得知的与调查事务相关的秘密。

2. 在刑法或其他罚则的适用问题上，指定调查机关、其职员、从事调查事务的主体，视为根据法令从事公务的职员。

第 115 条之 39（账簿的设置等）

指定调查机关应当按照厚生劳动省令的规定设置账簿，以记载由厚生劳动省令所规定的与调查事务相关的事项，并予以保存。

第 115 条之 40（报告等）

1. 为了确保调查事务公正且妥当地实施而存在必要之时，都道府县知事可命令指定调查机关提交与调查事务相关的必要报告，要求职员对关系人进行质问，进入指定调查机关的事务所，对设备、账簿文件及其他物件展开检查。

2. 第 24 条第 3 款的规定准用于前款所规定的质问和检查，该条第 4 款的规定准用于前款所规定的权限。

第 115 条之 41（业务的中止或废止等）

指定调查机关仅在获得都道府县知事的许可后，才可中止或废止全部或部分调查事务。

第 115 条之 42（指定信息公布中心的指定）

1. 都道府县知事可要求其指定的主体（以下简称"指定信息公布中心"），受理、公布护理服务信息的报告（以下简称"信息公布事务"），实施厚生劳动省令所规定的与指定调查机关的指定相关的全部或部分事务。

2. 应以都道府县区域为单位，根据准备获得指定的主体的申请，由都道府县知事作出前款的指定。

3. 第 115 条之 38 至前条的规定，准用于指定信息公布中心。此时，这些规定中的"调查事务"变更为"信息公布事务"，"指定调查机关"变更为"指定信息公布中心"，"职员（包含调查员。下一款亦同）"变更为"职员"，此外，其他文字的必要变更，由政令进行规定。

第 115 条之 43（对政令的委任）

除本节所作规定外，与指定调查机关及指定信息公布中心相关的必要事项，由政令进行规定。

第 115 条之 44（都道府县知事对信息公布事务的推进）

为了使用或者准备使用护理服务的需要护理者能够便利地享有使用护理服务的机会，都道府县知事自护理服务事业者获得厚生劳动省令所规定的护理服务品质信息、从事护理服务的从业者信息（属于护理服务信息的除外）后，应当将信息予以公布。

第六章　区域帮助事业等

第 115 条之 45（区域帮助事业）

1. 为避免被保险人（市町村所提供护理保险的住所地特殊适用被保险人除外，包含入住位于市町村区域内的住所地特殊对象机构的住所地特殊适用被保险人。第 3 款第 3 项及第 115 条之 49 除外，本章以下亦同）陷入需要护理等状态，为减轻被保险人的需要护理等状态、防止需要护理等状态的恶化，为在区域内帮助被保险人独立开展日常生活，并保证所采取的措施能够综合地、一体性地展开，市町村应遵照厚生劳动省令所确定的基准，将下列事业（以下简称"护理预防·日常生活帮助综合事业"）作为区域帮助事业予以实施。

（1）针对需要居家帮助的被保险人、厚生劳动省令所规定的其他被保险人（以下简称"需要居家帮助的被保险人等"），所开展的下列事业（以下简称"第一号事业"。）

第一，以需要居家帮助的被保险人等的护理预防为目的，在需要居家帮助的被保险人等的住宅中，按照厚生劳动省令所确定的基准，在厚生劳动省令所规定期间内开展的日常生活上的帮助事业（本款以下简称"第一号访问事业"）。

第二，以需要居家帮助的被保险人等的护理预防为目的，在厚生劳动省令所规定机构内，按照厚生劳动省令所确定的基准，在厚生劳动省令所规定期间内开展的日常生活上的帮助或机能训练事业（本款以下简称"第一号日间事业"）。

第三，按照厚生劳动省令所确定的基准，一体实施护理预防服务事业、区域密集型护理预防服务事业、第一号访问事业、第一号日间事业时，为了帮助需要居家帮助的被保险人等在区域内，独立地开展日常生活，由厚生劳动省令所规定的事业（第四中简称"第一号生活帮助事业"）。

第四，以需要居家帮助的被保险人等（得到指定护理预防帮助、与特殊护理预防服务计划费相关的护理预防帮助的主体除外）的护理预防为目的，按照厚生劳动省令所确定的基准，根据需要居家帮助的被保险人等的身心状况、所处环境及其他状况，基于其作出的选择，为了综合且高效地开展第一号访问事业、第一号日间事业、第一号生活帮助事业、其他适当的事业，所开展的必要帮助事业（以下简称"第一号护理预防帮助事业"）。

（2）为避免被保险人（限于第一号被保险人）陷入需要护理等状态，为减轻需要护理等状态、防止需要护理等状态的恶化而开展的必要事业（护理预防服务事业、区域密集型护理预防服务事业、第一号访问事业、第一号日间事业除外）。

2. 除开展护理预防·日常生活帮助综合事业外，市町村应预防被保险人陷入需要护理等状态，即使在被保险人陷入需要护理等状态后，市町村应尽可能地在区域内帮助被保险人独立地开展日常生活，与此同时，应将下列事业作为区域帮助事业实施。

（1）了解被保险人的身心状况、在住宅中的生活状态、其他必要情况，提供与保健医疗、公众卫生、社会福祉、其他关联措施相关的综合信息，为了促进与关系机关的联系及沟通，提升其他被保险人的保健医疗水平、增进其福祉，而采取综合帮助事业。

（2）为了防止对被保险人的虐待、尽早发现对被保险人的虐待而开展事业，为了被保险人的权利保护开展其他必要帮助事业。

（3）通过拥有保健医疗及福祉专业知识的主体制定的被保险人居家服务计划、机构服务计划的验证，采取与被保险人身心状况、护理给付等对象服务的使用状况、其他状况相关的定期协议及其他机制，为了被保险人在区域内独立地开展日常生活，实施综合性的、继续性的帮助事业。

（4）拥有医疗专业知识的主体，为了推进护理服务事业者、在住宅中提供医疗的医疗机关、其他关系人之间的合作，实施由厚生劳动省令所规定的事业（前项所列举的事业除外）。

（5）为了帮助被保险人在区域内独立地开展日常生活，预防其陷入需要护理等状态、减轻需要护理等状态、防止需要护理等状态的恶化，采取体制完善措施、开展其他促进上述目标的事业。

（6）在认知症早期为了防止症状进一步恶化，而由拥有保健医疗及福祉专业知识的主体提供帮助，针对患有其他认知症、被怀疑患有认知症的被保险人实施综合帮助事业。

3. 除开展护理预防·日常生活帮助综合事业、前款各项所规定的事业外，市町村还应按照厚生劳动省令的规定，将下列事业作为区域帮助事业实施。

（1）为了护理给付等所需费用的合理化而开展的事业。

（2）护理方法的指导、为了帮助护理需要护理的被保险人所开展的其他必要事业。

（3）为了护理保险事业运营的安定化、帮助被保险人（包含入住位于市町村区域内住所地特殊对象机构的住所地特殊适用被保险人）在区域内独立地开展日常生活所开展的其他必要事业。

4. 应考虑到与市町村中护理预防相关的事业实施状况、护理保险的运营状况、75岁以上被保险人的数量及其他状况，在政令所规定数量范围内开展区域帮助事业。

5. 市町村在实施区域帮助事业时，应致力于高效、合理使用第118条之2第1款所规定的护理保险等关联信息、其他必要信息。

6. 市町村在实施区域帮助事业时，除应同实施高龄者保健事业（指的是与高龄者医疗确保相关法律第125条第1款所规定的高龄者保健事业。本条以下及第117条第3款第9项亦同）的后期高龄者医疗广域联合（指的是该法第48条所规定的后期高龄者医疗广域联合。本条以下亦同）开展合作外，还应根据高龄者的身体、精神、社会特性，为高效地实施区域帮助事业、精细区分被保险人状况，致力于一体实施高龄者保健事业、国民健康保险法第82条第3款所规定的基于高龄者身心特性的事业（指的是该项的"国民健康保险保健事业"）。

7. 根据前款的规定实施区域帮助事业而存在必要之时，市町村可要求其他市町村、后期高龄者医疗广域联合提供与被保险人保健医疗服务或福祉服务相关的信息、同与高龄者医疗确保相关法律所规定的疗养相关的信息，命令其提交与该法第125条第1款所规定的健康诊查或保健指导相关的记录、与该法第18条第1款所规定的特定健康诊查或特定保健指导相关的记录，要求其提供与国民健康保险法所规定疗养相关的信息、为了区域帮助事业能够高效实施而由厚生劳动省令所规定的其他必要信息。

8. 根据前款的规定，被要求提供信息或记录的市町村及后期高龄者医疗广域联合，应按照厚生劳动省令的规定提供有关信息或记录。

9. 为了根据第6款的规定实施区域帮助事业，市町村除可使用根据前款的规定所获得的信息及记录外，还可一同使用以下信息及记录：自己所保有的与被保险人保健医疗服务或福祉服务相关的信息、同与高龄者医疗确保相关法律第 18 条第 1 款所规定的特定健康诊查或特定保健指导相关的记录、与国民健康保险法所规定疗养相关的信息。

10. 市町村可按照厚生劳动省令的规定，请求区域帮助事业的使用者支付使用费。

第 115 条之 45 之 2（护理预防·日常生活帮助综合事业方针等）

1. 为了市町村所开展的护理预防·日常生活帮助综合事业顺利且有效地实施，厚生劳动大臣应公布相关的必要方针。

2. 针对护理预防·日常生活帮助综合事业的实施状况，市町村应致力于定期展开调查、分析及评价，并致力于基于相应结果采取必要措施。

第 115 条之 45 之 3（指定事业者实施第一号事业）

1. 针对第一号事业（若为第一号护理预防帮助事业，限于与需要居家帮助的被保险人相关的事业），在利用开展与市町村村长所指定的主体（以下简称"指定事业者"）的指定相关的第一号事业的事业所所实施的第一号事业时，对于该第一号事业所需费用，市町村可向需要居家帮助的被保险人等给付第一号事业给付费。

2. 应在考虑到第一号事业所需费用数额基础上，按照厚生劳动省令的规定，计算前款所规定的第一号事业给付费（以下简称"第一号事业给付费"）的数额。

3. 需要居家帮助的被保险人等在利用开展与指定事业者的指定相关的第一号事业的事业所所实施的第一号事业时，针对需要居家帮助的被保险人等应向指定事业者所支付的第一号事业所需费用，在市町村应向需要居家帮助的被保险人等给付的第一号事业费范围内，市町村可代需要居家帮助的被保险人等，向指定事业者支付。

4. 根据前款的规定提出给付时，视为需要居家帮助的被保险人等已给付第一号事业给付费。

5. 市町村自指定事业者处收到第一号事业给付费的请求时，应在按照厚生劳动省令的规定进行审查的基础上，给付第一号事业给付费。

6. 市町村可将前款所规定的与审查及给付相关的事务委托至联合会实施。

7. 收到前款所规定委托的联合会，在征得作出委托的市町村的同意后，可按照厚生劳动省令的规定，将接受的部分委托事务，委托至满足厚生劳动省令所规定要件的不以营利为目的的法人实施。

第 115 条之 45 之 4（税收以及其他课征的禁止）

不得以所收到的第一号事业给付费为标准，收取税收、进行其他课征。

第 115 条之 45 之 5（指定事业者的指定）

1. 应按照厚生劳动省令的规定，根据开展第一号事业的主体的申请，以开展该种类事业、与该种类事业相关的第一号事业的事业所为单位，作出第 115 条之 45 之 3 第 1 款的指定（第 115 条之 45 之 7 第 1 款除外，本章以下简称"指定事业者的指定"）。

2. 市町村村长在收到前款的申请时，若申请人未遵照厚生劳动省令所确定的基准开展第一号事业，则不得作出指定事业者的指定。

第 115 条之 45 之 6（指定的更新）

1. 指定事业者的指定，应在厚生劳动省令所规定期间内进行更新，否则，在规定期间经过之后，将失去效力。

2. 在收到前款所规定的更新申请时，至该款所规定期间（本条以下简称"有效期间"）届满之日，针对申请的处理尚未作出之时，之前的指定事业者的指定，在有效期间届满后至作出处理的期间内，仍具有效力。

3. 在前款所规定场合下，指定事业者的指定更新作出之时，其有效期间自之前的有效期间届满之日的次日开始起算。

4. 前条的规定准用于指定事业者的指定更新。

第 115 条之 45 之 7（报告等）

1. 在因第一号事业给付费的给付而存在必要之时，市町村村长可命令指定事业者、作为指定事业者的主体、与第 115 条之 45 之 3 第 1 款中指定相关的事业所从业者（本款以下简称"作为指定事业者的主体等"），提交或出示报告、账簿文件，要求指定事业者、与指定相关的事业所的从业者、作为指定事业者的主体等出席，命令职员对关系人进行质问，进入与指定事业者的指定相关的事业所、事务所、与指定事业者所开展的第一号事业存在关联的其他场所，对设备、账簿文件及其他物件进行检查。

2. 第 24 条第 3 款的规定，准用于前款所规定的质问和检查，该条第

4 款的规定，准用于前款所规定的权限。

第 115 条之 45 之 8（劝告、命令等）

1. 指定事业者未遵照第 115 条之 45 第 1 款第 1 项第一至第四、第 115 条之 45 之 5 第 2 款中由厚生劳动省令所确定的基准开展第一号事业时，市町村村长可劝告指定事业者，在指定期限内按照厚生劳动省令所确定的基准，开展第一号事业。

2. 市町村村长在作出前款所规定的劝告时，若受到劝告的指定事业者在该款所规定期限内未采取劝告中的措施，可将劝告的内容予以公布。

3. 受到第 1 款所规定劝告的指定事业者，无正当理由而未采取劝告中的措施时，市町村村长可命令指定事业者在指定期限内采取劝告中的措施。

4. 市町村村长在作出前款所规定的命令时，应将命令的内容予以公示。

第 115 条之 45 之 9（指定事业者指定的撤销等）

在符合下列各款所规定情形之一时，市町村村长可撤销指定事业者的指定，或在指定期限内停止指定事业者指定的全部或部分效力。

（1）指定事业者，未按照第 115 条之 45 第 1 款第 1 项的第一至第四、第 115 条之 45 之 5 第 2 款中厚生劳动省令所确定的基准，开展第一号事业。

（2）在提出第一号事业给付费的请求时，曾实施违法行为。

（3）按照第 115 条之 45 之 7 第 1 款的规定，命令指定事业者提交或出示报告、账簿文件，指定事业者未遵从命令，或作出虚假报告。

（4）按照第 115 条之 45 之 7 第 1 款的规定，指定事业者、与指定事业者的指定相关的事业所的从业者被要求出席，但并未出席，对该款所规定的质问不予回答或作出虚假回答，抗拒、妨碍或逃避该款所规定的检查。不过，在与指定事业者的指定相关的事业所的从业者实施此类行为后，为防止此类行为的发生，指定事业者已经尽到充分注意及监督义务的除外。

（5）指定事业者曾通过违法手段获得指定事业者的指定。

（6）除前面各项所作规定外，指定事业者违反本法、其他与国民保健医疗或福祉相关法律及政令的规定、基于这些法律所作出的命令和处分。

(7) 除前面各项所作规定外，指定事业者曾实施与区域帮助事业、居家服务等相关的违法或明显不正当行为。

第 115 条之 45 之 10（市町村进行的联系及沟通等）

1. 为了护理预防·日常生活帮助综合事业、第 115 条之 45 第 2 款各项所列举的事业能够顺利地实施，市町村可在关系人之间进行必要的联系、沟通。

2. 市町村所开展的护理预防·日常生活帮助综合事业、第 115 条之 45 第 2 款各项所列举事业的关系人，应当致力于协助开展事业。

3. 针对市町村所开展的护理预防·日常生活帮助综合事业、第 115 条之 45 第 2 款各项所列举的事业，都道府县应当致力于提供相关信息，向其他市町村提供帮助。

第 115 条之 45 之 11（对政令的委任）

除第 115 条之 45 至前条的规定外，针对有关区域帮助事业实施的必要事项，由政令进行规定。

第 115 条之 46（区域综合帮助中心）

1. 区域综合帮助中心指的是，为了实施第一号护理预防帮助事业（与需要居家帮助的被保险人相关的事业除外）、第 115 条之 45 第 2 款各项所列举的事业（以下简称"综合帮助事业"）、厚生劳动省令所规定的其他事业，维护区域内居民的身心健康，维持其生活稳定，通过提供必要的帮助，以提升区域内居民保健医疗水平、增进其福祉，从而以综合性地提供帮助为目的的机构。

2. 市町村可设置区域综合帮助中心。

3. 获得下一条第 1 款所规定委托的主体（仅仅接受第 115 条之 45 第 2 款第 4—6 项所列举事业的委托的主体除外），为了综合帮助事业、第 1 款中厚生劳动省令所规定其他事业的实施，可按照厚生劳动省令的规定，提前将厚生劳动省令所规定的事项向市町村村长进行申报，并设置区域综合帮助中心。

4. 区域综合帮助中心的设置者，应对自己所实施事业的品质进行评价，并采取其他必要措施，致力于提升所开展事业的品质。

5. 为了综合帮助事业的实施，区域综合帮助中心的设置者应当遵守市町村条例所确定的必要基准。

6. 市町村在制定前款所规定的条例时，针对与区域综合帮助中心职员相关的基准、职员的人员数量，应当遵照厚生劳动省令所确定的基准，针对其他事项，应当参考厚生劳动省令所确定的基准。

7. 为了综合帮助事业的有效实施，区域综合帮助中心的设置者，应当致力于同护理服务事业者、医疗机关、民生委员法（1948年法律第198号）所规定的民生委员、帮助被保险人在其所处区域内独立开展日常生活的主体、实施预防被保险人陷入需要护理等状态的事业的主体、实施减轻需要护理等状态的事业的主体、防止需要护理等状态恶化的主体、其他关系人开展密切合作。

8. 区域综合帮助中心的设置者（设置者为法人的场合之下，为其管理人员）、其职员、曾担任这些职务的主体，不得在没有正当理由的情况下泄露与业务相关的秘密。

9. 针对区域综合帮助中心的事业实施状况，市町村应定期展开评价，在必要之时，应变更下一条第1款的方针，并采取其他必要措施。

10. 在设置区域综合帮助中心时，或在厚生劳动省令所规定的其他情形下，市町村应致力于按照厚生劳动省令的规定，公布区域综合帮助中心的事业内容、与运营状况相关的信息。

11. 第69条之14的规定，准用于区域综合帮助中心。此时，该条中文字的必要变更，由政令作出规定。

12. 除前面各款所作规定外，有关区域综合帮助中心的必要事项，由政令作出规定。

第115条之47（实施的委托）

1. 市町村可根据厚生劳动省令的规定，公布与综合帮助事业实施相关的方针后，将综合帮助事业委托至老人福祉法第20条之7之2第1款所规定的老人护理帮助中心的设置者、厚生劳动省令所规定的其他主体实施。

2. 在作出前款所规定的委托时，必须将全部综合帮助事业（自第115条之45第2款第4—6项所列举的事业除外）一并委托。

3. 前条第7款、第8款的规定，准用于获得第1款所规定委托的主体。

4. 为顺利实施护理预防·日常生活帮助综合事业（若为第一号护理预防帮助事业，限于与需要居家帮助的被保险人相关的事业），市町村可将护理预防·日常生活帮助综合事业委托至符合厚生劳动省令所规定基准的主体实施。

5. 根据前款的规定，接受第一号护理预防帮助事业实施委托的主体，应按照厚生劳动省令的规定，将接受的部分委托事业委托至厚生劳动省令所规定的主体实施。

6. 针对护理预防·日常生活帮助综合事业，市町村村长根据第1款或第4款的规定作出委托时，对于与接受委托的主体（第8款、第180条第1款、第181条第2款、第3款中简称"受托人"）因实施委托事务而产生必要费用的支付决定相关的审查、支付事务，可委托至联合会实施。

7. 接受前款所规定委托的联合会，在得到作出委托的市町村村长的同意后，可按照厚生劳动省令的规定，将接受的部分委托事务委托至不以营利为目的的、符合厚生劳动省令所规定要件的法人实施。

8. 受托人可按照厚生劳动省令的规定，请求护理预防·日常生活帮助综合事业的使用人给付使用费。

9. 针对第115条之45第3款各项所列举的全部或部分事业，市町村可将其委托至老人福祉法第20条之7之2第1款所规定的老人护理帮助中心的设置者、市町村认定的其他主体实施。

第115条之48（会议）

1. 为了第115条之45第2款第3项所列举事业能够高效地实施，市町村应致力于设置由护理帮助专业人员、拥有保健医疗及福祉专业知识的主体、民生委员、其他关系人、关系机关、关系团体（本条以下简称"关系人等"）所组成的会议（本条以下简称"会议"）。

2. 为了向需要护理的被保险人、厚生劳动省令所规定的其他被保险人（本款以下简称"帮助对象被保险人"）提供适宜的帮助，会议应按照厚生劳动省令的规定，进行必要的讨论，与此同时，为了帮助对象被保险人在区域内独立地开展日常生活，应对所提供必要帮助的体制展开讨论。

3. 为了开展前款所规定的讨论而存在必要之时，会议可要求关系人等主体提供资料或信息，陈述意见，采取其他必要协助措施。

4. 根据前款的规定，关系人等被会议要求提供资料或信息，陈述意见，采取其他必要协助措施时，应当致力于提供必要的协助。

5. 从事或曾从事会议事务的主体，在无正当理由时，不得泄露所得知的与会议事务相关的秘密。

6. 除前面各款所作规定外，与会议组织及运营相关的必要事项，由会议予以确定。

第 115 条之 49（保健福祉事业）

除区域帮助事业外，市町村还可实施下列必要事业：为了帮助护理需要护理的被保险人的主体而存在必要的事业，为了预防被保险人陷入需要护理等状态而存在必要的事业，为了指定居家服务、指定居家护理帮助事业、护理保险机构的运营、因提供保险给付而存在必要的其他事业，针对被保险人使用护理给付等对象服务所产生的费用进行资金借贷的事业，其他必要事业。

第七章　护理保险事业计划

第 116 条（基本方针）

1. 为了与护理保险事业相关的保险给付能够顺利地实施，厚生劳动大臣可参考与综合确保区域内医疗、护理的推进相关法律（1989 年法律第 64 号）第 3 条第 1 款所规定的综合确保方针，制定基本方针（以下简称"基本方针"）。

2. 基本方针，应当针对下列事项作出规定。

（1）与确保提供护理给付等对象服务的体制、区域帮助事业的实施相关的基本事项。

（2）在下一条第 1 款中所规定的市町村护理保险事业计划中，在确定该条第 2 款第 1 项所规定护理给付等对象服务种类数量的预估值时，应参考的标准、其他市町村护理保险事业计划、第 118 条第 1 款所规定的与都道府县护理保险事业帮助计划的制定相关的其他事项。

（3）为了确保与护理保险事业相关的保险给付能够顺利地实施而存在必要的其他事项。

3. 厚生劳动大臣在制定或变更基本方针时，应提前同总务大臣、其他关系行政机关的负责人进行协商。

4. 厚生劳动大臣在制定或变更基本方针时，应毫不迟延地将基本方针予以公布。

第117条（市町村护理保险事业计划）

1. 为了确保与市町村所开展护理保险事业相关的保险给付能够顺利实施，市町村应根据基本方针，制订3年为一期的相关计划（以下简称"市町村护理保险事业计划"）。

2. 市町村护理保险事业计划应就下列事项作出规定。

（1）在居民开展日常生活的区域内，综合考虑地理条件、人口、交通状况、其他社会条件、为了提供护理给付等对象服务所设置机构的完善情况、其他社会条件，所确定区域内与各年度认知症回应型共同生活护理、区域密集型特定机构居住者生活护理、区域密集型护理老人福祉机构入所者生活护理相关的必要使用人员总数、其他护理给付等对象服务种类的预估量。

（2）各年度内区域帮助事业的预估量。

（3）在被保险人所处区域内，为帮助其独立开展日常生活，预防其陷入需要护理等状态，减轻需要护理等状态，防止需要护理等状态的恶化，促使护理给付等所需费用的合理化，由市町村采取措施，与措施相关的事项。

（4）与前项所列举事项的目标相关的事项。

3. 市町村护理保险事业计划除应规定前款各项所列举事项外，还应致力于就下列事项作出规定。

（1）前款第1项中的必要使用人员总数，为确保其他护理给付等对象服务种类的预估量所采取的措施。

（2）各年度内区域帮助事业所需费用数额、为确保区域帮助事业预估量所采取的措施。

（3）护理给付等对象服务种类的数量、保险给付所需费用数额、区域帮助事业的数量、区域帮助事业所需费用数额、与保险费水准相关的中长期估算。

（4）与护理帮助专业人员、其他护理给付等对象服务相关的事项，与为确保存在从事区域帮助事业的主体并提升其资质、提高业务效率及品质而同都道府县开展合作有关的事项。

（5）指定居家服务事业、指定区域密集型服务事业、为确保开展指定居家护理帮助事业的主体间的相互合作而开展的事业，为了顺利提供其他护理给付等对象服务（限于与护理给付相关的服务）而开展的事业。

(6) 指定护理预防服务事业、指定区域密集型护理预防服务事业，为确保开展指定护理预防帮助事业的主体间的相互合作所实施的事业，为了能够顺利提供其他护理给付等对象服务（限于与预防给付相关的服务）、顺利实施区域帮助事业所开展的事业。

(7) 在患有认知症的被保险人所处区域内，与帮助其独立开展日常生活相关的事项，与涉及教育、区域建设、雇佣的措施、其他关联措施之间的有机协调相关的事项，与涉及其他认知症的措施综合推进相关的事项。

(8) 在前款第1项区域内，对于根据老人福祉法第29条第1款的规定进行申报的收费老人之家、与确保高龄者稳定居住相关法律（2001年法律第26号）第7条第5款所规定的登记住宅（下一条第3款第6项简称"登记住宅"）而言，分别居住的人员总数（限于未获得以下指定的情形：与开展特定机构居住者生活护理、区域密集型特定机构居住者生活护理、护理预防特定机构居住者生活护理事业的事业所相关的第41条第1款主文、第42条之2第1款主文、第53条第1款主文所规定的指定。下一条第3款第6项亦同）。

(9) 与一体实施区域帮助事业、高龄者保健事业、国民健康保险保健事业相关的事项，与需要居家护理的被保险人、需要居家帮助的被保险人的医疗及其他医疗间合作相关的事项，与协调涉及高龄者居住的措施相关的事项，在被保险人所处区域内，为了帮助被保险人独立开展日常生活所应明确的其他必要事项。

4. 在制订市町村护理保险事业计划时，应考虑到市町村区域内人口结构的变化趋势、需要护理者等的人数、需要护理者等对护理给付等对象服务的使用意向以及其他相关情况。

5. 市町村应根据第2款第1项的规定，充分了解市町村所确定区域内被保险人的身心状况、所处环境以及其他情况，与此同时，根据第118条之2第1款的规定，分析所公布的结果、与护理保险事业实施状况相关的其他情况，基于该情况及该分析结果，致力于制订市町村护理保险事业计划。

6. 市町村护理保险事业计划，应当与老人福祉法第20条之8第1款所规定的市町村老人福祉计划作为一体，以被制订。

7. 针对第2款第3项所规定措施的实施状况、该款第4项所规定目标的达成状况，市町村应当展开调查、进行分析，并对市町村护理保险事业计划的实绩进行评价。

8. 市町村在致力于公布前款中评价结果的同时，还应将评价结果向都道府县知事报告。

9. 在制订市町村护理保险事业计划时，应当保证与综合确保区域内医疗、护理的推进相关法律第 5 条第 1 款所规定市町村计划之间的协调。

10. 应当确保市町村护理保险事业计划与下列事项之间的协调：在社会福祉法第 107 条第 1 款所规定市町村区域福祉计划、为了确保高龄者稳定居住的法律第 4 条之 2 第 1 款所规定市町村高龄者稳定居住确保计划、其他法律所规定的计划中，与需要护理者等的保健、医疗、福祉、居住相关的事项。

11. 市町村在准备制订、变更市町村护理保险事业计划时，为提前反映被保险人的意见，应采取必要措施。

12. 市町村在准备制订、变更市町村护理保险事业计划（限于与第 2 款第 1 项、第 2 项所列举事项相关的部分）时，应提前听取都道府县的意见。

13. 市町村在制订或者变更市町村护理保险事业计划后，应当毫不迟延地提交至都道府县知事。

第 118 条（都道府县护理保险事业帮助计划）

1. 为了帮助与护理保险事业相关的保险给付能够顺利实施，都道府县应根据基本方针，制订 3 年为一期的相关计划（以下简称"都道府县护理保险事业帮助计划"）。

2. 都道府县护理保险事业帮助计划，应当就下列事项作出规定。

（1）在都道府县所确定区域内，各年度内与护理专用型特定机构居住者生活护理、区域密集型特定机构居住者生活护理、区域密集型护理老人福祉机构入所者生活护理相关的必要使用人员总数，每类护理保险机构的必要入住人员总数，其他护理给付等对象服务的预估量。

（2）在被保险人所处区域内，为了都道府县内市町村帮助其独立开展日常生活，预防其陷入需要护理等状态，减轻需要护理等状态，防止需要护理等状态的恶化，促使护理给付等所需费用的合理化，都道府县采取相关措施，与所采取措施相关的事项。

（3）与前项所列举事项的目标相关的事项。

3. 在制订都道府县护理保险事业帮助计划时，除应就前款各项所列举事项作出规定外，还应致力于就下列事项作出规定。

（1）与在护理保险机构中、在为提供其他护理给付等对象服务所设置的机构中，为改善生活环境相关的事项。

（2）与护理服务信息的公布相关的事项。

（3）与为确保存在足够数量的护理帮助专业人员、提供其他护理给付等对象服务的主体、从事区域帮助事业的主体相关的事项，与为提升此类主体资质、提高业务实施效率及品质相关的事项。

（4）与为确保护理保险机构之间合作相关的事项，与为顺利提供其他护理给付等对象服务相关的事项。

（5）与开展护理预防·日常生活帮助综合事业相关的事项、同在涉及第115条之45第2款各项所列举事业的市町村之间进行联系及沟通有关的事项。

（6）在前款第1项所规定区域内，根据老人福祉法第29条第1款的规定提出申报的收费老人之家、登记住宅分别对应的入住人员总数。

4. 都道府县护理保险事业帮助计划除应就第2款各项所列举事项、前款各项所列举事项进行规定外，还可根据第2款第1项的规定，就在都道府县所确定区域内，各年度内与混合型特定机构居住者生活护理相关的必要使用人员总数作出规定。

5. 都道府县应分析根据下一条第1款规定公布的结果、护理保险事业实施状况的其他信息，基于分析结果，致力于制订都道府县护理保险事业帮助计划。

6. 都道府县护理保险事业帮助计划，应与老人福祉法第20条之9第1款所规定的都道府县老人福祉计划作为一体，以被制订。

7. 针对第2款第2项所规定措施的实施状况、该款第3项所规定目标的达成状况，都道府县应当展开调查、进行分析，并对都道府县护理保险事业帮助计划的实绩进行评价。

8. 都道府县应致力于公布前款所规定的评价结果，与此同时，还应将该结果、都道府县内市町村作出的前条第7款的评价结果，向厚生劳动大臣进行报告。

9. 在制订都道府县护理保险事业帮助计划时，应当确保与下列计划之间的协调：与综合确保区域内医疗、护理的推进相关法律第 4 条第 1 款所规定的都道府县计划，医疗法第 30 条之 4 第 1 款所规定的医疗计划。

10. 都道府县护理保险事业帮助计划，应当确保与下列事项之间的协调：在社会福祉法第 108 条第 1 款所规定的都道府县区域福祉帮助计划中，在与确保高龄者稳定居住相关法律第 4 条第 1 款所规定的都道府县高龄者稳定居住确保计划、其他法律所规定的计划中，与需要护理者等的保健、医疗、福祉、居住相关的事项。

11. 都道府县在制定或变更都道府县护理保险事业帮助计划后，应毫不迟延地向厚生劳动大臣提交计划。

第 118 条之 2（为了市町村护理保险事业计划的制订等而展开的调查及分析）

1. 为了制订、实施及评价市町村护理保险事业计划、都道府县护理保险事业帮助计划，维护及增进国民健康，促进国民体质的提升，对于与下列事项相关的信息（以下简称"护理保险等关联信息"），厚生劳动大臣应当针对第 1 项及第 2 项所列举的事项展开调查、进行分析，并将结果予以公布，同时，应致力于针对第 3 项及第 4 项所列举的事项展开调查、进行分析，将结果予以公布。

（1）与护理给付等所需费用数额相关的区域差异、年龄差异、需要护理认定类型及需要帮助认定类型的状况，厚生劳动省令所规定其他事项。

（2）被保险人的需要护理认定、需要帮助认定中与调查相关的情况，厚生劳动省令所规定的其他事项。

（3）使用访问护理、访问入浴护理、厚生劳动省令所规定其他服务的需要护理者等的身心状况等，为需要护理者等提供的服务的内容、厚生劳动省令所规定的其他事项。

（4）区域帮助事业实施状况、厚生劳动省令所规定的其他事项。

2. 市町村应按照厚生劳动省令规定的方法，向厚生劳动大臣提供与前款第 1 项及第 2 项所列举事项相关的信息。

3. 在必要之时，厚生劳动大臣可要求都道府县、市町村、护理服务事业者、开展特定护理预防·日常生活帮助综合事业的主体，按照厚生劳动省令所规定的方法，提供护理保险等的关联信息。

第 118 条之 3（为提升国民保健医疗水平、增进国民福祉，而使用或提供匿名护理保险等关联信息）

1. 为提升国民保健医疗水平、增进国民福祉，厚生劳动大臣可使用匿名护理保险等关联信息［指的是无法识别与护理保险等的关联信息相关的特定被保险人、厚生劳动省令所规定的其他主体（下一条简称"本人"）、用以加工的护理保险等的关联信息无法被复原，按照厚生劳动省令所规定的基准加工后的护理保险等的关联信息］，或者可按照厚生劳动省令的规定，在下列各项所规定的主体从事具有公益性的业务因而存在必要获得匿名护理保险等关联信息时，分别向实施下列各项业务的主体提供匿名护理保险等关联信息。

（1）其他国家行政机关、地方公共团体，针对与涉及保险给付的保健医疗服务及福祉服务相关的措施，为预防被保险人陷入需要护理等状态、减轻其需要护理等状态、防止需要护理等状态的恶化而采取的措施，为了帮助被保险人在区域内独立开展日常生活而采取的措施，开展与计划及立案相关的调查。

（2）大学、其他研究机关，开展与国民健康水平的维持及增进、国民体质的提升、护理保险事业相关的研究。

（3）民间事业者、厚生劳动省令所规定的其他主体，针对护理领域的调查研究进行分析，实施厚生劳动省令所规定的其他业务（为了宣传特定商品或服务而开展的业务除外）。

2. 厚生劳动大臣根据前款的规定，使用或向其他主体提供匿名护理保险等关联信息时，可一同使用与高龄者医疗确保相关法律第 16 条之 2 第 1 款所规定的匿名医疗保险等的关联信息、厚生劳动省令所规定的其他信息，或将其一同向相关主体提供。

3. 厚生劳动大臣在准备根据第 1 款的规定提供匿名护理保险等关联信息时，应事先听取社会保障审议会的意见。

第 118 条之 4（核对等的禁止）

根据前条第 1 款的规定，获得、使用匿名护理保险等关联信息的主体（以下简称"匿名护理保险等关联信息的使用人"），在处理匿名护理保险等关联信息时，不得为了识别匿名护理保险等关联信息所对应的本人，获得护理保险等的关联信息之上已经被删除的记录等〔指的是在文件、图画、电磁记录［指的是以电磁方式（指的是电子形式、磁性介质、通过人的知觉所无法察知的形式）所作的记录〕之上所作的记载、记录、声音、动作，以及通过其他方法所表示的一切事项〕、与匿名护理保险等关联信息的加工方法相关的信息，或者将匿名护理保险等关联信息与其他信息进行核对。

第 118 条之 5（关联信息删除）

当不存在使用匿名护理保险等关联信息的必要时，匿名护理保险等关联信息的使用人应毫不迟延地删除匿名护理保险等关联信息。

第 118 条之 6（安全管理措施）

为防止匿名护理保险等关联信息的泄露、灭失或毁损，实现对匿名护理保险等关联信息的安全管理，匿名护理保险等关联信息的使用人应采取厚生劳动省令所规定的必要且合理的措施。

第 118 条之 7（使用人的义务）

匿名护理保险等关联信息的使用人或作为匿名护理保险等关联信息的使用人的主体，不得擅自使得他人知晓在使用匿名护理保险等关联信息过程中所得知的信息内容，也不得将其用于不当目的。

第 118 条之 8（进入相关场所开展检查等）

1. 在本章规定施行的必要限度范围内，厚生劳动大臣可命令匿名护理保险等关联信息的使用人（其他国家行政机关除外。本款以下及下一条亦同）提交或出示报告、账簿文件，要求职员对匿名护理保险等关联信息的使用人进行质问，进入匿名护理保险等关联信息的使用人的事务所、与匿名护理保险等关联信息的使用相关的其他场所，对账簿文件及其他物件进行检查。

2. 第 24 条第 3 款的规定准用于前款所规定的质问和检查，该条第 4 款的规定准用于前款所规定的权限。

第 118 条之 9（改正命令）

匿名护理保险等关联信息的使用人在违反第 118 条之 4 至第 118 条之 7 的规定时，厚生劳动大臣可命令匿名护理保险等关联信息的使用人采取必要的改正措施。

第 118 条之 10（对支付基金等的委托）

对于下列事务：与第 118 条之 2 第 1 款所规定的调查及分析、第 118 条之 3 第 1 款所规定的使用或提供相关的全部或部分事务，厚生劳动大臣可将其委托至社会保险诊疗报酬支付基金法（1948 年法律第 129 号）所规定的社会保险诊疗报酬支付基金（以下简称"支付基金"）、联合会、厚生劳动省令所规定的其他主体（下一条简称"支付基金等"）实施。

第 118 条之 11（手续费）

1. 匿名护理保险等关联信息的使用人应在考虑实际费用的基础上，向国家（根据前条的规定接受厚生劳动大臣的委托，支付基金等根据第 118 条之 3 第 1 款的规定，实施与提供匿名护理保险等关联信息相关的全部或部分事务时，为支付基金等）缴纳政令所规定数额的手续费。

2. 准备缴纳前款所规定手续费的主体为都道府县时，为政令所规定的在提升国民保健医疗水平、增进国民福祉方面发挥重要作用的其他主体时，厚生劳动大臣应根据政令的规定，减少或免除手续费。

3. 根据第 1 款的规定向支付基金等所缴纳的手续费，构成支付基金等的收入。

第 119 条（都道府县知事的建议等）

1. 针对市町村护理保险事业计划制订层面的技术性事项，都道府县知事可向市町村提供必要建议。

2. 针对都道府县护理保险事业帮助计划的制订方法、都道府县护理保险事业帮助计划制订层面的重要技术性事项，厚生劳动大臣可向都道府县提供必要建议。

第 120 条（国家的帮助）

市町村或都道府县，在准备实施市町村护理保险事业计划、都道府县护理保险事业帮助计划中所规定的事业时，为了该事业能够顺利地实施，国家应致力于提供必要信息、建议及其他帮助。

第 120 条之 2（都道府县的帮助）

1. 市町村按照第 117 条第 5 款的规定进行分析时，都道府县应致力于提供相关帮助。

2. 在被保险人所处区域内，为了都道府县内的市町村帮助被保险人独立开展日常生活，预防其陷入需要护理等状态，减轻需要护理等状态，防止需要护理等状态的恶化，促使护理给付等所需费用的合理化，都道府县应致力于开展厚生劳动省令所规定的帮助事业。

第八章 费用等

第一节 费用负担

第 121 条（国家的负担）

1. 针对护理给付、预防给付所需费用数额，国家应根据政令的规定，按照下列各项所列举费用的区分情形，向市町村负担各项所规定比例的费用。

（1）针对护理给付（下一项所规定护理给付除外）及预防给付（该项所规定预防给付除外）所需费用，负担比例为 20%。

（2）针对护理给付（限于与护理保险机构、特定机构居住者生活护理相关的护理给付）及预防给付（限于与护理预防特定机构居住者生活护理相关的预防给付）所需费用，负担比例为 15%。

2. 根据第 43 条第 3 款、第 44 条第 6 款、第 45 条第 6 款、第 55 条第 3 款、第 56 条第 6 款、第 57 条第 6 款的规定，市町村制定条例时，若适用前款的规定，该款所规定的护理给付、预防给付所需费用数额，相当于在不采取该条例所规定措施的情形下，按照政令的规定所计算的护理给付、预防给付所需费用数额。

第 122 条（调整交付金等）

1. 为了对护理保险的财政进行调整，在考虑到第一号被保险人的年龄层分布状况、第一号被保险人所得分布状况等基础之上，国家应按照政令的规定，要求市町村交付调整交付金。

2. 前款所规定的调整交付金的总额，相当于前条第 1 款所规定的各市町村的护理给付、预防给付所需费用数额（适用该条第 2 款的规定时，为适用该款规定所计算出的数额。下一款亦同）总额的 5%。

3. 每年度应交付的调整交付金的总额为：自相当于前条第 1 款所规定的该年度内各市町村护理给付、预防给付所需费用预估额总额的 5% 的数额中，加上该年度的前 1 年度之前年度尚未交付的调整交付金，或扣除所交付的超过该年度的前 1 年度之前年度所应交付金额的数额。

第 122 条之 2

1. 国家应按照政令的规定，向市町村交付相当于护理预防・日常生活帮助综合事业所需费用的 20% 的数额。

2. 为了对护理保险的财政进行调整,针对护理预防·日常生活帮助综合事业所需费用数额,在考虑到第一号被保险人年龄层分布状况、第一号被保险人所得分布状况等,国家应按照政令的规定,向市町村交付所计算数额的费用。

3. 根据前款的规定所交付费用的总额[包含根据社会福祉法第 106 条之 8(限于与第 2 项相关的部分)所交付的数额],相当于各市町村的护理预防·日常生活帮助综合事业所需费用总额的 5%。

4. 按照政令的规定,国家向市町村所交付的数额为:以第 125 条第 1 款第 2 项中被保险人负担率加上 50%,再以相加后所得比率乘以区域帮助事业(护理预防·日常生活帮助综合事业除外)所需费用数额,得到某一数额(以下简称"特定区域帮助事业帮助额"),再以此数额乘以 50%。

第 122 条之 3

1. 除前 2 条所作规定外,在被保险人所处区域内,为了市町村帮助其独立开展日常生活、预防其陷入需要护理等状态,减轻需要护理等状态,防止需要护理等状态的恶化,促使护理给付等所需费用的合理化,国家应按照政令的规定,在预算范围内向市町村交付交付金。

2. 为了都道府县根据第 120 条之 2 第 1 款的规定提供帮助、采取与根据该条第 2 款规定所开展的事业相关的措施,国家应按照政令的规定,在预算范围内向都道府县交付交付金。

第 123 条(都道府县的负担等)

1. 针对护理给付、预防给付所需费用数额,都道府县应按照政令的规定,分别按照下列各项所列举费用的区分情形,向市町村负担各项所规定比例的费用。

(1)针对护理给付(下一项所列举护理给付除外)及预防给付(该项所列举预防给付除外)所需费用,为 12.5%。

(2)针对护理给付(限于与护理保险机构、特定机构居住者生活护理相关的护理给付)及预防给付所需费用(限于与护理预防特定机构居住者生活护理相关的预防给付),为 17.5%。

2. 第 121 条第 2 款的规定,准用于前款所规定的护理给付、预防给付所需费用数额。

3. 都道府县应当按照政令的规定,向市町村交付相当于护理预防·日常生活帮助综合事业所需费用 12.5%的数额。

4. 都道府县应按照政令的规定,向市町村交付相当于特定区域帮助事业帮助额 25%的数额。

第 124 条 (市町村一般会计中的负担)

1. 市町村应按照政令的规定,在其一般会计中,负担相当于护理给付、预防给付所需费用 12.5%的数额。

2. 第 121 条第 2 款的规定,准用于前款所规定的护理给付、预防给付所需费用数额。

3. 市町村应按照政令的规定,在其一般会计中,负担相当于护理预防·日常生活帮助综合事业所需费用 12.5%的数额。

4. 市町村应按照政令的规定,在其一般会计中,负担相当于特定区域帮助事业帮助额 25%的数额。

第 124 条之 2 (转入市町村的特别会计等)

1. 针对收入所得较少的主体,市町村应根据政令的规定,按照条例的规定,基于所开展的对保险费的减额课征,对于与第一号被保险人相关的保险费所减去数额的总额为基础,按照政令的规定,将所计算出的数额自一般会计中转入与护理保险相关的特别会计中。

2. 国家应按照政令的规定,负担相当于前款所规定转入金 1/2 的数额。

3. 都道府县应按照政令的规定,负担相当于第 1 款所规定转入金 1/4 的数额。

第 124 条之 3 (与住所地特殊适用被保险人相关的区域帮助事业所需费用的负担金)

针对市町村所提供护理保险的住所地特殊适用被保险人,就该住所地特殊适用被保险人入住的住所地特殊对象机构所在的机构所在市町村开展区域帮助事业所需费用,市町村应负担按照政令的规定所计算出的区域帮助事业所需费用数额。

第 125 条 (护理给付费交付金)

1. 在与市町村的护理保险有关的特别会计所负担的费用中,针对护理给付、预防给付所需费用数额,乘以第二号被保险人负担率得到某一数额 (以下简称"医疗保险缴纳对象额"),针对此部分数额,应按照政令的规定，以支付基金应向市町村交付的护理给付费交付金用以抵充。

2. 在确定前款所规定的第二号被保险人负担率时，应以与所有市町村相关的第二号被保险人预估量总数占与所有市町村相关的被保险人预估量的总数的比例，乘以 1/2，得到某一比率，并以此为基准，由政令每 3 年作一次规定。

3. 第 121 条第 2 款的规定，准用于第 1 款所规定的护理给付、预防给付所需费用数额。

4. 针对第 1 款所规定的护理给付费交付金，应由根据第 150 条第 1 款，支付基金收所收取的缴纳金用以抵充。

第 126 条（区域帮助事业帮助交付金）

1. 在与市町村的护理保险相关的特别会计所负担的费用中，以护理预防·日常生活帮助综合事业所需费用数额，乘以前条第 1 款第二号被保险人负担率得到某一数额（以下简称"护理预防·日常生活帮助综合事业医疗保险缴纳对象额"），对于此部分数额，应按照政令的规定，由支付基金向市町村交付的区域帮助事业帮助交付金用以抵充。

2. 针对前款的区域帮助事业帮助交付金，应由根据第 150 条第 1 款，支付基金所收取的缴纳金用以抵充。

第 127 条（国家的补助）

除第 121 条至第 122 条之 3、第 124 条之 2 所作规定外，国家可在预算范围内对护理保险事业所需部分费用提供补助。

第 128 条（都道府县的补助）

除第 123 条、第 124 条之 2 所作规定外，都道府县可对护理保险事业所需部分费用提供补助。

第 129 条（保险费）

1. 为了筹足护理保险事业所需费用（包含因财政安定化基金互助金的缴纳所需费用），市町村应当收取保险费。

2. 在向第一号被保险人课征前款所规定的保险费时，应按照基于政令所确定的基准、条例的规定所计算出的保险费率，计算出保险费数额，并进行课征。

3. 应当基于市町村护理保险事业计划所规定护理给付等对象服务的预估量等，参照所计算出的保险给付所需费用的预估额、财政安定化基金互助金的缴纳所需费用的预估额、偿还根据第 147 条第 1 款第 2 项的规定自都道府县借入金额所需费用的预估额、区域帮助事业及保健福祉事业所需费用的预估额、第一号被保险人所得分布状况及预测情况、国库负担等的数额,确定前款的保险费率,以使得所确定的保险费率能够维持大约 3 年的财政平衡。

4. 无论第 1 款作何规定,市町村不得向第二号被保险人收取保险费。

第 130 条（课征日期）

保险费课征日期为每年度的第 1 天。

第 131 条（保险费的收取方法）

第 129 条所规定保险费的收取,除根据第 135 条的规定采取特别收取 [特别收取指的是,在提出政令所规定的国民年金法中的老龄基础年金给付、该法、厚生年金保险法中的以老龄、残疾、死亡为给付事由的年金给付,由政令所规定的与这些年金给付相似的以老龄、退休、残疾、死亡为给付事由的年金给付（以下简称"老龄等年金给付"）时,要求提出给付的主体（以下简称"年金保险人"）收取保险费。以下亦同] 方法的情形外,应当采取普通收取 [指的是,对被课征保险费的第一号被保险人、第一号被保险人所属家庭的户主、第一号被保险人的配偶（包含虽然尚未提出结婚申请,但具有事实婚姻关系的主体。以下亦同),根据地方自治法第 231 条的规定,向其发出缴纳通知,进而收取保险费。以下亦同] 方法。

第 132 条（与普通收取相关的保险费缴纳义务）

1. 市町村在准备通过普通收取方法收取第一号被保险人的保险费时,第一号被保险人应当缴纳保险费。

2. 市町村在准备通过普通收取方法收取属于某一家庭的第一号被保险人的保险费时,户主对保险费缴纳义务承担连带责任。

3. 市町村在准备通过普通收取方法收取作为第一号被保险人的另一方的保险费时,配偶一方对保险费缴纳义务承担连带责任。

第 133 条（与普通收取相关的保险费的缴纳期限）

按照普通收取方法所收取保险费的缴纳期限,由市町村条例作出规定。

第 134 条（年金保险人对市町村的通知）

1. 每年在厚生劳动省令所规定期限之前,年金保险人应将当年 4 月 1 日自年金保险人处可获得老龄等年金给付的 65 岁以上（下列所列举情形除外）主体的姓名、住所、厚生劳动省令所规定的其他事项，向接受年金给付的主体在该日住所所在的市町村［根据第13条第1款、第2款的规定，接受年金给付的主体为其他市町村所提供护理保险的第一号被保险人之时，为其他市町村。下一款（第3项除外）至第6款、第9款亦同］作出通知。

（1）自当年6月1日至次年5月31日的期间内，应当获得的老龄等年金给付数额的总额，未满在当年4月1日政令所规定的数额。

（2）按照其他法律的规定，享有获得老龄等年金给付的权利被用以担保，或符合厚生劳动省令所规定的其他情形。

2. 每年在厚生劳动省令所规定的期限之前，年金保险人应将当年4月2日至6月1日的期间内，符合下列各项所规定情形之一的主体（包含当年3月1日至4月1日的期间内，符合第1项所规定情形，且在当年4月1日，未自年金保险人处获得老龄等年金给付的主体。以自当年8月1日至次年5月31日的期间内，应当获得的老龄等年金给付数额的总额为基础，按照厚生劳动省令的规定所计算出的年金预估额，在当年6月1日未满政令规定数额时，或符合前款第2项所规定情形的除外）的姓名、住所、厚生劳动省令所规定的其他事项，向该主体在当年6月1日住所所在的市町作出通知。

（1）获得享有老龄等年金给付权利的裁定时，自年金保险人处获得老龄等年金给付的65岁以上的主体。

（2）自年金保险人处获得老龄等年金给付的主体，已经达到65岁（限于65岁以后也继续享有老龄等年金给付受领权的主体）。

（3）65岁以上的自年金保险人处获得老龄等年金给付的主体，向年金保险人提出跨越市町村区域的住所变更申报。

3. 每年在厚生劳动省令所规定的期限之前，年金保险人应将当年6月2日至8月1日期间内，符合前款各项所规定情形之一的主体（以自当年10月1日至次年5月31日的期间内，应当获得的老龄等年金给付数额的总额为基础，按照厚生劳动省令的规定所计算的年金预估额，在当年8月1日未满政令所规定的数额时，或符合第1款第2项所规定情形的主体除外）的姓名、住所、厚生劳动省令所规定的其他事项，向该主体在当年8月1日住所所在的市町村作出通知。

4. 每年在厚生劳动省令所规定的期限之前，年金保险人应将当年8

月 2 日至 10 月 1 日的期间内，符合第 2 款各项所规定情形之一的主体（以自当年 12 月 1 日至次年 5 月 31 日的期间内，应当获得的老龄等年金给付数额的总额为基础，按照厚生劳动省令的规定所计算出的年金预估额，未满当年 10 月 1 日政令所规定数额时，或符合第 1 款第 2 项情形的主体除外）的姓名、住所、厚生劳动省令所规定的其他事项，向该主体在当年 10 月 1 日住所所在的市町村作出通知。

5. 每年在厚生劳动省令所规定的期限之前，年金保险人应将前 1 年的 10 月 2 日至 12 月 1 日的期间内，符合第 2 款各项所规定情形之一的主体（以自当年 2 月 1 日至 5 月 31 日的期间内，应当获得的老龄等年金给付数额的总额为基础，按照厚生劳动省令的规定所计算的年金预估额，未满前 1 年 12 月 1 日政令所规定的数额时，或符合第 1 款第 2 项所规定情形的主体除外）的姓名、住所、厚生劳动省令所规定的其他事项，向该主体在前 1 年的 12 月 1 日住所所在的市町村作出通知。

6. 每年在厚生劳动省令所规定的期限之前，年金保险人应将前 1 年 12 月 2 日至当年 2 月 1 日的期间内，符合第 2 款各项所规定情形之一的主体（以自当年 4 月 1 日至 5 月 31 日的期间内，应当获得的老龄等年金给付数额的总额为基础，按照厚生劳动省令的规定所计算出的年金预估额，未满当年 2 月 1 日政令所规定的数额时，或不符合第 1 款第 2 项所规定情形的主体除外）的姓名、住所、厚生劳动省令所规定的其他事项，向该主体在当年 2 月 1 日住所所在的市町村作出通知。

7. 年金保险人（限于厚生劳动大臣）在作出前面各项所规定的通知时，应按照政令的规定，经由联合会、国民健康保险法第 45 条第 6 款中厚生劳动大臣指定的法人（以下简称"指定法人"）作出。

8. 年金保险人［厚生劳动大臣、地方公务员互助组合（包含全国市町村职员互助组合联合会。第 10 款、第 136 条第 3 款、第 6 款、第 137 条第 2 款中亦同）除外］在作出第 1 款至第 6 款所规定的通知之时，可在获得厚生劳动大臣的同意后，经由厚生劳动大臣作出应由年金保险人进行的全部通知。

9. 按照前款的规定，经由厚生劳动大臣向市町村作出通知时，应按照政令的规定，经由联合会及指定法人实施。

10. 地方公务员互助组合根据第 1—6 款的规定作出通知之时，应按照政令的规定，经由联合会、指定法人、地方公务员互助组合联合会实施。

11. 厚生劳动大臣在作出第 8 款所规定的同意后，应当对与同意相关的年金保险人（第 136 条中简称"特定年金保险人"）进行公示。

12. 年金保险人（限于厚生劳动大臣）可要求日本年金机构，实施与第 1—6 款所规定通知相关的事务（包含根据第 8 款规定，与经由其他主体实施相关的事务。该通知除外）。

13. 厚生年金保险法第 100 条之 10 第 2 款、第 3 款的规定，准用于前款所规定的事务。

第 135 条（保险费的特别收取）

1. 根据前条第 1 款的规定作出通知之时，市町村应通过特别收取方法，向与通知相关的第一号被保险人（因灾害或其他特殊事由难以通过特别收取方法收取保险费的情形、政令所规定的其他情形除外。下一款及第 3 款亦同）收取当年度的全部保险费（厚生劳动省令进行规定时，则为部分）。不过，与通知相关的第一号被保险人较少、存在其他特殊事由时，若在市町村中并不适宜采取特别收取方法，则无须采取特别收取方法。

2. 在根据前条第 2 款或第 3 款的规定作出通知之时，市町村（前款但书所规定的市町村除外。下一款亦同）可通过特别收取方法，向与通知相关的第一号被保险人收取当年度的部分保险费。

3. 根据前条第 2 款、第 3 款的规定作出通知时（根据前款的规定，通过特别收取方法，向与通知相关的第一号被保险人，收取当年度的部分保险费时除外）、根据该条第 4—6 款的规定作出通知时，针对与通知相关的第一号被保险人，若已给付下一年度的第 1 日至 9 月 30 日的期间内，与通知相关的老龄等年金给付，市町村应按照厚生劳动省令的规定，将给付次数保险费预估额（当存在该数额被认为不合理等特殊事由之时，根据所得状况、其他相关情况，由市町村确定数额）作为与给付相关的保险费数额，并通过特别收取方法予以收取。

4. 对于第一号被保险人，应按照如下方式，计算前款所规定的给付次数保险费预估额：以当年度的保险费数额为基础，按照厚生劳动省令的规定所计算出的数额，除以下一年度的第 1 日（对于与根据前条第 5 款的规定作出的通知相关的第一号被保险人，为当年度的 6 月 1 日，对于与根据该条第 6 款的规定作出的通知相关的被保险人，为当年度的 8 月 1

日）至9月30日的期间内老龄等年金给付的次数，所得数额即为前款中的给付次数保险费预估额。

5. 根据第1款主文、第2款或第3款的规定，市町村准备通过特别收取方法收取保险费时，针对第1款主文、第2款或第3款所规定的第一号被保险人（以下简称"特别收取对象被保险人"），应当向与特别收取对象被保险人相关的年金保险人（以下简称"特别收取义务人"）收取保险费。

6. 针对同一特别收取对象被保险人，根据前条第1—6款的规定作出通知，与通知相关的老龄等年金给付（以下简称"特别收取对象年金给付"）存在2项以上之时，市町村应按照政令的规定，就1项特别收取对象年金给付收取保险费。

第136条（特别收取额的通知等）

1. 根据第134条第1款的规定作出通知之时，若市町村准备根据前条第1款、第5款、第6款（限于与该条第1款相关的部分）通过特别收取方法收取保险费，应将下列事项向特别收取义务人、特别收取对象被保险人作出通知：通过特别收取方法收取与特别收取对象被保险人相关的保险费的事项、与特别收取对象被保险人相关的给付次数保险费数额、厚生劳动省令所规定的其他事项。

2. 前款所规定的给付次数保险费数额应按照下列方式进行计算：按照厚生劳动省令的规定，针对特别收取对象被保险人，自通过特别收取方法收取的保险费数额（以下简称"特别收取对象保险费数额"）中，扣除下列数额，根据前条第3款、第140条第1款、第2款的规定，当年4月1日至9月30日的期间内所收取保险费的总额；以扣除后所得数额，除以当年10月1日至次年3月31日的期间内的特别收取对象年金给付的给付次数，所得数额即为给付次数保险费数额。

3. 根据第1款的规定向特别收取义务人作出的通知（与厚生劳动大臣、特定年金保险人、地方公务员互助组合相关的通知除外），应在当年度第1日所属年份的8月31日之前作出。

4. 根据第1款的规定向特别收取义务人作出的通知（限于与厚生劳动大臣相关的通知），应按照政令的规定，经由联合会、指定法人至当年度第1日所属年份的7月31日之前作出。

5. 根据第1款的规定向特别收取义务人作出的通知（限于与特定年

金保险人相关的通知），应按照政令的规定，经由联合会、指定法人、厚生劳动大臣至当年度第 1 日所属年份的 7 月 31 日之前作出。

6. 根据第 1 款的规定向特别收取义务人作出的通知（限于与地方公务员互助组合相关的通知），应按照政令的规定，经由联合会、指定法人、地方公务员互助组合联合会至当年度第 1 日所属年份的 7 月 31 日之前作出。

7. 厚生劳动大臣应要求日本年金机构，实施与第 1 款所规定通知的受理相关的事务（包含与根据第 5 款的规定经由其他主体实施相关的事务，但该受理除外）。

8. 厚生年金保险法第 100 条之 10 第 2 款、第 3 款的规定，准用于前款所规定的事务。

第 137 条（通过特别收取方法所收取保险费的缴纳义务等）

1. 特别收取义务人收到根据前条第 1 款的规定所作出的通知时，应按照厚生劳动省令的规定，自当年 10 月 1 日至次年 3 月 31 日的期间内，在提出特别收取对象年金给付时收取该款所规定的给付次数保险费，在收取之日所属之月的次月的 10 日内，特别收取义务人负有将该款所规定的给付次数保险费向市町村缴纳的义务。

2. 根据前款的规定向市町村缴纳保险费时，地方公务员互助组合可经由地方公务员互助组合联合会实施。

3. 在提出特别收取对象年金给付时，若特别收取义务人按照第 1 款的规定，向市町村缴纳相当于未能自特别收取对象被保险人处所收取的保险费，可将相当于未能收取的保险费数额，自缴纳以后向特别收取对象被保险人所应提出的特别收取对象年金给付中予以扣除。

4. 根据第 135 条的规定，与特别收取义务人所应收取的保险费相关的特别收取对象被保险人，自特别收取义务人处未获得特别收取对象年金给付时，或在厚生劳动省令所规定的其他情形下，针对自该事由发生之日所属月份的次月之后所应收取的保险费，特别收取义务人不负有收取、缴纳保险费的义务。

5. 在前款所规定的场合下，特别收取义务人，应按照厚生劳动省令的规定，将下列事项向应收取与特别收取相关的缴纳金的市町村作出通知：未获得特别收取对象年金给付的特别收取对象被保险人、厚生劳动省令所规定其他主体的姓名、与特别收取对象被保险人相关的保险费收取的实绩、其他必要事项。

6. 特别收取义务人应按照厚生劳动省令的规定,根据第 1 款的规定,将所收取的给付次数保险费数额,向特别收取对象被保险人作出通知。

7. 特别收取义务人(限于厚生劳动大臣),应要求日本年金机构实施第 1 款、第 4 款所规定的与收取、缴纳相关的事务(该收取及缴纳除外)。

8. 厚生年金保险法第 100 条之 10 第 2 款、第 3 款的规定,准用于前款所规定的事务。

9. 第 134 条第 7—13 款的规定,准用于第 5 款所规定的通知,该条第 12 款及第 13 款的规定,准用于第 6 款所规定的特别收取义务人(限于厚生劳动大臣)的通知。

第 138 条 (被保险人资格丧失等场合下向市町村的特别收取义务人等的通知)

1. 根据第 136 条第 1 款的规定,将给付次数保险费数额向特别收取义务人作出通知之后,与通知相关的特别收取对象被保险人丧失被保险人资格时,或在厚生劳动省令所规定的其他场合下,市町村应按照厚生劳动省令的规定,向特别收取义务人、特别收取对象被保险人作出通知。

2. 第 136 条第 4—8 款的规定,准用于根据前款的规定向特别收取义务人作出通知。此时,这些规定中必要的文字变更,由政令进行规定。

3. 特别收取义务人收到第 1 款所规定的通知时,对于收到通知之日以后的特别收取对象保险费,不负有收取、缴纳义务。此时,特别收取义务人,应当立即将与涉及通知的特别收取对象被保险人相关的保险费收取实绩、其他必要事项,向作出通知的市町村进行通知。

4. 第 134 条第 7—13 款的规定,准用于前款所规定的通知。

第 139 条 (普通收取保险费数额的转入)

1. 因第一号被保险人未能获得特别收取对象年金给付等原因,导致无法通过特别收取方法收取保险费时,针对相当于无法通过特别收取方法所收取的保险费数额,在无法通过特别收取方法进行收取之日以后,若存在第 133 条所规定的缴纳期限,市町村应在缴纳期限内,通过普通收取方法进行收取;若不存在第 133 条所规定的缴纳期限,市町村应立即通过普通收取方法进行收取。

2. 特别收取义务人向市町村缴纳的第一号被保险人的保险费数额的

总额，超过应通过特别收取方法向第一号被保险人所收取的保险费数额（包含不存在通过特别收取方法收取的保险费的情形）时，市町村应将多缴、误缴的保险费数额（因第一号被保险人死亡而产生多缴或误缴的保险费数额时，自多缴或误缴的保险费数额中，将按照厚生劳动省令的规定所计算出的数额予以扣除，扣除后的数额即为此项保险费数额。下一款简称"错误缴纳的保险费数额"）返还至第一号被保险人。

3. 市町村应根据前款的规定返还错误缴纳的保险费数额之时，若存在第一号被保险人未缴纳的保险费、法律所规定的其他收取金，无论该款作何规定，市町村可按照厚生劳动省令的规定，将错误缴纳的部分用以抵充第一号被保险人未缴纳的保险费、法律所规定的其他收取金。

第 140 条（假收取）

1. 自前 1 年度第 1 日所属年份的 10 月 1 日至次年 3 月 31 日的期间内，在提出特别收取对象年金给付时，若已向第一号被保险人收取第 136 条第 1 款所规定的给付次数保险费，自当年度第 1 日至当年度第 1 日所属年份的 5 月 31 日的期间内，提出与给付次数保险费的收取相关的老龄等年金给付时，市町村应按照厚生劳动省令的规定，将相当于给付次数保险费的数额，作为与给付相关的保险费数额，并通过特别收取方法予以收取。

2. 对于前款所规定的第一号被保险人，自当年度第 1 日所属年份 6 月 1 日至 9 月 30 日的期间内，在提出该款所规定的老龄等年金给付时，市町村应将该款所规定的与第一号被保险人相关的相当于给付次数保险费的数额（存在此项数额被认为不合理等特别情形时，应考虑到所得状况、其他情况，由市町村确定数额），作为与给付相关的保险费数额，并按照厚生劳动省令的规定，通过特别收取方法予以收取。

3. 第 136 条至前条（第 136 条第 2 款除外）的规定，准用于前 2 款所规定的特别收取。此时，这些规定中必要的文字变更，应由政令作出规定。

4. 针对第 1 款所规定的特别收取，视为存在前款所准用的第 136 条所规定的通知，针对第 2 款所规定的特别收取，在期限届满之前，不存在前款所准用的该条所规定的通知时，应将相当于第 2 款所规定的给付次数保险费的数额，作为与第 1 款所规定的老龄等年金给付相关的保险费，并视为根据该条的规定就通过特别收取方法予以收取作出通知。

第 141 条（针对入住住所地特殊对象机构的被保险人特例，向特别收取义务人作出通知）

1. 市町村所提供护理保险的特别收取对象被保险人为住所地特殊适用被保险人时，市町村应立即向与特别收取对象被保险人相关的特别收取义务人作出通知。

2. 第 136 条第 4—8 款的规定，准用于前款所规定的对特别收取义务人的通知。此时，这些规定中必要的文字变更，由政令进行规定。

第 141 条之 2（对政令的委任）

根据第 134 条第 2—6 款的规定作出通知之时，若市町村准备通过第 135 条第 2—6 款所规定的特别收取方法收取保险费，针对特别收取数额的通知、通过特别收取方法所收取保险费的缴纳义务、其他处理措施，由政令进行规定。

第 142 条（保险费的减免等）

市町村可按照条例的规定，对存在特殊理由的主体减免保险费，或暂缓收取保险费。

第 143 条（地方税法的准用）

地方税法第 9 条、第 13 条之 2、第 20 条、第 20 条之 2、第 20 条之 4 的规定，准用于保险费、依据本法的规定所收取的其他收取金（第 150 条第 1 款所规定的缴纳金、第 157 条第 1 款所规定的迟延金除外）。

第 144 条（滞纳处分）

市町村所收取的保险费、本法所规定的其他收取金，应作为地方自治法第 231 条之 3 第 3 款中法律所规定的收入。

第 144 条之 2（保险费收取的委托）

对于市町村通过普通收取方法收取保险费的事务，限于有助于确保收入、增进第一号被保险人便利时，市町村可按照政令的规定，将此部分事务委托至私人实施。

第 145 条（保险费缴纳原件）

市町村应保存保险费缴纳原件，在保险费缴纳原件中记载第一号被保险人的姓名、住所、保险费的缴纳状况、厚生劳动省令所规定的其他事项。

第 146 条（对条例等的委任）

除本节所作规定外，针对与保险费的课征、收取等相关的事项（与特别收取相关的事项除外），应按照政令所确定的基准，由条例进行规定，针对与特别收取相关的必要事项，应按照政令或政令所确定的基准，由条例进行规定。

第二节　财政安定化基金等

第 147 条（财政安定化基金）

1. 为筹足因护理保险财政的安定化所开展事业的下列必要费用，都道府县应当设置财政安定化基金。

（1）在市町村中，同预定保险费收取额相比，预计实际保险费收取额不足之时，而且，同基金事业对象费用额相比，预计基金事业对象收入额不足之时，应要求市町村按照政令的规定，以相当于第一所规定数额（第一所规定数额超过第二所规定的数额时，为第二所规定的数额）的 1/2 为基础，考虑到市町村以及其他市町村中保险费的收取状况，交付按照政令的规定所计算出的费用。

第一，实际保险费收取额与预定保险费收取额之间差额的预估额。

第二，基金事业对象收入额与基金事业对象费用额之间差额的预估额。

（2）市町村中基金事业对象收入额、基金事业对象交付额的总额，预计相较于基金事业对象费用额不足时，应按照政令的规定，以预计不足的数额为基础，考虑到市町村以及其他市町村中保险费的收取状况，向市町村出借按照政令的规定所计算出数额范围内的款项。

2. 前款中下列各项用语的意义，根据各项的规定予以确定。

（1）预定保险费收取额，指的是在市町村所制订的市町村护理保险事业计划的计划期间（以下简称"计划期间"）内，预计市町村所收取的保险费数额的总额中，为了筹足护理给付及预防给付所需费用数额、区域帮助事业所需费用数额、缴纳财政安定化基金互助金所需费用数额、因偿还根据前款第 2 项的规定自都道府县所借入金额（本款以下及下一款简称"基金事业借入金"）所需费用数额，按照政令的规定所计算出的数额。

（2）实际保险费收取额，指的是在计划期间内，市町村所收取保险费数额的总额中，为了筹足护理给付及预防给付所需费用数额、区域帮助事业所需费用数额、缴纳财政安定化基金互助金所需费用数额、偿还基金事业借入金所需费用数额,按照政令的规定所计算出的数额。

(3) 基金事业对象收入额,指的是在与市町村护理保险相关的特别会计中的计划期间内,在所取得数额(第 5 项中的基金事业交付额及基金事业借入金数额除外)的总额中,为了筹足护理给付及预防给付所需费用数额、区域帮助事业所需费用数额、缴纳财政安定化基金互助金所需费用数额、偿还基金事业借入金所需费用数额,按照政令的规定所计算出的数额。

(4) 基金事业对象费用额,指的是在市町村的计划期间内,按照政令的规定所计算出的护理给付及预防给付所需费用数额、区域帮助事业所需费用数额、缴纳财政安定化基金互助金所需费用数额、偿还基金事业借入金所需费用数额的总额。

(5) 基金事业交付额,指的是市町村在计划期间内根据前款第 1 项的规定所受领的数额。

3. 为了筹足财政安定化基金,都道府县应按照政令的规定,向市町村收取财政安定化基金互助金。

4. 市町村负有缴纳前款所规定的财政安定化基金互助金的义务。

5. 都道府县应按照政令的规定,将相当于根据第 3 款的规定自市町村所收取的财政安定化基金互助金总额 3 倍的金额,转入财政安定化基金。

6. 国家应按照政令的规定,负担相当于前款所规定都道府县所转入金额 1/3 的金额。

7. 自财政安定化基金所取得的收入,应当全部作为财政安定化基金。

8. 第 121 条第 2 款的规定,准用于第 2 款第 1 项所规定的护理给付及预防给付所需费用数额、该款第 2—4 项所规定的护理给付及预防给付所需费用数额。

第 148 条 (市町村相互财政安定化事业)

1. 为了实现护理保险财政的安定化,在与护理保险相关特别会计所负担的费用中,针对护理给付及预防给付所需费用(针对与根据第 43 条第 3 款、第 44 条第 6 款、第 45 条第 6 款、第 55 条第 3 款、第 56 条第 6 款、第 57 条第 6 款的规定,制定条例的市町村相关护理给付及预防给付所需费用,指的是未采取该条例所规定的措施时,而按照政令的规定所计算出的护理给付及预防给付所需费用。下一款亦同)、区域帮助事业所需费用、缴纳财政安定化基金互助金所需费用、偿还基金事业借入金所需费用的资金来源，市町村可按照政令的规定，基于调整保险费率，同其他市町村共同在市町村之间开展调整事业（本条以下及下一条简称"市町村相互财政安定化事业"）。

2. 若开展市町村相互财政安定化事业的市町村（本条以下及下一条第2款简称"特定市町村"），针对各自的第一号被保险人，按照依据调整保险费率所计算出的保险费数额收取保险费，在特定市町村的事业实施期间（指的是作为实施市町村相互财政安定化事业的期间，特定市町村按照下一款的规约所确定的3年为一期的期间。本款以下及第4款亦同）内所收取保险费数额的总额，应能与该事业实施期间内，特定市町村的护理给付及预防给付所需费用数额（针对护理给付及预防给付所需费用数额，根据第121条第1款、第122条第1款、第123条第1款、第124条第1款、第125条第1款的规定，国家、都道府县、市町村的一般会计及支付基金所负担或交付的费用除外）、区域帮助事业所需费用数额〔针对区域帮助事业所需费用数额，根据第122条之2第1款、第2款及第4款、第123条第3款及第4款、第124条第3款及第4款、第126条第1款的规定，国家、都道府县、市町村的一般会计及支付基金所负担或交付的费用〔包含根据社会福祉法第106条之8（限于与第1项至第3项相关的部分）及第106条之9（限于与第1项及第2项相关的部分）所交付的费用〕除外〕、缴纳财政安定化基金互助金所需费用数额、偿还基金事业借入金所需费用数额的总额保持均衡，同时应按照特定市町村依据政令所确定的基准，确定前款的调整保险费率。

3. 市町村在准备开展市町村相互财政安定化事业时，应根据议会决议，制定规约，并向都道府县知事进行申报。

4. 前款的规约，应当就下列事项作出规定。

（1）特定市町村。

（2）调整保险费率。

（3）事业实施期间。

（4）与市町村相互财政安定化事业相关的资金负担及交付方法。

（5）除前面各项所作规定外，与市町村相互财政安定化事业实施相关的必要事项。

5. 第3款的规定准用于准备变更该款的规约，或准备取消市町村相互财政安定化事业之时。

6. 根据第 129 条第 2 款的规定，特定市町村针对条例所规定的保险费率适用该条第 3 款的规定之时，该款中的"偿还根据第 147 条第 1 款第 2 项的规定自都道府县借入金额所需费用的预估额"变更为"偿还根据第 147 条第 1 款第 2 项的规定自都道府县借入金额所需费用的预估额、第 148 条第 1 款所规定的市町村相互财政安定化事业所负担数额的预估额"，"国库负担额等的数额，以使得所确定的保险费率能够维持大约 3 年的财政平衡"变更为"国库负担等的数额、该款所规定的市町村相互财政安定化事业所交付数额的预估额等，以使得所确定的保险费率能够维持大约在第 148 条第 2 款所规定的事业实施期间的财政平衡"。

7. 针对特定市町村适用前条第 2 款的规定时，该款第 1 项中的"因偿还根据前款第 2 项的规定自都道府县所借入金额（本款以下及下一款简称'基金事业借入金'）所需费用数额"变更为"因偿还根据前款第 2 项的规定自都道府县所借入金额（本款以下及下一款简称'基金事业借入金'）所需费用数额、市町村相互财政安定化事业（指的是下一条第 1 款所规定的市町村相互财政安定化事业。本款以下亦同）所负担的数额"、该款第 2 项中的"偿还基金事业借入金所需费用数额"变更为"偿还基金事业借入金所需费用数额以及由市町村相互财政安定化事业所负担的数额"，该款第 3 项中的"所取得数额（第 5 项中的基金事业交付额及基金事业借入金数额除外）"变更为"所取得数额（包含市町村相互财政安定化事业所交付的金额，第 5 项中的基金事业交付额、基金事业借入金数额除外）"，"偿还基金事业借入金所需费用数额"变更为"偿还基金事业借入金所需费用数额以及由市町村相互财政安定化事业所负担的数额"，该款第 4 项中的"偿还基金事业借入金所需费用数额"变更为"偿还基金事业借入金所需费用数额以及由市町村相互财政安定化事业所负担的数额"。

8. 特定市町村可按照厚生劳动省令的规定，在市町村相互财政安定化事业中，将与资金负担及交付相关的部分事务委托至下列主体实施：特定市町村作为出资者或成员不以营利为目的的法人，且符合厚生劳动省令所规定要件的主体。

第 149 条

1. 在准备开展市町村相互财政安定化事业的市町村提出要求时，都道府县应回应其要求,在市町村之间进行必要的调整。

2. 都道府县可回应特定市町村的要求,针对与市町村相互财政安定化事业相关的调整保险费率基准,提供必要建议及信息。

第三节 医疗保险人的缴纳金

第 150 条 (缴纳金的收取及缴纳义务)

1. 为了筹足第 160 条第 1 款中业务所需费用,支付基金应当每年度(指的是每年 4 月 1 日至次年 3 月 31 日的期间。本节以下及下一章亦同)向医疗保险人(为国民健康保险时,为都道府县。下一款及第 161 条除外,以下亦同)收取护理给付费·区域帮助事业帮助缴纳金(以下简称"缴纳金")。

2. 为了筹足缴纳金,根据医疗保险相关法律或地方税法的规定,医疗保险人(为国民健康保险人时,为市町村)负有收取保险费、定期金、国民健康保险税的义务。

3. 医疗保险人负有缴纳缴纳金的义务。

第 151 条 (缴纳金的数额)

1. 根据前条第 1 款的规定,向各医疗保险人所收取的缴纳金数额,为当年度估算缴纳金数额。不过,前年度的估算缴纳金数额超过前年度的确定缴纳金数额时,为自该年度估算缴纳金数额部分,扣除超过数额及与超过数额相关的调整金的总额所得数额,前年度的估算缴纳金数额未达到前年度的确定缴纳金数额时,为未达到该年度的估算缴纳金数额的差额部分及与差额部分相关的调整金的总额。

2. 前款但书中的调整金数额指的是,考虑到前年度与所有的医疗保险人相关的估算缴纳金数额,与确定缴纳金数额之间的差额所生利息、其他情况,根据厚生劳动省令的规定,按照各医疗保险人所计算出的数额。

第 152 条 (估算缴纳金)

1. 前条第 1 款所规定的估算缴纳金数额,应分别按照下列各项所列举的医疗保险人的区分情形,确定为各项所规定的数额。

(1) 针对受雇人保险等的保险人(指的是与高龄者医疗确保相关法律第 7 条第 3 款所规定的受雇人保险等的保险人。以下亦同),为当年度内所有市町村的医疗保险缴纳对象额、护理预防·日常生活帮助综合事业医疗保险缴纳对象额预估额的总额,除以按照厚生劳动省令的规定,所计算出的当年度内与所有医疗保险人相关的第二号被保险人的预估数量总数,得到某一数额,再以所得数额乘以按照厚生劳动省令的规定,所计算出的当年度内与所有受雇人保险等的保险人相关的第二号被保险人预估数量总数,之后除以当年度内第一所规定数额,最后乘以当年度内第二所规定数额。

第一,与所有的受雇人保险等的保险人相关的第二号被保险人标准报酬额预估额(指的是按照厚生劳动省令的规定所计算出的第二号被保险人标准报酬额的预估额)的总额。

第二,与受雇人保险等的保险人相关的第二号被保险人标准报酬额的预估额。

(2)针对受雇人保险等的保险人以外的医疗保险人,为当年度内所有市町村的医疗保险缴纳对象额、护理预防·日常生活帮助综合事业医疗保险缴纳对象额预估额的总额,除以按照厚生劳动省令的规定,所计算出的当年度内与所有医疗保险人相关的第二号被保险人预估数量的总数,得到某一数额,再乘以按照厚生劳动省令的规定,所计算出的当年度内与医疗保险人相关的第二号被保险人的预估数量。

2. 前款第1项第一中的第二号被保险人标准报酬数额,为分别按照下列各项所规定的受雇人保险等的保险人区分情形,根据政令的规定,对各年度内各项所规定数额的总额,进行修正之后所得数额。

(1)针对全国健康保险协会及健康保险组合,为规范作为第二号被保险人的被保险人的健康保险法、船员保险法所规定的每月标准报酬数额及标准奖金额。

(2)针对互助组合,为规范作为第二号被保险人的组合成员的国家公务员互助组合法、地方公务员法等互助组合法,所规定的每月标准报酬数额及标准年终津贴等的数额。

(3)针对日本私立学校振兴·互助事业集团,为规范作为第二号被保险人的参加人的私立学校教职员互助法,所规定的每月标准报酬数额及标准奖金额。

(4)针对国民健康保险组合(限于与受雇人保险等的保险人相关的组合),为厚生劳动省令所规定的、相当于前3项针对作为第二号被保险人的组合成员所规定的数额。

第153条(确定缴纳金)

第151条第1款但书所规定的确定缴纳金的数额,为分别按照下列各项所规定的医疗保险人的区分情形，所计算出的各项中的数额。

（1）针对受雇人保险等的保险人，为前年度所有市町村的医疗保险缴纳对象额、护理预防·日常生活帮助综合事业医疗保险缴纳对象额的总额，除以按照厚生劳动省令的规定，所计算出的该年度内与所有医疗保险人相关的第二号被保险人的总数，得到某一数额，再以此项数额乘以按照厚生劳动省令的规定，所计算出的该年度内与所有受雇人保险等的保险人相关的第二号被保险人的总数，再除以该年度内第一所规定数额，最后乘以该年度内第二所规定数额。

第一，与所有受雇人保险等的保险人相关的第二号被保险人标准报酬数额（指的是前条第2款所规定的第二号被保险人标准报酬数额。第二中亦同）的总额。

第二，与受雇人保险等的保险人相关的第二号被保险人标准报酬数额。

（2）针对受雇人保险等的保险人以外的医疗保险人，为前年度内所有市町村的医疗保险缴纳对象额、护理预防·日常生活帮助综合事业医疗保险缴纳对象额的总额，除以按照厚生劳动省令的规定，所计算出的该年度内与所有医疗保险人相关的第二号被保险人的总数，得到某一数额，再以此项数额乘以按照厚生劳动省令的规定，所计算出的该年度内与医疗保险人相关的第二号被保险人的数量。

第154条（医疗保险人合并、分割或解散时缴纳金数额的特例）

针对因合并或分割而成立的医疗保险人、合并或分割后存续的医疗保险人、承继已经解散的医疗保险人权利义务的医疗保险人，缴纳金数额计算的特例由政令作出规定。

第155条（缴纳金数额的决定、通知等）

1. 支付基金应在每年度内决定各医疗保险人所应缴纳的缴纳金数额，将各医疗保险人所应缴纳的缴纳金数额、缴纳方法、缴纳期限、其他必要事项，向各医疗保险人作出通知。

2. 根据前款的规定确定缴纳金数额之后，若存在必要对缴纳金的数额进行变更，支付基金应变更各医疗保险人所应缴纳的缴纳金数额，并向各医疗保险人作出通知。

3. 医疗保险人所缴纳的缴纳金数额未满前款所规定的变更后的缴纳金数额时，对于不足的部分，支付基金应当根据该款的规定作出通知，与此同时，还应将缴纳方法、缴纳期限、其他必要事项作出通知，医疗保险人所缴纳的缴纳金数额超过该款所规定的变更后的缴纳金数额之时，对于超过的部分，当存在未缴纳的缴纳金、本法所规定的支付基金的其他收取金时，可用以抵充此部分金额，若仍存在剩余，且不存在未收取的收取金，应将剩余部分予以返还。

第156条（督促及滞纳处分）

1. 医疗保险人在应当缴纳的期限内未缴纳缴纳金时，支付基金应督促医疗保险人在指定期限内进行缴纳。

2. 支付基金根据前款的规定作出督促之时，应向医疗保险人发出督促状。此时，督促状指定的期限，自签发督促状之日起应超过10日。

3. 因第1款的规定受到督促的医疗保险人，在指定期限内尚未完全缴纳督促状中的缴纳金及下一条所规定的迟延金时，支付基金应按照政令的规定，请求厚生劳动大臣或都道府县知事进行收取。

4. 收到前款所规定的收取请求时，厚生劳动大臣或都道府县知事可准用国税滞纳处分相关规定作出处分。

第157条（迟延金）

1. 根据前条第1款的规定督促缴纳缴纳金时，支付基金应收取迟延金，迟延金根据如下方式计算：每年按照所督促缴纳金数额的14.5%的比例，自应缴纳之日的次日起至完全缴纳或财产被扣押之日的前1日期间内，根据迟延天数进行计算。不过，督促的缴纳金数额未满1000日元之时，不在此限。

2. 在前款所规定的场合下，已缴纳部分缴纳金时，针对缴纳之日以后的期间内迟延金的计算基础，应扣除已缴纳部分的数额。

3. 在计算迟延金数额时，若前2款所规定的缴纳金尾数未满1000日元，缴纳金尾数应予以舍弃。

4. 若根据前3款的规定所计算的迟延金数额尾数未满100日元，迟延金的尾数应予以舍弃。

5. 在符合下列各项所规定的情形之一时，不应收取迟延金。不过，在第3项所规定的场合下，限于停止执行、犹豫期间所对应的数额。

（1）在督促状的指定期限内完全缴纳缴纳金。

（2）迟延金数额未满100日元。

（3）针对缴纳金停止执行滞纳处分或处于暂停执行期间。

（4）因无法抗拒的事由而未缴纳缴纳金。

第 158 条（缴纳的犹豫）

1. 因无法抗拒的事由，导致医疗保险人缴纳缴纳金存在明显困难之时，支付基金可按照厚生劳动省令的规定，基于医疗保险人的申请，在取得厚生劳动大臣的承认后，自应缴纳之日 1 年以内的某项期间内，暂停要求其缴纳部分缴纳金。

2. 根据前款的规定，支付基金作出暂停缴纳的决定时，应当将暂停缴纳的事项、暂停缴纳的缴纳金数额、犹豫期间、其他必要事项向医疗保险人作出通知。

3. 根据第 1 款的规定，支付基金作出暂停缴纳的决定时，在犹豫期间内，针对暂停缴纳的缴纳金，不得再次作出第 156 条第 1 款所规定的督促、该条第 3 款所规定的收取请求。

第 159 条（通知）

1. 市町村应按照厚生劳动省令的规定，就各年度内医疗保险缴纳对象额、厚生劳动省令所规定的其他事项向支付基金作出通知。

2. 市町村可将前款所规定的通知事务委托至联合会实施。

第九章　社会保险诊疗报酬支付基金的护理保险关系业务

第 160 条（支付基金的业务）

1. 除社会保险诊疗报酬支付基金法第 15 条所规定的业务外，为了实现第 1 条所规定的目的，支付基金可开展下列业务。

（1）向医疗保险人收取缴纳金。

（2）向市町村交付第 125 条第 1 款所规定的护理给付费交付金。

（3）向市町村交付第 126 条第 1 款所规定的区域帮助事业帮助交付金。

（4）开展前 3 项中业务所附带的业务。

2. 前款所规定的业务，指的是护理保险关系业务。

第 161 条（业务的委托）

在得到厚生劳动大臣的许可后，支付基金可将部分护理保险关系业务，委托至由厚生劳动大臣所规定的医疗保险人加入的团体实施。

第 162 条（业务方法书）

1. 支付基金在开始开展护理保险关系业务之前，应制定业务方法书，并获得厚生劳动大臣的认可。在对业务方法书进行变更时，亦同。

2. 应记载于前款所规定业务方法书的事项，由厚生劳动省令进行规定。

第 163 条（报告等）

支付基金除可要求医疗保险人报告每年度内医疗保险参加人（限于 40 岁以上未满 65 岁的主体）的数量、厚生劳动省令所规定的其他事项外，若因开展第 160 条第 1 款第 1 项所列举的业务而存在必要，还可要求医疗保险人提交文件、其他物件。

第 164 条（经营管理的区分）

支付基金应区分与护理保险关系业务相关的经营及管理、与其他业务相关的经营及管理，并分别设置会计。

第 165 条（对预算等的认可）

支付基金应制定每个事业年度内护理保险关系业务预算、事业计划、资金计划，在该事业年度开始之前，应获得厚生劳动大臣的认可。对其进行变更时，亦同。

第 166 条（财务诸表等）

1. 支付基金应制定每个事业年度内护理保险关系业务的财产目录、资产负债表、损益计算书（本条以下简称"财务诸表等"），并在事业年度终了后向厚生劳动大臣提交，以获得其承认。

2. 根据前款的规定，支付基金将财物诸表提交至厚生劳动大臣时，应按照厚生劳动省令的规定，附上事业年度内的事业报告书、按照预算区分所制作的决算报告书、财务诸表、监事对于决算报告书的意见书。

3. 支付基金在获得第 1 款所规定的厚生劳动大臣的承认后，应立即将财物诸表或其主要内容在官报上予以公告，而且，还应将财物诸表、附属明细书、前款所规定的事业报告书、决算报告书、监事的意见书置备于主要事务所，在厚生劳动省令所规定的期间内，供一般阅览。

第 167 条（利益及损失的处理）

1. 每事业年度内损益计算后所产生的利益，应填补前 1 事业年度产生的损失，仍有剩余之时，支付基金应将剩余数额计入公积金。

2. 每个事业年度内损益计算后所产生的损失，应以前款所规定的公积金进行填补，损失无法完全得到填补时，支付基金应将不足的部分转为积累亏损金。

3. 支付基金仅能在预算所确定的金额范围内，将第 1 款所规定的公积金用于抵充第 160 条第 1 款第 2 项、第 3 项中业务所需费用。

第 168 条（借入金及债券）

1. 针对护理保险关系业务，在获得厚生劳动大臣的许可后，支付基金可在长期或短期内借入资金，或者发行债券。

2. 前款所规定的长期借入金及债券，应在 2 年以内偿还。

3. 第 1 款所规定的短期借入金，应在该事业年度内偿还。不过，因资金不足而无法偿还之时，在获得厚生劳动大臣的许可后，可在无法偿还的范围内将其转换为借入的金额。

4. 根据前款但书规定所转换的短期借入金，应在 1 年以内偿还。

5. 支付基金在发行第 1 款所规定的债券时，可以采用折扣的方法。

6. 第 1 款所规定债券的债权人，享有优先于对支付基金的财产主张债权的其他债权人，使自己债权得以受偿的权利。

7. 前款所规定的优先权顺位，劣后于民法（1896 年法律第 89 号）所规定的一般优先权。

8. 在获得厚生劳动大臣的许可后，支付基金可将第 1 款所规定的全部或部分债券发行事务，委托至银行或信托公司实施。

9. 公司法（2005 年法律第 86 号）第 705 条第 1 款、第 2 款、第 709 条的规定，准用于根据前款规定接受委托的银行或信托公司。

10. 除第 1 款、第 2 款、第 5 款至前款所作规定外，与第 1 款所规定债券相关的必要事项，由政令作出规定。

第 169 条（政府保证）

无论限制政府向法人提供财政帮助的法律（1946 年法律第 24 号）第 3 条作何规定，为了支付基金能够顺利交付第 125 条第 1 款中的护理给付费交付金、第 126 条第 1 款中的区域帮助事业帮助交付金，而存在必要之时，针对前条所规定的支付基金的长期借入金、短期借入金、债券所产生的债务，在必要期间范围内，政府可在国会决议中的金额范围内提供保证。

第 170 条（充裕资金的运用）

除按照下列方法外，支付基金不得运用与护理保险关系业务相关的充裕资金。

（1）保有国债、地方债、厚生劳动大臣所指定的其他有价证券。

（2）向银行、厚生劳动大臣所指定的其他金融机构存入存款。

（3）委托经营信托业务的金融机构［指的是获得与金融机构兼营信托业务等相关法律（1943年法律第43号）第1条第1款所规定许可的金融机构］开展金钱信托。

第170条之2（协商）

在下列情形下，厚生劳动大臣应提前与财务大臣进行协商。

（1）准备获得第168条第1款、第3款、第8款的许可。

（2）准备作出前条第1项、第2项所规定的指定。

第171条（对厚生劳动省令的委任）

除本章所作规定外，与护理保险关系业务支付基金财务及会计有关的必要事项，由厚生劳动省令进行规定。

第172条（报告的收取等）

1. 针对支付基金、接受第161条所规定委托的主体（本款以下、第207条第2款简称"受托人"），因护理保险关系业务的实施存在必要时，厚生劳动大臣或都道府县知事可收取与业务或财产状况相关的报告，要求职员实地对相关状况展开检查。不过，针对受托人，仅限于受托业务范围内。

2. 第24条第3款的规定准用于前款所规定的检查，该条第4款的规定准用于前款所规定的权限。

3. 针对支付基金，存在必要作出与护理保险关系业务相关的社会保险诊疗报酬支付基金法第29条所规定的处分时，或针对支付基金理事长、理事或监事，存在必要作出与护理保险关系业务相关的该法第11条第2款、第3款所规定的处分时，都道府县知事应附上理由，向厚生劳动大臣作出通知。

第173条（社会保险诊疗报酬支付基金法适用的特例）

在适用社会保险诊疗报酬支付基金法第32条第2款的规定时，护理保险关系业务视为该法第15条规定的业务。

第174条（审查请求）

对基于本法所作出的针对支付基金的处分、未予处理不服的主体，可请求厚生劳动大臣进行审查。此时，在适用行政不服审查法（2014年法律第 68 号）第 25 条第 2 款及第 3 款、第 46 条第 1 款及第 2 款、第 47 条、第 49 条第 3 款的规定时，厚生劳动大臣应被视为支付基金的上级行政厅。

第 175 条 删除

第十章　国民健康保险团体联合会的护理保险事业关系业务

第 176 条（联合会的业务）

1. 联合会除可开展国民健康保险法所规定的业务外，还可开展下列业务。

（1）根据第 41 条第 10 款（包含在第 42 条之 2 第 9 款、第 46 条第 7 款、第 48 条第 7 款、第 51 条之 3 第 8 款、第 53 条第 7 款、第 54 条之 2 第 9 款、第 58 条第 7 款、第 61 条之 3 第 8 款中准用的情形）的规定，接受市町村的委托，对居家护理服务费、区域密集型护理服务费、居家护理服务计划费、机构护理服务费、特定入所者护理服务费、护理预防服务费、区域密集型护理预防服务费、护理预防服务计划费、特定入所者护理预防服务费的请求进行审查，并支付这些费用。

（2）根据第 115 条之 45 之 3 第 6 款的规定，接受市町村的委托，对所开展第一号事业的给付费请求进行审查，并提出给付，根据第 115 条之 47 第 6 款的规定，接受市町村的委托，对所开展护理预防·日常生活帮助综合事业的实施所需费用的支付决定进行审查，并提出给付，由厚生劳动省令所规定的与前项所列举业务内容具有共性的其他事项。

（3）针对指定居家服务、指定区域密集型服务、指定居家护理帮助、指定机构服务等、指定护理预防服务、指定区域密集型护理预防服务、指定护理预防帮助的品质提升，进行相关调查，向指定居家服务事业者、指定区域密集型服务事业者、指定居家护理帮助事业者、护理保险机构、指定护理预防服务事业者、指定区域密集型护理预防服务事业者、指定护理预防帮助事业者提供必要的指导和建议。

2. 除前款各项所规定的业务外，为了护理保险事业的顺利运营，联合会可开展下列业务。

（1）根据第 21 条第 3 款的规定，接受市町村的委托，实施向第三人收取损害赔偿金的事务。

（2）指定居家服务、指定区域密集型服务、指定居家护理帮助、指定护理预防服务、指定区域密集型护理预防服务事业、护理保险机构的运营。

（3）根据第 115 条之 47 第 6 款的规定，接受市町村的委托，对护理预防·日常生活帮助综合事业的实施所需必要费用的支付决定进行审查，并提出给付（前款第 2 项所列举的审查及给付除外）。

（4）除前 3 项所作规定外，为了护理保险事业顺利运营所开展的事业。

第 177 条（表决权的特例）

针对联合会根据前条规定所开展的业务（以下简称"护理保险事业关系业务"），无论国民健康保险法第 86 条中所准用的该法第 29 条作何规定，联合会可按照厚生劳动省令的规定，通过规约就表决权作出特别规定。

第 178 条（经营管理的区分）

针对与护理保险事业关系业务相关的经营及管理、其他经营及管理，联合会应进行区分。

第十一章　护理给付费等审查委员会

第 179 条（给付费等审查委员会）

接受第 41 条第 10 款（包含第 42 条之 2 第 9 款、第 46 条第 7 款、第 48 条第 7 款、第 51 条之 3 第 8 款、第 53 条第 7 款、第 54 条之 2 第 9 款、第 58 条第 7 款、第 61 条之 3 第 8 款中所准用的情形）、第 115 条之 45 之 3 第 6 款、第 115 条之 47 第 6 款所规定的委托，为了对护理给付费请求书、护理预防·日常生活帮助综合事业费请求书进行审查，应在联合会中设置护理给付费等审查委员会（以下简称"给付费等审查委员会"）。

第 180 条（给付费等审查委员会的组织）

1. 给付费等审查委员会，由下列委员组成：代表规约所确定的每种服务中相同数量的护理给付等对象服务负责人（指的是负责指定居家服务、指定区域密集型服务、指定居家护理帮助、指定机构服务等、指定护理预防服务、指定区域密集型护理预防服务、指定护理预防帮助的主体。

第 3 款、下一条第 1 款、第 2 款中亦同)、护理预防·日常生活帮助综合事业负责人（指的是在指定事业者中负责第一号事业的主体，或在受托人中负责护理预防·日常生活帮助综合事业的主体。第 3 款、下一条第 2 款亦同）的委员、代表市町村的委员、代表公益的委员。

2. 委员由联合会委任。

3. 根据前款规定委任委员时，针对代表护理给付等对象服务负责人、护理预防·日常生活帮助综合事业负责人的委员、代表市町村的委员，应由各自的关系团体予以推荐。

第 181 条（给付费等审查委员会的权限）

1. 为了对护理给付费请求书进行审查而存在必要时，给付费等审查委员会在获得都道府县知事的承认后，可命令指定居家服务事业者、指定护理预防服务事业者、护理保险机构提交或出示报告、账簿文件，要求指定居家服务事业者、指定护理预防服务事业者、护理保险机构的开设者、管理者或其负责人、与指定居家服务事业或指定护理预防服务事业相关的事业所、护理保险机构中的护理给付等对象服务负责人，出席或者作出说明。

2. 为了对护理给付费请求书、护理预防·日常生活帮助综合事业费请求书进行审查而存在必要时，给付费等审查委员会，在获得市町村村长的承认后，可命令指定区域密集型服务事业者、指定居家护理帮助事业者、指定区域密集型护理预防服务事业者、指定护理预防帮助事业者、指定事业者、受托人提交或出示报告、账簿文件，要求指定区域密集型服务事业者、指定居家护理帮助事业者、指定区域密集型护理预防服务事业者、指定护理预防帮助事业者、指定事业者、受托人、与指定区域密集型服务事业、指定居家护理帮助事业、指定区域密集型护理预防服务事业、指定护理预防帮助事业相关的事业所中的护理给付等对象服务负责人、指定事业者或受托人中的护理预防·日常生活帮助综合事业负责人，出席或作出说明。

3. 针对根据前 2 款的规定，被给付费等审查委员会要求出席的主体，联合会应支付旅费、每日津贴、住宿费。不过，因指定居家服务事业者、指定护理预防服务事业者、护理保险机构、指定区域密集型服务事业者、指定居家护理帮助事业者、指定区域密集型护理预防服务事业者、指定护理预防帮助事业者、指定事业者、受托人所提出的护理给付费请求书、护理预防·日常生活帮助综合事业费请求书、账簿文件的记载不完整或不正确,而被要求出席时,不适用本条规定。

第 182 条 (对厚生劳动省令的委任)

除本章所作规定外,与给付费等审查委员会相关的必要事项,由厚生劳动省令作出规定。

第十二章　审查请求

第 183 条 (审查请求)

1. 对与保险给付相关的处分 (包含与被保险人证明的交付请求相关的处分、与需要护理认定或需要帮助认定相关的处分)、保险费、本法所规定的其他收取金 (财政安定化基金互助金、缴纳金、第 157 条第 1 款所规定的迟延金除外) 相关的处分不服的主体,可向护理保险审查会提出审查请求。

2. 提出前款的审查请求时,视为提出裁判上的请求,发生时效中断及重新起算的法律后果。

第 184 条 (护理保险审查会的设置)

护理保险审查会 (以下简称"保险审查会"),设置于各都道府县。

第 185 条 (组织)

1. 保险审查会由下列各项所规定的委员组成,人员数量为各项所规定的人员数量。

(1) 代表被保险人的委员,为 3 人。

(2) 代表市町村的委员,为 3 人。

(3) 代表公益的委员,为按照政令所确定的基准由条例所规定的 3 人以上的人员数量。

2. 委员由都道府县知事任命。

3. 委员一职由他人兼任。

第 186 条 (委员的任期)

1. 委员的任期为 3 年。不过,候补委员的任期,为前一任委员的剩余任期。

2. 委员可再次被委任。

第 187 条（会长）

1. 在保险审查会中，应当由委员自代表公益的委员中选举 1 名会长。

2. 会长因遭遇事故无法履行职务时，按照前款的规定选举出的主体代行会长职务。

第 188 条（专业调查人员）

1. 针对与需要护理认定相关的处理、与需要帮助认定相关的处理审查请求，为了对专业事项进行调查，应设置专业调查人员。

2. 应自拥有与需要护理者等的保健、医疗或福祉相关专业知识的主体中，由都道府县任命专业调查人员。

3. 专业调查人员由他人兼任。

第 189 条（合议庭）

1. 保险审查会应自会长、代表被保险人的委员、代表市町村的委员、会长以外的代表公益的委员中，指定 2 人构成合议庭，处理审查请求案件（与需要护理认定的处理、需要帮助认定的处理相关的审查请求除外）。

2. 对与需要护理认定相关的处理、需要帮助认定相关的处理的审查请求，应由保险审查会自代表公益的委员中指定主体，组成合议庭，处理审查请求案件。

3. 组成前款所规定合议庭的委员数量，由都道府县条例进行规定。

第 190 条

1. 代表被保险人的委员、代表市町村的委员、代表公益的委员各有 1 人以上，且超过半数以上的委员无法出席时，前条第 1 款的合议庭不得召开会议并作出决议。若组成该条第 2 款合议庭的所有委员无法出席时，前条第 2 款的合议庭不得召开会议并作出决议。

2. 前条第 1 款合议庭所议事项，应由出席委员的过半数表决通过，同意与否决的人数相同时，由会长作出决定。

3. 前条第 2 款合议庭所议事项，由组成合议庭的过半数委员表决通过。

第 191 条（管辖保险审查会）

1. 审查请求，必须向在区域内包含作出处理的市町村的都道府县的保险审查会提出。

2. 审查请求管辖存在错误时，保险审查会应立即将案件移送至有权管辖的保险审查会，并通知审查请求人。

3. 案件被移送之时，视为自始向接受移送的保险审查会提出审查请求。

第192条（审查请求的期间及方式）

应自知道作出处理之日的次日起3个月以内，以文件或口头的形式提出审查请求。不过，如果有初步证据表明，存在正当理由而无法在此期间内提出审查请求，不在此限。

第193条（对市町村的通知）

在提出审查请求后，除了根据行政不服审查法第24条的规定驳回审查请求，保险审查会应向作出原处理的市町村或其他利害关系人作出通知。

第194条（因审理作出的处分）

1. 因审理而存在必要时，保险审查会可命令审查请求人或关系人提交报告、意见，要求其出席并进行审问，命令医生、保险审查会指定的其他主体（下一款简称"医生等"）进行诊断或开展其他调查。

2. 都道府县应按照政令的规定，向根据前款的规定出席保险审查会的关系人、开展诊断或进行其他调查的医生等，支付旅费、每日津贴、住宿费、报酬。

第195条（对政令的委任）

除本章及行政不服审查法所作规定外，审查请求的程序、与保险审查会相关的必要事项，由政令进行规定。

第196条（审查请求与诉讼的关系）

若未对与处分相关的审查请求作出裁决，不得提起第183条第1款所规定的处分撤销之诉。

第十三章 其他规定

第197条（报告的收取等）

1. 因对保险给付的效果展开评价而存在必要时，厚生劳动大臣或都道府县知事可要求市町村提交与事业实施状况相关的报告。

2. 因都道府县知事或市町村村长根据第五章的规定实施事务而存在必要时，厚生劳动大臣可要求都道府县知事或市町村村长提交报告，并向其提供建议或劝告。

3. 市町村村长根据第五章的规定实施事务而存在必要时，都道府县知事可要求市町村村长（指定都市及中核市的负责人除外。本款以下亦同）提交报告，并向其提供建议或劝告。

4. 因缴纳金数额的计算而存在必要时，厚生劳动大臣或都道府县知事可向医疗保险人收取业务报告，要求职员实地对相关状况开展检查。

5. 第24条第3款的规定，准用于前款所规定的检查，该条第4款的规定，准用于前款所规定的权限。

第197条之2

市町村村长应按照政令的规定，向厚生劳动大臣报告事业实施状况。

第198条（对联合会的监督）

针对联合会，在适用国民健康保险法第106条、第108条的规定时，这些规定中的"事业"变更为"事业"［包含护理保险法（1997年法律123号）第177条所规定的护理保险事业关系业务］。

第199条（优先权顺位）

保险费、收取的本法所规定的其他收取金的优先顺位，劣后于国税及地方税。

第200条（时效）

1. 收取保险费、缴纳金、本法规定的其他收取金、偿还请求权、获得保险给付的权利，自可得行使权利之时起经过2年，因时效而消灭。

2. 对保险费、本法所规定的其他收取金的督促，均发生时效重新起算的效力。

第200条之2（课征决定的期间限制）

自当年度最初的保险费的缴纳期限（指的是根据本法、基于本法条例的规定，缴纳保险费及应缴纳保险费的期限。在缴纳期届满之后可课征保险费时，指的是能够课征保险费的日期）届满之日次日起算，经过2年后，不得作出保险费的课征决定。

第201条（期间的计算）

在计算本法所规定的或基于本法的命令所规定的期间时，准用民法关于期间的规定。

第202条（对被保险人等的调查）

1. 因被保险人资格、保险给付、区域帮助事业、保险费而存在必要时，市町村可命令被保险人、被保险人的配偶、被保险人所属家庭的户主、其他属于某一户的主体、曾经具有此类身份的主体，提交、出示文件及其他物件，要求职员进行质问。

2. 第24条第3款的规定，准用于前款所规定的质问，该条第4款的规定，准用于前款所规定的权限。

第203条（资料的提供等）

1. 因保险给付、区域帮助事业、保险费而存在必要时，针对被保险人、被保险人的配偶、被保险人所属家庭的户主、其他属于某一户的主体的资产、收入状况，向被保险人提供老龄等年金给付状况，市町村可命令政府机关、年金保险人提供必要文件及相关资料，以供阅览，要求银行、信托公司、其他机关、被保险人的雇主、其他关系人提交报告。

2. 因第41条第1款主文、第42条之2第1款主文、第46条第1款、第48条第1款第1项、第53条第1款主文、第54条之2第1款主文、第58条第1款、第115条之45之3第1款的指定、第94条第1款、第107条第1款的许可而存在必要时，针对与这些指定或许可相关的申请人及其管理人员等、开设者及其管理人员、医院等的管理者、特别养护老人之家的负责人、第94条第3款第11项、第107条第3款第14项所规定使用人的保险费等的缴纳状况，都道府县知事或市町村村长可要求收取保险费等的主体，提交必要文件或相关资料，以供阅览。

第203条之2（大都市等的特例）

针对本法中都道府县所处理的政令规定的事务，在指定都市及中核市中，应按照政令的规定，由指定都市或中核市（以下简称"指定都市等"）处理。此时，本法中有关都道府县等的规定，也适用于指定都市等。

第203条之3（紧急情况下厚生劳动大臣执行事务）

1. 为了确保入住护理老人保健机构、护理医疗院的主体的生命和身体安全，厚生劳动大臣认为存在紧急事由时，根据第100条第1款、第114条之2第1款，属于都道府县知事或市町村村长权限的事务，由厚生劳动大臣、都道府县知事、市町村村长执行。此时，本法中与都道府县知事相关的规定（限于与事务相关的部分），适用于厚生劳动大臣执行事务之时。

2. 在前款所规定的场合下，厚生劳动大臣、都道府县知事、市町村村长在执行事务时，应开展密切合作。

第 203 条之 4（事务的区分）

根据第 156 条第 4 款、第 172 条第 1 款及第 3 款、第 197 条第 4 款，应由都道府县处理的事务，为地方自治法第 2 条第 9 款第 1 项所规定的第一号法定受托事务。

第 203 条之 5（权限的委任）

1. 本法所规定的厚生劳动大臣的权限，可按照厚生劳动省令的规定，委托至地方厚生局长行使。

2. 根据前款的规定委托至地方厚生局长的权限，可按照厚生劳动省令的规定，委托至地方厚生支局长行使。

第 204 条（实施规定）

除本法所作特别规定外，因本法的实施而有必要就相关程序、其他执行问题制定细则时，应由厚生劳动省令进行规定。

第十四章　罚则

第 205 条

1. 根据第 41 条第 11 款（包含第 42 条之 2 第 9 款、第 46 条第 7 款、第 48 条第 7 款、第 51 条之 3 第 8 款、第 53 条第 7 款、第 54 条之 2 第 9 款、第 58 条第 7 款、第 61 条之 3 第 8 款中所准用的情形）、第 115 条之 45 之 3 第 7 款、第 115 条之 47 第 7 款的规定，自认定审查会、都道府县护理认定审查会、给付费等审查委员会、保险审查会的委员、保险审查会的专业调查人员、联合会处，接受第 41 条第 9 款、第 42 条之 2 第 8 款、第 46 条第 6 款、第 48 条第 6 款、第 51 条之 3 第 7 款、第 53 条第 6 款、第 54 条之 2 第 8 款、第 58 条第 6 款、第 61 条之 3 第 7 款、第 115 条之 45 之 3 第 5 款、第 115 条之 47 第 6 款所规定的与审查及支付相关事务委托的法人的管理人员、职员、曾经具有此类身份的主体，在无正当理由的情况下，泄露因执行职务所得知的指定居家服务事业者、指定区域密集型服务事业者、指定居家护理帮助事业者、护理保险机构的开设者、指定护理预防服务事业者、指定区域密集型护理预防服务事业者、指定护理预防帮助事业者、提供居家服务等服务的主体、开展第一号事业的主体的业务秘密或个人秘密时，应判处 1 年以下有期徒刑或 100 万日元以下的罚金刑。

2. 针对违反下列规定的主体：第 24 条之 2 第 3 款、第 24 条之 3 第 2 款、第 28 条第 7 款（包含第 29 条第 2 款、第 30 条第 2 款、第 31 条第 2 款、第 33 条第 4 款、第 33 条之 2 第 2 款、第 33 条之 3 第 2 款、第 34 条第 2 款中准用的情形）、第 69 条之 17 第 1 款、第 69 条之 28 第 1 款、第 69 条之 37、第 115 条之 38 第 1 款（包含第 115 条之 42 第 3 款中准用的情形）、第 115 条之 46 第 8 款（包含第 115 条之 47 第 3 款中准用的情形）、第 115 条之 48 第 5 款，应判处 1 年以下有期徒刑或 100 万日元以下的罚金刑。

第 205 条之 2

针对违反第 69 条之 24 第 2 款所规定命令的主体，应判处 1 年以下有期徒刑或 100 万日元以下的罚金刑。

第 205 条之 3

针对符合下列各项所规定情形之一的主体，应判处 1 年以下有期徒刑或 50 万日元以下的罚金刑，或并科两种刑罚。

（1）违反第 118 条之 7 的规定，擅自向他人泄露因使用匿名护理保险等关联信息时所得知的匿名护理保险等关联信息内容，或以不当目的使用匿名护理保险等关联信息。

（2）违反第 118 条之 9 所规定的命令。

第 206 条

若符合下列各项所规定情形之一，针对实施违反行为的主体，应判处 6 个月以下有期徒刑或 50 万日元以下的罚金刑。

（1）宣传第 98 条第 1 款各项所规定事项以外的事项，就该款各项所规定事项作虚假宣传，该款第 3 项所规定事项的宣传方法违反该条第 2 款的规定。

（2）违反第 101 条、第 102 条第 1 款规定的命令。

（3）宣传第 112 条第 1 款各项所规定事项以外的事项，就该款各项所规定事项作虚假宣传，该款第 3 项所规定事项的宣传方法违反该条第 2 款的规定。

（4）违反第 114 条之 3、第 114 条之 4 第 1 款规定的命令。

第 206 条之 2

符合下列各项情形之一时，针对实施违反行为的主体，应判处 50 万日元以下的罚金刑。

（1）违反第 69 条之 20、第 115 条之 39（包含第 115 条之 42 第 3 款中准用的情形）的规定，未置备账簿，在账簿上未予记载或作虚假记载，未保存账簿。

（2）违反第 69 条之 22 第 1 款、第 2 款、第 69 条之 30 第 1 款（包含第 69 条之 33 第 2 款中准用的情形）、第 115 条之 40 第 1 款（包含第 115 条之 42 第 3 款中准用的情形）的规定，未提交报告，提交虚假报告，对所规定的质问不予回答，作出虚假回答，抗拒、妨碍、逃避所规定的检查。

（3）在未获得第 69 条之 23 第 1 款所规定的许可时，废止全部试题制作事务，在未获得第 115 条之 41 所规定的许可时，废止全部调查事务，在未获得第 115 条之 42 第 3 款中所准用的第 115 条之 41 所规定的许可时，废止全部信息公开事务。

（4）未按照第 118 条之 8 第 1 款的规定提交、出示报告或账簿文件，提交、出示虚假的报告或账簿文件，对该款所规定的质问不予回答或作出虚假回答，抗拒、妨碍、逃避该款所规定的检查。

第 207 条

1. 符合下列各项所规定的情形之一时，针对实施违反行为的健康保险组合、国民健康保险组合、互助组合、日本私立学校振兴·互助事业团体的管理人员、清算人、职员，应判处 30 万日元以下的罚金刑。

（1）未提交第 163 条所规定的报告、文件、其他物件，提交虚假报告、作虚假记载的文件。

（2）未提交第 197 条第 4 款所规定的报告，提交虚假报告，抗拒、妨碍、逃避该款所规定的检查。

2. 未提交第 172 条第 1 款所规定的报告，提交虚假报告，抗拒、妨碍、逃避该款所规定的检查时，针对实施违法行为的支付基金、受托人的管理人员、职员，应判处 30 万日元以下的罚金刑。

第 208 条

获得护理给付等服务的主体，若未提交第 24 条第 2 款所规定的报告，提交虚假报告，对该款所规定的职员的质问，不予回答或作出虚假回答，对根据第 24 条之 3 第 1 款的规定，接受委托的指定都道府县事务受托法人的职员所提出的第 24 条第 2 款规定的质问不予回答，作出虚假回答时，应判处 30 万日元以下的罚金刑。

第 209 条

符合下列各项所规定情形之一时，针对实施违反行为的主体，应判处 30 万日元以下的罚金刑。

（1）未提交或出示以下规范所规定的报告或账簿文件，提交或出示虚假报告、虚假账簿文件，对这些规定中的质问不予回答，作出虚假回答，抗拒、妨碍、逃避所规定的检查：第 42 条第 4 款、第 42 条之 3 第 3 款、第 45 条第 8 款、第 47 条第 4 款、第 49 条第 3 款、第 54 条第 4 款、第 54 条之 3 第 3 款、第 57 条第 8 款、第 59 条第 4 款、第 76 条第 1 款、第 78 条之 7 第 1 款、第 83 条第 1 款、第 90 条第 1 款、第 100 条第 1 款、第 114 条之 2 第 1 款、第 115 条之 7 第 1 款、第 115 条之 17 第 1 款、第 115 条之 27 第 1 款、第 115 条之 33 第 1 款。

（2）违反第 95 条的规定。

（3）违反第 99 条第 2 款、第 105 条中所准用的医疗法第 9 条第 2 款。

（4）违反第 109 条的规定。

（5）违反第 113 条第 2 款、第 114 条之 8 中所准用的医疗法第 9 条第 2 款的规定。

第 210 条

针对存在下列行为的主体：无正当理由，违反第 194 条第 1 款所规定的处分，未按照要求出席、未作出陈述、未提交报告，作出虚假陈述或报告，未开展诊断或其他调查，应判处 20 万日元以下的罚金刑。不过，在保险审查会所开展的审查程序中，针对请求人或收到第 193 条所规定通知的市町村、其他利害关系人，不在此限。

第 210 条之 2

第 205 条之 3 的罪刑，适用于在日本国境外触犯该条罪名的主体。

第 211 条

法人的代表人、法人或自然人的代理人、使用人、其他从业者，在开展其业务时，若违反第 205 条之 2 至第 206 条之 2、第 209 条，除对行为人进行惩罚外，还应对法人或自然人判处各条所规定的罚金刑。

第 211 条之 2

针对存在下列行为的主体：违反第 69 条之 19 第 1 款，未设置财务诸表等、在财务诸表等之上未记载所应记载的事项、作出虚假记载，无正当理由拒绝该条第 2 款各项所规定请求，应判处 20 万日元以下的罚款。

第 212 条

若符合下列各项所规定情形之一，针对实施违反行为的支付基金的管理人员，应判处 20 万日元以下的罚款。

（1）应当根据本法规定获得厚生劳动大臣的认可或承认时，未获得其认可或承认。

（2）违反第 170 条的规定使用业务上的充裕资金。

第 213 条

1. 针对存在下列行为的主体：开展居家服务等服务的主体或使用居家服务等服务的主体，未提交或出示第 24 条第 1 款所规定的报告，作出虚假报告，对该款所规定的职员质问不予回答，对根据第 24 条之 3 第 1 款的规定，接受委托的指定都道府县事务受托法人的职员根据第 24 条第 1 款的规定进行的质问，未予回答或作出虚假回答，应判处 10 万日元以下的罚款。

2. 针对违反第 69 条之 7 第 6 款、第 7 款规定的主体，应判处 10 万日元以下的罚款。

第 214 条

1. 市町村可在条例中规定，当第一号被保险人未提出第 12 条第 1 款主文所规定的申报（根据该条第 2 款的规定，第一号被保险人所属家庭的户主提出申报时除外）、提出虚假申报时，应对第一号被保险人判处 10 万日元以下的罚款。

2. 市町村可在条例中规定，根据第 30 条第 1 款后段、第 31 条第 1 款后段、第 33 条之 3 第 1 款后段、第 34 条第 1 款后段、第 35 条第 6 款后段、第 66 条第 1 款或第 2 款、第 68 条第 1 款的规定，被要求提交被保险人证明的主体未按照要求提交被保险人证明时，应判处 10 万日元以下的罚款。

3. 市町村可在条例中规定，被保险人、被保险人的配偶、被保险人所属家庭的户主、其他属于某一户的主体、曾经具有此类身份的主体，根据第 202 条第 1 款，被要求提交或出示文件、其他物件时，若无正当理由而对提出的命令不予遵守，对该款所规定的职员的质问不予回答，作出虚假回答时，应判处 10 万日元以下的罚款。

4. 市町村可在条例中规定，通过虚假行为、其他不正当行为获得对保险费、本法所规定的其他收取金（缴纳金及第 157 条第 1 款所规定的迟延金除外）的免予收取决定时，应判处相当于免予收取金额 5 倍的罚款。

5. 地方自治法第 255 条之 3 的规定，准用于前面各款所规定的罚款处分。

第 215 条

联合会可按照规约的规定，因设施（限于与护理保险事业关系业务相关的部分）的使用收取 10 万日元以下的金钱罚。

附则（略）

译后记

　　中日两国与近代西方文明发生直接碰撞与交融的时间相差无几，但日本对近代化过程的反应却更为迅捷，社会保障领域亦不例外，日本在第一次世界大战结束后便制定了《日本健康保险法》，1938年颁布旧《日本国民健康保险法》，1961年实现"国民皆保险"的目标。在1970年日本迈入老龄化社会之后，为应对老龄化危机，于20世纪90年代颁布《日本护理保险法》，该法在21世纪之初开始实施，对于解决日本老龄化社会背景下处于需要护理等状态的主体的生活护理与帮助问题具有重要作用。尽管中日两国社会背景存在或大或小的差异，但在社会保障领域也面临诸多共性问题，回望日本社会保障制度的发展，对于我国完善既有社会保障制度、建立新的社会保障制度均具有重要启发意义。本书选取了截至2021年的日本社会保障领域重要法律《日本健康保险法》《日本国民健康保险法》《日本护理保险法》作为翻译来源文本，日本法中的健康保险与国民健康保险类似于我国的医疗保险，健康保险与国民健康保险最主要的差异在于保障对象的不同。健康保险主要针对的是劳动者及其被扶养人，国民健康保险则主要保障的是临时工等自由职业者，这两类社会保险发展历史均已超过半个世纪，回顾日本在这两类社会保险中的发展历程，可前瞻性地对我国未来医疗保险制度的改革提供启示。我国自2016年开始长期护理保险制度试点，未来长期护理保险制度的建立构成我国社会保障领域的重大议题，日本传统高龄者护理模式以家庭护理为主，《日本护理保险法》施行，引入区域护理、机构护理，使得家庭护理的负担得以减轻，但即便在《日本护理保险法》施行后，制度施行重点不在于机构护理，机构护理往往使得需要护理的被保险人无法享受到切实的精神满足，也会导致国家负担过于沉重，从这个意义上而言，高龄者护理核心或在于在构建多元化的护理选择的同时，设置精细的分流管道，以使得处于不同类型需要护理状态的被保险人被分流至最为适合的护理模式之下。日本作为全球第三个以社会保险模式实施长期护理的国家，对于我国未来长期护理保险制度的构建，具有重要的参考价值。

2019年6月，武汉大学大健康法制研究中心正式成立，中心成立后，其中一项重要工作便是推动比较法层面社会保障制度、卫生健康法制领域的法律法规翻译工作，经中心执行主任武亦文老师的统筹，译者主持了日本社会保障重要法规的译介工作。本书翻译工作始于2019年7月，成稿于2021年年末，其间经过三次审校。和我国《社会保险法》集中处理五类社会保险制度不同，日本社会保障制度设计精细化程度高，每类社会保险均单独立法，由于时间及精力所限，本书仅仅翻译较具代表性的《日本健康保险法》《日本国民健康保险法》《日本护理保险法》。《日本社会保障重要法规译介》得以有幸入选泰康大健康法制译丛，在此衷心感谢泰康保险集团对本书翻译工作的支持，感谢我的硕士生导师武老师对全书翻译工作的统筹与协调，感谢中国社会科学出版社梁剑琴老师对本书的翻译建议、细致编校，感谢我的博士生导师汪洋老师对翻译的支持与认可。

当然，囿于译者学术水平及语言能力有限，本书尚存在诸多不足之处，若尊敬的读者在翻阅本书发现问题，恳请您指出错误（邮箱：18271393084@163.com），我一定认真对待您的批评和修改意见。

2021年12月30日
于北京清华大学